崔济哲

新华社高级记者，中国作家协会会员。北京市老三届毕业生，1968年赴山西插队，1978年考入南开大学，1982年毕业分配到新华社山西分社做记者。从事新闻工作三十多年。曾任新华通讯社副社长，中国报业协会副主席，中国海外交流协会常务理事。著有《走进黑色世界》《旧曲新歌》《清唱》《风从天上来》《又到界桥　又到界桥》《风语·夜话》《陌生人看美国》《也看风景也读书》《落雪有韵　远行无声》《闲话帝王》《醉里挑灯谈酒》《也是三春也是秋　我的知青岁月》等，作品多次获奖，入选《中国新文学大系》，被译为多国文字，被中国国家图书馆和美国国会图书馆收藏。

崔济哲◎著

历史的气质

Lishi de Qizhi

江西人民出版社
Jiangxi People's Publishing House
全国百佳出版社

推荐语

自古序难写。好书万千,但让人称道的“好序”却寥若晨星,有风格,有“读头”,读而不厌的序更凤毛麟角。鲁迅先生就极少为人序,其言:序难写,提笔难下。

此书无序,试把几位大家的评论作为开篇之词,与读者分享。

开篇之后,请品鉴《历史的气质》。

陈建功　中国作协副主席、著名作家

诚挚和沉静,可以说是崔济哲散文征服我们的魅力所在。过去的岁月沉淀下来的泥和沙,在这位作家笔下凝聚成一种诚挚、沉静的生活态度及叙事原则。这种内质的厚重,对诚挚与沉静的自信,与当下喧嚣躁动的世象形成强烈的反差。

从“小我”的生活视域走向“大我”的境界,用散文来构建社会和历史的大风景。真诚饱满的情感、广博深刻的见识、敏锐的人生观察、宽厚的生活态度和平实朴素的表达,都是阅历带给崔济哲的恩惠,也使他的散文世界既个性充盈又洋溢着家国之思、民族之情。

贾平凹　中国作协副主席、著名作家

济哲先生的散文写得很综合,有文学的,有文化的,更有世态沧桑和人生感悟的。他的散文写得很厚实,有些还厚重,但读着却清新、清澈,就是综合得好,用那个成语去说,叫融会贯通。

济哲先生的散文有两个突出点,一是把具体的东西写得开阔,二是把社会人生里一些大的东西看得到位,看得透彻。济哲先生的思考是自信的，同时去掉了传统文人“世人皆醉我独醒”的自恋陋习，难得的是他的心态，是清醒的，也是从容的。

济哲先生的文章读过就能记住，有些还放不下，还迫着你再去读，能够再读的文章就是好文章。

阎晶明　中国作协副主席、著名作家、评论家

崔济哲是新闻人，同时也是散文家。他读书多，见识广，其散文从来不拘于一格一类，行文亦无定规定式。颇得散文文体真谛。崔济哲近年来在文学创作上十分发力，已连续出版了数部散文集，这是他勤于创作的一个旁证，他所创作的散文自然还有广阔的领域。

熊召政　湖北省文联主席、著名作家

对济哲先生散文的印象，是关注身边的人事却不拘泥于这些人事，对时代与世情，既有新闻工作者的敏锐，又有文人的忧患，且行文没有拿腔拿调，总以平实为本。

看得出，他有一股不可遏制的写纯粹文章的冲动。我这里所说的“纯粹”，是指他的写作动机。他已摒弃了功利性，甚至政治性，并开始尝试与自然对话，与历史对话。用平常心来写作，从气质上说，是去了雕琢；从品格上说，就去了矫饰。

阿　来　四川省作协主席、著名作家

这本文集题材涉猎之广，钩沉之深，都远超我阅读前的想象。读文章，就是读人：经历，学问，情感，思想。读这些文字，让我看到一个沉静的读书人。一个读得宽，读得杂，读得深的读书人。一个读后有所思，有所得的读书人。一个愿意把所思所得与人分享的读书人。

韩小蕙　首届冰心散文奖、首届中国当代女性文学奖得主、著名作家

崔的写法也不怎么符合散文常规，有些段落过于铺陈，有的章节游离于中心之外，有的地方还犯了写作常识的忌，可人家的文章就是好看，还有味儿，耐读，壮士出征，笔底风霜……

不过我最欣赏的，还是济哲兄的文笔——诗经、楚辞、汉赋、唐诗、宋词……张口就来，伸手就有，屡屡显示出济哲兄大半生海量读书而获得的厚实根基。

穆　涛　西安市作家协会副主席、鲁迅文学奖得主、著名作家、《美文》杂志常务副主编

生活中，有眼光和容量的人，让人尊重。在文学创作中，这两种素质同样重要。济哲先生的写作可以用这两个词去评判。

“发现意识”贯穿于他所有的文章，平静着或调侃着数生活的沧桑是他的行文基调。平静着或调侃着说沧桑是很不易做到的，因为仅写出经历中的风霜雨雪还不够，还要像牛羊“反刍”一样，把一些难以消化的东西，融化开并且别开生面地消解掉。散文写作，要内涵人生的重量，要往“厚”里写，仅发现生活的美是单薄的。济哲先生不仅写出了这种厚，且又从中跳出来，从容也达观。这是我从济哲先生文章中受益最深的地方。

目 录

儒道春秋谈

春秋不相连，春不见秋，秋不遇春。有人云：春色不如秋色好，西风无力撼东篱。亦有人云：一年之间在于春。春秋是心灵的双耳，也是心灵的两侧。春秋连在一起，在中国却是近千年的波澜壮阔，风起云涌，博大精深的历史画面，春秋给中国文化的血脉注入新鲜血液，为中国文化的发展开启扬帆，使中国文化数千年血脉不断，光辉灿烂。说中国历史、中国文化不能不说春秋，说春秋不能不说春秋“二子”老子和孔子，不但照耀着春秋也照耀着先秦两汉，唐宋元明清，直到照耀着今天，不但照耀着中国，也照耀着世界。2500年来儒家的始祖孔子，被历代尊为“孔圣人”，宋代理学大家朱熹引用诗人唐子西的话来表达对孔子的崇敬之情：“天不生仲尼，万古如长夜。”老子是2500年来道学的滥觞，在公元前500年孔子曾经问礼于老子。中国古人常说与君一席话，胜读十年书。我没想到，孔子与老子一席话，孔子竟然如晴天霹雳，醍醐灌顶。孔子辞别老子，沉吟良久，心潮起伏，久久不能平静，感而慨之：“鸟吾知其能飞，鱼吾知其能游，兽吾知其能走。走者可以为罔，游者可以为纶，飞者可以为矰。至于龙，吾不能知，其乘风云而上天。吾今日见老子，其犹龙邪！”孔子见老子如人观龙，仰望拜学，敬仰心穆。孔子一生拜见老子四次，对于儒教思想的形成产生了巨大影响。毋庸置疑，孔子的思想就是在数次向老子请教的过程中逐步形成和成熟的，与此同时，孔子的提问也敦促了老子的反思，丰富了老子道家思想的体系。春秋的“二子”相见，可谓是伟大的相逢，不朽的相遇，互相汲取的营养足以丰富和精典中国文化的源头。

在中国历史上，有得意儒失意道绝则归佛一说。在二千多年的思想潮流中，道家思想有效地成为儒家思想的最大反动，儒家思想有效地成为道家思想的重要补充。孔子更侧重文化典籍的整理与传承，老子更专注于文化体系的创新与发展。一部《论语》11705个字，一部《道德经》5784个字，两道经典，思想大库也不过16989个字。

中国历史文化在秦汉以前，尽管有诸子百家，但儒、墨、道三家基本上涵盖了当时的文化精神。唐宋之后，释家繁荣，儒、释、道三家相互交锋，相互融合。纵观中国历史每一个朝代，在其鼎盛之时，都有一个共同的秘密，即“内用黄老，外示儒术”，不论汉唐还是宋、元、明、清，中国传统文化的核心思想，其实是黄老之学。老子哲学和老子哲学的存世价值可见一斑。

而孔子可谓有感而思想，由思想而痛悟，由痛悟而明达至理，也谓逆势而上。

因为春秋时代是一个“礼崩乐坏”的时代，诸侯国君私欲膨胀，各国之间战争不断，战乱纷纷；诸侯国内更是杀得天昏地暗，春秋无义战，混战是常态。“君不君，臣不臣，父不父，子不子”，“《春秋》之中，弑君三十六亡国五十二，诸侯奔走不得保其社稷者不可胜数。”“臣弑其君者有之，子弑其父者有之，孔子惧，作《春秋》”。孔子思想的核心是“仁”，“克己复礼曰仁”。如果用另外一个字来解释仁，那一定是“爱”。仁者爱人，这是孔子在回答弟子之问的时候给出的非常著名的说法。在这个意义上，儒家的哲学可以称之为“爱的哲学”。从充满着爱的生命一直到爱的关系、秩序和政治，直至整个世界。

什么是爱？或者说，儒家如何理解爱？我想从三个方面尝试着进行描述。首先，为了给爱找到最确定的基础，它被看作是根于性和心者。郭店楚墓出土的竹简中有“爱生于性”之说，经由此规定，爱就是某种天赋及内在于人之物。我们甚至可以说，爱是人之所以为人者。在这种理解之下，爱就是人的本质。正是在这个意义上，孟子才说“无恻隐之心，非人也”。我们在痛恨一个人，痛斥一个人时，怒其无人性，不是人，枉披一张人皮。其实人的标准是孟子给定的。“无恻隐之心，非人也。”骂人也得有根有据，有理有节。

其次，爱指爱人、爱世界、爱别人，不私爱，贡献爱。这才是“仁者爱人”的意义所在，是“仁”字包含着重要的答案。不仅我是人，我之外的他人也是人，他们都是人。这种理解就是仁，就是爱。只有这样理解行事，才能“爱人”。爱必然地包含着对他人和世界的责任、使命和担当。

第三，孔子讲的爱仁和仁爱是一种信仰和追求，一种向往和制造。所以孔子言之:“朝闻道，夕死可矣。”但在闭上双眼时，因闻道而崇信，因崇信而体会，终成仁者。

“克己复礼为仁”的深层意涵当在于：道德实践（为仁）的落脚点是要将自我的道德信念与道德自觉（克己）不断向外扩展落实，推己及人，如父子一体，君臣一体，夫妻一体，由两人一体推及天下一体，万物一体，孟子说：“亲亲而仁民，仁民而爱物。”确立所当有的责任和义务（复礼）孔子当时称之为“正名”，“君君臣臣父父子子”，孔子以礼来明分君臣父子、贞定社会角色，明确责任义务，使每个社会成员都依礼而行，各安其位，各行其是，从而实现人际关系的和谐。

后人谈《论语》，读圣人周游列国，往往和孔子失意授学求职相连，把孔子读成一位失意不失志的“先生”。其实孔子亦侠肝仪胆之猛士，他在路过“匡”这个国家时，因其长相像一位“尝暴匡人”的阳虎而被抓起来，形势十分危险，“匡人拘孔子益急，弟子惧”。司马迁作《史记·孔子世家》时也可能惧，因为刀已架在孔子的脖子上。但孔子却处之泰然，说：“天下未丧斯文也，匡人其如予何！”他的学生颜回也厉害，答曰:“子在，回何敢死！”孔子丝毫不惧死，非常自信，他说我肩负着传播“仁爱”和“克己复礼为仁”的历史使命，苍天在上，非我莫属，“文王即没，文不在兹乎？”你一个匡人又能奈我如何？孔子十分自信自觉自察自悟，也十分自大，他不怕死，看你匡人怎么奈何？孔子自信还在于他相信匡人不会乱杀无辜，他既非阳虎，更未暴匡。颜回也让人敬佩，言之“不敢死”。

20世纪90年代，在美国芝加哥召开了一个世界宗教大会，全世界各大宗教的主要代表，像佛教、犹太教、伊斯兰教、印度教、基督教、天主教等都参加了，这些世界宗教的领袖们签订了一个共同宣言《走向全球伦理》，一百多位主要宗教的领袖要共同签署一个共同宣言，的确是件极艰巨又极伟大的事，极可能是空前绝后的。在这个大会上，所有宗教领袖共同推出一条“金律”，让全世界所有的宗教派别和各种信仰的都共同遵守的，那就是孔子所云：“子所不欲，勿施于人。”孔子太伟大，太了不起了。

老子是中国乃至世界上最智慧、最哲学、最思想的先哲圣人。老子的《道德经》就是一部百科全书。真正读懂它的人说它包含了哲学、宇宙学、人体学、修道学、生命学、政治学、经济学、军事学、文学、教育学、历史学、美学、心理学、医学、伦理学、气象学，非老子之《道德经》何作之有？老子的《道德经》可谓横贯经纬，纵接天地。史记司马迁在《史记·太史公自序》中记载：“昔西伯拘羑里，演《周易》；孔子厄陈蔡，作《春秋》；屈原放逐，著《离骚》；左丘失明，厥有《国语》；孙子膑脚，而论兵法；不韦迁蜀，世传《吕览》；韩非囚秦，《说难》《孤愤》；《诗》三百篇，大抵贤圣发愤之所为作也。”司马迁唯独没说老子，没言老子如何著《道德经》，可能司马迁考虑老子非一般，孔子之师也，千秋一师，绝非区区几字能言尽。

司马迁留给后世的千古不解之谜，我认为至少有两个，之一是老子《道德经》的诞生，之二是秦始皇陵墓是否被盗。

据司马迁记载，当老子骑青牛要出关而去时，没有人知道老子为何骑青牛而去？为何未乘车？为何未带家？为何无一箱一卷？为何孤独一人？老子去为何？因何去？去何处？何时归？只知道老子这一走便再无归期，再无消息。司马迁考证他活了160岁，也只有老子能如此长寿，老子的养身之道再未传人。如果不是尹喜，人间焉知有老子？焉能有《道德经》？尹喜若非春秋堪舆术高士，则无缘见老子，中国历史、中国文化、中国人都应该感谢尹喜此人。历史往往是这样，伟大的产生竟然出自偶然。就在老子骑青牛即将到达函谷关的前几天，关令尹喜登上关楼视察瞭望，发现函谷关以东的天地之间，有一团紫雾升腾而起，缥缥缈缈，祥光四射，出现了紫气东来、吉星西行的天象，精通易经、善观天象的尹喜，突然感觉到内心澄澈空明，天阔地开，似有神明暗示。他当时预感到，一定有圣人要来。于是，他不敢懈怠，日夜不离关隘，只等着那个神秘人物的到来。果不其然，不久就有一位老者身披五彩云衣，骑着青牛而至，原来是老子要西游入秦。尹喜忙把老子请到楼观，楼观是他“结楼以观天象”的地方，深居终南山的一侧，临近丰镐故都，是一处闹中有静的仙境，适合高人栖居。到了楼观，他先拜老子为师，执弟子礼后，又请老子开坛讲经。老子不得已只得在楼南的高冈上为其讲起了《道德经》。

本来尹喜“子将隐矣，强为我著书”的要求，对老子来说有些过分，也有些不恭。好在老子的逻辑就是随遇而安，遇事不争，讲则讲矣，写则写就，或许老子会想，既然要告别世界，就算为辞别尘世的遗言，赠给尹喜，留给后世，也算给这个接纳过他的世界一个最后的嘱托。在此之前，老子从未写过只言片字，见诸公众的言论只是只言片语，得到没得到老子的首肯还是两回事。就连孔子问道时获悉的那些思想，也都是后来在别人的著述中流传出来的。然而这次他居然应允了，应允了尹喜看起来很不讲理的请求，且居然还一口气写下了五千字，这五千字就是我们现在所能看到的《道德经》。老子当时为何写？如何想？司马迁肯定考证过，但无一字可查，连尹喜亦未露一言一语，也许老子的确未多言一字，尽在《道德经》中。《道德经》是老子的第一次写作，也是他最后的一次著述，他的全部著作就只有这短短的五千言汉字。然后，他再度起身，骑上那头不言不语的青牛，飘然而去。

很多人都去过楼观，楼观非怀有一种心情去不得其悟。用现行的话说叫非做足功课不行。否则你会疑惑，近在楼观不见楼。老子已去，风度长存，逝者如斯夫。

世间道观有许多，然而楼观却只有一个。就像基督教的圣地有耶路撒冷，伊斯兰教只有麦加，佛教只有兰毗尼园一样，道教的圣地就在终南山。尹喜在此结草为楼，以观察天象，称作楼观。他拜老子为师后，又专为老子搭建了一处演说《道德经》的地方，叫说经台。两个典故合二为一，才有了今天的楼观台。

尹喜是关令大夫，身兼天文台台长，楼观是他修建的国家天文观测站和研究院。他“结楼”，是楼的主人，而老子寓楼，是楼的客人。但尹喜“结楼”之观，观得是星云，是望气观星，属于外观。而老子的寓楼之观，观得是灵魂之神，是万事之规律，是悟道。如今的楼观台里，随处都有老子的踪影与气息。对比之下，当年身为交通部长兼天文台长的楼主关尹大夫，竟然在终南山自隐无名，不见其踪。尹喜是怎样收藏那五千多个中国字的，又怎样把老子的《道德经》传给后世的，历史已无记载。我只记得佛教中，有“木棉袈裟”一争，为争得禅祖五世传世之物，形成血性追杀，逼得六祖慧能躲藏在深山老林十五载。围绕《道德经》的传承似乎没见到多少故事，历史只告诉后人老子的《道德经》经过尹喜之手传下来，传于后世。

说老子，讲《道德经》；论道教，不能不说“五斗米教”；道教推崇的是老庄，无老子无道教；无道教，中国无本土教。

“五斗米教”就是道教的前身，关于它的创始人是谁，有不同的说法，但是无论是谁，他们倡导和尊奉的都是老子，立教的经典就是《道德经》。作为本土宗教，“五斗米教”及其成熟后逐渐发展成为的道教，吸收融合了儒学、佛学的理念和修行方式，对待世界有着特有的东方视角。与外来宗教所不同的是，他们的经典主要出自于创建者的言论，而道教尊崇的经典却来自于开创者的追认。由此以来，反倒使收藏了《道德经》的楼观台一跃而成为了道教的祖庭，道观之中的玄都，名正言顺又无可争议地被道家尊为圣地。

“五斗米教”得到广为传播的功臣是一个叫张鲁的传人。张鲁是张良的第十世孙，七岁即能讲老子，尊老子为天尊。初为三国将领，名气不是很大，算不上成功的英雄。但是，他却是一位出色的宗教领袖。他在割据汉中的时期，曾经利用“五斗米教”，建立了中国历史上第一个政教合一的王国政权。他主张政教合一，倡导实行普遍社会救济，重视用黄老思想教化民众，轻刑罚，重教育，还特别注重培养民众的道德观念。这些全然就是老子无为而治思想的完整版实验，而且还丰富了他的内容，使老子的学说又增添了一种可控制人们灵魂的鬼神观念。

据说毛主席当年也曾受过张鲁影响，他就说过，汉中王张鲁在东汉时就实行了吃饭不要钱、穿衣不要钱、上学不要钱的大同社会。所以毛主席认为，咱们已经进步到社会主义为什么不能实现吃饭不要钱呢？办大食堂。说明张鲁的确有本事，有能耐，有追求，有思想，遗憾的是张鲁不是军事家，打仗打不过军阀。

老子通过道教，道教因为老子，把“道可道非常道”的思想传播了出去。“无名，天地有始”，“有名，万物有母”，“天下万物生于有，有生于无。”“道生一,一生二,二生三,三生万物。”当一个苍老的声音说出这些令人振聋发聩的句子时，要知道，与老子同时期的希腊先哲，那些轴心时代的代表，苏格拉底、柏拉图、亚里士多德等人，在对待人性的思考上还都没有更为深刻的发展。《道德经》创立的二元论哲学观,不仅影响了整个中华文明,就连现代科学也无不渗透着相对的理论。

老子的思想太神妙了。别的不说，光是一句“我有三宝，持而保之：一曰慈，二曰俭，三曰不敢为天下先”，就足以让我们琢磨一辈子。“人法地，地法天，天法道，道法自然”和“圣人抱一而为天下式”是他的理论基础。在他看来：慈，故能勇；俭，故能广；不敢为天下先，故能成器长。如若“慈且勇,舍俭且广,舍后且先”,其结果就只能是“死矣”。所以“夫慈，以战则胜，以守则固。天将救之，以慈卫之”。此也正是老子能长寿 160 岁的奥妙之一。

所以我说，孔孟拿得起，老庄放得下；孔孟立得稳，老庄行得远；孔孟高放，老庄豁达；孔孟如日，老庄如月。拿得起的悲壮，放得下的悲凉；拿得起的循礼，放得下的飘逸。

说老子是中国哲学之父，是世界哲学之父亦不为过。1972 年美国总统访华，在会见毛泽东时，尼克松说要和毛泽东谈谈中美关系问题，毛泽东说：中美关系的问题交给周恩来和基辛格去谈，我们说说哲学问题。美国总统飞越太平洋，钻进中南海，就为中美关系而来，而主席却要和他谈哲学问题，可见哲学之大。

老子与孔子所处的时代，西周衰微久矣，东周亦如强弩之末。有周一朝，由文、武二王奠基，成、康二王繁盛，是周王朝的黄金时期，历史上习惯称盛世。昭、穆二王以后，国势渐衰。后厉王被逐，幽王被杀，平王东迁，周王朝犹如鲁迅先生笔下的九斤老太，一代不如一代。春秋时代王室衰微，诸侯兼并，夷狄交侵，社会动荡不已，老子的哀民之恸，孔子的仁者爱人，都是对这个时代的悼挽与反拨。

春秋是诸子百家产生的历史背景和肥田沃土。我认为在特定的历史环境中，清谈也可兴国兴邦兴旺民族。诸子百家就是实例。在春秋时代，实干无义，实干无兴，实干可能废国丧邦。所以我们谈的诸子百家，大都是在清谈中悟国。春秋那个时代，清谈出思想，清谈出理论，清谈出哲学，清谈出宗教。谈孔子得仁，谈老子得智，谈孟子得义，谈庄子得慧，谈墨子得力行，谈韩非子得直面。

一百多年前，德国海德堡有位年轻人叫雅斯贝尔斯，不知为什么这位德国青年放着好端端的医生不干，转而攻读哲学，就像几乎和他同时代的中国青年鲁迅一样，读得好好的医学，突然改行行文，据说是因为在日本留学期间看到一部电影，电影中有日本兵在日俄战争中屠杀中国人，很多中国人在四周围观，麻木不仁，没有丝毫同情心，于是鲁迅勃然愤起，弃医就文。鲁迅如果学医能否成就“李时珍”不得而知，但改而就文的确成功地成为“中国文化革命的主将，不但是伟大的文学家，而且是伟大的思想家和伟大的革命家”。那位雅斯贝尔斯的德国人改行以后也了不得，在哲学界得到了公认，他是大名鼎鼎的哲学家，他出版的《历史的起源和目标》提出了一个伟大的命题“轴心时代”，它影响了人类文明。雅斯贝尔斯把走向公元前800年至今之前200年定义为“轴心时代”，就是在这个伟大的时代出现了一批伟大的思想家、政治家、哲学家、文学家，古希腊涌现了苏格拉底、柏拉图、亚里士多德，以色列有犹太教的先知，印度有释迦牟尼，中国有老子、孔子、孟子、庄子等，群星灿烂，星光闪耀。中国、印度、中东、古希腊它们之间相隔万水千山，但他们在“轴心时代”的文化却有许多是相通甚至相同的，真值得我们去研究，去探索，跟着雅斯贝尔斯的道路走也是一种探索，十分有益的探索，中国缺少像《历史的起源和目标》这类的“大典”，这也正是雅斯贝尔斯的伟大。

具体到中国，孔孟、老庄、诸子百家的成就与春秋时代的自由、开放、包容、丰富的思想氛围分不开，也与他们之间平等包容的切磋、砥砺分不开。孔子带领弟子们周游列国十四年，晚年修订六经，孔子之后的孟子、荀子、董仲舒、程颐、朱熹……一浪接一浪，一代传一代，将儒学思想发扬光大。老子信奉无为、不言、不始、不有、不恃、不居、大智若愚、大巧若拙、大直若屈、大辩若讷，探索大道精神，天道规律。老子之后，韩非子、淮南子都进一步阐释他的思想体系。老子、孔子都相继卒于春秋之末，智者长逝，而精神学问长存，让我们为有这样的先人而骄傲吧！

相约去看甲骨文

一

既是相约去看，望各位好家、方家携《论语》而去。夫子的弟子们难得相约去踏春戏水:“莫春者，春服既成，冠者五六人，童子六七人，浴乎沂，风乎舞雩，咏而归。”夫子喟然叹曰：“吾与点也！”他们没有相约去看甲骨文，是因为孔夫子没有见过甲骨文。孔夫子是中国古代几千年来的伟大的圣哲之一。“天不生仲尼，万古如长夜”。孔夫子没能见识中国古代文明的代表甲骨文实不能不说是憾事。2500 多年过去了，我们相约去看吧。

甲骨文，何谓甲骨文？甲为龟甲，骨为牛骨。刻在龟甲、牛骨之上的文字为甲骨文。甲骨文一般都是用青铜刀或碧玉刀直接刻在甲骨之上，有的是先用墨或朱写上，然后再刻，有的不写直接刻，也有只写未刻的。

甲骨文的起源应很早，它并不是谁在哪一天突然发明创造的，可以说是源远流长，历史成然。相传伏羲曾在黄河边行走，突然看见河中浮出一巨龟，龟背上有奇文，这应是甲骨文的起源，伏羲受启发才发明了易经。易经对中国文化的影响巨大深远，受它影响占卜的卜辞发生了变化。易经八卦开头是乾卦、坤卦。乾卦六个连线，坤卦六个断线。乾卦：天行健；坤卦：地势坤。四大国学家之首的梁启超先生曾经在清华大学讲一个命题报告：“君子。”梁先生讲：崇德修学，勉为真君子，异日出膺大任，足以挽既倒于狂澜，做中流之砥柱。梁先生在讲课中就引用了乾卦和坤卦，他说天行健，君子以自强不息；地势坤，君子以厚德载物。清华以“自强不息，厚德载物”为校训。甲骨文的形成是有很深的历史渊源，很厚重的人文和文化背景，很特殊的自然环境，很悠久的岁月积存，博观而约取，厚积而薄发。这是一种文明的必然也是历史发展的规律。探寻文明社会发展规律，是跳不过甲骨文阶段的，很可能应该从甲骨文阶段发力的。

甲骨文从1899年发现至今已有一百多年矣。真正的系统研究不过几十年，但研究不止，发现不止。越研究，越探索，越深入，越觉得它博大精深、深邃不可测，越觉得那遥如天际的中国第一个王朝夏王朝和第二个王朝商王朝的面纱仅仅掀起一角，那中华民族祖先智慧和文明结晶远远超出了我们的想象和历史的传说。从公元前21世纪，甚至再往前推几百年，中国已有文明社会的萌芽，新石器时期的推衍很可能比我们现在得出的结论还要往前推。夏信妖，商尚神，周崇礼。甲骨文应始于夏，在商中后期盛行。甲骨文主要记载的是国家大事、王朝大事、君王大事。信妖也好，拜神也好，尚鬼也好，崇礼也罢，都离不开占卜。夏商两朝巫师的地位是很高的，作用是很大的，他可能仅仅次于君王。甲骨文就是记载占卜,记载问天问神的占卜之辞。有些像我们现在的“年鉴”“大事记”。它记录下王的出行大典；记录下国之农业、牧业、驯养业以及田猎、货币、宗法、交易、奴隶、祭祀；记录下战争、军队、胜利、俘获；记录下天灾、自然现象以及占卜是如何解释它们的等等，是不是可以这样说，甲骨文实际是中国史前的一部“史记”，它把那些遥不可及，只留传下浓厚神话色彩的先人世界真实而形象地展现给当今世界。从这个意义上讲，怎样评价甲骨文都不算过分。

甲骨作为甲骨文的载体也不是不变和唯一的，已发现的还有象骨、鹿骨、虎骨甚至是人头盖骨，在这些骨头上都刻有文字。

甲骨文用的甲骨一般有多大？最大的现已发现的长45cm、宽35cm，比北京晚报的一个版还要大一些；最小的27cm、宽11cm，像一本书那么大；普通的应是像我们杂志那么大，长28cm、宽20cm，大的一般都是龟的腹甲，因其背甲一般是一分为二用的。

甲骨文是怎样被发现的？甲骨文的出现大致在公元前17世纪商朝的前中期，根据文字形成的规律，还应该再往前推至夏朝，甲骨文在夏商时期，是一种国家文字，是有专有权和使用权的。它仅局限于记录当时的国之大事，记录王与神与上天的对话；记录神的回应上天的忠告和启示。即使在夏、商、周王朝，使用甲骨文也是既神秘又神圣的，是国之大事、王之大事。但后来它又神奇地消失了，消失得无影无踪，漫漫岁月的浩浩黄沙把它深深地埋藏在厚厚的土层下面，那些古老的文字就像沉睡的化石，一动不动地在等待着上苍的召唤。这也不足为怪，不用说远在几千年前，仅仅在一百多年前，满文作为清王朝的国语、官方用语在全中国通用，但也就仅仅过去了一百多年，满文几乎失传了，几乎消失了，至今在这个世界上能言能听能写能懂能真正掌握满文的不会超过三个人，且都是八九十岁的满族老学人。这就是现实。一种文字、语言的产生可能是无声无息的。在无声无息中产生，也会在无声无息中消失，甲骨文亦然。世界四大文明古国都曾经诞生过灿烂的文明，都曾发明创造过风靡一时的古文字。古埃及的象形文字、古巴比伦的楔形文字、古印度的哈拉本文字、中国的甲骨文。它们默默无闻地退出历史的舞台，其中有一条原因就是历史在发展，人类在前进，犹如长江后浪推前浪。比如苏美尔人创造的幼发拉底河、底格里斯河的两河文明，曾经光辉灿烂，他们创造发明的楔形文字到公元前1世纪已逐渐被莎草纸上画写的字母文字所替代。古朴奥秘的楔形文字曾经是两河文明的代表和标志，不得不逐渐地一步步隐去，虽然这种退出舞台可能是含着泪水的，但无情的进化是不可逆转的规律。那该是一种悲壮的泯灭、沉痛的掩埋、碎心的消失。不幸之大幸是甲骨文在偶然中又被人发现，再现人世。是必然中的偶然？还是偶然中的必然？现在也见仁见智。甲骨文逐渐为金文取代，商周青铜器上很多都铸有金文。到公元前221年秦统一天下后在全国推行秦小篆。学术界也有这种说法，称金文为周文，小篆为秦文。中国文字的发展脉络应该是这样：甲骨文——金文——小篆——隶书——楷书，实际上也是中国文明社会发展的足迹。

文字载体也发生了根本变化，人类文明有了快速发展。人类不再需要把文字刻在甲骨之上，而是刻在竹简、木简之上。中国古代文明主要表现之一是用竹简为书，在竹片上面刻上字用绳串起来即为书。从甲骨为文变为竹简，看得出它的发展，秦始皇每天要看120斤重的竹简，如果换成看甲骨文，恐怕要装几十辆大车，一天看的奏文就要放几屋子。古埃及用的是纸草为书，是埃及人发明的，幼发拉底河、底格里斯河的“两河”文化的发展可能要早于我们的黄河文化。但莎纸草这种植物中国没有，我想很可能是像中国桦树皮。再以后两汉时期中国发明了帛，在麻织、丝织物上书写，到东汉末年发明了造纸术。在魏晋南北朝时，简、帛就完全退出了书写。欧洲那个时代公元二、三世纪书写《圣经》用的是羊皮，书写一部《圣经》大概需要三百张羊皮。这可能就是文明差异。考古的发现使我们对中国文明的发展脉络看得更清楚了。

二

甲骨文被历史的尘埃悄然掩埋了。直到清末一个很偶然的机会，遇见一位慧眼识珠的高人，甲骨文才真正开始走出历史的尘封，向世界向中国证明了中华文明的起源和发展。

文明社会要具有三个“硬”条件：一是文字，二是冶炼技术，三是城市建设。达不到这三个条件就不能说进入了一个文明社会，很可能还在一个原始的、野蛮的、待文明开化的社会。外国人一直不承认中国文明社会会推到公元前十几世纪之前，中国人则认为在春秋、战国之前中国已经进入了文明社会，应该也肯定会有一种文字，但那毕竟是推理，考古需要实物说话。

清光绪年间京城有位大学问家、金石家、历史学家，此人叫王懿荣。王懿荣曾三任国子监祭酒，掌管全国教育，相当于现在的教育部长。满清王朝国子监祭酒是配备一正一副两职的，正职为满族贵族，不理事，副职是汉族，主持工作。光绪二十四年(1898)，王懿荣又任京师团练大臣，这样的兼职在中国历史上也少见，他官衔并不高，是二品衔。

光绪二十六年也就是1900年，八国联军攻破北京城，慈禧和光绪仓皇西逃。王懿荣没逃，他发出“吾义不可苟生”的长啸，先吞金后投井，自杀殉国。王懿荣之所以能名垂青史，不是因为他身兼“笔杆子”“枪杆子”，也不是因为他不投降、不屈服八国联军的洋鬼子壮烈殉国，而是因为他发现了甲骨文。不是出了个王懿荣，那么甲骨文的发现可能还不知要推迟多少年。这种古老的文字也可能会在人们苦药汁中彻底消失了。

1899年，王懿荣生病，家人抓来中药，王对着药方查看抓来的中药，发现药中有一味“龙骨”，拿出一片一看，见有人为的划痕。王懿荣不禁心中一动，急令仆人去中药铺把所有的“龙骨”都买来，经过认真研究，王懿荣认为这些刻在甲骨上的划痕应是消失了三千多年的古文字——甲骨文。这个发现用“石破天惊”形容都不过分，王懿荣因此有“甲骨文之父”之称。中国现代考古学的奠基人之一李济先生就把王懿荣称为中国古文字这个新学科的“达尔文”。王懿荣发现甲骨文对中国文明社会的发现来说，怎么评价都不过分。虽然是偶然的，但由他发现似乎也是必然的。否则，我们极可能因病吃药把甲骨文都吃光了。我们文明社会将被后移一千年甚至二千年，那就冤枉我们伟大的祖先了。

关于甲骨文的发现，学术界也还有一种说法，最早发现在甲骨上有神秘刻痕的是一位河南的古董商人叫范潍卿，是他把这些奇怪的甲骨送到王懿荣府上的。由王懿荣研究出这是一种早于金文的已经失传的尚未被世人所认识的古老文字。因为在中药铺里卖的“龙骨”是要磨成粉末的，王懿荣是不可能从药铺中的一味中药中发现整块的“龙骨”的。但王懿荣“甲骨文之父”的认识是学界公认的，他对中国文明社会发现的贡献是无人能比的。

其实古文字的发现很多都是带有偶然性的，中外古今概莫能外。

比王懿荣早整整100年的1799年拿破仑发现了古埃及文字，也是一个极偶然的机会：1799年拿破仑的部队在埃及吃紧，部队修筑战壕防止英国军队的进攻。挖出一块黑褐色的玄武岩的半截石碑，士兵一看这段石碑挺特殊，因为它是两面有字，没人能认识，但可以确定碑的两面是两种不同的文字。擦拭这半截石碑的军官是位读过大学的知识分子，他知道这半截石碑绝不平常，它可能向世界揭示一个伟大的秘密,就向上报告,“罗塞塔碑”被发现了,因为在埃及罗塞塔发现的,故有此名。原来这通断碑两面有三种古文字。一种古文字是古埃及的象形文字，以圣书体书写的，就像中国的篆书。下面是古埃及的草书体，就像中国的行草。古埃及的象形文字和楔形文字是其文明古国的历史见证，为世人公认，也为世人苦恼，因为它不为人知，没人能破译。罗塞塔碑就像一本“密电码”，使人类破译了古埃及的古文字，因为在碑的另一面是古希腊文，这些对照的古希腊文字，人类是早已知晓的,这样就破译了古埃及文字。比中国人破译甲骨文整整早了100年,后来法国军队战败，这块有着重大历史意义的断碑被情报灵通的英国军队掳走，现放在伦敦大英帝国博物馆内埃及馆的入口处，如有机会，可以去一看。

对古文字的认识、很多都是偶然的。1000年前中国的西北有一个一度很强大的少数民族叫党项族，建立了夏王朝，史称西夏。西夏有一种很神秘的文字，和这个民族一样，很神秘地消失了。一代天骄成吉思汗也死在西夏兴庆府的城墙外。西夏和北宋是同一年灭亡的，公元1227年对北宋和西夏都是灾难之年，“靖康耻，犹未雪”，就是指这一年。不同的是西夏亡于元，北宋亡于金。以后也发现了很多西夏文字的残片，但无人能解，无人能识。一度西夏文字也被称为死亡文字。对西夏文字的认识也要感谢一通碑，这不是一通断残碑，而是一通完整的石碑，叫“感通塔碑”。

1804年回家闲住的一位清末史学家叫张澍，家乡在甘肃武威县，他也是位考古学者，武威县有一座寺院叫清应寺，他常去，寺有一亭子，亭子的四周皆被砖砌死。他很好奇，问寺中主持皆言数百年如此没人敢动。他让人打开，寺中人不肯，经反复做工作，主持终于同意。打开以后未见妖魔鬼怪，亦未见奇观异样，只见亭子的中央立一通碑。这通碑叫感通塔碑，是一块详细记载这个寺院在西夏王朝期间重修的铭记碑。关键是碑的正面刻着一种奇怪的文字，没人能认识，这就是西夏文字，但碑的后面也刻着相对应的汉文，汉文是可以对照的、通读的，这块碑也成了认识和破译西夏文字的“密电码”。张澍知道它的价值，立即整理，研究出版，想可能是西夏消失后，寺中的主持冒违王命之险，把这通石碑保存下来的。

据我所知，中国的古代文字或称历史文字现在唯一还被称为“死文字”的只有契丹文，契丹人建辽以后发明了自己的文字契丹文，我们一直在研究，现在无人能破译。辽之上都就在北京，西京在大同，但至今没有出现“偶然”的机会。

三

王懿荣一共收集了1500块甲骨文，商人们也知道甲骨文值钱了，有价值的甲骨文一块卖到一两甚至二两银子。1900年王老先生先吞金后投井而亡后,他的儿子们不得不出售家中的甲骨文。中国有句成语叫：洛阳纸贵，那是比喻，说左思写成《三都赋》，人们争相传写，以至洛阳纸贵。“洛阳今纸贵，犹写太冲词”。但甲骨文的贵，是真贵。一片甲骨文竟能卖到一两银子。在王懿荣收购甲骨文前，甲骨文是论斤而市的，一斤甲骨文才6文钱。一下子徒涨数百倍，贾人言利不假。王懿荣死后，王懿荣收藏的甲骨文又面临着灾难。此时有一大学者、考古专家、金石专家，叫罗振玉，他把王懿荣收购的甲骨文全部买下，并继续大量收集。甲骨文热起来以后，不仅中国的方家收藏，连日本甚至欧洲的古董商、文字专家也都忙着收集。当时中药铺的老板和进货商都称“龙骨”来自河南的汤阴。很多学者都纷纷赶往汤阴，包括罗振玉都被骗过。研究甲骨文的大家纷至沓来，把甲骨文的研究推向了一个崭新的高潮。罗振玉的研究更深一步，他弄清楚了甲骨文的真正出处。当时甲骨文一块都卖到一二两银子，因此古董商就搞垄断，把甲骨文的出处掌握在自己手中。罗振玉经过研究认为甲骨文的出土地应在殷都，在殷商的国都，而不会在汤阴。甲骨文出土地点的确定是甲骨文研究的重大突破，就甲骨文研究来说应该是里程碑式的，罗振玉先生的建树是不可泯灭的。现在我们已经无法知道罗先生是怎样确定甲骨文的出土地点在河南安阳西北五里路的小屯村。一说是罗先生手持研究的结果直接询问王懿荣曾经抓过中药的中药铺老板。我认为王懿荣抓中药的中药铺应该是鹤年堂而不是达仁堂。我在拙文《杀人杀在菜市口》中专门描述过鹤年堂。因为达仁堂不在菜市口，王懿荣因病抓药不可能舍近求远。一说是罗先生亲自查问古董商范潍卿。随着甲骨文的大量出土，才把甲骨文的研究推向了一个高峰，这才明确了甲骨文出土于殷墟，甲骨文又称殷文、商文，把中国文明史至少向前推了一千多年，这是多么大的功劳啊！以致于人们戏称：殷墟不虚！随着罗振玉先生率一行人去小屯村挖掘甲骨文，甲骨文的大规模发掘才开始。了解甲骨文，研究甲骨文都不能忘了罗振玉先生。老先生痴迷于对甲骨文的收集和研究。对甲骨文的研究做出了不朽的贡献。老先生曾说，他死后就埋在小屯村，伴随着他的甲骨文的考证和研究事业。可惜，老先生未能如愿，75岁客死旅顺。

甲骨文的大量出土，对甲骨文的研究有了突破性进展。因为只有文字多了才能系统地研究，如果只有几个单字就不可能深入研究，比如陶文，可能更早，但发现得太少了。我曾经看过陶寺文化出土的扁壶陶片上有两个文字，这两个字都好认，一个是文化的“文”，一个是“尧”字，专家研究推测，尧指尧都平阳，今日之临汾也。新石器时期人类活动的主要地点就在临汾的襄汾一带，现在还有襄汾的丁村人遗址。但陶文发现得太少了，不能作为一种文字来研究，很可惜。当然也还有一种说法是在王懿荣投井殉国以后，由刘鹗把王留下的甲骨文全部收买下来。刘鹗的名气不在甲骨文的研究上，而在他有一部在晚清文学史上能有一席之地的小说《老残游记》，一般人不知道刘鹗先生还是考古专家、金石专家。刘鹗手中收集有一千多片甲骨文，他和他的朋友，也是他的亲家就是大名鼎鼎的罗振玉共同研究，于1903年编辑出版了《铁云藏龟》，刘鹗的号为铁云。他把1045片甲骨文都拓印到书上，有的还做了研究、解白，刘鹗认出了近50个甲骨文文字，如“甲、乙、丙、丁、子、丑、寅、卯”等等，对甲骨文的研究起了很大的推动作用。

对甲骨文的发现、研究还应该提及一位外国人。这位外国人在中国有一位名气很大几乎家喻户晓的老乡叫白求恩。此君亦为加拿大人，叫明义士，也是“不远万里来到中国”，他初来中国的目的是传教。此君为传教士，但爱好广泛，学识渊博。1914 年他就摸到了安阳殷墟的小屯村，开始大量收购甲骨文。以致附近出土的整坑的甲骨文都被这位老外买走了。连小屯村的孩子都认识他，知道他收购骨头，见面都会问他，你要龙骨吗？上面有字的！明义士几乎成为专业的甲骨文收集家。当然他也有被骗的经历，安阳人也会作假，他收购的“甲骨文”时间一长就恶臭起来，显然是新骨头做假的甲骨文，因为甲骨文经过几千年岁月历史，像玉质石质一样怎么可能有味呢？但明义士也炼就了一双“金睛火眼”，以后要再骗他也不容易。明义士于 1917 年出版了《殷墟卜辞》。这是世上第一部甲骨文摹本著录书。1928 年他又完成了《殷墟卜辞后编》共墨拓甲骨 2819 片。1933 年他又完成了《甲骨研究》,1935 年出版了《伯根氏旧藏之甲骨文字》。明义士被誉为“西方甲骨学研究第一人”。顺便说一下明义士先生的中文汉字写得非常漂亮，坦率地说可以称得上是硬笔书法家，我们很多中国人包括高级知识分子的中国字是写不过这位给自己起了一个很有意义中国名字的加拿大人。令人敬佩的是明义士的甲骨文情操，他晚年生活很拮据，甚至伸手向儿女借钱度日，但他从未出卖过一片甲骨文。他曾立文要把他收集存放在北京的甲骨文全部捐给齐鲁大学。后来明义士的同事不知何种原因把他存放在天津的 5000 片甲骨文运回到加拿大多伦多。明义士闻讯后又租用仓库把这些甲骨文先暂时放在车站的仓库中，准备寻机再运回中国。1957 年，明义士因心脏病病逝于加拿大多伦多。3 年后，他存放在多伦多的 5000 多片甲骨文，由他的妻子、儿子全部捐赠给多伦多皇家安大略博物馆。但明义士留在中国的甲骨文多达 30922 片。明义士不朽！他为甲骨文的发现和中国文明社会的发展做出的贡献不朽！

真正将甲骨文由文字学演进到史学的第一人，则推王国维。王国维是四大国学大师之一，他用“二重证据法”把出土的甲骨文和历史对照研究，在古文研究上开辟了新的领域。郭沫若曾赞颂说："王国维……遗留给我们的是他的知识的产品，那好像一座璀巍的楼阁，在几千年来的旧学的城垒上，灿然放出了一段异样的光辉。"

研究甲骨文有"四堂"之说："即：殷墟卜辞研究自雪堂（罗振玉）开先路；观堂（王国维）继以考史，彦堂（董作宾）区其时代，鼎堂（郭沫若）发其辞例。固已极一时之盛。"

已出土的甲骨文大致有15万片，其中罗振玉收集的有5000多片，日、美、德、俄等外国专家弄走了5000多片。另外有近10万片被收藏在24个省市自治区的博物馆。但其中真正的全片大片的甲骨文不多。当然也有不同的统计口径。据胡厚宜先生统计，大陆存甲骨文97600多片，台湾存30200片，香港存89片；日本、美国、英国、加拿大等12个国家存26700多片。

对安阳小屯村的发掘成规模的大致一共十三次，专家、大家都亲临现场，除罗振玉，还有梁启超的公子梁思永，王湘、胡厚宜、李济等等都是考古的权威。当时比较年轻的夏鼐也参与了，解放后他还曾参加过十三陵中定陵的挖掘工作。

对甲骨文的挖掘最有名的是1936年6月12日对殷墟的12坑的发掘。当时已准备收工，收获并不大。但下午四时突然出土大量的龟板，一下子就出土了3700多块。于是，决定加大挖掘的力度。当时坑很小，只能放下去两个人，挖掘条件很艰苦。因脚下就有大量的甲骨，两个人活动的余地很小，不得不一个人挖，可贵的是挖掘出许多整版的甲骨文，可惜的是很多大版、整版的甲骨文一碰即碎。专家们看到一版一版地出土的甲骨文，满版有大字、小字、朱书、墨书，兴奋不已，像我们现在的书，一迭一叠一摞，很小心很小心，否则，生怕碰碎。想办法连土装箱，吊运上来，然后上火车、坐轮船，运到南京中央研究院历史语言研究所，在工作室内由专家下手，剔剥、清洗、绘图、拼合、编号，历时三月有余，一共出土17096片，其中整版的甲著有320版。真了不起！

据统计，甲骨字数有约3500个字，其中可识的有1500个左右，未被识出的多为地名或祭祀的名称。路还很长，文字专家认为，一种文字从发现到成熟至少要经过2000年的发展，而3500年前的甲骨文已经是比较成熟的文字，按此前推，最早的汉字应出现在夏或更早的时代，甲骨文的研究为中国文明史逾5000年提供了有力的佐证。

甲骨文与古埃及纸草文字、巴比伦泥版文字、美洲印第安文字，并称世界四大古文字。其他那三种古文字都中断了，都不如甲骨文的研究这么系统,这么出成绩。现在我们发现的近3500多个甲骨文单字中，能够释读的有1500字，其余的多属于地名、人名、祭祀的神，有的字只出现一次，便未见延用，现正在考释。但已发现的甲骨文文字的数量并不等于当时殷商社会文字的使用量，当时的使用量肯定更多。

四

甲骨文中最多的是占卜的卜辞。

比如举一条商武丁王时的卜辞，武丁王在位是商王朝最为强大的时期，当时青铜器也已发展到一个登峰造极的阶段。“武丁中兴”是夏商周时期的盛世，它应该可以和“文景之治”“贞观之治”“康乾盛世”相媲美。只可惜它距离我们太遥远太遥远了，我们对这个中兴王朝的盛世之况了解得太少太少了。但我们从甲骨文的记载和青铜器的制造和铭文中已经能看出武丁中兴之世的繁荣强大。武丁王有两个宠爱的妻子，一个叫戊，一个叫妇好。这两个女人的名字特别是妇好的名字经常在甲骨文中出现。记录占卜辞是有严格格式的，像我们现在的公文行文，占卜辞是这样写的：先写“癸巳卜”，首先要写明占卜的日期，癸巳日。下面要记上占卜的史官，就是巫师的名字，叫吉，“吉贞旬亡祸”。格式是先有日期，再有记录人，然后就是卜辞的内容了：“贞旬亡祸。”贞就是问问神，打一卦占一卜的意思。旬：一旬十天。亡祸：有什么灾祸没有？顺不顺？下面是王占曰，是商武丁王占卜的，占卜的结果是个下下卦，不好，因为卜辞中说“有祟”。王占曰：有祟，其来有难。说得很明白了，武丁王占的这一卦不吉利，因为卜卦上说不好有祟，有祟就是有灾有难，有难临头。下面又刻着：迄至五日丁酉。

意思是这个卦这个卜验灵不验灵呢？五日后见分晓。丁酉日果然有难，难来自西方。实践证明武丁王占的这一卜还真准，真靠谱。原来西方的侯伯来告曰：西边土方正征讨我东边，已经攻陷我两城池矣。工方也入侵我西边的边境。土方、工方都是商朝时的邻国，经常发生战争。原文我不再赘述，“土方征于我东鄙，侵二邑，工方亦侵我西鄙田”。这是甲骨文中比较完整的一个选版。

甲骨文的行文是很有规格的。程序很严格，先有日期，后有记述之人，再为占卜者谁为？占卜的内容何者？占卜的结果如何？何日何时验灵？格式一般为左为卜卦，右为卜辞。这些甲骨文的卜辞都要像我们的档案一样保存下来的，所以才有一版一版的甲骨文叠摞在一起，备案备查。商人非常崇神，非常信神，祭神问神不断，大事小事都要问神是向神表示尊敬。

在小屯村出土的一块甲骨是这样记录的:戊午卜(即戊午那天卜卦)“谷贞”(即名叫谷的人卜的卦，谷应为一名巫师)卜卦的内容是：“我狩猎禽？”(我们去狩猎,能擒获猎到什么？)下面就记录着狩猎的收获，就是卜卦的回应：虎一、鹿四十、狐一百六十四，鹿一百五十九……由文中可见当时商朝时的狩猎规模、狩猎水平、狩猎工具等，狩猎在当时是王的一项重要活动，也是当时的一种习俗。人类是由狩猎而来，这种活动一直延续下来。因此每遇狩猎必先由巫师打卦占卜，用甲骨文记述就是入档。据另一甲骨文记载，曾在一次狩猎中，猎得虎 2 只、鹿 162 只。据董作宾教授考证:这片甲骨文应是商朝武丁在位时的东西。上面举的另一个例子也是武丁王的占卜。商应在公元前 17 世纪灭夏桀而由商汤建立，商朝建王朝多少年？一说 629 年，一说 458 年，一说 471 年，说法不一致，但商王朝的商王世系基本上是一致的，历十七世三十一王，到其二十王盘庚王时把王朝的都城由“有熊”现在的新郑迁往殷都，即现在的安阳，史称殷朝、殷商。武丁是在三十一王中的第二十三王。据甲骨文记载，武丁王是个很有能耐、很有作为、很有志向的王，传到武丁王时，殷商王朝已经尽显败灭之迹，内忧外患。

武丁王正要有所作为时，一天有一只“飞雉”大飞鸟突然落在一只鼎的耳朵上鸣叫，三足两耳鼎，也是商人祭祀上天神鬼的祭器。商人崇神，信兆信鬼，故武丁王就犹豫了，他猜想是不是老天有别的意？是不是神不答应？“武丁惧”。武丁王害怕了，这时他的大臣，叫祖己，是位贤臣，用苍天在上希望你内修政事、惠于臣民，才是神鬼之意来解释雉鸣之事，以此开导武丁。武丁打消了顾虑，于是“武丁修政行德、天下咸欢、殷道复兴”。武丁是位了不起的君王。在甲骨文中，武丁的卜辞有很多幅。前面讲过武丁王是位很了不起的中兴之王。武丁王很宠爱他的一个叫妇好的妻子。妇好也是中国历史上第一个留下姓名的女性。当妇好怀孕要分娩时，武丁王当然要占卜打卦，要预测一下，问神问天，从卜辞中也可以看出中国古代社会，远在3500年以前中国人的生育观和人生观。在一片甲骨文上记载着两个字：唯女。它的右半边是：“甲申卜，贞：妇好娩。嘉？”王占曰：其唯丁娩。其为庚娩，弘吉。三旬又一日甲寅娩，不嘉，唯女。意思是在妇好分娩前武丁王曾经占卜，问卦：说妇好就要分娩了，吉利吗？嘉有两层意思，之一是能顺顺利利生产吗？之二是能生个男孩吗？其唯庚娩，只有庚日分娩是大吉大利。到三十天即三旬日甲寅那天才分娩，不嘉，不吉利，因为妇好生了一个女孩。可以看出武丁王和妇好之间的关系，可以看出中国自3500年前就有重男轻女的思想观念。生男就是大吉大利，生女就是不吉不利。又如：甲辰卜，古，贞：疾舌，隹有它？意思是甲辰那天占卜，问天问神说，王的舌头有毛病，不舒服，有疾，是不是鬼神在祟呢？这反映了3500年前我们的祖先把得病归咎于鬼神的，病起于鬼，愈于神。

甲骨文中有很多全版的甲骨，这些龟甲是从何处而来？安阳附近有龟鳌，但没有那么大的、没有那么多，那么这些龟版是何处来？据专家考证，商时刻文的龟甲，绝大部分是来自南方，长江中下流一带，是其藩属国家贡献给王室的。可见公元前17世纪时，长江中下流区域直径一米乃至更大的龟鳌是不罕见的，由此也可得出一个结论：甲骨文绝大部分是王室所为，即像青铜器皆为王室贵族所有的道理一样，属于“中央档案”。

看甲骨文，就要看甲骨文字，看甲骨文的行文笔法。甲骨文的笔法很讲究，很像现代的金石艺术，尤其是一点一勾、横行竖直都很有规矩。甲骨文从不同的角度用刀，刻写出多彩多姿、风格多样的甲骨文字，我们今天可以清晰地看到，刀锋在甲骨上任意纵横，游刃有余，刀刀、笔笔都见功夫。整个字结构稳定俊美，笔画疏密得当，准确流畅，遒劲有力，生动形象。在中国文字史上独领风骚。呈现出一种独特的视觉效果,显示了古代书法艺术的古朴美和率真。让后人别开生面，耳目一新。中国书法艺术就是从甲骨文开始的，甲骨文大师郭沫若就曾由衷地感叹道："卜辞契于龟骨，其契之精而字之美，每令吾辈数千载后人神往……现存契文，实一代书法。而书之契者，乃殷世之钟王颜柳也。"郭沫若把商代甲骨文的刻写列入了书法艺术，把甲骨文的刻写者比作殷商时代的钟繇、王羲之、颜真卿、柳公权。甲骨文对中国书法的影响是不可估量的。我们现在有书法家专门研究、模仿、发扬光大甲骨文。我在全国中青年书法家大赛的展出厅里曾经不止一次地看见中青年书法家写的甲骨文，站在挂轴前面，又一次让我感到了我们祖先的伟大。

最后看一看甲骨文中最常见的"干支计时"问题。如果我们不懂干支计时，恐怕我们就看不懂甲骨文，因为甲骨文每条卜辞都在最前面标以时间，即干支计时。我感到震惊和不可思议的是，我们的祖先真是太聪明了、太智慧了、无与伦比了。甲骨文上有一版明确的《干支表》干即指天干，即把天干的 10 个记数：甲、乙、丙、丁、戊、己、庚、辛、壬、癸；支就指地支，12 个记数：子、丑、寅、卯、辰、巳、午、未、申、酉、戌、亥。按排列组合排列下来，正好是 60 个一轮回，比如甲子，乙丑、丙寅、丁卯等等，这就是我们俗称的六十甲子。用来表示年、月、日，周而复始，循环使用天干地支来记录时间，这真是一项伟大创造，是显示人类文明的伟大工程。十天干，十二地支，科学地排列组合，构成了数的世界。10 和 12 是 60 的两个公约数，60 是 10 和 12 的最小公倍数，有了这样的十进位记数系统，加上六十循环的干支表。《甲骨文合编》中就有编号为 37986 的甲骨文，上面刻有完整无缺的干支表，起于甲子，止于癸亥，正好是一轮甲子。甲骨文中的《干支表》是中国也是世界人类最早、最科学、最完整，最实用的日历，甲骨文中常用的“甲午卜”“庚寅卜”就是用的干支计时。直到今天，连桑田都变成沧海了，平原都变成山陵了，人类都已经上天入地了，试管都能生出婴儿了，计算机每秒都可以计算几千万亿次了。但夏商朝时中国人发明的并明确记载在甲骨文上的干支到今天一点都不改，一点都没变，依然沿用着、应用着。我们为我们的祖先而骄傲，为我们的文明而自豪。

又想起孔夫子那句亘古不灭的哲言：“逝者如斯夫，不舍昼夜！”

神鬼饕餮

饕餮亡矣。饕餮已亡三千多年矣。

直到公元1939年饕餮又再世，让世界迷惑，让天下不解。

饕餮为何物？为何而生？又为何而亡？从亡而复生三千余年与之擦肩而过，饕餮一梦三千年。是河南安阳县小屯村一位叫吴希增的农民把它唤醒的。

历史上记载吴希增的文字极少，但有一点可以断定，吴希增绝非一位老实巴交面朝黄土背朝天的老农民。他有些文化也确有“野心”，不安心土里刨食，幻想有朝一日暴富发财，他的野心就集中在寻古上。吴希增是先行者，在他身后有成千上万的农民在其后近百年和他做同一个梦想：“要想富挖古墓，一夜变成万元户。”

说吴希增不简单是因为他知道他生活的安阳县小屯村地下有宝，隔着黄土就是他的梦想。因此他锲而不舍地用洛阳铲探宝，没有人能否认他是考古的行家，至少他在安阳县是最早把眼光盯在黄土层下的地道农民。

关键是吴希增把梦变真，就是他发现了中国的国宝：司母戊鼎。直到今天无任何能撼动它国宝、国之重器的霸主地位。

在中国已出土的青铜器鼎中，有两件之最，一为毛公鼎。毛公鼎鼎内有499个铭文字，是青铜器中最长的铭文，现藏于我国台北博物院，乃重器之中之重器，青铜器之国宝；二为小屯村农民吴希增挖出来的司母戊鼎。司母戊鼎是迄今为止全世界最大、最重、最高的青铜器，这尊四足大方鼎后称后母戊鼎，还是铸饕餮图最多、最复杂、最生动、最精乐，也是最神秘的，饕餮与大方鼎同时出世。大方鼎让专家惊讶、兴奋、震撼、鼓舞，而那些铸在大方鼎上的饕餮图案却让专家们困惑、猜疑，感到难解，不可思议。

大方鼎不是裸鼎，而是四周有着一道道美丽的纹饰。这尊威武、尊严、雄壮、气贯天下的后母戊鼎的鼎身表面是以云雷纹为底，生动形象充满想象，器耳上浮雕着一列鱼纹，鱼纹相贯，首尾相含，细腻逼真；两耳外侧装饰着一对虎噬人纹，这对虎凶猛，虎身健壮，虎爪呈威，正虎口大张准备噬人。双虎趴沿，有专家说是镇邪驱恶；也有专家说两虎相对争吃活人是巫师自喻。从大方鼎上的双虎虎口大张，凶相毕露，共衔一颗人头，可以看出商代的青铜铸造工艺和其艺术造诣，既逼真写实，又适度夸张。

在大方鼎的四足上，铸有很神奇很奥妙的纹饰，仿佛写实，又似乎在写意；是抽象的夸张，又好像是综合的艺术表现；非神非怪，似兽似妖。据说当年有专家曾伏在地上细心观察数小时，以致于非人搀扶而不能起来。这就是饕餮纹。失踪数千年，假死而生。无论是对中华文明的艺术探源，还是对先人观察万事的视觉都是极难得的机遇，饕餮死而复生。

饕餮为何物？三千多年后能否予其正名？

最早记述可能是《左传》言炎帝部落一首领缙云氏，有个不争气不成器的儿子，几乎无恶不作，无善为之，天下之民遂将其与上古三恶人一视之，归类为“饕餮”，简而言之，《左传》上说的饕餮就是部落中的“恶少”，有些像西晋时的周处。人皆恨之，又皆怕之。于是商周时期部落的勇士们便将饕餮的形象装饰在青铜礼器上，这样使敬天敬神敬巫的礼器显得更加神秘庄严，气势不凡。可见《左传》上描绘的这个小恶霸其长相应该不仅丑而且恶，不仅恶而且凶。把饕餮的面容做成饰纹是取其恶、凶、猛，我理解，作为上供礼器上的饰纹，应该具有镇邪避恶之意。而后《吕氏春秋》中记载却截然不同，其云:“周鼎著饕餮，有首无身，食人未咽，害及其身，以言报更也。”按《吕氏春秋》描绘，饕餮就是只恶兽。无论恶人还是恶兽，饕餮从青铜鼎里蹦出来就是来者不善。

专家有高论。西晋学者杜预为《左传》作注时,曾专门解释“饕餮”,何物为饕餮?杜预未能直言。天下有无饕餮?杜预亦无言。但杜预诠解云:“贪财为饕,贪食为餮。”由此看来,饕餮非但表面不善,恶也;而且内心,其性亦不良,一为贪财,二为贪食;未言其贪色。

那么天下到底有没有饕餮?饕餮每次跃然于青铜器上,彼有大将风度,或领兵引将,或簇拥其间,或群星捧月。以我见过的青铜器看,商周时期青铜器上的饰纹绝大部分表现都是自然界中真实存在的,我们的先人们看到、感到,再把它们表现出来,让人们看到它们亲切、自然、真实,比如牛头纹,它基本上就是牛头的再现,可以说是活灵活现,一眼再现。公元1977年洛阳北窑西周墓出土的一尊青铜方鼎,鼎有纹饰,鼎腹四面的均为高浮雕牛头纹。牛头的特征表现鲜明突出,以鼎之突陵为牛鼻子,左右双目、牛眼大瞪,阔口露齿,牛角翘起,似乎牛在发怒?抑或是发威?细看整个牛头的五观似乎都在表现,透露着一种牛的脾气、牛的大气、牛的庄重、牛的威严。这也说明西周早期牛在社会和人的生活中的地位。这种植于青铜器的牛的图腾,说明商周时代人的思想和艺术的取向。

1959年正值秋收之际,湖南省宁乡县黄材村一位姓黄的农民真有福气,一锄头竟刨出一件国宝、国家一级文物:大禾人面纹方鼎。此方鼎是我看到过的纹饰最新颖、最奇特、最有创造力的,四个鼎面都铸有一张表现各异,又十分逼真的人脸。专家研究,称其为“大禾”,是因为鼎腹内壁近口沿处有此铭文。“大禾”很可能是铸此鼎的匠人或负责监制的名字。无论如何,这四面的人脸无疑是一种写实,把大禾周围的人,也可能就是大禾本人的脸活脱脱地铸刻在鼎上。毫无疑问,商周时期青铜鼎纹饰中有相当大的一部分是写实。

晚商至周初时代,应该是青铜器的“勃兴期”,这个时代的青铜器类骤增,各种动物纷纷踏上青铜器的舞台,一些动物如大象、老虎、牛、马、兔、鱼甚至鸮,都做得相当逼真,相当生动,用栩栩如生形容一点都不过分,如在商武丁王之妻妇好墓中出土的妇好鸮尊,简直是一只注入了神灵的青铜鸮,活灵活现的猫头鹰,难怪它是国宝、国家一级文物，河南博物馆的九大镇馆之宝之一。

凭空想象，虚无创作的青铜制品不多，即使是纹饰也多取自生活，取自自然，最常见的云雷纹、鱼纹、蝉纹、凤鸟纹、叶形兽体纹、人体纹又称“神面纹”，可能高于现实，抽象于现实，但一眼可辨，皆源于现实、源于自然、源于生活，这是商周时期青铜器制品的基调。即使是龙纹，也是四足之虫，类似于今日的四脚蛇、壁虎，我一直怀疑也一直在考证，中国龙的图腾，应起源于蜥蜴，也是由实化虚。

在首都博物馆大厅中，有一尊高数十米的青铜建筑，那上面的纹饰就是鸟纹，多么美丽多么漂亮又多么诱人，那青铜的鸟纹分尖尖的勾喙，抬起的前爪，高昂的鸟头，鸟身上漂亮的羽毛，然后是鸟的后爪，鸟卷起的尾巴，还有似张未张的翼翅。让我崇拜，让我感动，让我自豪，也让我骄傲，那就是我们的先人，现存于美国旧金山博物馆的一尊商晚期的青铜犀牛，制作得如此逼真让人不敢相信，连犀牛眼神的灵气都能让感受到，犀牛的耳朵、牛角、鼻子、嘴巴无不恰如其分，甚至连犀牛的双眼皮都铸造得真真切切。没有人能想象，制作此铜器的匠人未见过活的、真的犀牛。因此我也推测，至少在三四千年前中原地区尚有犀牛存在。见到“中国犀牛”并非难事，因为当年制作青铜器的匠人并非贵族王公。

由此我认为，数千年前中原大地有一种动物，这种动物应极像饕餮，或者说商周的青铜匠人见到过类似的动物才萌发了创作的意图。

饕餮的确有头无身，无四肢亦无尾。因此才有似妖似怪，似有似无的数千年命题。但饕餮其长相依然清晰明了，饕餮长着一对弯角，一对叶形耳，眼睛呈“臣”字状，最突出的是两个大鼻孔，鼻孔向前，嘴中有獠牙，獠牙呲在唇外。

就獠牙、鼻子和凶狠、贪食来看，我认为先人之世时，至少参考了两种动物，之一是野猪，之二是剑齿虎。也可能还有一种凶猛的动物头上长有弯角，嘴中呲出獠牙、鼻孔大而圆，竹叶似的虎耳，眼睛像猪目。这种动物现在灭绝了，不等于说几千年前没有，很可能很普遍。比如中国的华南虎，中国人老幼皆知的武松打虎，李逵力杀四虎距今天并不遥远，解放以后猎杀华南虎的新闻报道还屡屡见报，据专家考证最后一只华南虎大约是在20世纪60年代消亡的。从此华南虎绝种，谁能想象三四千年后，再有人提起华南虎不被那时人议为妄想邪说呢？

我在甘肃的和政古动物化石博物馆看到，竟然有那么多巨型的动物，我站在三趾马的化石前，不及马腹；那巨大的铲齿象让人大开眼界，原来生活在这里的大型巨象还生有一把像大铁铲似的长板状门齿，我甚至怀疑人类近期发明的挖土机、铲土机等机器的原始起因概由此出。尤其是大型剑齿虎，它凶残圆瞪的眼睛，它呲出口的两颗獠牙，谁能说我们的先人在创造青铜器上的饕餮纹时没有看见过剑齿虎？大胆地推测一下，可能直到夏商周时期，中原一带还有剑齿虎，匠人们见过、听过，因此才有了饕餮的创作。

在河南偃师二里头遗址曾发现夏代嵌绿松石青铜牌饰，这种青铜牌饰出土时位于墓主人胸部，可能是衣服上的装饰，也可能是乞神保佑的，其眼眶形状近似饕餮纹上的“臣”字目，因而有学者认定是为最早的饕餮纹，我认为有些勉强。

悠悠然，历史一晃何止数千年？当年饕餮在青铜器纹饰上独领风骚，称霸青铜鼎，多少有些像恐龙称霸地球，但持而难久，兴而必衰，盛而必竭，巨无霸恐龙仿佛在一夜之间就消逝了，变成了白骨化石。恐龙为何而亡？因何而逝？直到今日方家专家各有各理，科学家还在寻找科学依据。饕餮仿佛也走着恐龙的路，它兴起于商周时期，几百年间大行其道，仅仅几百年，与恐龙相论可谓一瞬间一刹那儿，可谓眨眼一激灵，饕餮又神秘地隐去，依附在青铜器上，走进历史，走进黄土，走进地下，饕餮身前身后该有多少秘密？饕餮身上该有多深的奥妙？

谁解其中味？

寻找金缕玉衣

一

郭沫若三生有幸。他亲睹了二千四百多年的“完整版”金缕玉衣。

那是1968年5月一支解放军工程兵在河北满城陵山打山洞做战备工程时，当战备隧道打入陵山这座石头山28米深时，正巧打在西汉王朝中山国靖王刘胜陵墓耳室上方，中山王的陵墓被发现了。解放军战士顺着打开的石洞坠绳而入，借着手电筒的电柱发现那里竟然是一座规模宏大、气势不凡、修造考究、陈设华丽、器物十分丰富的地下宫殿。顺绳坠下的工程兵战士看得目瞠口呆，不知是被吓得还是被惊得竟然在第一时间内无一人发声。

解放军发现古代大型墓葬的报告被直接送到国务院总理周恩来的办公桌上。据说二千多年间，曾有数十拨盗墓贼光顾过陵山，也曾有各个时期数十个盗墓洞把陵山钻得七孔八洞，但陵山山体坚固，完整的玄武岩让各个朝代的盗墓贼饮恨而归。中山靖王陵墓岿然不动，刘胜长眠不动，中山靖王王梦未醒。

汉墓到元末基本是十墓九空，汉陵则更甚。盗墓贼都起得早，嗅觉很灵敏，但中山靖王之陵墓是未被盗挖过的。时任中国社会科学院院长的郭沫若亲自前去考察，郭沫若那年68岁，急如星火地赶到满城。他是中国第一位走进刚刚开启的西汉王陵内的考古专家。在此之前，除去几位解放军战士再无他人走进。再往前推，翻开历史的记载，除去盗墓贼，无人走进过汉朝时代的王陵墓中。郭沫若有幸矣。

当郭沫若走进陵墓主葬室看到中山靖王刘胜穿着全套玉衣平躺在

棺床上时，郭沫若激动起来，兴奋起来，他从头到脚，细细端详，用手指轻轻抚摸玉衣上的玉片，认真地察看连结玉片的金丝扣结，郭沫若指点着2400多年前中山靖王死后穿戴在身上的玉片寿衣呼之：金缕玉衣，金缕玉衣！从此这种两汉时期帝王死后入陵时身着玉衣从满城汉墓始定为官称。有专家云，翻查《史记》《汉书》甚至后世人写的前后汉的野史，未有金缕玉衣之称。史书上只记有玉衣、玉柙之谓。但郭沫若一言九鼎。金缕玉衣就如马踏飞燕，皆为郭氏命名。虽然亦有专家提出马踏非飞燕，马踏应为弋鹰、鸿鹄、鹞鹰等，但其名难撼矣。

其实早在1946年9月，河北邯郸郎村西汉象氏侯刘安意汉墓即被盗挖，后在发掘中发现，墓中出土了许多大小不一、形状不一、薄厚不一的玉片，玉片一面抛光，一面原版，四角处都有细小穿孔，有的穿孔中还留有铜绿色，出土时玉片就在尸体旁边，让人不解它们究竟是干什么用的？据说当时也没有人意识到这些小玉片的价值，后来都散失了，直至若干年后，还有人见到附近村里的小孩玩一种“跳房”的游戏，孩子们踢来踢去的正是这种不薄不厚的小玉片。那时候郭沫若先生在哪里？

1955年江苏徐州睢宁县九女墩汉墓又出土了这类玉片共229片，当时称其为“珉玉牌”，因出土数量多，引起考古界的重视。但这都是盗墓贼先来光顾过。据调查，在此之前，金缕玉衣被发现过多套，但无人以衣来称，因为盗墓贼窃得后，只有一个目的，就是变卖成钱。没有任何一个盗墓贼会对它的考古价值、文化价值、历史价值感兴趣。当时盗墓贼不认为那些小小的不规则的只有一面光泽的玉片能卖什么大价钱，甚至认为根本就不值钱，不过是一块打磨过的小石片而已，但连缀这些小石头片的都是金丝，对于金子的识别盗墓贼都有一种职业的敏感。他们共同的选择是把这件用金丝连的小石片“寿衣”从尸体上剥下来，然后把金丝抽下来，盗回去，熔化成金锭、金条再卖。至于那些小石片，则随手丢弃在一边。因此，从后汉、三国到至今，凡被盗汉墓中有金缕玉衣的，遭遇概莫能外。因此，1968年满城中山靖王陵发掘前，世上从未有过完整的金缕玉衣出现。金缕玉衣迷惑数代考古学家，金缕玉衣就是个谜。

二

中国厚葬之风始于何时似无定论，但盛于两汉却有此说。如东汉，历时不过195年，竟有190年国之上下都在忙着为皇帝修陵墓，可谓举国家之力，大兴土木。新皇帝上台开朝第一件大事竟然是为自己忙后事，据《晋书·索綝传》记载："汉天子即位一年而为陵，天下贡赋三分之，一供宗庙，一供宾客，一充山陵。"国家三分之一的财政税收都要用在修陵修墓上，且年年如此，天经地义。国之大事，事事皆要为修造皇陵让路。事死甚于事生，重于事生，更重于国计民生，厚葬之风日甚。两汉厚葬有三大发明，其一黄肠题凑；其二便是金缕玉衣；其三即凿山为陵。帝王陵墓汉之前皆封土造陵，如秦始皇的皇陵。汉高祖刘邦就曾制定下"陵制"，规定皇陵"高十二丈，方百二十步"。汉武帝茂陵的封土高46.5米。高高隆起的封土，标志着此处有帝王。但盗墓者亦明白，这封土之下便是金银财宝、奇珍异宝。聪明的帝王便发明了依山而墓，凿山为陵。让盗陵者无缝可钻，大有魔高一尺，道高一丈。直到唐代唐高宗李治和武则天的合葬墓乾陵之所以没被黄巢几十万挖墓大军盗掘，其主要原因就是采用两汉时期的凿山为陵的办法，让盗墓贼撞山而归。两汉厚葬的"三大发明"前两项随着人亡政息，随着曹魏提倡薄葬风气的兴起，变成了中国墓葬的绝版。比如，黄肠题凑，盛行于两汉帝王之葬。是帝王墓葬的标志。在帝王三椁两棺之外再选用黄心的成材柏树加工成高2.2米左右，直径应在1.2尺上下，黄心向内，一根一根并排排列开来，排成回字形，在外层紧紧保护着帝王的椁棺。故曰"黄肠"；其端头皆向内，故曰"题凑"。这样的黄心柏木长成材一般需要数百年，且极稀少。一片从战国时期就成长的天然黄心柏树林，成长到东汉时会因一座皇陵要用黄肠题凑被统统砍光。

1949年以来我们一共挖掘了20多座有黄肠题凑白汉代诸侯王墓，江苏盱眙大云山汉墓其陵园面积将近25万平方米，比汉代一般县城还要大，残余的大墓封土高达 150 米，50 层楼那么高，专家考证，江都王刘非的大墓刚刚封土时，可能高达 200 多米，那封土堆就是中国式的金字塔，比古埃及胡夫大金字塔还高几十米。

1979 年在江苏高邮市天山镇发掘的天山汉墓，是因为发现盗墓进行的保护性发掘，其木梓面积比湖南马王堆要大 18 倍，埋葬用的黄肠题凑足够一座原始的黄心柏木森林。有的甚至是千年古柏，自此以后，高邮一带乃至江苏都很少再有黄心古柏。一个皇陵一个王陵就是一片几百年的柏树森林，据专家估计，一座皇陵用的黄心柏树多达数十方，一片柏树森林的成才率都可能满足不了一座帝王陵的需要。汉代以后的这种礼制被悄然废除，很有可能是无成材的黄心柏树可伐。据说时至今日，这样成材的黄心柏树也是珍品极品树种。东西两汉的墓葬礼制几乎使中国丧失一种树种。

而两汉实行的金缕玉衣的葬礼，则是中华玉文化的集中表现。玉文化在中国起源最早，一说有 8000 年的玉文化史，一说至少有 6000 年。还有专家认为华夏文明在仰韶文化之前，就已经有了玉文化。到两汉时玉无论在帝王贵族之间还是在民间百姓都被认为是尊贵和高尚的，是神秘和充满奥妙的，围绕着玉文化的深刻影响，到两汉时期，玉文化终于几乎垄断了东西两汉的墓葬文化。华夏玉文化的一个特点是对玉的崇拜，对玉的迷信，对玉的追求，对玉的神话。

中国的玉文化几乎和中国的文明同步，在新石器时代玉文化就开始翻页。最早的玉器出现在赤峰地区的兴隆文化，随后逐渐传播到各地，到距今 4000 年时，全国基本被玉器覆盖。

2007 年发掘的安徽含山县凌家滩一座墓葬是 5300 多年前的，发掘表明，在新石器晚期，部落的首领死去，其陪葬品中竟有那么多玉器，可见玉文化在那一时期已经统治甚至垄断了人们的思想。虽然死去的部落首领早已腐化成土，但让人震惊的是其两手处，左手有十个玉镯子，右手也有十个。一个人戴二十个玉镯，其身下则是一片白花花的玉钺，那是象征权力的。这个墓一共发现三百多件玉器，而新石器时代晚期，一无机械，更无金属工具，全靠人工雕琢，从事玉琢的人都有一种神秘感和崇高感。因为玉能代表天，玉能代表神，玉是权力和尊严的代表，是地位和财富的标志。谁能掌控玉谁就能掌握天神的信物，所以天下之人都对玉崇拜、信任、迷信、顶礼膜拜！这就是当年玉文化的内核！

2012年在陕北发掘出一座古城，距今4300多年，在一段倒塌城墙的古缝里，竟然找出6件玉器，这是筑城墙时有意插入的，在城墙中筑入玉器，这在中国考古中从未见过，甚至从未听说过。这究竟意味着什么？追求着什么？向往着什么？寄托着什么？

三

我去上海博物馆曾见到一件西周时期的玉复面，青玉做的面罩，当时人死时下葬的最高礼遇，用玉面罩把脸盖住，这就是金缕玉衣的前身。人幻想通过神秘的玉死后能到达一种神秘的境界，追求一种转生的永存的生命力，幻想玉会带来永生的天堂。西周时期墓葬使用的玉复面和古埃及时代古埃及人使用的金面具是不同的，当东方的华夏人追求迷信和崇拜美石美玉时，西方的古代文明“玩”的是黄金，他们追求、迷信和崇拜的是金子。这是华夏文化和古埃及文化的分歧和区别。古埃及人做的金棺和金面具是浇铸而成的整体。中国的先人制作的玉复面是用小块的方形玉打磨后再用丝线把它们串联起来，也可能是把这些作成人脸状的玉复面用丝线缝在一块丝绸上，然后再覆盖在人脸上。当然这种玉复面的制作可谓能工巧匠，鬼斧神工。我曾经数过在三门峡虢国出土的一具玉复面，做得十分精巧，人的五官分明，大小有58块玉片，尤其是眉、眼、鼻、嘴、耳既生动又传神。

玉是被秦始皇捧上神坛的。此前虽然有和氏璧的传说，完璧归赵的故事，卞和献玉的传奇，直到秦始皇登基统一中国才把玉文化提高到正统文化。秦始皇用玉玺来代表国家的最高权力，让丞相李斯在玉玺上刻下八个篆字：“受命于天，既寿永昌。”

到西汉沫年，王莽篡政，逼其姑母当时的皇太后王政君交出传国玉玺，秦始皇刻在这方天印上的八个字厉害，这代表你的政权是否正统？是否合法？尤其像王莽是搞宫廷政变推翻前朝、改朝换代的，他更需要从秦始皇就传下来的传国玉玺做证明。王太后愤怒之极，将传国玉玺掷于殿阶下，崩坏了一个角，即使这样，王莽也不敢令人再打造一个，而是以黄金补上，金镶王，玉的神圣无与伦比。

1993 年，在山西临汾曲沃县曲村镇北赵村西南发掘的晋侯墓地，是唯一一组一夫二妻并列的墓葬形制。其中墓葬随葬品多达 4280 件，仅玉器就达 800 多件。在当时作为权力象征的玉戈就有 12 件之多，最突出、最抢眼的、最让人兴奋的，也是最值得写入玉文化历史的是女主人身上那串超级豪华的玉佩，其长度达 2 米多，从头覆盖到脚，由玉璜、玉珩、冲牙、玉管、料珠、玛瑙等各种珍贵玉饰 204 件串联而成，组佩中玉璜的数量就有 45 件之多，每件玉饰上都雕有精美的纹饰，其工艺精湛、庄重典雅，令人叹为观止。整组的玉佩结构之复杂，组合之规整，将玉佩的形制推向了极致。孟子曾感叹 :“集大成也者，金声而玉振之也。”现藏于中国国家博物馆的山西曲沃县晋侯墓地的 92 号墓出土的西周玉佩，七彩纷呈，造型新颖，和谐美观，艺术造诣让观者耳目一新。遂之相信玉佩之声美若仙曲。玉文化已经开始由阳间深入到阴间，走入殡葬文化的玉器更精典、更美观，甚至更实用，因为它们都是玉主人生前最珍爱的，经过千选万挑的。

中国的玉文化，经历了“玉巫”时代，即玉神文明；又经历了“玉兵”时代，即玉石做兵器；再经历玉礼器时代，最终汇集成玉文化时代。而这种玉文化、玉文明的集大成表现即在中国特有的墓葬文化。远在中国的丝绸之路之前，中国即有“玉石之路”，西玉东渐的历史已有 6000 多年矣，以和田为中心向东西两翼运出和田玉，沿河西走廊或北部大草原向东渐进到中原地区。先有玉石，后有丝绸，玉石运至中原以后，为中国的玉文化搭建了一个极宏大、极广阔、极丰富的舞台。可以这样说，中国的文明社会的进化离不开玉文化。

据我所知，自青铜工具使用以后，玉器的制作更精美、更细致、更精典、也更复杂。大量的和田玉东渐，使玉器瑰宝灿烂，国宝叠出，传国美玉熠熠灿灿。我在湖北博物馆曾见到过一对战国时期的龙形玉佩，精美传神，让人五体投地。1971 年在内蒙古翁牛特旗出土的 C 形玉龙，简直是古代艺术和现代艺术的完美结合。仰韶文化中红山文化的主要表现形式就是玉文化。那些玉龙、玉兽、玉鸟、玉人、玉虫、玉佩、玉环、玉带、玉钩、玉剑、玉戈、玉刀、玉奎、玉圭、玉琮、玉璋、玉玦、玉碗、玉璧等等，皆鬼匠神工，美不胜收。你不仅会在前人伟大的工艺面前折服，你也会拜倒在中国无所不有，无所不含的玉文化王国之中。

在西汉之前的墓葬中,王侯将相去世已讲究“文化殡葬”,口含玉蝉，双手握玉猪，头枕玉枕，面罩玉复面，腰有宝玉相顶，脚有宝玉相垫，肛门讲究有玉塞，生殖器讲究有玉罩，左右两边置放象征权力的玉钺、玉戈、玉剑，胸前挂有玉佩，有三挂五挂甚至九挂之多，天庭上盖有刻符的玉牌。身下全是玉璧、玉佩、玉环、玉饰，白白的一片和田玉，仿佛人长眠在白云之中。

在江苏盱眙县马坝镇大云山汉墓发掘前，人们一直以为史书上记载的“玉棺”是在棺材外面贴上玉片，而且在一些汉陵汉墓的发掘现场也发现盗墓贼把一些散落的玉片遗失在棺木之外。但大云山汉墓的发掘向世人证明，“玉棺”的玉不是贴在棺材的外面，而是贴在棺材的里面，这样玉片直接挨着尸体，保护尸体，才能使尸体长存。

20世纪90年代山西公安厅破获临汾、运城一带几个大的盗墓团伙，其中最大的犯罪集团的头子绰号叫“郭千万”，据说只要他一去香港，香港的古玩市场整体“下落”，因为他带去的都是真东西、好东西，都是从春秋到战国时期的精品，其中不乏国宝。“郭千万”的团伙几年间几乎把春秋时代晋国的古墓都盗了个遍。他曾在晋穆公墓中盗得一块“天灵玉”，据说是盖在晋穆公天庭上的一块翡翠玉，当年在香港有人出价千万元以上，他因此得名“郭千万”。查他的案宗，他曾盗得玉璋、玉戈、玉琮、玉璧、玉钺、玉剑、玉矛、玉刀、玉凿、玉珠、玉珠、玉环、玉斧、玉管、玉镯等等，未发现他盗墓时盗过“金缕玉衣”，至少可以从另一方面证明，从玉复面到玉佩身再到金缕玉衣，玉在地下整整走了近千年。

四

盗墓贼厉害，两汉时期的金缕玉衣没能保留下一件，二千多年数百座汉墓被盗，留下的都是“残枝破叶”，以致中国在满城汉墓被无意中发现以前没人见过完整的金缕玉衣震惊了考古界。据专家推测，许多盗墓贼做贼心虚，把墓盗空后，还要放一把火，因为两汉时王侯将相的陵墓都是黄肠题凑，因此陵墓中的大火往往要烧数十天不灭。后世再发掘开，除了灰烬几乎一无所有。其中金缕玉衣的下场最惨，往往被抽掉金丝，要么被故意抛撒，要么被烧得面目全非。再有一种盗墓贼，贼胆包天，盗开汉家皇陵大墓以后，公开将尸体拖出墓外，剥掉尸身上穿戴的金缕玉衣和挂戴的玉器扬长而去。金丝作金子卖，玉片作碎玉片卖，除了现场的几个“刽子手”，谁还知道什么金缕玉衣？有的干脆是官方盗墓，干净彻底。

三国时期的曹操，公开发兵去发掘汉时皇陵，据史载他盗掘的西汉梁孝王的墓“破棺裸尸，略取金宝，”而且还成立盗挖古墓的机构，封有专职军官号称“发丘中郎将，摸金校尉，所过隳突，无骸不露”。大张旗鼓，明目张胆，曹操亲临现场，亲自指挥。据专家考证，曹操发掘梁孝王的陵墓，盗取黄金40万斤，珠宝无数，竟然够他三十万青州兵军饷三年。按梁孝王刘武的身份和他生前的地位，刘武墓陵的规模远远超过一般帝王陵，他的墓室总容积达到1367立方米，在陵墓中甚至有冰箱即储冰室；有卫生间内置厕所和浴室，这些都是中山靖王刘胜可望而不可即的。可以断言，刘武下葬必穿戴金缕玉衣，且其金缕玉衣的豪华程度和制作工艺都要远在刘胜之上。十分可惜，这一切都让曹操破坏了，那套金缕玉衣荡然无存，刘武的下场极悲惨，被从金缕玉衣中拖出，裸尸而置，被剥的“一穷二白”“一丝不挂”。还有比刘武更惨的。

那就是汉武帝刘彻，前后两汉四百多年执政时间最长，最有作为，也最繁荣强盛的时期就是汉武帝时期。汉武帝死后，他的茂陵比刘邦的长陵还大。秦始皇的秦陵动用70多万犯人，修建了37年；汉武帝的茂陵动用全国的人力物力，按汉武帝时期的人口计算给他修陵人数远远超过70万人，可能达到百万修陵大军。且整整修了53年。其随葬物品不可胜数，几乎把整个帝国都带入地下，有专家断言，茂陵陪葬珍宝之多应远在秦陵之上，可以说穷世上之宝。据《汉书·贡禹传》记载："武帝弃天下，霍光专事。妄多藏金财物，兽钱鳖牛马虎豹生禽，凡为百九十物，尽瘗藏之。"

茂陵在历史上没能熬过西汉时期，西汉末年，赤眉军兴起，攻入长安，历史记载，"赤眉贪财物，复出大掠，……发掘诸陵，取其宝货，遂污辱吕后尸。凡贼所发，有玉匣殓者率皆如生，故赤眉得多行淫秽。"(《后汉书·刘盆子传》)这是史书上记载的关于金缕玉衣的真实情况，即引文中所言"玉匣殓者率皆如生，凡穿戴上金缕玉衣的尸体皆如生"，尸体保存都极好，才使赤眉军进行尸奸"多行淫秽"。

吕后的尸体在200年后仍然能让赤眉军生邪念，也可见金缕玉衣确实厉害，对尸体的保护作用可见一斑。

再看茂陵中的汉武帝，《西京杂记》中有记载，说茂陵葬礼格外隆重讲究，是两汉中最高级别的葬礼，汉高祖也不在话下，采用的是五棺二椁，黄肠题凑，其黄肠题凑的规模一眼难尽。《西京杂记》中还第一次特别仔细地描述了金缕玉衣。"汉帝送死皆珠襦玉匣，匣形如铠甲，连以金缕。"梓宫内，武帝口含蝉玉，身着金缕玉匣。"匣上皆镂为蛟龙弯凤鱼麟之像，世谓为蛟龙玉匣"。

到目前为止，中国发现的所有的金缕玉衣，包括残片，绝没有一件一片能比上茂陵刘彻戴过的那套。匣上皆镂有"蛟龙弯凤鱼麟之像"。此为国宝当之无愧，我们只能想象这种被称之"蛟龙玉匣"的金缕玉衣。

金缕玉衣之所以没能像其他一些随葬的国宝保存下来，究其原因是因为历朝历代的盗墓贼盗墓的目的直白明确，掠宝夺金，他们见到金缕玉衣后，最直接的动机就是拆下金丝化为金条，而玉片在当时并无"市场"，数千片玉片从盗墓洞中带出是个难题，带出后如何出手又是问题，出手后换不来大价钱依然是问题，因此盗墓贼选择的办法是弃之或毁之，销毁罪证。

五

我去徐州专程去狮子山楚王陵考察过。楚王刘戊是西汉刘邦封的诸侯王，楚王陵中的金缕玉衣就能说明金缕玉衣为何会消失。

楚王刘戊接受封王陵墓多被盗掘的教训，他把陵墓修进山里，一直修进狮子山，他几乎把一座石头山凿空了。刘戊是穿戴上金缕玉衣躺在棺木中被抬进狮子山的。机关算尽，狮子山的楚王陵仍未能幸免，刘戊万万没有料到他的下场，金缕玉衣不但没能使他永存永生，恰恰因为他那身金缕玉衣，让他死后又折腾得翻来覆去，赤身裸体。

不能不说，狮子山楚王陵墓选择科学，从山岩中硬凿进去，墓道仅能容棺木所进，找不见陵道的进口，要想盗墓除非挖掉整座大山。最重要的是即使找见陵墓的墓道，而墓道是被 16 块巨大的塞石堵住的，按 4 块巨石一组，组成田字状排列，每块塞石都呈正方体，重达 5 至 6 吨，站在这些巨大的方方正正的塞石前，我的确有些迷惑，2000 多年前，那些造陵的工匠们是怎样把这些巨石严丝合缝地排列在墓道上的。有一点是明确无误的，盗墓贼十分准确地找准墓道，丝毫不差地打到塞石前，而且有预案地拿出搬走塞石的方案，顺利地进入墓室。我们结论只有一个，那就是盗墓贼手上有张“寻宝图”，对楚王墓的位置，楚王墓的构造都了如指掌。造图人或是造陵人，或是监造人。对那些巨大的塞石，盗墓贼亦讲究科学。他们的高招是利用斜面和杠杆原理，阿基米德定律。他们先在塞石上凿出一个类似牛鼻子的鼻拴，然后拴上牛皮绳，再在另一头缠上木制的辘轳，就这样把塞石拉动了，移位了，腾道了。中国的盗墓贼不但胆大心细，无孔不入，无坚不摧，且懂得科学。

这个盗墓计划酝酿多久已无从考证，但计划周密慎细让人惊讶。把楚王墓中的贵重陪葬品一扫而空以后，他们就把身穿金缕玉衣的刘戊从棺木中拖出来，而且一直拖到墓室的外面，随即动手把金缕玉衣从刘戊身上剥下来，然后把连缀着玉衣的 4000 多块玉片的金丝一一抽去，专家估计这些金丝应在 2000 克左右；他们似乎还拿走了一些玉片，然后把剩下的玉衣玉片和赤身裸体的楚王刘戊一扔，顺原路逃走。

除了金缕玉衣还有丝缕玉衣，顾名思义，其玉衣是用丝来连缀的。1983年在广州象岗山发掘的南越王陵墓，穿戴在南越王赵眛身上的就是丝缕玉衣，这也是迄今为止发掘的唯一一件丝缕玉衣。

当然还有银缕玉衣，级别在封建社会是极森严的；1973年夏在安徽亳州市谯城区董园一号汉墓就出土了一套银缕玉衣，他是属于曹操父亲曹嵩的。金缕玉衣为何在两汉以后就消失了呢？有人认为是东汉末年战乱不止，灾难不断，民不聊生，对生产和生产力造成极大破坏，使朝廷再也无力追求奢侈，追求梦幻，追求肉身不灭、灵魂不灭，不得不就此罢手。我更赞同有的专家认为，两汉后的魏晋反对厚葬，注重实际。尤其曹操、曹丕父子皆为薄葬之风的倡导者和先行者。尤其是曹丕，作为曹魏王朝的开朝皇帝，在薄葬上开一朝新风。曹丕在《终制》中提出："自古及今未有不亡之国，亦无不掘之墓也。丧乱以来，汉氏诸陵无不发掘，及至烧取玉匣金缕，骸骨并尽，是焚如之刑，岂不重痛哉！祸由乎厚葬封树。"他认为金缕玉衣非但没能保护住尸骨不腐，反而招至掘墓者，是"愚俗所为也"，遂下令废除。

曹丕看问题深刻。从此金缕玉衣退出中国的殡葬之礼。呜呼，金缕玉衣作为中国考古之学，殡葬玉文化之说，恐怕不会悄然而退。随着时间推移，金缕玉衣上的历史光环可能更加多彩炫目。有机会该去博物馆看看金缕玉衣。

与秦始皇论剑

秦始皇爱剑，终身未离开宝剑。

秦始皇把宝剑看作是看得见、摸得着、握得住的护身符，须臾不敢离开宝剑。秦始皇靠宝剑安国,也靠宝剑治国。当秦始皇醒来一睁眼，他的手握得最多最久最不愿松开的就是剑柄。秦始皇谁都不相信，他只相信自己，相信宝剑。

我见过不少后人为秦始皇造的像。秦始皇高大雄壮，气势轩昂，重眉大眼，高鼻阔面，笼罩着一股不可一世的霸气，也渗透着后人崇仰的敬畏，他们要表现出秦始皇千古一帝的雄姿和不同凡人的气质，望沧海，沧海则小；观群山，群山则低，秦始皇仿佛在顶天立地之中。

其实秦始皇长得没那么伟岸。司马迁用见过秦始皇的大梁人尉缭的话来描述秦始皇："蜂准，长目，挚鸟膺，豺声，少恩而虎狼心。"秦始皇的长相实在不敢恭维。秦始皇看见后人为他的造像也会漠然视之，呼之谁也？但有一点秦始皇是满意的，塑造的这位千古一帝的腰间都悬着一口宝剑，一口长长的宝剑。在中国做皇帝的，行皇帝大典时腰挎长剑的，唯始皇帝也。

秦始皇为何钟爱宝剑？

秦始皇的父亲，子楚在秦孝文王一群儿子中并不显贵，并不出众，更不得宠，他是被孝文王派到赵国做人质的秦公子，是一"抵押品"。秦国要向赵国叫板，赵国就提醒秦国，秦之公子尚在赵国为质，此言的潜台词即为，翻脸两不宜。人质说俗了，就是他人手中的一张牌，可以供着，也可以撕了。实际上，秦公子子楚差点就被腰斩。在秦昭王五十年因秦国攻打赵国首都邯郸，赵国危急，本想拿子楚解围，斩子楚于城上。

子楚之所以时来运转，是因为遇见了一位高人吕不韦，吕不韦把他看成“奇货可居”，依靠吕不韦的金钱、手段、运作、关系，子楚终于名正言顺地回到秦国做了秦庄襄王，而生于赵国邯郸的秦始皇，除了吕不韦当时看好，以为必为秦国之君外，世人都认为这个叫政的秦国孩子是质人所生，前途如何，惶惶然不可测。秦始皇就是在那种情况下、那种环境中自幼爱上宝剑的。在他幼小心灵中，持剑有威、持剑有靠、持剑有望。所以秦始皇十三岁被立为秦王时，他还仅仅是个儿皇帝，上边有封十万户、号曰文信侯的相国吕不韦，下有数不清的大臣、谋士、将军，虽和他同居一条船，但不是一条心。加之国内反叛不断，连他的亲兄弟也反叛，更加之灾情不断，民心不稳，危机四伏；关中六国又虎视眈眈，韩、魏、赵、卫、楚五国共同兴兵攻秦。最让秦始皇感到危机的是任何人都不可信，感到权力只有像剑柄一样自己握住才放心。那时，吕不韦一手制造了“嫪毐政变”。

吕不韦号称“仲父”，对于秦始皇其恩莫大焉。没有吕不韦何有秦王政？称“仲父”，封相封侯理所应当。“嫪毐政变”平息后，秦始皇怒斥之：“君何功于秦？秦封君河南，食十万户。君何亲于秦？号称仲父。”那是欲加之罪何患无辞？吕不韦所有的封号封地封功皆出于秦始皇，为何而封？何功于秦？唯秦始皇明白。秦始皇为何大怒？为何黑白不分？为何欲置吕不韦于死地？司马迁说得明白：“秦王恐其为变。”

母亲亦不可信，其母养奸纵夫，瞒着秦始皇支持怂恿嫪毐封官赐侯。司马迁仅用30个字就勾勒出嫪毐横行到何种程度：“宫室车马衣服苑囿驰猎恣毐。事无大小皆决于毐。又以河西太原郡更为毐国。”嫪毐终于按捺不住发动武装叛乱，宫廷政变，“矫正御玺及太后玺”调兵遣将，准备改朝换代。秦始皇还能相信谁？仲父是阴谋家，是酿成宫廷政变的最初制造者，母亲王太后为奸夫弃他于不顾，可以把他的性命和大秦的江山付以一个能给她淫乐的嫪毐。残酷的事实又一次教育了年轻的秦王，一切都不能相信，只能相信手中的长剑。他毅然决然地荡平嫪毐集团，不但“夷嫪毐三族”，而且还把他的两个同母小兄弟也都残酷地杀了，又把太后即他的亲生母亲打入“冷宫”，软禁起来，“遂迁太后于雍”，彰显秦始皇手段，决不姑息，决不手软。更主要的是逼死吕不韦，这时期秦始皇年仅20岁，但已处乱不惊，处事冷静老辣，坚决果断。司马迁说得亦肯定坚决，虽然仅有四字，却蕴藏着无数的内容，《史记·秦始皇本纪》中记有秦始皇21岁时："王冠，带剑。"他没有像他后代的任何一朝任何一任皇帝都是不携带武器登基举行大典，秦始皇是“带剑”，身佩宝剑，登基称帝，宝剑不离身。

与秦始皇论剑，秦始皇腰中佩剑不但是宝剑，而且是长剑。据司马迁在《史记·刺客列传》中记述荆轲刺秦王“图穷而匕首见”，在这紧急关头，秦始皇拼命要逃离荆轲，连皇袍的袖子都扯断了，当务之急是抽剑在手，秦始皇的第一反应就是“拔剑”，但剑长，千钧一发之际，因为剑长拔不出来。据考证，挎在秦始皇腰间的佩剑应该在1.2米至1.3米，所以才能因为剑长拔不出剑鞘。

据现在出土的春秋时代的宝剑，大都在1米以内长，现出土最著名的是越王勾践剑。越王勾践剑长55.7厘米，宽4.6厘米，柄长8.4厘米，是1965年冬湖北江陵地区漳河水库修建灌溉系统时偶然发现。据一位当时在场的专家回忆，在发掘现场的一位工作人员一不小心让手臂碰在这把宝剑上，谁都没想到，越王勾践的宝剑竟然这么厉害，已经过去2000多年了，这柄春秋剑竟依然锋利无比，把手臂划破一道深口，鲜血直流。

后来专家们对宝剑进行了测试，在桌上平铺20多层纸，用剑锋轻轻上一划，这20多层纸竟然被它这么轻轻一划就划破了。

我曾把一叠稿纸平放在桌上，25张，然后用新开刃的一把瑞士军刀轻轻一划，然后数了数，一共划透17张。可想而知，越王勾践的剑有多锋利，那可是2000多年前的是青铜时代啊。

越王勾践的剑是短剑，至少不能称其为长剑。越王勾践的专用宝剑加上剑柄长不过65厘米，这样的剑系在腰间要拔出剑鞘还是很容易的，因为它不足两尺长。根本不用把剑背在肩上再顺势往下拔。秦始皇一辈子都忘不了那生死相交的瞬间。司马迁写得精彩："秦王发图，图穷而匕首见。""秦王惊"，这一惊非同小可，命悬一线，秦王连“惊”出一身冷汗的时间都没有了，"袖绝。拔剑，剑长，操其室。"这才是千钧一发。最后在左右高呼“王负剑”后，秦始皇才顿然有望，此时此刻秦始皇心中明白，谁也救不了他了，只有他的宝剑、宝剑能救他！所以当他负剑拔剑在手时，他再也不怕荆轲了，他手持四尺长的长剑，而刺客荆轲只手握一柄一尺长的短剑。秦始皇熟悉他的宝剑，挥剑便击，只一剑便“断其左股”，把荆轲砍成半残。“荆轲废”，“秦王复击轲”，荆轲被秦始皇连砍8刀，没有大卸成八段，也砍得支离破碎，荆轲死得悲壮，但秦始皇的长剑也的确厉害！一旦长剑在手，便临危不惧，化险为夷。一剑置荆轲于死地，一剑让一个企图扭转历史前进的大阴谋彻底破产。那时那刻，秦始皇真觉得天下在手都不如长剑在手。

和秦始皇论剑，论是秦始皇的剑锋利还是越王勾践的宝剑锋利？

越王勾践的宝剑是集春秋晚期宝剑之大成。据传为干将莫邪所铸。我去浙江莫干山专程走访过干将莫邪铸剑处，集世间之精华，采天地之灵气，那剑铸的“肉试则断牛马，金试则断盘匜”。

越王勾践的宝剑在剑身一面靠近剑柄处刻有两行鸟篆铭文“越王勾践，自作用剑”。在宝剑上刻铭文，以示宝剑的地位，这不仅仅是越王，吴王亦然。他要赐死伍子胥时，便“使人赐子胥属镂剑以自杀”。属镂剑是夫差所赐，应为吴王之佩剑。可见当时的一国之君都带有宝剑，很可能拥有不止一把宝剑，且都为宝剑命名或题铭。秦始皇执政时要比夫差、勾践晚大约250年，这250年期间，从春秋到战国正是风云突变、战争不断、政坛多变时期，宝剑无论作为利器武器还是作为权力的象征早已从吴越传至秦齐，就秦始皇宝剑的锋利度只可能胜于吴越之君的宝剑，否则他不可能只一剑就能把荆轲的左腿砍断。我推测，秦始皇的宝剑上亦应有铭文，亦应有名称。很可能在秦始皇下葬的骊山墓中，秦始皇的身边依然会放着他最心爱最称心的一把宝剑。如若，当是那把他曾经力劈刺客荆轲的长剑，那宝剑救过他的命。

越王勾践的宝剑虽然锋利无比，达到了施耐庵先生说的利刃三要素：吹毛得过，削铁如泥，杀人不见血。但它毕竟只有半米多长，而秦始皇佩带的宝剑乃长剑，在战斗和护身方面更有效，更威力。曾有专家提出，秦始皇时代使用的是青铜剑，而青铜的铸造就决定其剑不可能太长，青铜缺韧、脆，长则必断。也就是说越王勾践并不是不想佩长剑，并不是不知道长剑胜短剑，但青铜为剑不可为也。难道司马迁言之失实？55厘米长的宝剑有什么难拔的？何需背负拔之？幸喜秦始皇送来初解。

不久前，在秦始皇兵马俑二号俑坑兵器库中发现了19把青铜剑，秦军武士佩剑，19把青铜剑是一个型号，一个制式，似乎是出自一套模具。剑长达到86厘米，剑身有8个棱面。而这8个棱面的误差不超过一根头发丝。19把宝剑，剑剑锋利，剑剑如此。剑身光亮平滑，棱角细线分明，刃部磨纹细腻，开刃锋利无比，稍稍拭去宝剑上的黄土，阳光下灿灿如耀、熠熠如闪，依旧寒光四射，一层杀气，让近前人有不寒而栗的感觉，会让人不由自主地脱口而出：宝剑！好剑！

据科研人员测试，这19把宝剑的剑表面上都有一层10微米厚的铬盐化合物。这一发现即惊动世界，因为这种铬盐化合物的处理办法，只是到了现代才出现的现代工艺。德国率先在1937年研制成功，美国直到1950年才发明并申请了专利，那么早在秦始皇时代的宝剑上为什么会有铬盐化合物？铬是一种极耐腐蚀的稀有金属，在地球岩石中含铬量很低，提取十分不易。再者，铬还是一种耐高温的金属，它的溶点在4000度以上，秦始皇时代是怎样解决并能熟练地运用的？秦始皇真不愧为千古一帝，他为后世留下了多少千古疑案、千古难题？

由此可证，秦始皇的佩剑比他手下的成伍的军官们所佩的宝剑更长、更锋利、更豪华是肯定的。秦王朝第一把宝剑责无旁贷地归秦始皇。秦始皇爱剑，他相信宝剑，宝剑就是他的象征，他穷国家之能去铸剑、去寻找宝剑、去创新宝剑。秦始皇在，宝剑即在他腰上，握在他手中；秦始皇走进地宫，宝剑依然会紧随其身。

那把宝剑，肯定是柄长剑，司马迁无虚言。如后世终有一日打开秦始皇的地宫，地宫中所有陪葬的宝贝都不如静静卧在他身旁的那口宝剑，那口长长的宝剑当为天下第一号的国宝，曾经一剑就挫败了分裂中国的弥天大阴谋，中国老幼皆知的“荆轲刺秦王”……

秦始皇不能没剑……

李牧真冤

整理旧物，翻出几张老照片来，让我端详良久。那是20世纪80年代我和友人在山西雁门关外李牧祠堂外的留影。远处能清晰看见雁门关那高大破旧的门楼，残缺但雄风犹在的古城墙。

李牧祠堂已几乎荡然无存了，地面上没有什么建筑了，只留下原来大殿铺地的一方方石板和垫房柱用的圆圆的基石，但大殿通往外面却完整地保存着六块巨大青石作就的台阶，台阶外矗立着一根笔直的石柱旗杆，高高的石柱旗杆足有七八米高，仰望直耸蓝天，可以想象当年李牧祠堂的威武气势。遗址上尚存十几块断裂的石碑，我们费了好大劲才看明白这些文告。李牧祠堂最早建成在汉武帝年间，为了纪念李牧打败匈奴，稳定边疆，鼓励民生。后多次被破坏，又经多次重修，最后也是最彻底焚毁的一次是在明朝末年，一说是雁门关外的瓦刺人入侵后烧的，一说是李自成的农民军一把火烧的。现在遗址上尚存几株长相十分古怪的老松，据当地放羊的老汉说，以前李牧祠堂周围皆是大树，松柏成林，后来阎锡山的队伍、日本人的军队都在这儿驻扎，把树都砍了烧了。放羊的老汉都知道李牧是古代的大将、常胜将军。他在，边防无恙，老百姓得安宁得幸福，老百姓愿意把他当神仙一样供着。

李牧可能是战国时期最能打仗、军事素质最高的常胜将军。司马迁说：李牧者，赵之北边良将也。赵之北边和匈奴相邻，那时匈奴人强马壮，草肥民悍，常常侵边扰民。李牧戍边，先是屯边坚守，避其锋芒，后则积极备战，有谋有勇。司马迁是这样描述李牧作战的，说“匈奴小入佯北不胜”，麻醉敌人，以败为计，诱敌深入，一举聚歼。果然，

“单于闻之，大率众而入”。这时候彰显李牧的军事才能，“李牧多为奇陈，张左右翼击之，大破杀匈奴十余万骑”。一役杀得匈奴元气大伤，精锐尽失，单于逃走，边患解除，“其后十余岁，匈奴不敢近赵边城”。中国自修长城以来，跨数十个朝代，从未安定过边域，有的时候已是朝廷大患，有的时候兵锋直指皇城，有的时候甚至改朝换代。讲几百年间出了一个李牧不过分，他仅仅依靠有限的人力、物力，一战定边疆，十几年“匈奴不敢近赵边城”，查遍历史未见第二人。

李牧不仅仅对外战（灭匈奴）英雄，内战（诸侯国之间）亦英雄，亦常胜，亦不败，“攻燕，拔武遂、方城”。李牧调防以后，秦国的军队杀过来，“破杀赵将扈辄于武遂，斩首十万”，秦国的军队一路杀过来，不但把李牧从燕国手中夺过来的武遂夺过去，还斩首赵军十万，杀了赵军的统帅，那时候被杀十万军队，赵之小国其惨败之况可以想象，赵国已经到了最危险的时候。就在这事关国家命运的时刻，李牧又回来了，为大将军。《史记》中未详记李牧是怎样率领一支刚刚大败的军队，刚刚被秦国斩杀十万之众的军队去战斗的，但讲一句已足矣，司马迁言:“大破秦军，走秦将桓齮。”司马迁用大破秦军，可见秦军败之狼狈，败之惨状。那个曾经率秦虎狼之师的桓齮，就是斩首赵军十万，斩杀赵将扈辄的秦军之将，也大败而逃。李牧胜利来之不易，以弱军、败军大破强秦的胜利之师。封他为武安君，理所应当。过了三年秦国的军队又去攻打赵国的番吾。李牧领军应战又破秦军，短短的四年间两破强大的能征善战的秦国之军实为不易。李牧还担负着南拒韩、魏之责，说李牧是赵国的“长城”应该不为过。

因此在赵王迁七年，秦国再攻赵时，秦国在屡屡失败中学聪明了，他们不再和李牧在战场上较量而是采用更加阴险的一手——找小人。找到了赵国的小人奸臣叫郭开，重贿郭开，让郭开发挥他小人的能耐。小人果然厉害，匈奴、秦、燕、韩、魏都没能在战场上做到的，郭开在阴谋诡计中完成，“赵使人微捕得李牧，斩之”。可怜，可惜，可悲，可叹！一代军事天才就这样白白葬送在郭开这样的小人手中。郭开毁了赵国“长城”，秦国军队如入无人之境，立马虏赵王灭赵。被司马迁称为“赵之良将”的廉颇也是毁在这小子手里的。廉颇留在历史上的两件事，一件是负荆请罪，知错必改，做得大气；一件是廉颇想为赵国建功立业，虽老但仍披挂上阵，自我推荐。辛弃疾曾在《永遇乐·京口北固亭怀古》一词中喟然长叹：“凭谁问：廉颇老矣，尚能饭否？”这已成为古今名典。司马迁在《史记》中写道，廉颇为了要使赵王的使者在赵王面前推荐自己，就“一饭斗米，肉十斤，披甲上马，以示尚可用”。廉颇不服老，因为他确实不老，能一顿饭吃下一斗米，吃进十斤肉的人，谁能言其老？况且还能披甲上马，带兵打仗，老将军也。如果是那样，赵国还不至于早亡。但坏就坏在小人手里，坏就坏在有郭开这样的小人。郭开拿重金贿赂赵王的使者，编出了有真有假的谗言，因此赵王的使者见到赵王后报告说：“廉将军虽老尚善饭，然与臣坐，顷之三遗矢矣。”小人坏就坏在能把谗言说成美言，能把假话说成真话，让你不信不行，非信不可。虽然廉颇一饭斗米，肉十斤，尚善饭，确定能吃，但能吃不能干，能吃不能上阵矣。何以见得？和我坐了一会儿就上了三次茅房，这样的人能委以三军吗？赵王不知郭开已经在其中做了手脚，上了“眼药”，以为廉颇老矣，遂不用，廉颇因此郁闷而终。

小人真厉害，小人真阴险，万里长城竟毁于小人之手。但历史又证明小人要防，小人又难防，关键时刻往往是小人得志得宠，小人得信。小人有小人之术，区区几个字，但针针都扎在要命的命脉上，言李牧谋反，让李牧死于非命，言廉颇无用不过十八个字，就置廉颇郁闷客死魏国。两位将军戎马征战一生，战功无数，竟栽在小人身上。撞见鬼都行，千万不要遇见郭开这样的小人。小人难缠，比鬼难缠。

历史深处的钟鸣鼎食

滕王阁因王勃《滕王阁序》而不朽。滕王阁自公元7世纪初建立至今已然重修重建28次矣,但王勃《滕王阁序》岿然不动。1300多年,中国当有多少才子狂士,然无人能撼动《滕王阁序》。《序》中有叹“钟鸣鼎食之家”。何谓钟鸣鼎食?王勃虽言之如见其物,如临其境,如闻其乐,然钟鸣鼎食距王子安已然千余年矣。

钟鸣鼎食则帝王将相,帝王将相宁有种乎?然钟鸣鼎食确有种乎!

直到2500年以后,钟鸣方为百姓听。可以断言,老子、孔子、孟子虽那个时代的人,却无缘入钟鸣之列,坐享钟鸣之乐。

1978年3月,在湖北随县东团坡出土了战国时期的曾侯乙编钟,被纽约大学的麦克伦教授称为古代世界第八大奇迹。

何时有钟鸣音乐似无定论,中国形成五声也称五音应起于商周之间,即宫、商、角、徵、羽,应对照现在音乐声韵中的1、2、3、5、6,从宫到羽五音成阶梯音阶,无4(xa)、7(si)两个音阶。我们的先人真伟大,三千年前就懂得音阶的变化,懂得音乐的美,懂得音阶的变化会形成旋律。《淮南子·原道训》有记载:“故音者,宫立而五音形矣。”《管子·地员》中曾说:“凡听徵,如负豕,觉而骇;凡听羽,如马鸣在野;凡听宫,如牛鸣窌中;凡听商,如离群羊;凡听角,如雉登木以鸣。”真不知道,管子还是位天才的音乐家。到周中后期,又增加了变宫和变徵,称七音。现代的音谱基本成型。中国祖先对音乐的感知绝非一般,对世界音乐的贡献其莫大焉。到了春秋战国时期,已然有十二个长度不同的竹管,吹出十二个高度不同的音律。中国有个成语“黄钟大吕”,言中国古代已然将音符分解为十二声,黄钟、大吕应排列在首,其后有大簇、夹钟、姑说等等。中国人太会享受了，用音乐开辟精神世界的天堂。故《孟子·梁惠王下》:“为我作君臣相说之乐。盖徵招、角招是也。”我初读《史记·刺客列传》读到“高渐离击筑，荆轲和而歌为变徵之声，士皆垂泪涕泣”，甚为惊讶费解，何种音乐竟有这么大的魅力，能使当兵的都“垂泪涕泣”？荆轲不仅是位名震江湖的大侠，而且还是位歌手、音乐家。司马迁写道，荆轲又前而为歌曰：“风萧萧兮易水寒，壮士一去兮不复还。”复为羽声慷慨，士皆瞋目，发尽上指冠。未闻古今中外还有哪首歌、哪支曲能如此？

音乐造诣如十月怀胎，编钟诞生似一朝分娩。很难说青铜编钟是何时诞生的，但似乎可以肯定，在秦始皇陵墓中肯定置放不止一套青铜编钟，肯定比曾侯乙编钟更复杂、更高级、更完善、更让人不可思议。曾侯乙编钟分两排成曲尺形立放，一面长7.48米，高2.65米；一面长3.35米，高2.73米。编钟共65件，分三层排列，大小高低皆因音律制成，最轻的最薄的重2.4千克，最重最大的重203.6千克，5吨重的青铜乐队，多么气派，多么壮观，多么宏伟，多么华贵。非一地之侯，非一国之君，焉能拥有？岂止粪土当年万户侯？钟鸣当年万户侯！

什么是阶级？王勃所言钟鸣鼎食之家即阶级，统治阶级，普天之下莫非王土，率土之滨莫非王臣。钟鸣鼎食乃其王侯标志之一。

中国古人事死如事生，曾国之侯其名曰乙，终于把这套青铜乐队连同奏乐人全部葬于其墓。曾侯乙编钟神奇何在？中国形容钟鸣之声之美之奇之妙，称之为绕梁三日。而曾侯乙编钟虽然被深埋2400多年，在泥水中浸泡2000多年，其钟鸣之乐却如在昨天。

1978年8月1日，正值中国人民建军节，这套2400多年前的编钟终于钟鸣于炮兵大礼堂，一千多名听众有幸亲耳聆听它的钟鸣，钟鸣之曲为《东方红》，演奏完之后，全场掌声雷动，无一不被我们先人的钟鸣之乐所征服、所震撼，无一不是由衷地敬佩、由衷地感慨，全场响起一片几近沸腾的欢呼声，久久不绝。

再说鼎，鼎在中国有个成语叫“一言九鼎”，何谓九鼎？相传大禹建夏王朝后，把天下分为九州，铸造九个青铜鼎，一字摆开，就摆在都城阳城，即今日河南登封的大殿广场之上。威风凛凛，豪气万丈，大禹不但能治水，亦能治民治国。他还将九州的名山大川镌刻于九鼎之身。自大禹始，鼎出东方。自大禹始，鼎代表九州，代表国家，代表政权，镇国之重器也。3700多年前，殷商部落领袖成汤背负着含辛茹苦和雄心勃勃，在鸣条一战打败夏桀。迁都建商，他的第一政务是把大禹所铸的九鼎迁进新都，代表着新的王朝成立了。《左传》有道：鲁宣公三年，公元前606年，楚庄王雄心勃勃，挥军北伐一直到周天子脚下，且在洛阳城外检阅三军。“定王使王孙满劳楚子，楚子问鼎之大小轻重焉。”问鼎即问国，问鼎即问政问权。一言九鼎。问鼎中原。300多年后，秦国秦武王自持力大，“力拔山兮气盖世”，也有问鼎之野心，举起铸造有九州之一的雍州大鼎，结果鼎起而力不继，砸残了腿而丧命。鼎不是能轻易举的。《史记·秦始皇本纪》记载：“始皇还，过彭城，斋戒祷祠，欲出周鼎泗水。使千人没水求之，弗得。”秦始皇得天下还欲得周鼎，得周鼎方为正统。秦始皇下了大功夫，但“弗得”。也有一说秦始皇派800壮士将落入泗水之周鼎打捞出水，正在此时，从水中飞出一蛟龙，咬断吊鼎之绳索，周鼎复入水中，再无踪可寻。

鼎之故事多，但鼎之原始当如炊器、礼器，后为国之重器。正如王勃所吟：钟鸣鼎食之家。现知中国有四大鼎，即商代的司母戊大鼎、西周时期的淳化大鼎、商代子龙大鼎、东周铸客大鼎。当然还有被誉为“海内三宝”的大盂鼎、大克鼎、毛公鼎。鼎鼎都有典故，鼎鼎都有故事，鼎鼎都有传奇。

司母戊大鼎堪称中华第一鼎，高1.33米，宽70厘米，重达832.44千克。巨无霸当之无愧。

从1939年被发现，几度危机几度风雨，几次差点被肢解，又差一点被侵华日军掠走，也算历尽人间沧桑。

司母戊大鼎亦堪称经典。其鼎上铸有神秘的饕餮纹和虎噬纹。《吕氏春秋·先识览》中讲，饕餮乃食人凶兽。《左传》亦有记载，饕餮乃凶残之氏旅部落。把饕餮纹装饰在青铜大鼎上，有专家云：以此可达“上下相协，以承天体”。以我之见，在青铜大鼎上铸有饕餮之纹是镇凶避邪，弘扬正气也;而虎噬纹正证明这一点,是周王朝以虎威虎凶镇抚天下的。细看铸在大鼎两耳外侧的两只猛虎,虎口大张,虎威尽显,两虎相争,共衔着一颗人头。

司母戊不愧国宝。1946 年曾被驻扎在河南新乡的国民党三十一集团军王仲廉作为寿礼送给蒋介石。蒋介石批示交南京中央博物院,1948 年正值蒋介石政权风雨飘摇之际,蒋介石去参观了这尊大鼎,望着这座历经劫难又神秘莫测的司母戊大鼎,蒋介石一言未发,不知他当时作何思何想? 1958 年,毛主席在安徽极有兴致地观看了东周的铸容大鼎。此鼎亦巍巍乎!亦壮哉乎!鼎高 1.13 米,仅比司母戊鼎低 10 厘米,重达 400 公斤,1933 年从安徽省寿县楚幽王墓出土。毛主席不但在铸容大鼎前面留了影,还饶有兴趣地说:“里面能煮一头牛。”想必毛主席心情不错。

毛主席一言中的,此鼎可煮牛。钟鸣鼎食则正言鼎能煮食,煮牲肉,作大器,供礼器。

鼎分三类,即毛主席所说的煮牛用的镬鼎、煮羊用的升鼎和煮猪用的羞鼎。我曾在山西太原博物馆看到过一座镬鼎,是春秋以来最大的青铜鼎,其高为 0.93 米,口宽 1.29 米,重量约 220 千克。我参观时曾产生一个疑问,此镬鼎煮一生牛何时能煮熟?何时能煮烂?中国的鼎说到底是煮肉的器具,但与中国的锅、釜不同的是鼎皆无盖,要煮熟煮烂一头牛就越发困难了。略作考证,大约需要 3 立方米的木材,要烧一天一夜,即使如此,能不能使鼎中的牛肉煮烂,尚不可定论。因此,也有一说是牛被宰后,肢解成块,先放进陶器中加盖连煮带闷做成七八成熟以后再放进鼎中加热回锅。但国宴之际非鼎不能胜任,非鼎不能摆场,非鼎不能显示身份、地位,非列鼎不能显示尊贵、荣华。故我认为鼎更多的是礼器,所有青铜鼎几乎都有装饰纹,有的铸造得极其考究,极其精典;有的在鼎内腹部还专门铸上铭文,著名的西周毛公鼎,鼎内腹部铭文竟达 499 个字,原来它是一篇完整的“册命书”,记述了周宣王为励精图治、中兴王室、革除积弊,册命重臣毛公音,委以定国安邦及管理周天子家事的重任,并授予他宣示王命的专权，等等。清末著名书法家李瑞清曾言，这篇皇皇巨制，不仅是一篇重要的历史资料，在艺术上也极具美学价值，“毛公鼎为周代庙堂文字，其文有如《尚书》，学习书法不学毛公鼎，犹如儒生不读《尚书》。”我相信，没有人会在煮牛肉的大锅里下那么大功夫铸那么精典的文章，其鼎必有它用，可能是祭供先祖和上天供品的神器。因此很可能是先把肉煮熟或大半熟，然后再放到鼎中加工以示隆重、正典。用这样的器皿来盛上最珍贵的食物，当时在食物中牛肉是最贵重的，足以彰显其身份的高尚尊贵。偶尔记起马未都讲过的一件小事，他在日本访问时，日本有位著名的收藏家请他喝茶，喝的什么茶，什么味他早已忘记，但他记得那是他喝过的最贵的一杯茶，因为人家是用明成化年间的鸡缸杯斟的茶。

这就说起 1996 年中国国家博物馆研究员李先登先生到台北故宫博物院参观，受到热烈欢迎，台北故宫博物院长秦孝仪在谈笑间，当着两岸众多专家拿出一把有铭文的青铜宝剑让李先登先生鉴定。李先生果然了不起，看过以后说：“剑是真的，铭文是假的。”然后提出两个要求，其中一个就是要和毛公鼎合影。可见毛公鼎之不凡。用这种鼎盛上牛肉煮熟，摆列如阵待你，何等气派？又是何等气场？钟鸣鼎食之家，方知乃帝王将相也。《公羊传·桓公二年》何休注：“礼祭，天子九鼎，诸侯七，卿大夫五，元士三也。”天子赐宴，堂上先摆出九鼎八簋，何等气魄？何等尊严？何等气势？王勃所唱：“闾阎扑地，钟鸣鼎食之家，舸舰弥津，青雀黄龙之舳。”真乃大家也，让人神飞魂往，尽览古今，似再无此大家。眼下那些自谕“土豪”“金豪”之辈，焉能追其后尘乎？

和男儿们论伍子胥

伍子胥，先辈也。漫漫2500多年已逝，神奇已化为泥土，然每提伍子胥，是男儿的总觉得热血沸腾，心潮澎湃，总让男儿们情不自禁地击掌拍案。伍子胥从未走上过神坛，他该比被颂为武圣人的关公关云长更值得称颂称道称奇。男儿有泪不轻弹，伍子胥能让男儿们泪飞顿作倾盆雨。

伍子胥，楚国人也。当他出生时，伍家在楚国已名声显赫，大家也，庙堂之上无人敢小觑，其先辈伍举，在楚庄王殿下为臣时，以“直谏”出名，楚庄王的伤疤也敢揭，铁面无情，为官正直，从不作小人状，楚庄王尤畏三分。用司马迁的话说：“以直谏事楚庄王，有显，故其后世有名于楚。”伍子胥当属楚之“红”数代。

到伍子胥之父伍奢在楚为官时，伍家的命运因为一位历史上著名的小人费无忌而发生了翻天覆地的变化。

翻开中国文明史，自有史则有小人生，朝亡国覆，人亡政息，粪土当年万户侯，但小人却前赴后继，视死如归，朝朝代代小人不绝，如过江之鲫，如同鲁迅先生翻看历史看出的两个字：吃人。其实翻看中国二十五史，竟然也看出两个字：小人。原来，小人，往往是小人改变历史，推动历史变化。无小人，可能中国不会有那么多朝代，那么多皇帝，那么多忠臣，那么多故事。中国历史上几乎无时无刻没有小人，小人作孽，小人得志，小人猖狂，小人以“食人”为生、为业、为乐，3000多年的封建史，也堪称小人之历史，其根不除，实为其土尚在，费无忌乃楚平王时之杰出小人。

小人的评判标准很多，似乎有一条是亘古不变的，那就是小人多智，极聪明，极灵活，反映极快。俗语说："极会来事。"阿谀奉承，拍马溜须，挑拨离间，搬弄是非；智商极高，赋有天才；无缝鸡蛋能下蛆，涓涓之水能行船；在人与人的关系上，只有你想不到的，没有他做不到的；如果没有这点做小人的"基本功"，即使道德品质上、做人做事上再差，充其量不过是个狗腿子、下三烂、小瘪三。只可充任帮凶，不可大任小人。而费无忌不但具备了一般小人的所有能量而且"杰出""卓越"。《左传》言费无忌乃"楚之谗人"，有点太小看费无忌了。费无忌必有学问，恐博学天下，否则不可能就任楚国王储太子建的老师。没有任何资料记载费无忌如何聪明、如何天才、如何成就，连一向实事求是的司马迁也只说三个字"为少傅"。当然也考证不出来费无忌是怎样征服取悦于楚平王的，但有一点可以肯定，费无忌的升官并未受到伍子胥之父的全力阻止，因为其父伍奢已为楚之重臣，楚平王给太子建在朝中大臣中选的太傅就是伍奢。

不知何种原因，身为少傅的费无忌与自己的学生太子建处得不好，恐怕对太子还是深恶之、痛恨之，欲置之于死地而后快，才有他展示其小人才能的机会。

楚平王派遣费无忌去办一件事，为太子娶亲，这在春秋时代乃国之要事。太子之妻当为王之后也，按说费无忌圆圆满满办好这件事皆大欢喜，但那是常人之见，非小人之功。功夫在事外，费无忌迎娶的乃秦国美女，费见果然貌美，非一般美，确有倾城倾国沉鱼落雁之美。费无忌立即启动小人之智，感到其中大有文章可做，快马驰车先从秦赶回楚。由此判断费无忌太了解楚平王了，知己知彼，百战不殆。他一路疾行，他有充分的把握，说动楚平王，以此制服太子、拿住太子、拿下太子，由他摄政楚国。费无忌真敢想，也真敢为，他要把为太子建娶的媳妇献给太子建他亲爹楚平王，费无忌尽显其小人本色，别人不耻斥之乱伦的事他堂而皇之地做起来。他的理论是："秦女绝美，王可自取，而更为太子取妇。"费无忌这一小人之招果然厉害，立即把楚平王拿下，并把楚平王控制在手中，这种缺德的事非小人莫能为之。费无忌也极有审美观念，因为这位秦国的美女一面就征服了楚平王，相信楚平王后宫美女佳丽成群，干这种缺德背伦之事非绝色美女不能拿下楚平王，楚平王甘愿中“糖衣炮弹”，不但欣然纳之，而且“绝爱幸之”，三千佳丽在一身，并且与秦之美女生有一儿轸。至此足见费无忌小人功夫之一二。

费无忌并未就此住手。做贼心虚，小人更如此。费无忌当初去秦国为太子娶亲本乃楚国大事，更是太子建之大事，国之所忙，太子之所忙，皆在情理之中，遑论一国一太子，百姓之家亦为大事。但太子娶回的绝美秦女并非迎亲迎回太子府，却张灯结彩被他爹娶回宫中。可以想见举国何论？太子何论？太子之太傅伍奢何论？用举国哗然、千夫所指、万民皆唾恐不为过。费无忌何许人也，杰出小人也，焉能不明此理？虽然又重新为太子建娶了媳妇，但这新仇旧恨，这道“梁子”是翻不过去！他再也不给太子建服务当什么少傅了，司马迁说他：“因去太子而事平王”，靠给楚平王献美女，把马上就进门做儿媳妇的美女给本该做老公公的楚平王，费无忌抱住楚平王的粗腿了，但他知道太子建及太子党都深恨他，恨之咬牙切齿，只因为楚平王尚在，他们不敢动作，但绝非永不为；一旦楚平王一蹬腿，太子建名正言顺登上王位，第一个清算的就是他！每想至此，如刀在颈，冷汗嗖嗖，两腿战战。这样要命的利害关系，费无忌何尝不每日三省。小人尤其杰出之小人极会分析形势，尤其政治形势，绝不会等馅饼由天而降，更不会等杀身之祸由天而降，费无忌不懂哲学，但他深明人生的哲理，吾不擒尔，必丧尔手。

费无忌充分利用接近楚平王一切机会，从方方面面、角角落落，发起谗言攻势。三人成虎，费某一人便要成虎。谗言的水平是衡量小人水平的唯一标准，费无忌的谗言，能使君臣猜疑，父子相仇，兄弟反目，同室操戈。费无忌真小人，真人才。他终于使楚平王相信，真正为楚王着想，真正为楚国着想的是费无忌；为了楚王的长远利益，为了楚国的百年大计，必须远离太子，冷却太子，置太子于荒僻蛮地，边疆远戍。费无忌的本领就在于让楚平王真信，真办，真把谗言当作治国、强国的大政方针，果然楚平王铁青着脸，把太子建发配到边城戍边，从权力的中心赶到权力的边缘。

小人的心有三绝：硬、毒、狠。小人绝无半点温良恭俭让，得下手时，赶尽杀绝，斩草除根，五毒俱上，绝不留情。费无忌不愧为杰出、卓越，他又离间颠覆楚王与伍家世世代代的君臣关系、鱼水关系，使其反目为仇，仇到不共戴天，费无忌真有功夫！楚平王彻底被费无忌玩于股掌之中。楚平王怒不可遏，立即派人星夜赶往太子戍边的城父，去杀太子建。父子之情亲不过小人之情，这也是被历史多次验证过的一条真理，太子案立即株连无辜，首先就是其太傅伍奢。对伍奢更无情可谈，而是抓起来“考问之”，大刑伺候，以解费无忌心头之恨。太傅少傅之斗当属窝里斗，这种窝里斗更残酷、更无情、更狠毒，费无忌绝不会生有一丝一毫的怜悯之心，恰恰相反，他想把百年之家伍家连根拔，彻底解决。陷害、迫害乃小人之术也。于是费无忌又对楚平王言：“伍奢有二子，皆贤，不诛，且为楚忧。”费无忌够狠够毒，但他也讲了一句实话，言伍尚、伍子胥皆贤，从以后看伍子胥的确有能耐、有本事，不但贤且有勇有谋，他和其兄伍尚乃两种类型的人，当王使召见他俩时，兄弟俩都认识到这不过是个圈套，去则必死。其兄伍尚却说，王使有言，如果你们兄弟前去，则其父伍奢得生，否则立即斩之。我去救不了父命，但我不去就好像我惜生怕死而不义，不去救父命，所以明知必亡亦必去。这使我想起秦始皇死后胡亥、赵高的宫廷政变，在秘密夺取政权后，给掌握重兵的公子扶苏和大将蒙恬罗列罪名，纠旨冤杀，而扶苏、蒙恬明知其中有诈，甚至想到其中的阴谋，但不死则不忠，不死则不义，而轻易赴死，其死如鸿毛，但其死足以使其父皇数十代人九死一生统一的国家转眼之间就土崩瓦解，从此意义上讲，其有无仁？有无孝？有无忠？其罪大莫焉！这可能和春秋时代的教育及文化有关。伍尚即如此，为小人冤杀，但伍子胥认为去则必死，死虽不畏，但此仇谁报？杀父兄之仇必报，绝不束手就擒，绝不冤死、屈死、窝窝囊囊地死！因此伍子胥是“贯弓执矢向使者”。在那么残酷的捕捉情况下，伍子胥能愤然脱险，说明伍子胥的武功绝非一般，杀退抓捕之众，伍子胥满怀深仇大恨踏上逃亡之路。

伍子胥复仇之路何其遥远？他面对的是堂堂一大国楚国，而他是一区区潜逃犯，但伍子胥不愧是真男儿、烈丈夫，他就是要在明知不可为时而为之，楚国再大再强必亡之，深仇大恨必报之。知子莫若父，其父伍奢闻之，留于世之最后一言："楚国君臣且苦兵矣！"像费无忌这样的小人就怕遇见像伍子胥这样的烈丈夫。能叫小人一时得势，不能叫小人时时得势；以热血相拼，以生命作酬，伍子胥那才叫咬定青山不放松。楚平王死后方知大丈夫绝非小人能比。

伍子胥逃亡之路绝非坦途，可谓前有关隘后有追兵，一个全国缉拿的要犯惶惶如丧家之犬。流传最广,传得最神的莫若"伍子胥过昭关，一夜愁白头"。人逼到那个份上，何惜一头芦花？自伍子胥以后，似乎历史上还多次发生过一夜愁白头的故事。又有千金一诺之说，言之逃亡路上，伍子胥饥寒交迫，遇见好心姑娘相助，伍子胥怕姑娘失口泄密引来追捕，没想到此女亦烈，竟然以命相许，投河自尽，以守秘密。到后来伍子胥率吴国大军灭了楚国，报了父兄之仇，再来寻找恩人姑娘家人以还愿当初千金相诺时,竟无人知晓,伍子胥哭拜姑娘投水之地，掷千金于河中，绝不失言，绝非无情。

伍子胥最窘迫时，讨吃要饭一路风餐露宿，像一只受到追捕的孤狼，狼狈逃窜至吴国。此时此刻伍子胥可谓叫天天不应、叫地地不灵，空有雄心热血、空怀报仇之志。伍子胥逃亡到吴国以后，是怎样投奔吴国公子光的？又是怎么使公子光向吴王僚推荐自己的？伍子胥是如何得到公子光的信任，让他随吴军出征楚地？伍子胥的这个变身是如何完成的？翻查《左传》《吕氏春秋》《史记》都无详细记载。这可能是历史的一段空白。作史者可能认为伍子胥在历史上的分量不够那么重，因此历史上的细节可以一带而过。其实非然，吴国公子光何许人也？用伍子胥之言证之："公子光有内志。"何谓内志？就是想篡政夺权、推翻吴王僚而自立。伍子胥把公子光看得入木三分，把他的反志看得明明白白，可能正因为此伍子胥才去投靠他。如果吴王僚重用他，可能就不会有兵变被杀，被除的可能就是公子光。公子光很可能看到这一点所以不敢让吴王僚用伍子胥，但他又不能与伍子胥一刀了断，这其中必有文章，而司马迁却回避了。伍子胥对公子光的认识极精准，因此才把推翻楚国报血海深仇赌在公子光身上，而不是当时的国王僚身上。从政治上讲，公子光是个地道的野心家、阴谋家，篡权夺国势在必得，要么得逞要么毁灭；让伍子胥把自己的复仇大业押在公子光身上还有一点至关重要，吴王僚，政治上麻木，对身边的定时炸弹丝毫不查，反而重用，屡屡把兵权军政大权交给公子光；伍子胥由此判断，吴国江山必归光，帮助光夺取政权就能借吴军灭楚；他已无退路，以命相搏。在军事上，几经战争，吴楚之战，虽不是大战，但在战役之中，伍子胥的军事才能充分显示出来，“吴使公子光伐楚，拔其钟离、居巢而归。”从国力军力上，吴楚非一个等量级，但吴数胜楚，军事指挥当为关键，伍子胥当是吴楚之战中的关键因素，因此他才根据战场形势，根据两军情况向吴王僚进言：“楚可破也。愿复遣公子光。”伍子胥的目光够犀利，当他得知吴王僚被公子光制止，其理由是伍子胥此举是公报私仇。伍子胥并未忌恨公子光，更未有铲除公子光之念，而是帮助公子光实现他的野心，这就是公子光“欲杀王而自立”。这时候伍子胥又引出一位惊天动地的历史人物，春秋有名的五大刺客之一，专诸也。非常可惜，历史上几乎没有专史记载这位让人胆战心惊的大刺客，没有文章记载伍子胥何时何地因何事认识专诸的。司马迁在《史记·刺客列传》中也仅仅有一句，“伍子胥之亡楚而如吴也，知专诸之能。”可见伍子胥和专诸相识相交是在伍子胥“失魂落魄”之时，布衣之交也，亦可见专诸乃布衣也，很可能是惺惺惜惺惺，才有了共同语言，才有了相交相知，才有了伍子胥“知专诸之能”。所谓之能应该包括其人品、人德、人才。专诸亦烈丈夫也，视义如天，视死如归。所谓知其能？就是知非专诸去杀吴王不行。专诸刺王僚，公子光篡夺政权，伍子胥为幕后总策划，大丈夫亦有阴阳两面。

借助伍子胥之力，公子光终于一举颠覆了吴王僚的政权，伍子胥乃阖庐登基真正的幕后推手，无伍子胥即无吴王阖庐，吴王阖庐被感动得无可无不可，表示要“裂土而王”，把吴国一分为二，与伍子胥各自为王。伍子胥只身亡命吴国，只手推翻吴国政权，又率吴军攻破楚国的国都，灭了楚国这么个大国强国，览古今中外，似未有过，只身只手先夺一国又灭一国，区区不过十余年，真可谓丈夫壮烈，烈不过如此。也曾评论过古巴领袖卡斯特罗，乃世之称奇也，当初七条步枪打天下，推翻一个王朝，夺取一国政权，依然无法和中国历史上的伍子胥相比。伍子胥单枪匹马，孤军奋战，只手摆平两国，全凭丈夫力。伍子胥是中国历史上没有走上神坛的“神人”。

伍子胥率吴国军队连战连捷，五战全胜，一举攻下楚国国都郢城。此时伍子胥大仇将报，又爆出一烈举。此时楚平王已经死去五年矣，伍子胥犹不解恨，掘墓开棺拖尸，深仇大恨刻骨铭心，十数年的含辛茹苦，十数年的艰苦奋斗，十数年的出生入死，大丈夫就在此时，伍子胥千仇万恨跳而鞭尸，鞭尸三百,三百痛哉！此仇不报非丈夫，此仇不如此报非烈男儿，大丈夫报仇当如是也！

伍子胥死得更壮烈、更悲壮、更有情、更动人。

言之“工于谋国，拙于谋身”，伍子胥是也。“直如弦，死道边；曲如钩，反封侯。”伍子胥乃烈丈夫，直如弦，死得轰轰烈烈，死得让人心惊胆战，死得让吴王夫差大怒大恐大惶，死得让吴王临自杀时羞愧难言，临自刎之前，仰天长啸：“吾悔不用子胥之言，自令陷此！”

英雄必遇小人,烈丈夫必遇杰出小人。伍子胥的爹遇见的是费无忌，查遍史书未找到这个小人中的“天才”的去向，想必当年伍子胥找得更下功夫，真要找到了，千刀万剐，生吃活剥恐不为过。伍子胥本人亦遇上另一位杰出的小人，同为吴国重臣的大夫太宰伯嚭。伯嚭的小人功夫绝不在费无忌之下，他能把两朝元老、开朝功臣置于死地，要知道没有伍子胥，就没有公子光的戏，没有公子光登场焉有夫差做王？伯嚭竟能翻手为云、覆手为雨，指鹿为马，栽赃陷害，舌头下面埋死人。吴王夫差终于恼羞成怒，终于气急败坏，终于下了决心，赠伍子胥以属镂之剑。手执夫差之佩剑，死到临头，说大丈夫未能马革裹尸亦遗憾,说血仇已报胸中块垒已吐,其死何乎？伍子胥一生与生生死死相伴，在死人堆中爬进爬出，见死人无数，见人临死之状无数，今日轮上他。“狡兔死，走狗烹；飞鸟尽，良弓藏；敌国灭，谋臣亡。”伍子胥长叹，最后看一眼这个大千世界，临终之言，字字滴血，断颈前的自白："是我让你爹当上吴王，在诸侯中称霸，在先王点太子之时，诸公子争立，你并无优势，是我冒死在先王面前保荐你，让你当上太子又登基为吴王，你还要裂土而王我，我都没丝毫动心，为的是要建立强大的吴国，也对得起在天之先王。敢对天对地对先王言，我一生对吴国对先王对你赤胆忠心，耿耿不衰，直言相告，你拍着良心睁大眼睛看看我。哪言哪行不是为了吴国为了你？到如今吴国强大了，但亡国的隐患依在，你却相信小人的谗言要杀我，今日亡我，他日亡吴！"最让大丈夫垂泪的是，伍子胥最后一句撕心裂肺的肝胆之言，"死何足惜？！我死以后，把我的双眼剜出来，吊在姑苏城东门之上，我要看着越国大军入东门灭吴国。"实践证明，伍子胥高瞻远瞩，英雄眼中容不得沙子，历史正是按伍子胥所预料的一步步走来。这也成就了蒲松龄的自勉名联："有志者，事竟成，破釜沉舟，百二秦关终属楚；苦心人，天不负，卧薪尝胆，三千越甲可吞吴。"

痛哉，悲哉，哀哉，若依伍子胥的金睛火眼，焉有"苦心人，天不负"？天下大丈夫无憾而终，何况烈丈夫焉？

和女人们说潘金莲

一

在中国女人中，潘金莲的知名度不低。

潘金莲有潘金莲的“发烧客”“粉丝”，在中国女人中当为一枝“花”。从《水浒传》到《金瓶梅》，文学家、史学家、戏剧家、曲艺家，都热衷潘金莲，研究潘金莲，分析潘金莲，装神弄鬼扮演潘金莲。“吃”潘金莲的人当以万计，从国粹京剧到地方百戏，从说书的、唱弦的、打鼓的、拉洋片的一直到各路梆子、各种大鼓、平弹长调、坠子花腔，各种戏牌子不下300多种。中国京剧四大名旦，四小名旦几乎都演过扮过潘金莲。潘金莲不仅活跃在“阳春白雪”，“下里巴人”中亦然，街头巷尾，村里村外，甚至连文盲都“认识”潘金莲、“熟悉”潘金莲。口口相传潘金莲，四下搜寻潘金莲，群众是真正的英雄，他们口中的潘金莲比书上写的、戏中唱的、台上演的更精彩、更传奇、更形象、更逼真、更“有声有色”，潘金莲真有那么大的魅力？

潘金莲人乎？鬼乎？有人言潘金莲女人恨、女人仇、女人骂，男人不恨是恨不起来，男人不仇是无仇可结，男人不骂是无语可咒。

现在全中国有几个人知道现任英国女首相的？有几个知道特朗普老婆大名的？有几个知道邓文迪恋爱史的？有几个不知道潘金莲的？有几个不知道潘金莲的恋爱史的。潘金莲厉害！

刘震云写的本子冯小刚导演的电影《我不是潘金莲》火爆也爆炒。借潘金莲之名又不敢叫潘金莲，让潘金莲九泉之下也瞧不起。何若其然？莫若直呼：我就是潘金莲。

没人敢自谕我是潘金莲。

刘震云、冯小刚的电影《我不是潘金莲》的女方角范冰冰出演的李雪莲被人玷污过身子，又说不明白，因此自谕成了潘金莲。而其前夫秦玉河当众质问她，你结婚前是处女吗？你结婚前和人睡过觉，你是潘金莲！潘金莲的帽子就给她扣上了。李雪莲十几年不屈不挠的告状就是要还自己一个清白 :“我不是潘金莲！”

其实李雪莲也好，秦玉河也好，包括他们周围的乡亲和基层干部似乎都不太了解潘金莲，认为凡是男女作风不好，招惹男人，淫荡不安分，再说直白就是“骚女人”，皆称之为潘金莲。潘金莲在民间之所以名气那么大，因为她直接和“狐狸精”“骚女人”相挂相联。正因为这样，无论男女官民都愿意聊，愿意传，愿意加油加醋地说，眉飞色舞地谈，说起来没完，乐此不疲。李雪莲觉得奇耻莫过于此，才一次又一次跑到县里、市里、北京去告状 :“我不是潘金莲！”

李雪莲肯定不是潘金莲。潘金莲若是李雪莲，那她就称不上奇！潘金莲不仅仅是“花案”,她还有“命案”,“花案”纠着“命案”,“命案”中又有“花案”，潘金莲的戏，难唱。

潘金莲成就了中国两部大书 :《水浒传》和《金瓶梅》，没有潘金莲这两部中国明清长篇章回小说可能早早就夭折，就胎死了，足见潘金莲对中国文学的贡献。

施耐庵写了潘金莲从生到死，兰陵笑笑生写了潘金莲从荣到衰。有人云 :“潘金莲的一生其实就是封建社会中国妇女不幸人生的扭曲和折射，是封建社会中国妇女悲惨的一页。”见仁见智，李雪莲说我不是潘金莲，那个在李雪莲嘴里口口声声被称为畜生的秦玉河却宣称她就是潘金莲。

潘金莲“红颜薄命”。潘金莲的命多少有些像《红楼梦》中的晴雯，都是丫鬟的身子丫鬟的命。晴雯命苦命薄好歹还遇上了贾宝玉，而潘金莲红颜却遇上了色鬼张大户，张大户缠她要她，潘金莲的个性也真像晴雯，刚烈，多次找女主人告状，弄得张大户内外不是人，吃不到嘴里，攥不到手里，才生出那段“报复婚姻”“迫害婚姻”“陷阱婚姻”。

甘愿陪上嫁妆，把潘金莲嫁给武大郎。让潘金莲苦一辈子，窝囊一辈子，恶心潘金莲一辈子。张大户这家伙心毒如蛇蝎。武大郎家贫如洗，身高不满五尺，矮就罢了，施耐庵指着他说：且生得狰狞，头脑可笑，诨名“三寸丁谷树皮”。兰陵笑笑生也指着武大郎言：牵着不走，打着倒退，只知道喝酒，锥扎也不动，难道普天下的男人都死绝了，要嫁给他？潘金莲真好似鲜花插在了牛粪上。

由此可见那张大户的阴恶用心，潘金莲苦啊！这只是《水浒传》中施耐庵讲的，《金瓶梅》不是这样说的。

《金瓶梅》里说得明白，小小年龄的潘金莲两次被卖，早早就被张大户霸占，名曰“收用”。潘金莲自幼聪明漂亮，也自幼风流开放，张大户因老婆当家，老婆厉害，想出一个“万全”之策，出全资把潘金莲嫁给武大郎，为的是明嫁武大郎，实际上依然自己“收用”。兰陵笑笑生的话说得倒也坦白：“武大郎挑担出去，大户候无人，便踅入与金莲厮会，武大郎一时撞见，亦不敢声言。”

武大郎与潘金莲的夫妻关系，好不了，且不说张大户和临街大户子弟蜂追蝶扑，就武大郎每日回到家中，喝上闷酒倒头便睡从不和潘金莲多说一句话。潘金莲命够苦的，他们夫妻俩心中都明白，武大郎无权无势，无钱无人，只有兄弟武二郎还下落不明。潘金莲更是卖与张大户做丫鬟的苦命女孩。潘金莲的婚姻又是一桩“阴谋婚姻”，婚姻没有改变她的一切，没有给她带来美好和幸福，她只能逆来顺受。她唯一怀揣着希望就是能遇见一个年轻英俊身高雄健的“白马王子”，追求美好、渴求幸福乃人之本性也。何况她在大户人家当过丫鬟，是见过“大世面”，见过“幸福生活”的，这都使她对未来生活，对将来社会想象得更大胆、更色彩、更热烈。但对于她来说最现实、最可能、最富于想象的就是性爱，这就是潘金莲。有评论说潘金莲自出场就是一只闹春的猫，但那就是潘金莲。

而老实、窝囊、丑陋、低俗、笨厚，只会逆来顺受，无争无愤无怒甚至无怨的武大郎，娶的恰恰是潘金莲。当时社会有句名言：宁娶大家的丫鬟，勿娶农家的闺女。武大郎千不该万不该娶大家的丫鬟，他降不住、制不服、管不了、养不起。甚至连一句甜言蜜语都不会，那是潘金莲，大家的丫鬟，曾经被“受用”过。武大郎无法无力也无能选择，他更愿迎娶一位农家的丑女。

潘金莲就是潘金莲。当她第一眼看见武松武二郎时，眼前突现一亮，似雷电击中。原来她朝思暮想的意中情人远在天边近在眼前。潘金莲不是一般没见过男人的青涩女孩，她终于如黑暗中看见了光明，如沙漠中遇见了清泉，如在苦海中看见了彼岸，潘金莲绝不会放过“天降良机”，她追逐起心中的男人，比如武松武二郎，不仅仅是积极、主动、热情、火辣辣的、赤裸裸的，而且还是不顾一切的，不讲任何条件的，这种爱情唯一和爱情至上的爱情观，莫说一千多年前的大宋王朝，即使是今日社会有多少女孩能做到？从这个意义上讲，潘金莲堪称纯洁；爱情与生命，爱情重于生命；爱情与物质，爱情重于物质；爱情与风俗礼教，爱情唯上唯一。谁人又能做到？原来潘金莲就是颗情种，谁能像潘金莲的那样对待爱情？她想和武松好，是真爱，真想爱，从未想到过武松是自己的小叔子，伦理道德重如山，她什么都不怕，只怕武松不爱她。她爱西门庆，从没想过要霸占西门庆的财产、想当西门庆生药铺的老板娘，也从未想过改变自己的生活质量、高车骏马华衣鲜饰。她甚至没开口向西门庆要一文钱，没图西门庆这位赫赫有名、有钱有势的西门大官人一分薄利，甚至连偷欢做爱也是在她家那破木楼上。潘金莲什么都不要，不要钱、不要房、不要金银财宝、不要庄园铺面、不要名分地位，她只为爱，一个为了男女之爱能痴爱到如此之呆之痴之专的女人，不值得让人研究吗？不值得让人尊敬吗？罗丹的《地狱之门》上雕有一对裸露的情人，正在深深地亲吻，罗丹表白，那是一对偷情的男女，用中国话说叫“野鸳鸯”，但他们却亲吻得那么深情、那么真情，没有人指责他们、谩骂他们，所有见到罗丹大师的《地狱之门》的人都深深羡慕他们、祝福他们。但丁在《神曲》中庄重地写道：“为了爱情下地狱，我在所不辞。”为什么地狱就容不下一个潘金莲？讲一句多少人不敢说、多少人不愿说的话：潘金莲了不起！潘金莲就是潘金莲。李雪莲永远成不了潘金莲，也永远不会成为潘金莲。李雪莲不会为爱情豁出去一切，包括生命，他只会为告状豁出去，为洗白自己我不是潘金莲豁出去，谁挡道她就义无反顾地告谁；如果为了爱，谁挡道她都会碰回来，让出道。

二

潘金莲之所以为潘金莲，名气那么大，主要因为她既长得漂亮有狐狸精之貌，又会勾引男人，且只要勾引上就不放手。李雪莲称她不是潘金莲，除了长得像潘金莲，在爱情方面绝非潘金莲，即使是她那几位相好的，对她都留有爱慕之情的垂涎男人，李雪莲也是若即若离，以身为价；比如她想让卖肉的去杀她的前夫，条件是可以干那事；求大头告状，条件是可以睡。潘金莲对爱从不扭捏做作，更不讨价还价，而是如虎相扑，如鹰相搏，绝不来半点虚假。民间女人们斥骂得更加直白，臊娘们、狐狸精、臭不要脸的等等，当然还有更肮脏污秽的语言。施耐庵说得文学，说得斯文。有人统计过，潘金莲为追逐武松，拿下武二郎连声叫过十五个“叔叔”，施展浑身解数勾引武二郎，但见她“酥胸微露，云鬟半弹”，借酒春心，借嘘寒问暖在武松肩膀上捏一把，非武松一般人吃架不住这种“糖衣炮弹”。潘金莲岂能小看？岂是一个“淫”字、一个“浪”字就能说尽的，潘金莲不简单。不是谁骂谁不要脸，谁骂谁狐狸精，谁就能成为潘金莲的。

“文化大革命”“破四旧”中，有地方在批斗所谓女流氓时，把破烂鞋用绳子串起来挂在“女流氓”的脖子上，挂在胸前的木牌上赫然写道：“我就是潘金莲！”有的还把“潘金莲”的头剃成阴阳头、鬼剃头，让“女流氓”自己敲着面小破锣，嘴里不停地喊着：“我是潘金莲，我有罪！”喊得声音小了，皮带就会落到头上。潘金莲也没想到，不是法庭是革命把她押上了人民群众的审判台。潘金莲彻底臭了，臭到家喻户晓。其实潘金莲自来到这个世界上，似乎只有两个人真正“香”她，一个是张大户，一个是西门庆。张大户香潘金莲的下场施耐庵懒得交代；只是《金瓶梅》中说到自从张大户“收用”了潘金莲，“不觉身上添了四五件病症”，腰便添痛、眼便添泪、耳便添聋、鼻便添涕、尿便添滴。潘金莲果然厉害，差点要了张大户的老命。但潘金莲的确要了武大郎的命，也的确要了西门庆的命，潘金莲“罪责难逃”！

翻开《水浒传》从第二十四回“王婆贪贿说风情”到第二十六回武松斗杀西门庆，都在说潘金莲的奸情，没有施耐庵这三回大书，就可能不复有兰陵笑笑生的《金瓶梅》。中国章回长篇小说就可能失去浓墨重彩的一页，潘金莲真有戏，生得有戏，活得有戏，死亦有戏；死后的戏才引出数位英雄好汉被逼上梁山。潘金莲怎么死的？武松怎么杀的潘金莲、怎么杀的西门庆？这些戏都“唱”得漂亮，让台上杀得淋漓尽致，让台下的彩叫得翻江倒海。但却从未有一人喝问：武松凭什么杀潘金莲？他杀得杀不得西门庆？潘金莲、西门庆奸情谋害亲夫，一句喝彩：杀得好！潘金莲死得活该！自古杀人偿命，潘金莲又死得凄惨，死得让人触目惊心。“那妇人见势不好，去待要叫，被武松脑揪倒来，两只脚踏住她两只胳膊，扯开胸膛衣裳，说时迟，那时快，把尖刀去胸前只一剜，口里衔着刀，双手去撕开胸脯，取出心肝五脏供在灵前，肐查一刀，便割下那妇人头来，血流满地。”武松凶狠，武松仇大。潘金莲鸩死亲夫，有命案在身，杀人偿命，当杀，但不当武松杀;被剖腹剜心的潘金莲也问苍天，武松该杀否？武松身负十几条人命，都是冤杀、错杀、胡杀、乱杀；武松枉杀无辜，草菅人命，视人命如草芥，却赢来身前身后名，赢来台上台下一片喝彩叫好声。武松大闹飞云浦，血溅鸳鸯楼，夜走蜈蚣岭，杀人如切瓜，未见将武松绳之以法。如此，潘金莲死得悲惨，包括西门庆，在光天化日，众目睽睽之下，武松跳到当街上，把还活着跌得半死的西门庆按住，只一刀，便割下西门庆的头来。西门庆有没有死罪？该不该杀？该如何杀？该谁杀，似乎轮不上武松。

被逼上梁山的好汉，好像个个都有命案在身，没有一个因杀人偿过命，有人甚至以杀人为乐、以杀人为业、以杀人为食，亦未见杀人偿命，足见北宋时期法律如同蛛网。武松这样自谕：杀人者，打虎武松也！

其实你就是擒龙英雄也无权杀人。留下杀人之名，恰恰暴露了武松无视法律，挑战法律。即使这位杀人如麻的打虎英雄也险遭肢解，被大卸八块，被做成人肉包子馅。母夜叉孟州卖人肉，卖人肉是母夜叉的职业，杀人如同杀猪，瘦的杀了扔到河里喂鱼，胖的剁碎做了人肉包子馅。没有看见母夜叉一伙贼头贼脑，提心吊胆，害怕官府追捕缉拿，害怕被绳之以法，而是几乎半公开，至少江湖上皆知母夜叉开黑店卖人肉包子，但母夜叉日子照过，生意照做，老板娘照当。由此可见在那个时代，仿佛杀个人不算什么大事。潘金莲是不是也曾这样想？潘金莲要比孙二娘可谓小巫见大巫，潘金莲见到武大郎中毒而死就怕将起来，而孙二娘母夜叉看见人进店，放倒摁在案板上，要亲自上案操刀，肢解活人，母夜叉非但不怕，反而欢喜起来，因为那是她的财源。但孙二娘没有潘金莲的名气大、名气臭、名气臊，因为潘金莲出轨、犯臊、招引汉子、谋夫为奸，潘金莲杀一个武大郎也比母夜叉宰了一百个活人让人招恨、招骂，未曾听说母夜叉因开黑店宰活人做食材，遭后人骂、遭后人恨；相反，戏里也好，曲里也罢，书里说的也算，都演得唱得说得又高兴又热闹。没有人痛斥母夜叉该杀该剐，相比，潘金莲做鬼也会伏地大哭。

女人外遇猎艳用文学上的词形容为“可歌可泣”“红杏出墙”“招蜂引蝶”，其实都是血淋淋的。对女人，尤其对“骚女人”“狐狸精”潘金莲都不公道，杀人不过头点地，却让她们背黑锅、挂黑牌、遭辱骂，她们是地道的弱势群体，为什么污水都泼在她们头上？谁赋予的这种权力？她们是女人，是人，她们有权力追求人生幸福当然包括男女性生活的幸福。

《诗经》中有三分之一的诗歌都是在歌颂男女相爱相求的炽热情感。春秋乃至战国时期男女之间的感情似乎是那么纯洁美丽，为了爱情可以那么直白地追求。“关关雎鸠，在河之洲。窈窕淑女，君子好逑。”“岂曰无衣？与子同袍。岂曰无衣？与子同泽。”世上还有比这更伟大、更崇高、更神圣、更无欺的爱情吗？“上邪！我欲与君相知，长命无绝衰！

山无陵，江水为竭，冬雷阵阵，夏雨雪，天地合，乃敢与君绝！”命算什么？死算什么？谁能说潘金莲与西门庆无此相约？无此爱情？这么说来潘金莲也该是死得践言，死得其所，查潘金莲一生，似乎除了追求爱情别无其他，既不贪财，亦不爱权，亦未想入非非，找一意中男人与之鱼水相戏，须臾不离，男贪女爱，此乃潘金莲所有之愿。莫去责备潘金莲没有远大理想、崇高信念，潘金莲已为此献出自己年轻的生命和本应绚丽的青春，做了刀下鬼，被活活开膛取五脏。据说到目前为止人类已有850亿人死亡，但像潘金莲这样死的，恐怕为数不多。看过一叠厚厚的离婚案，其中一位女事主提到潘金莲，故印象很深。她说，潘金莲不冤，一点都不冤，我要像潘金莲那样哪怕只活一天，上刀山下火海，心甘情愿。我这一辈子，我的青春还不如潘金莲，唯一比潘金莲强的是我还窝窝囊囊、猪狗不如地活着。真乃字字血、声声泪。她说得是真的，有刘震云作证。他小时候，他们县曾出过一个“大案”。“西门庆”和“潘金莲”相好，两个合计着把女方的丈夫给杀了。案子在20年以后被破出来，就把他俩判死刑枪毙。那个时候在执行前要游行示众，因怕喊反动口号，脖子上勒着绳不让说话。大冬天的，天冷得很，看到那个男的拼命挣扎着非要跟那个女的说什么，警察看他不是喊反动口号，就松松绳让他对那个女的说一句，他说的竟然是：“天冷，把头巾扎上。”那女的啥话也说不出来，只是哭着拼命点着头。潘金莲却至死未掉一滴泪！不知为什么潘金莲至死没哭，没哭一声。《水浒传》中有著名的“三杀”，后“二杀”更冤枉、更无辜、更倒霉、更无语、更无法无天。

武松杀嫂、宋江杀惜、杨雄杀妻，谓之水浒三杀！

宋江杀阎婆惜纯粹是杀人灭口，故意杀人，其罪如板上钉钉，但却逃之夭夭，不但当上山大王，后招安还做了朝廷的大官，背着人命不说，宋江却赢得身前身后、台上台下一片赞誉。可怜不过屈死女，阎婆惜死得可悲可惜也可怜。宋江杀阎婆惜可恶可恨可耻也可悲，纵览所有说书的、唱戏的、写文的、著史的，没人不说阎婆惜坏，先是人家养的“小三”“外宅”、小老婆，又背着人家私招野汉子，通奸会私情，出轨再骚情，又挟宋江通“匪”之情要挟，该杀该死。看施耐庵说：宋江左手早按住那婆娘，右手却早刀落，宋江怕她不死，再复一刀，那颗头伶伶仃仃落在枕头上。宋江杀人杀得恶，杀得凶，杀得惨！杀人偿命，宋江当杀！宋江却大摇大摆地走了，阎婆惜死得惨。唯一不同潘金莲的，阎婆惜厉害，她不怕宋押司，她知道宋押司在衙门做官，乃实践法律者也，万万不敢杀人，才大呼大喊，才敢和宋江一拼。但阎婆惜错矣。宋押司敢戏弄国法，杀人不偿命，宋江果然厉害，果然霸道，杀一“轻浮”女子犹如捺死一只蚂蚁。

杨雄杀妻更杀得野蛮，杀得凶残，身为执法人员，毫无法制观念，北宋时期积弱为羸，国家机器搞成纸老虎，可能和法律如同纸糊的有关。说该出手时就出手，何来国家？何顾法律？因奸情杨雄不但杀了妻子潘巧云，而且还把丫鬟迎儿手起一刀，挥作两段。“把潘巧云一刀从心窝直割到小肚子上，取出心肝五脏，挂在树上，又将这妇人七事件分开”。扬雄是个什么人？杀人不说还要把人活开膛，活开膛不说，还要把人的心肝五脏挂在树上，把人分解成肢体，大卸八块。杨雄简直就是一个畜生、刽子手、变态狂，不说一日夫妻百日恩，不说潘巧云该当什么罪，当不当罪也轮不上杨雄下手这么狠、这么凶、这么毒，从此杨雄因杀妻在江湖上、在梁山上似乎还出了名，还出的是英名。公理何在？可哀、可叹、可悲、可怜的潘巧云，也有人言潘巧云不如潘金莲，如若为潘金莲一把砒霜毒死这个枉披人皮的“病关索”杨雄也就罢了！

臧克家曾经说过：“有的人活着，他已经死了；有的人死了，他还活着。”潘金莲肯定不在臧克家所说的序列中。潘金莲早已死了，被武松活活宰杀了，千年已逝，枯骨全无，但潘金莲却依然像鬼魂附体，似乎还活着。很多人都会指着一位女人的后背悄声耳语：她就是潘金莲！或人前人后地厉声喝道：潘金莲！也有的人会像《我不是潘金莲》中的李雪莲或自言自语，或扪心自问：我就是潘金莲？她们会惊得一身冷汗，恐惧地高呼：我不是潘金莲！为了洗清自己不是潘金莲，她们四处奔波，四处祷告、四处表白、四处求饶。潘金莲真厉害！

鲁迅先生说夜间观史，分明见书页的字迹中都有两个血淋淋的大字：吃人，其实在吃人的血迹模糊处还有两个大字：男女。有男女之处焉能少得了潘金莲？再过300年，那300多种有潘金莲的戏剧曲艺照演照唱，照样还有人会拍电影，比冯小刚拍的《我不是潘金莲》要好看一万倍，电影的名字也比冯小刚的电影叫得响，《我是潘金莲，我就是潘金莲》一定火爆，一定蹿红。潘金莲很可能是网红，粉丝当以亿万计。形容好人精神不死称其为永垂不朽，像潘金莲这种坏人死而不熄当称其为阴魂不散。

生死抉择

一

司马迁最后选择活着。

屈辱地活着，卑贱地活着，生不如死地活着。中国的“去根”之刑，始于秦，也有考证自东周就有。其刑之式残酷、强暴、野蛮、不死即腐，一刀下去，割尽男根，一根芦管，直插其中，一簸箕热柴火堆在男人大出血的裆上，是死是活听天由命。一位明朝的太监曾经说过去“根”之痛，犹如在滚油里探手而入，直至炸黑炸焦炸废了手。尤其数月后，当伤疤已结，芦管已拔，半夜以手探裆，裆下再无他物，男根去矣，痛不欲生，其泪如涌，其心如煎。但司马迁无言无怨地选择了阉，何其壮哉。

司马迁是经过深思熟虑后的选择，司马迁深知他选择了阉割，就意味痛苦地背叛了自己、背叛了人生、背叛了社会、背叛了家庭，也背叛了祖宗。他将背负着屈辱和痛苦走完他不完全的余生。但司马迁不是选择了活着。2100 多年以后，有人说司马迁选择了屈辱地活着，是因为他还没有完成《史记》，因为《史记》他宁可选择割弃男根，选择被阉割。司马迁做了一个伟大的选择，为了《史记》没有这个选择、没有这个牺牲、没有这个舍弃，就没有了《史记》。

不错，司马迁在《太史公自序》中写道 ：“是余之罪也夫！身毁不用矣。”退而深惟曰 ：才引出司马迁的一席身残志坚的历史感慨，并非先有“盖西伯拘羑里，演《周易》；孔子厄陈蔡，作《春秋》；屈原放逐，乃赋《离骚》；左丘失明，厥有《国语》，孙子膑脚，而论兵法；不韦迁蜀，世传《吕览》；韩非囚秦，《说难》《孤愤》；《诗》三百篇，大抵贤圣发愤之所为作也。”司马迁说得坦诚，退而深思。

自秦以来，中国有过多少阉人可能没有人统计过，但仅明王朝的276年中，明有太监至少数十万似有定论，他们没有一个人有《史记》，但他们都选择了去“男根”，都经历了生死抉择。

项羽选择了死。

他的选择让多少代后人唏嘘流泪，那不是长江水，那是英雄血。“生当作人杰，死亦为鬼雄。至今思项羽，不肯过江东。”

项羽死得悲壮，项羽不是逃生，项羽是寻死。项羽选择死是坚定不移地以死酬义。他坚信，他必死，“天之亡我，我何渡为！”临死最终一句话，也说得铿锵有力，可谓视死如生：“吾闻汉？我头千金，邑为若德。”

但虞姬选择死更悲壮、更动情、更慷慨、更让人感动。

虞姬的生死抉择竟然是无声的。她用歌声告别霸王、告别爱情、告别楚军、告别她短暂的人生，似乎终生无悔，似乎置生命于不顾，虞姬可谓视死如归、大义凛然。她可以不死，可以求生，可以在人生的历程上另翻一页。但她义无反顾，她留在这个世界上的最后遗言是“歌数阕”，生死之乃歌：“力拔山兮气盖世，时不利兮骓不逝。骓不逝兮可奈何，虞兮虞兮奈若何！”然后拔剑自刎，死于帐下。美人之死多矣，虞姬之死悲且壮，堪比英雄项羽。

若干年后，京剧上演《霸王别姬》，梅兰芳扮虞姬，杨小楼演霸王。当虞姬自刎而死后，梅兰芳的戏也就完了。杨小楼也是“活霸王”，当时名气比新秀梅兰芳要大得多，杨小楼看到场内观众纷纷退席，心中甚是不解，我霸王的戏正火呢，为何退场？他不？当时许多观众已经看了虞姬的悲壮，看了虞姬的殉情，实难忍住，悲而退席。

二

西晋时期的石崇可谓富可敌国，堪称国字第一号“土豪”，留在中国历史上有石崇斗富的“美名”。石崇养有一小妾，其名为缘珠，两人怎么恩爱未见有文字遗传，但石崇家有数十女婢妾，且都是远近闻名的美人。但这并未影响缘珠对石崇的爱情。《晋书·石崇传》中说缘珠“美而艳，善吹笛”。估计缘珠的美貌和艺长远近闻名，以致于当时弄权于朝野的孙秀派专人登门索要缘珠。石崇不舍，惹怒孙秀，孙秀找一借口，捕杀石崇全家。这时，石崇对缘珠说：“我今为尔得罪。”缘珠泣曰：“当效死于官前。”缘珠真热血女侠，既然石崇曾经保护过她，恩爱过她，她别无选择，弃生就死，以死相报，毅然决然跳楼而死。缘珠可以不死，可能比在石崇家活得还体面还讲究还阔气，因为孙秀钟情于她，但缘珠却以死相报，缘珠的生死选择虽让人扼腕叹息，也的确让人敬佩。

曹雪芹也曾讲过尤三姐殉情而死，死得也可歌可泣，死得也情深义重。尤三姐是给柳湘莲订婚宝剑，为洗白自己的冤枉污名，不惜以死而论，“一面泪如雨下，左手将剑并鞘送与湘莲，右手回肘只往项上一横。”

丫鬟鸳鸯自愿选择殡葬，陪贾母而亡。让人不知该说该死还是不该死？死得冤还是不冤？但有一点《红楼梦》中说得明白，鸳鸯下决心死是她经过反复考虑的，感到人生之路千万条，但在她面前只有死路一条。

皆言伍子胥过昭关一夜愁白头，不知鸳鸯女过生死关是否也白了头？

生死关前的选择，是人生最重大的抉择。生命只有一次，这一次的选择决定着生命的结束还是延续。

山西阳泉市有座藏山，在春秋时代曾发生过一段惊心动魄的故事，这便是赵氏孤儿的故事。

为了把几乎灭门的赵氏孤儿保护下去，延续赵氏一脉的香火。两位赵氏的门客旧友公孙杵臼与程婴就生与死有过一段精彩的生命对话，公孙杵臼曰：“立孤与死难？”程婴曰：“死易，立孤难耳。”公孙杵臼曰：“赵氏先君遇子厚，子强与其难者，吾为其易者，请先死。”知死而赴死，知难而让难，公孙杵臼其乃大丈夫，何为视死如归？何为以死报之，此当谓也。

司马迁在《史记》中讲过春秋时代五大刺客，个个都是视死如归，死于大义，以死相报。在选择生与死的生死关头，皆为置生死于不顾。“国家特重我头轻”，荆轲让人敬佩。荆轲只身入虎狼秦国，荆轲大义凛然，气势轩昂，浑身是胆，司马迁充满感情的易送荆轲让后人备受感动。

太子及宾客知其事者，皆白衣冠以送之，至易水之上，高渐离击筑，荆轲和而歌，为变徵之声，士皆垂泪涕泣。又前而为歌曰：风萧萧兮易水寒，壮士一去兮不复还！“复为羽声忼慨，士皆瞋目，发尽上指冠。于是荆轲就东而去，终已不顾”。

生死抉择，慷慨赴死，视死如归。后人云：彻底的唯物主义者是无所畏惧的。荆轲是大无畏者，浑身是胆，无所畏惧。

商纣王是历史上出名的暴君，但朝歌牧野一战，商纣王军崩战败，他跑回朝歌，登上鹿台，蒙衣其珠玉，自燔于火而死。商纣王宁死不屈，自己种下的苦果自己吃，决不屈膝投降，自焚而死，也可谓殉国而死。览商之 400 多年历史，31 个君王，未见有商纣王这么血烈的王、血热的汉子。

五代十国时期的后唐王朝的末代皇帝李从珂，在国破家亡之际也毅然决然地选择了死，登玄武楼而自焚。李从珂这位皇帝好也没好到哪儿去，坏也没坏到哪去，他手下的大将军石敬瑭卖国求荣，引契丹军队攻陷洛阳。李从珂做得也绝，死得也绝。商纣王是穿上最豪华的衣服，抱上最珍贵的宝贝走向死亡；李从珂比他还做得绝，他毫不理会臣下让他双手捧着传国玉玺束手就擒，那样必然能得到硬笔敬瑭的欢心，得到石敬瑭的优待，那块传国玉玺就是从春秋时期传下来的和氏璧，已历经 1700 多年。但李从珂做得更绝，死而无憾，活而有恨，他怀抱这块和氏璧传国玉玺纵身火海，从此这块传国玉玺再无下落。石敬瑭曾发兵围住玄武楼的废墟，反复搜寻，一遍遍筛查，终未有结果。李从珂以传国玉玺作为殡葬品，也死得可谓有声有色。

三

靖康耻，是大宋王朝的亡国耻，也是徽钦二帝的生死抉择。徽钦二位大宋国的皇帝选择的是生：活着，苟且偷生，猪狗不如地活着，一切人格人伦人道切莫谈，行尸走肉不如也。从京城掳走的当夜，还穿着大宋皇帝龙袍的徽钦二帝首先忍受的就是“侵略军”，二话不少，把他们的皇后贵妃公主当着他们的面拉走，陪仇人过夜，让敌人奸污。连钦宗的皇后都不能忍受，选择了死，上吊自杀。但二位皇帝无泪地呆坐，什么样的恶劣环境都设想过了，怎么样的生不如死都考虑了，最后的结论是好死不如赖活着。

这赖活着也难。徽钦二宗像丧家犬一样被押送到京城郊外的宗祠庙，满朝的文武大臣庄严肃穆地站立两旁，皇族宗室参拜列祖列宗。鼓乐齐鸣，金碧辉煌，旗帜鲜明。北宋的两位皇帝被押至殿中，并无二话，双膝跪倒，磕头如捣蒜，血流如注。此时如狼似虎的卫士一拥而上，先把徽钦二宗的上衣扒个精光，然后把刚刚宰杀的羊身上剥下来的羊皮，连血带肉趁热披在两位皇帝身上，让二位皇帝作羊状爬行，周围有扮作牧人的军士用皮鞭抽打，一人在前把牛皮绳拴在徽钦二宗的脖子上，拉着走，作为大宋王朝的两位父子皇帝，普天之下莫非王土，率土之滨莫非王臣，其辱再莫大焉。而徽钦二帝仍然不屈不挠地选择了猪狗不如地活着。而五胡十六国时期成汉国的皇帝李期也是亡国之君，但其选择恰恰相反，李期被废被贬为“县公”，并没有过分为难污侮他。他李皇帝气性大，脾气大，说：“天下之主乃为小县公，不如死！”毅然决然上吊自杀。

嵇康和阮籍朋友也，同享魏晋南北朝竹下七贤之名。同生同醉，同说同笑，同玄同虚，同闲同赋。但对生死的选择，这个人生最大的选择上，嵇康和阮籍是走的一条路，开的两道车。

嵇康是前朝的皇亲国戚，人虽穷但帅而有才，娶上的是曹操的曾孙女，其人耿直且坦率，宁折不变，在选择生死的抉择上不因权力而倾倒，不因利害而变更，不因生死而屈服。当司马昭手下宠臣钟会兴致勃勃，高车骏马，群朋簇拥着从洛阳一路跑到山阳县竹林，他想拉拢当时的天下名士嵇康，也想为司马政权招揽人才，当然，钟会也要从政治上考察考察曹魏政权的嵇中散大夫。嵇康一点面子都不给钟会，一点余地都不给自己留；我行我素，我依我然。嵇康正在和人打铁，且打得热火朝天，连抬头看看都不看，你来你的，我干我的。弄得钟会尴尬万分，也恼怒万分，也愤恨万分。当钟会一行在万般无奈中要折返而归时，此时此刻嵇康发言了，直问钟会：“何所闻而来，何所见而去？”嵇康的问话充满轻蔑、嘲讽、鄙视、戏弄。钟会扔下一句：“闻所闻而来，见所见而去。”这梁子是结下了，这是生死之怨。嵇康选的不是生，选的是死。

阮籍不同，阮籍在生死抉择上选择的是生，因此他的所作所为，一举一动都为了生。司马昭要他做官，要他出山，走出竹林，他喝得酩酊大醉，不是装醉，不是不醉，而是真醉，一醉竟然醉了二十九天；阮籍的高招是喝酒，时刻喝，往大醉、深醉、烂醉、醉死里喝。真正做到了“但愿长醉不愿醒”，司马昭要来提亲，阮步兵能一醉三个月不清醉，阮籍真能喝，真能醉，在中国历史上一醉百天不清醒的人唯阮步兵是也！但阮籍在那种腥风血雨中活下来了，在那种复杂多变的政治环境中安然无恙。阮籍在生死抉择中选择醉生醉死，这种选择堪称经典！

四

有时候选择生比选择死要难。大卫从海难中醒来的时候，眼中一片纯蓝世界，天是蔚蓝蔚蓝的，海是湛蓝湛蓝的，其他没有一点杂色，到此处方信，天水一色。一丝风没有，一缕云没有，更没有鸟飞出鸣，安静得和死一样。

大卫面临着生与死的抉择。死容易，他只要剩下他身下的“救命恩人”那块残破的船板。一分钟以后，他就会死于鱼腹葬身大海。要选择活下去就太难了，他可能没有生死选择，只有怎么死，快死慢死的选择。继续趴在这块破船板上，他的死他看得清楚，不是渴死、饿死、晒死、病死，他认真地想，还会怎么死？慢慢地灯枯油干地熬死。难道他连生死的最后抉择也被剥夺了吗？

大卫不想死，他想挣扎着，拼命活下去。他发现身边就是小鱼，如果能把这些小鱼抓到，他的生命就有源泉了，吃这些小鱼，不但能解决维持生命的营养，而且也解决了维持生命的淡水问题，问题是用手抓不住活鱼，小鱼机灵得像幽灵。

大卫十分认真仔细地端详着他的救命恩人，终于他发现在破船板上有一个弯曲的小铁钉，他费力地把铁钉拔出来，然后开始拔下自己的头发，把头发接长搓成小绳拴在钉子上，再咬咬牙从大腿上咬下自己一块肉，把肉挂在钉子上，轻轻地放在水里。看得见，身体几乎透明的小鱼立即冲上来，他很小心地钓上一条，他的心在剧烈地跳动，那是生命的启动。他把小鱼吃下又在钉子上挂上小鱼的鱼头。大卫终于可以选择活了，几天以后，一艘菲律宾渔船救了他。

20 世纪 90 年代初，由好莱坞推出的影片《我们要活着回去》是一个真实的故事，是一次对人生的生死考验。

一架载有 45 名乘客的乌拉圭客机在南美安第斯山坠毁，机上幸存的 16 名乘客在冰天雪地的崇山峻岭间选择要勇敢地活下去。但几天过去了，他们吃尽了所有能吃的东西，但获救的希望一点也没有，等待他们的只有活活饿死。当他们都饿得奄奄一息时，幸存的一位机长告诉大家，想活下去吗？只有去吃那些死去人的肉，除非你选择死。在生命的驱使下，人们一个又一个的走向那些冻僵的尸体。“你要选择活下去，现在唯一的选择就是吃下去！”有位绅士的太太拒绝去吃，她准备把自己饿死，宁死不屈，宁死不吃。为了能让她活下去，那位机长走到她面前，极平静、极耐心地对她说：“你可以不去吃，但你饿死以后，请允许我们吃掉你！”那位太太终于选择了活，吐了可以再吃，但不能不吃。就这样，他们终于迎来了搜救人员。

20 世纪 70 年代末，以色列曾有一次震惊世界的壮举，派特种部队飞行 4800 公里，几乎横跨整个东半球、飞越数个敌对国的领土，去解救被劫持到非洲乌干达恩德培机场的 100 多位以色列人质。这些以色列人质是必死的，那些仇恨犹太人甚于仇恨阶级敌人的恐怖极端组织为他们选择的唯一通道是死亡。但他们被以色列成功地解救回以色列了。当大力神运输机刚刚在以色列特拉维夫机场停稳，所有“人质”都激动地冲向机场跑道，虔诚地跪倒，几乎是疯狂地亲吻着跑道。他们说他们是在亲吻他们的母亲、他们的祖国，祖国为他们选择了第二次生命。

生死抉择的余音。

我曾经问过一位让我敬仰的前辈。他在“文化大革命”中选择了死！从四楼跳楼而死，那时候关他们的最高处就是四楼。但他没有摔死，谁都没有想到，是楼下的自行车棚救了他，只让他摔得终身残疾。问他为什么选择死，而且坚定不移地推倒关押他的造反派一跃而下，他说其实选择死和选择生一样艰难，也一样简单。冤到极致、苦到极限、难到绝地就想到死，但选择死和选择生还不一样；选择死只有一次机会，死不了，没死了，他就再也不会第二次选择了，但只剩下一个选择就是生，就是活着，活着……

白登山问古

一

我们登上白登山时，下了大半夜的春雪还在纷纷扬扬地飘，那景色真美。谷雨时节，地处塞北的大同杏花开得正漂亮，雪白的杏花，乍开的花瓣中挺立着亭亭玉立的花蕊，一片片、一簇簇、一树树，一眼望不到边，似乎在与漫天的白雪争娇斗艳。想起唐朝边塞诗人岑参的一句名诗："忽如一夜春风来，千树万树梨花开。"那也该是千树万树杏花开。

白登山不高，是一座圆圆的孤零零的丘陵。它不像一座山，更像是先秦西汉时期帝王陵的封土。谁能想到 2200 年前，这儿真的差一点就成为西汉开国皇帝刘邦的墓场，真要如此，那漫天的飞雪，该不是送葬扬幡飞起的纸钱吧……

站在白登山上，在飞雪碎片的缝隙中，大同市影影绰绰时隐时现，地图上的实际距离为 6000 多米。晴天登山而望城，能看见大同城墙上飘扬的彩旗。这就是 2200 年前金戈铁马刀枪迸进的白登山？这难道就是当年血肉横飞死者无数的白登山？这难道就是让刚刚开建了大汉王朝的汉高祖刘邦陷入绝境几乎丧命的白登山？这真的就是那座让 40 万匈奴铁骑从四面八方包围得铁桶一般的白登山？那为什么在后世的任何一张地图上都不再有白登山，而都标之以马辅山？为什么在离它 100 多公里的阳高县却有一座赫赫有名的白登山？还有一条潺潺流水的白登河？这儿真的就是充满着历史玄机的白登山？

雪漫白登山。

雪落仿佛有声，似歌似泣似诉似语。

下山遥望，这个小得像羊脂玉挂件一样的白登山，真的在历史上发生过几十万大军的对垒、酣杀、拼搏？真的发生了诡谲神奇、扑朔迷离的故事？真的发生了一段让后人匪夷所思的历史？

该去问谁？问傲雪怒放的杏花？问滋润大地的白雪？问无语而去的桑干河？问默默而立的北岳恒山？

二

公元前200年，汉高祖刘邦登基为帝的第二年，正是这位中国历史上第一位平民皇帝踌躇满志之时，威加海内兮。

但刘邦不是太平皇帝，他生活的时代也不是太平世界。用宋王朝开国皇帝赵匡胤杯酒释兵权时的一句名言：谁不想当皇帝？刘邦在四年的楚汉战争刚刚结束，气都没大喘一口，就急如星火地赶到韩信帐中，收其兵权，把已经被封为齐王的韩信改封为楚王，且不能带一兵一卒，星夜出发上任。韩信“汉初三杰”之一，刘邦怕的是这位掌百万之军，战必胜、攻必取的天才军事家造反夺天下。但韩信在政治上是“竖子”，不足为谋，刘邦因要夺楚霸王天下而封的7个异姓王中真正第一个舞剑举旗公开叫板造反的是另一位韩信，被他封为韩王的韩信。司马迁有心，把此韩信称为韩王信。

韩王信造反！

韩王信造反有本钱！

韩信封王是名副其实的一国之王，刘邦封他的韩国在山西境内，北至大同，都在晋阳，南至晋南临汾、长治。他率领的韩军都是经过抗秦和楚汉战争的老兵，能征惯战。他在被刘邦封为韩王后，为强国扩地，曾亲自带兵连下韩地数十城，不但作战勇猛，能打敢拼而且韩王信也善战，堪为武装割据的先锋，楚汉之争时期的将才。司马迁赞美他：“韩信材武。”

韩王信的封国背靠匈奴，秦末汉初匈奴正雄，屡屡直犯汉朝，韩王信被封国之地，本来就是刘邦借韩王信的武力将才防御匈奴，平抚疆域，但也造就了韩王信反了可以取中原，退而可以自保，继续其武装割据当王，实在不可为时即联合匈奴，共同对汉，这是刘邦始料莫及的。

兔子被逼急了还要咬人，况且韩王信是一只狼，一只北方的独狼。

三

韩王信没想造反。史料可证，韩王信对刘邦并无二心，他想老老实实地当他的封王，能替刘邦的大汉王朝成功地抵御北方匈奴的进犯。韩王信造反实为刘邦逼的，刘“逼”韩“反”，“韩”不得不反。刘邦在韩王信抵御匈奴的战斗中怀疑韩王信“有二心”，怀其与匈奴有密约，有勾结，有异志。这就足以叫韩王信心惊肉跳，坐卧不安。逼着韩王信做生死抉择。

刘邦心黑手辣是他的这些封王封侯的异姓王侯心知肚明的。比韩王信还早封为梁王的彭越，在楚汉战争中为刘邦灭楚立过大功，但仅因为刘邦要讨伐韩王信让彭越派兵来助，彭越未亲到而是派一位手下的将军提兵前往，刘邦怀疑彭越有二心，仅仅是“疑”，其结果竟然是被刘邦杀了个绝，“夷三族”不说，还把彭越剁成肉馅，做成肉羹，传食各个异姓王。

官逼民反，民不得不反；皇逼臣反，臣死也得反。其理如盘中水，反死，不死亦死，只能鱼死网破，拼求一生，韩王信是也。

再说韩王信不比彭越，不比其他王侯，他“底子潮”，他曾经“叛变”过，没能经住生死考验，当了汉王刘邦的“叛徒”，投敌叛国，投楚叛汉。

汉三年，公元前206年，刘邦荥阳兵败，出逃时留下三位将领守城，御史大夫周苛被俘不降，后被项羽所杀；枞公坚定不移，也被项羽所杀。而韩王信在这两位战友慷慨就义时举了白旗，“楚败荥阳，信降楚”，苟且偷生。没过多久，他瞅准一个机会，从楚营逃了回来。刘邦当然知道他变节降楚的事情，但考虑他身份特殊，决定留任察看。此后，韩王信便一直追随刘邦南征北战，灭项羽，夺天下，成为建汉的功臣之一。

但这笔账刘邦是不会忘记的。不立马清算不等于一笔勾销，秋后算账，新账旧账一起算，帝王们算账的办法多矣，那乃是帝王之术，刘邦驭之熟也。

刘邦对韩王信不放心，君对臣不放心离君疑臣有二心仅仅相距一纸之远。

汉初，公元前206年至公元前203年，楚汉相争，刘邦的实际地位是汉王。公元前202年刘邦登基称帝。因韩信在楚汉战争中拒楚有功，封为韩王，先立国于颍川，后来刘邦的不放心又涌上心头，他认为“韩王信材武，其所王地，北近巩洛，南迫宛叶，东有淮阳，皆天下劲兵处”，又以其自战国以来，世王其地，民心所向，担心韩王信成为他大汉王朝的隐患。颍川这地方太重要了，兵家必争之地，王侯雄踞之地。刘邦绝不能给刘家天下物色掘墓人。让韩王信经营颍川，其势必大，大而难除，加以秦王朝崩溃后，匈奴寇边猖獗，北方防守空虚，乃遂立韩国于太原，使之自守，以为北边屏障。高帝六年，公元前201年秋，单于冒顿亲率20万大军犯境，把韩王信包围在朔县。坦率地说，单凭韩王信的兵是打不过匈奴单于亲率的精锐大军的，因此韩王信一面向朝廷求援，一面派出使者和匈奴谈判，请求罢兵和谈，提出条件，换取冒顿回师。韩王信的灾难到了，刘邦获悉韩王信于匈奴通使，疑其二心，写信责备韩王信：“专死不勇，专生不任。冠攻马邑，君王力不足以坚守乎？安危存亡之地，此二者朕所以责于君王。”韩王信得书恐诛。干脆一不做二不休，谋反、激反、逼反都是反，韩王信索性公开投降匈奴，叛汉降匈，“投敌叛国”，和匈奴军队一起跨过马邑，兵过雁门关，一路捷报频传。陷代州、原平、忻州、晋阳、长治、晋城，兵锋直指河南。一时间，烽火连天，边报连连，刚刚建朝立国的汉朝朝野震动。韩王信一路征战，已几乎燎原之势。在这种情况下，刘邦不得不亲自率32万马步大军平叛。这也是汉王朝历史上第一次和匈奴大战，才留下了白登山之谜，才留下了抚边是打还是和的历史选题。

四

刘邦是打出来的皇帝。三年的反秦战争，四年的楚汉战争，使刘邦不但懂得如何带兵，也懂得如何打仗。他这次出兵势在必得，一战而定，绝不能让星星之火燎原。因此他带的都是经过战争磨练的精兵，都是战功赫赫出生入死的战将。由樊哙和灌婴各领一支偏师左右迂回，刘邦率主力居中挺进。果然不出刘邦所料，平叛的战事一路凯歌，三路大军汇合时，晋阳已下，重兵直指汉匈边境。一路征战，大军所指几乎没有遇上劲敌，并未有预料之中的硬仗、恶仗、险仗。

也难怪，就在马邑，今天的朔州市的郊区，战国时的赵国大将李牧，曾一战定马邑，将匈奴的精锐全部打垮，仅斩杀匈奴就达几十万人，从此赵之边境和平十几年。至今，雁门关外依然保留着李牧的祠堂遗址。秦统一中国以后，曾派大将蒙恬率30万秦军把匈奴一直追杀到西北大漠以北，追杀至贝加尔湖畔。俱往矣，但史可鉴。刘邦自恃他的军队打败当年赵国军队，打败当年秦国军队皆非难事，匈奴乃赵秦手下败将，今日杀鸡用牛刀，也是因为刘邦了解韩王信，怕韩王信势大难除，否则区区一匈奴，他可能只派周勃、灌婴、樊哙等殿前大将中的一员即可出征取胜，何劳他亲征？况且就在当年赵之名将李牧围歼匈奴的旧战场上，汉军与匈韩联军展开激战，史书上记载，“大破之”，汉军乘胜追击又与匈韩联军展开激战，数万名匈韩联军被击溃，又“大破之”。至此，韩王信的军队已被基本上击垮，但匈奴的精兵尚在长城之外，于是匈奴的可汗冒顿一方面派其左右贤王各率万余骑兵援信，另一方面，他亲自带匈奴大军数十万秘密从丰镇、阳高和林格尔、准格尔分几路进驻到大同、天镇、阳原、宣化，他要和刘邦的汉军主力决一死战。

冒顿此人可谓之奇人，称其血管中流淌的是狼血一点不为过。

冒顿是匈奴单于头曼的儿子。这位单于之子从小就不是位“善茬”，敢作敢为，有头脑、有见识、有主意、有办法、有胆量、更有手段。他自幼在月氏国入国为质，后来其父头曼单于率匈奴大军攻打月氏国时，月氏国要拿他祭旗，不但要杀他，还要破腹取心食其肉，他小小的年纪并不慌张，《史记》上记载是不会有错的，他“盗其善马，骑之亡归”，死里逃生。冒顿胆识过人、勇猛过人，打仗敢舍命相拼，他带的军队皆虎狼之师，很快受到头曼的重用，《史记》上有证，令其“将万骑”。冒顿不同于一般匈奴将领，高出其父头曼单于的地方是独创一套带兵的办法。他以“鸣镝”为号，以“鸣镝”训练士兵，一“鸣镝”，一吹“冲锋号”，士兵们都必须义无反顾、奋不顾身的冲锋，有犹豫不决者、动作缓慢者，当众斩首，绝不姑息。再一声“鸣镝”，士兵中的弓箭手必须立即向锁定目标射箭，违令者立斩，斩在三军阵前。这种军令之下，反复的军事演习，使匈奴军队中那种散漫的游击习气大改，逐渐成为一支敢打硬拼，以号为令，闻号必进的铁军。冒顿心狠手黑，杀人不眨眼，为检验他练兵的效果，他“鸣镝”让士兵射他骑的心爱的战马。有的士兵不敢射，被当众斩首；又“鸣镝”让士兵射骑在马上飞奔的他的妻子，有的士兵又不敢射，冒顿毫不心软，立即将其当众斩首。终于他把士兵都训练成铁石心肠，训练成铁血军队，再不是乌合之众。

冒顿果然狼子野心，最后竟然“鸣镝”射头曼，号声一响，万箭直射向他亲爹，把头曼单于射成一个“大刺猬”，冒顿登基成为匈奴的单于。

冒顿并不是一个冷面杀手，从历史的角度看，他是匈奴杰出的一位颇有建树，颇有创建，颇有改革的政治家、军事家、改革家。自冒顿开始，匈奴王室正式确立了长子继承制，无子则兄终弟及。这在匈奴是一项重大的政治改革，匈奴的最高权力机构是单于廷，也称龙廷、王廷，分辖东、西两部，以左、右贤王统率，匈奴尚左，左贤王一般为单于继承人。贤王以下则设谷蠡王、大将、大都尉、大当户等各级官吏，也分左右职。这些既是行政长官，也是军事首领，大者统万骑，小者数千骑，其下再设千骑长、百骑长、十骑长。平民皆编入骑兵，平时生产，战时出征，家属与士兵生活在一起。这种政权是建立在游牧经济基础上的行政、军事、生产三位一体政权，由冒顿草创，以后日臻完善，对其他草原民族产生过重大影响。冒顿于公元前209年至公元前174年在位，即从秦二世元年至汉文帝六年，统治匈奴36年。他乘秦末农民大起义和楚汉相争之机，利用秦始皇死、蒙恬被逼自杀形成的秦朝北疆无良将镇守的局面，东灭东胡，西击月氏，南并楼烦，北攻丁零，控地东尽辽河，西到葱岭，南抵长城，北达贝加尔湖，形成了一个“诸引弓之民，并为一家”的“百蛮大国”。公元前202年刘邦灭项羽，称皇帝，此时汉的北疆已处于匈奴铁马金戈的威胁之下。匈奴这个强大的军事行政经济联合体，国力达于极盛，与汉朝的冲突不可避免。当时的匈奴已实行奴隶制度，把奴婢称为“赀”，财产奴婢的来源，主要是从战争中掳夺来的人口。而抢夺到手的财物，更是立即归己，这实际上是一项“励军政策”。每到匈奴出动，人民欢呼，激情四溢，军心大振，斗志昂扬。人人都志在必得，恨不能立时杀向汉地，掳人劫物发横财。故匈奴入侵汉地，人人都如饿狼一般，总是“小入则小利，大入则大利”，不入匈奴军民皆不干。匈奴左贤王的进攻方向是渔阳、上谷，东街秽貉、朝鲜；右贤王飞进攻方向是上郡、陇西，西接月氏、氐、羌；而单于廷的进攻方向是云中、雁门、代郡，故大同地方受匈奴扰害尤重，战略地位特别重要。

冒顿分工明确，以己为中，左右贤王居两翼，不断侵略，蚕食汉地，稳步推进。目的非常明确，主要是掠夺人口，抢劫财富。

冒顿不愧为杰出的军事家，他亲率大军40万，几乎倾全国兵力，分多路汇集于大同、阳高、天镇、怀安一带，冒顿的战略隐蔽性最终要达到战略突然性。汉王朝的刘邦还被蒙在鼓里。一场几十万人对决的大战即在眼前。

五

刘邦是身经百战的老兵，懂得战争的诡道。

他率汉军劲旅横扫韩王信的叛军是有把握的，他了解那支军队，也了解那支带领军队的统帅。但他和匈奴没打过仗交过手，他不了解匈奴是什么样的对手，因此在两军大战之前，刘邦曾派出十位使者，穿梭在匈奴和汉军之间，一方面和匈奴谈判，主要的是想借此摸摸匈奴的底细，掌握敌情，以便知己知彼。刘邦也是一只老狐狸，狡猾得很。

历史是这么记载的。

刘邦连续派出十位使者前往句注、陉北侦察敌情，九个回来报告，皆言匈奴羸弱可击。最后一个使者娄敬尚未归来，刘邦即欲驱兵北进，御史谏，不听，即刻发兵三十二万北进。自率骑兵十万先驱，步兵继进。及逾句注，得见娄敬，回报道："两国相击，此宜夸矜见所长。今臣往徒见羸瘠老弱，此必欲见短，伏奇兵以争利。愚以为匈奴不可击也。"高帝怒骂娄敬说："齐虏以口舌得官，今乃妄言沮吾军。"遂命人械系娄敬于广武，自率骑兵疾进。

广武古城现位于朔州市的山阴县内，走进山阴县城，有新旧两城，广武古城老城尚存遗迹。据称，是始建于辽金时期，再往前寻至秦汉，皆不知那时的古城何在？更不闻当年刘邦刑囚娄敬的地方，二千多年的历史竟如翻页而过的书页，谁能想到区区一小小娄敬竟能首倡民族和亲，直至明清王朝？

刘邦当时认为敌情已清，兵贵神速，因此他自带劲旅 10 万先行，把大部队留在后面，想重锤之下，一击奏效，彻底击垮剿灭匈奴。从他带兵仅带 10 万迎敌，说明他根本不清楚匈奴的军情，也说明冒顿的军事部署得当，部队隐蔽得巧妙。冒顿 40 万大军是布下了天罗地网，专候汉军自投罗网。

当时汉军之中张良、陈平等智囊俱在，也未有一位看穿冒顿的"口袋阵"。

刘邦心急亦有军情、政情、国情相燃，国事刚定，百废待兴，加之七位异姓王皆可上马带兵，下马议政，说反一个字就能反了，而他偏偏带全国之精兵远在雁北，一旦朝中有变，真乃鞭长不及马腹也。刘邦才下决心速战速决，所以娄敬劝阻遭到带枷入牢还是轻的，他心如火焚，没拿娄敬开刀祭旗是娄敬的造化。

冒顿不是项羽，更非项羽手下的大将可比。

张网待捕的冒顿看 10 万汉军连同皇帝都进了他的网中就及时收口，匈奴 40 万大军和汉军 10 万大军有一场大战恶战，虽然汉军亦身经百战，但在匈奴冒顿“鸣镝”而冲的骑兵冲击下却节节败退。冒顿的铁骑势不可挡。虽然刘邦手下的大将拼死而战，但无关战争的大局，刘邦伤亡惨重，败局已定。刘邦方知匈奴冒顿的厉害。经过浴血奋战，拼死厮杀，汉军才占据了我脚下的白登山。

这座白登山，苦难的白登山！我怎么打量这座孤零零的白登山怎么像三国时期蜀军马谡占据的街亭。死地也！内无粮草水源，外有40万冒顿的虎狼之师。刘邦可能命丧白登山！

再看冒顿，纵情展示他的军事才华，示威于汉。

他把40万大军分四面层层包围住白登山，西方皆白马，东方尽青马，北方俱黑马，南方是红马，让人看了心惊肉跳，魂魄俱丧。

那年冬天，雁北天气奇寒，不但滴水成冰，竟然冷到把汉军士兵的手指头都冻掉，受冻伤的士兵已然十之二三，汉军能在白登山上坚守七天七夜实为天下军事奇迹。我细细地查看了白登山，山不高且不陡，无崖无峰，无险可守，10万败军驻在冰天雪地的白登山上，非战死亦冻死，非冻死亦病饿而死。我曾在白登山上请教一位专家，为何冒顿当时没有“鸣镝”而上，一举攻占白登山，活捉刘邦呢？

历史过去2200多年，历史不会重演，但从所存的史料上推断，我认为一是冒顿的匈奴骑兵曾不止一次地对白登山上的汉军“鸣镝”而攻之，力图一举歼灭，然后凯旋归去，但刘邦率领的汉军精锐也不是纸糊的，战斗力绝不可低估，且困兽犹斗，绝死一战，七天之内尤其在前几天，匈奴的进攻肯定会一波接一波，一波高一波，但换来的是伤亡惨重，白登山屹立不屈，攻而不克。两强相争，匈奴想一口吞下陷于困境的汉军是不可能的。其次冒顿乃匈奴杰出的军事家，也是打出来的君王，他熟悉战争也懂得战争。他看到汉军被围困在白登山上，内无粮草，外无救兵，天又酷寒，汉军不投降只有死路一条，不饿死、冻死，就必然病死、绝望而死。到时候兵不血刃，只待收拾战场。

在白登山上的七天七夜，已是汉军崩溃的极限。在绝望之中，刘邦手下的大谋士，也是搞阴谋诡计的高手陈平献计，让刘邦派出使者私下游说冒顿大老婆阏氏，赠以厚礼，通过阏氏说动单于冒顿，这才得以解围。出其奇计，而此计又非正大光明的退敌之计。陈平也是憋了七天七夜实在熬不下去了，才出此阴招儿。历史上争论很多，有言其高，有说其损。《史记集解》引汉人桓谭《新论》说，陈平的奇计其实是针对阏氏的妇人之心，宣称汉有美女，天下艳绝，眼下汉帝被围，已经派人回去召集美女，准备献给单于。单于见到美女肯定欣喜若狂，到那时阏氏的地位便将不保。不如趁美女还没送来，赶快放了汉帝。只要汉帝平安回去，美女也就不用再献了。阏氏被这番话蛊惑，立即去劝说单于：匈奴、汉族两主互不相困，即使我们得了汉地，也不能长期在这里居住。再说，汉王也有神灵护佑的。单于冒顿耳里听着阏氏的话，心里却想着另外一件事：原本自己和韩王信的部将王黄、赵利约好共同对付汉军，可这帮人到现在还没来，说不定他们已经和汉军私下勾结了。《史记》上记载："冒顿与韩信将王黄、赵利期而兵久不来，疑其与汉有谋。"谨慎起见，单于冒顿顺势接受了阏氏的意见，下令放开包围圈一角。

这一天，天降大雾，能见度很低，得到匈奴那边反馈的信息后，陈平向刘邦建议，让士兵们拉满弓，面向外，从解围的一角缓缓走出去。高帝令士皆持满傅矢外乡，从解角直出。最终刘邦得以顺利进入平城，和大部队会合。冒顿单于率兵离去，汉军也撤走了大部队，只留下樊哙平定代地。

事实上，真正帮助刘邦脱险的并不完全是陈平的奇谋，也不是匈奴当时并不要占领汉朝的土地，而是当时匈奴单于冒顿深知他还推翻不了汉王朝、俘虏它的皇帝，它要的是大汉的人口和财富。刘邦率兵攻打匈奴，也不是想跟匈奴作对，而是要平定韩王信的叛乱。这种关系注定了两国之间不是谁吃掉谁的关系，而是掠夺与反掠夺的关系。但这几行短短的文字，怎么能够掩去那场惊心动魄的血战？怎么能掩去那诡谲多变的阴谋？怎么能掩去那差一点就改写历史的时刻？

六

白登山之围的余音还在于被困于广武古城的娄敬。娄敬此人挺神，是位人物。他因白登山之围而封侯，刚从死神口中缩回头来，却一头撞见了官神、财神。刘邦败回到广武以后，二话不说，立即赦免了还戴着刑具关在大牢中的娄敬，并封他为关内侯，号建信侯，食邑2000户。刘邦真是位政治家，他当众对娄敬说："吾不用公言以困平城。"

没有比较久没有鉴别。恰恰到了公元后200年，曹操和袁绍之间发生了有名的"官渡之战"，袁绍帐下的谋臣田丰力谏袁绍不能与曹开战，并预言官渡之战战则必败。袁绍大怒也是把田丰囚在大牢里。实践证明田丰所告之言极是，但袁绍兵败后并不像刘邦那样赦免娄敬又封侯又封邑，虚心听取人家的意见，而是命人把田丰杀灭在狱中。就冲这一点，刘邦当坐天下，袁绍死有余辜。

娄敬此人确有政治远见，且敢陈述自己的意见，无论有多大压力，敢坚持自己的看法，娄敬不是"太监"，是条硬邦邦的汉子。刘邦在广武囚禁娄敬是骂道："齐虏以口舌得官，今乃妄言沮吾军。"你该当何罪？刘邦骂得不错。娄敬齐国人也，当初被征远去甘肃戍边，走到洛阳时正遇到洛阳满城都在议论汉王朝定国都于洛阳一事，娄敬立即意识到此事的严重性，虽然他是个衣衫褴褛的戍卒，但他不为权势所动，终于见到刘邦，陈述了自己对国都选址的意见，从政治上、地理上、军事上、历史上说得头头是道、条条在理，把刘邦说动了，在张良的支持下，刘邦最终决定把汉王朝的国都定在关中。娄敬也"因口舌得官"，被刘邦赐姓刘，并封为郎中，号奉春君。娄敬不俗，是位政治家。

正是这位娄敬向刘邦提出和匈奴之间宜和不宜打，可以奉行和亲政策。

娄敬奏曰：大汉天下初定，百废待兴，士兵也疲惫不堪，这个时候不能用武力去抗击匈奴，要以柔克刚，对待像匈奴这样的民族，只能用长远之计"和亲政策"让他们成为我们的子孙。办法倒是有一个，只是，我担心皇上您不愿意这样做。

刘邦连忙回应，如果能奏效，为什么不去尝试一下呢？娄敬接着说，皇上如果能将嫡长公主嫁给匈奴单于，"陛下诚能以适长公主妻之"，再送上厚礼，单于定然会让公主当阏氏。这样，冒顿单于和长公主生的儿子就是匈奴未来的单于。冒顿做匈奴的大单于，乃吾之大汉之女婿也；冒顿死了，其子继承单于之位，乃吾之大汉之外孙子也。外孙子娶亲必然要再取吾之汉室之公主，亲上加亲，这样一代一代传下去，匈奴和吾之大汉不就成为一家人了吗？一家人骨肉之亲，何来战争？娄敬的“招儿”真够绝的。

刘邦何许人也？他从白登山一战的遭遇他看明白了，匈奴不是白给的，冒顿不是好惹的。打则汉匈两伤，和则汉匈两利。娄敬封侯食两千户当然！

实践证明，娄敬有远见，真知灼见。

与匈奴的和亲政策自汉高祖始，历经惠帝、文帝、景帝、武帝70余年未变。边境安定，无大战事，民能生息，军无兵革，使汉初时期汉王朝能腾出手来集中解决国内问题，解决异姓王的军阀割据，解决同姓王的七国之乱，解决外戚作乱，篡政谋反，解决中央集权发展生产问题，汉初的“文景之治”缺了娄敬献策的“和亲政策”是不可能如此繁荣昌盛的，不可能达到汉初乃至整个中国发展史上的盛世的。其实，娄敬提出同边疆少数民族的“和亲政策”一直影响了中国民族政治2000多年。汉文帝时期的昭君出塞，唐太宗时期的文成公主嫁给吐蕃王国的松赞干布，都在中国历史上留下了深远的影响，至今人们仍然交口称赞。娄敬当值后人所敬！

白登山上雪停了，白皑皑的一片，除了那落雪就是迎雪怒放的杏花。阳光照耀着白登山反射出一道漂亮的七彩虹晕。

白登山，历史的白登山，谁敢称“阅尽人间春色”？白登山敢……

孤坟鬼泣

一、坟前语

坟前语乃对鬼而歌。泣鬼神乃鬼神泣。这么大的一个孤坟，该是君王之灵丘,之封土,但孤零零,阴森森,乃孤魂野鬼也。据说鬼泣如歌，天阴似铅，夜黑如墨，夜风从大坟上刮过，隐隐能听到有鬼在嘤嘤地啼哭。老辈人皆言，过去这坟上，这鬼泣，这悲歌，可不像如今这般如诉如泣，如啼如咽，而是悲歌如朔风，鬼泣如狼嗥。那时代这地方野兽多，即使村镇上也野草丛丛，但没有一狼、一狐、一獾、一狈敢在大坟上垒巢作窝，皆避而远之。致使此孤坟虽经历 2300 多年竟无一狐洞鼠穴。

盖此大坟为赵武灵王之屋,屈死鬼也,冤死魂也,黄土封丘也喊恨，鬼神尚避之，遑论狐狼鼠辈？全国以坟为一县之名者恐怕不多，当年汉武帝肯定怕用坟起名压不住一县之台，乃钦赐灵丘（今大同市灵丘县），以灵冠之。

此丘自战国赵国始，历朝历代，无碑无铭无牌无殿，一代明主，功德历史，遭变故屈死而冤葬于孤坟，焉能无鬼哭神泣？

我们去时，正值癸巳年春，连太原都已是杏花谢了桃花开，正是红肥绿瘦时节，但大墓上却依然枯草丛丛，枯枝曳曳，墓的阴背处依然残雪斑斑，但凭风过，草摇枝动，瑟瑟有声。然毕竟是季节到了，大墓上后人新栽的松树已褪暗出翠，枝枝叶叶都透出新绿了，不远处的几十株杏树也都含苞欲放。

赵武灵王是冤魂也是饿死鬼。沙丘宫变，他是被关在离此地不远的沙丘行宫中饿了整整三个月，活活饿死的。他把所有能吃能咽能维持生命的东西都吃光了，草根树皮、棉絮腰带、老鼠甲虫，他把房柱都深深地啃下去一层。他都被饿死数天了，作乱的臣子仍不敢拆开封死的大门去看看他是否咽下最后一口气，赵武灵王身上有一种气场，霸气、神气、虎气，震慑得他们不敢正视一目。

谁能料到英雄一场，叱咤疆场，南征北战，上马拓疆，下马论政，到头来终未落得有始有终，他终于瞪着两只混浊的大眼珠子，大瞪着赵国的天，瞪着赵国的山，瞪着赵国的地，至死不瞑目，瞪着双眼被人抬进棺材，那三寸大钉怎么都钉不进那并不太厚的棺椁。

呜呼哀哉，大丈夫英雄一场亦堪足矣，闭眼一抔黄土，瞪眼亦黄土一抔。

刚刚钻出云头的太阳又被阴云遮住，渐渐天阴如水，水混如浊，不是赵武灵王有感应？也罢也罢，中国之大墓何止万千？历数未被盗掘的又有几座？这座孤坟，高傲的封土，数千年不动，亦当足矣。赵武灵王也该九泉之下有惨笑。连汉武帝都深悟真谛，名之为灵丘，无此大坟，何以有此名？

二、历史的话

战国七雄数赵国多灾多难了。还未立国时，他赵家就险些让人扼杀在摇篮里。

晋景公三年也就是公元前597年，晋大夫屠岸贾发难要诛灭赵氏，晋景公也恨他们赵家霸道，管天、管地、管军、管政，还要管他国君，君王眼里岂容沙子？况且还是一颗能置人于死地的毒沙子，于是一声令下，赵氏一门三百余口，砍卷了刽子手中的鬼头刀。要不是赵朔的妻子是晋成公的姐姐，怀有遗腹子；要不是赵朔门下的公孙杵臼、程婴、韩厥冒死相救那个遗腹子，他们赵家早就被赶尽杀绝了，历史上可能就没有赵国了，也就没了如“将相和”“完璧归赵”“胡服骑射”那一段段让人揾英雄泪的历史故事了。“赵氏孤儿”传到今天，又是电影，又是话剧，又是电视剧，又是京剧，小说连播，评书大鼓，几乎家喻户晓了。不知道别人,每次去山西盂县藏山都让我着着实实地激动一番、唏嘘一阵。

赵氏后继有人、传世有代，真是命不该绝。不是大夫屠岸贾心计未到，赵氏孤儿成活的概率几乎等于零。但赵氏的血脉就像巨石下的种子，竟然能生根发芽开花结果。

赵氏脉不该绝，赵氏族不该灭。

赵氏东山再起发力也猛,赵武“复辟”得地动山摇。到“赵氏孤儿”赵武的孙子赵简子时，也不过70年，但赵简子在晋国已然早已超过他的前辈，当时晋国有六大权臣，都是有兵有地有权有势的“诸侯”，赵简子竟然能带兵剿灭其中的范氏和中行氏，不但尽收其地、尽敛其财、尽得其民、尽揽其势，而且差点把那两个军阀头子赶尽杀绝，范氏和中行氏腿软，连滚带爬逃出晋国窜到齐国，从此历史再无其一字。

赵简子风光，其势如烈火烹油，繁花似锦。我上小学时学过的寓言故事《东郭先生和狼》，就是说赵简子带兵打猎，追一只孤狼，课本上还有图，是赵简子问东郭先生看见一只狼否？画中赵简子英姿勃发、精神抖擞，当时看着觉得像赵子龙似的。追根溯源，赵子龙极有可能有赵简子的血脉。赵简子打下的天下，其子赵襄子坐。赵襄子也不是软茬，下手够黑、够狠、够毒。

赵襄子刚刚把其父赵简子下葬，丧服在身，气都没顾上喘一口，就急如星火地要宴请其姐夫、赵氏封地内的代王。代王以为小舅子宴请又名出于老丈人丧礼就毫无准备地去赴宴，他哪知道此宴乃丧宴，鸿门宴之祖。席间，手执一大铜炒瓢的厨师，借送菜，走到代王面前，抡圆了大铜炒瓢直削在代王的头颅上,把代王削得脑浆迸裂,一命呜呼。见姐夫毙命，赵襄子当即发兵进攻代国，不消十分气力，一举拿下国中无主的代国，消除了异姓国，兼并了代国封土，壮大了自己的实力。另一个结果是,赵襄子的亲姐姐,代王的夫人闻讯悲自天来，痛不欲生，自杀身亡，赵襄子够黑。

赵襄子也有难过的坎，赵氏家族又面临灭门灭族之灾，赵氏家族数百口人皆命悬一线，生死未卜。

原来晋国有四大家族，智、韩、魏、赵皆为晋国权臣，霸占一方，呼风唤雨，作威作福，为所欲为，就是一方土皇帝。四大家族各自为政，谁也没正眼瞧过晋出公。

晋国这四大家族中智伯势力最大，实力最强，也最霸道，有恃无恐。直接勒索到韩、魏、赵三家的头上，勒索乃欺负，使你臣服的一种发威发难，让你心虽不服但不得不服。勒索乃强权强势的一种炫耀，智伯就选定了这条路。他要向韩、魏、赵三家展示一下他智家的强权政治。

他让韩、魏、赵三家每家割让出一部分土地来，名义上是资助日渐衰弱的晋国国君晋出公姬错，实际上是中饱私囊，肥了智家，又削弱了那三家。

这么个一眼看到底的事情，韩、魏、赵焉能不识？但强权之下何理可言？韩经过再三琢磨，反复掂量，比较利害关系，忍痛割让一个万人大邑给了智伯，这无疑是智伯的一个重大胜利，未动一刀一枪，未花一钱一锱，竟得一万人大邑，智伯的得意和韩氏的恼怒是正好成反比的。说智伯乐得大醉三日亦不为过。魏仅依然，他难受归难受，心痛归心痛，一万个不满意也不得不为之，割肉献人，岂能不叫魏氏咬牙切齿？他也不得不“贡献”出一个万人大邑。轮到赵氏了，智伯没想到赵襄子的头这么难剃，赵襄子坚定不移，毫无通融，绝不把祖宗传给自己的土地基业白白地拱手献给别人。赵襄子是个有胆识敢下毒手也敢下狠心的人，对智伯的原则是寸土不让、寸土必争。为此不惜和智氏血战到底，宁肯战死，也不屈服。

当时晋国也属东周诸侯国中的大国、强国，智伯实际上“挟天子以令诸侯”，他比曹操整整早出八百年。赵襄子是敬酒不吃吃罚酒，智伯也明白，拿不下赵襄子，“天子”不能再挟，“诸侯”不能再令，就连刚刚吞到肚子里的韩、魏的人口、土地、城池也得原封不动地吐出来。既已如此，兵戎相见。智伯仰天狂笑，本来想一统晋国无出师之名，今日征伐逆贼名正言顺，他挟持韩之韩康子、魏之魏桓子，大张旗鼓，起兵征赵。当然智伯也打出一张诱人的底牌，灭赵后，三家共分赵之地。

灭赵已无可阻挡，势在必行，灭赵后的分土归己也是挡不住的诱惑。

况且韩、魏也不敢不从，结果三家出兵合一，一时间晋国内战四起，军阀混战，天下大乱。

赵襄子也明白，硬打是打不过的。便先放弃冀南，撤离邯郸；又放弃晋东南撤离长治，决定死守晋阳，在太原和智伯决一死战。

无论是2500年前的春秋战国时代还是在现代战争时期，稍有军事常识的人都会明白死守太原是死路一条，内无粮草，外无救兵，十几万大军把晋阳城围得铁桶一般，但赵氏就是不投降，不服软。智伯也发狠攻下晋阳，鸡犬不留。其实，守到后来，晋阳城中不仅鸡犬不留，甚至人易子相食，那是一场极其艰苦的防御战、困守战。

谁都没想到孤零零的一座晋阳城赵氏家族竟然一守就是整整三年！在绝望中固守三年城中不变、不降、不乱，这在古今中外战争史上绝无仅有，赵襄子做到了。

智伯率三家大军三年屯兵于坚城之下，虽然他恨赵襄子天天恨得牙根痛，恨不能亲手灭族赵氏，但城坚不破。智伯有智，他掘开汾河水，水灌晋阳城。这招也够黑、够狠的，用司马迁《史记》上的话言简意赅又生动具体："城不浸者三版，城中悬釜而秋，易子而食。"真真到了绝境了，真真一天也熬不下去了。赵氏家族又命悬一线。

智伯得意，神采飞扬，志在必得，他率魏桓子、韩康子查看即将被水淹没的晋阳城，踌躇满志地说："吾乃今知水可以亡人国也。"

然而亡人国的水终于涌向智伯军，在最后的生死关头，赵襄子终于联合了韩、魏两家，掘河水灌淹智伯军，这才演出三家分晋，赵襄子正式立国。

赵襄子这人太可怕了，他恨智伯恨到骨头缝里去了，智伯被杀，又被斩草除根，尽灭智氏之族。他有经验，绝对不留一个活口，不能再重演"智氏孤儿"。这还难解他心头之恨，他又把智伯的头颅砍下来，把头盖骨油漆一遍，做成饮酒之器，每天用它饮酒。赵襄子用智伯的头颅饮酒每饮必满，每饮必干，每干必重蹲其头颅做的酒器，两眼常常冒着凶光，人莫敢直视，用那个让人恐惧战栗心惊肉颤的酒具饮酒，赵襄子从此不醉。

三、赵武灵王的话

赵武灵王接过来的可是一个烂摊子。外面是四面挤压，不断蚕食。不间断的战争，一连串的失败搞得赵国是国弱民穷，四面楚歌，说是位列战国七雄之榜，实际上，很难为“雄”。当时不但秦国齐国经常举兵犯境，即使赵军跟齐、魏作战，其将军也被人家斩于桑丘，兵溃师丧。内部由于中山国位居赵之腹地，本乃心腹大患，但却对人家小国无奈，每次讨伐中山国不是无功而返就是兵败狼藉，反而使中山国不断坐大，加之赵之朝廷守旧若宝，安于现状，贵族掌权，不图上进。即使赵武灵王继位都九年了，秦之军队打赵国之军乃犹如大人击童子，一仗就“斩首八万级”，在公元前316年一次被敌国斩杀青年壮士达八万人，其伤亡是赵国担负不起的。紧跟着，齐国军队又大败赵军，虽没有记载被齐军斩首多少，但一败再败使赵军军心已乱。恐秦症、恐战症正在军队中蔓延。而赵武灵王继位时，“武灵王少，未能听政”，全依靠六位大臣处理国事，即“博闻师三人，左右司过三人”。我推算，赵武灵王大概才八九岁。少难理事，但事不等人，赵国国情愈危。

当时秦国军队长驱直入，如入无人之境，根本无需师出有名，而是直取赵国两处城邑。随后更不满足，又出兵深入赵国，攻城拔寨，秦军无阻。连赵国派去抵抗秦国侵略的赵军统帅赵庄竟然被秦军一战活擒。绑在战军后面成了秦军耀武扬威、向赵国示威的战利品。赵军胆寒矣，赵国危矣。

秦为虎狼，赵之东西边境的“胡人”，即秦汉时期的匈奴人，《史记》所记“西胡、东胡、林胡、楼烦”等部族，依仗着人强马壮，民风彪悍，利用灵活机动的战略战术，骑兵纵横驰骋，呼啸而来，飞马而去，不断侵扰蚕食赵之边城，已经到了无所顾忌，肆无忌惮的程度了，哪里把赵国当成战国七雄？简直就把赵国当成他们餐桌上的“手扒肉”。内忧外患，真够这位少年君王“喝一壶”的。

但赵武灵王做人做事不庸不昏不凡。《史记》所言：“及听政，先问先王贵臣肥义，加其秩；国三老年八十，月致其礼。”

政治上把稳，民心上收拢。

赵武灵王是个有抱负的君王。

赵武灵王继位第八年，魏、韩、赵、燕、中山五国相互尊称王，不再称之君，和周天子同称为王，但赵武灵王不同意，仍令朝内外称自为君，有点“缓称王”的味道。赵武灵王的施政抱负是，说我赵国地贯东西，沃土千里，有漳河、滏水作依托，有修筑的长城做屏障，又从秦国手中夺回了蔺、郭狼的失地，在北方也击败了林胡的骑兵。但我们面临的形势依然严峻，面临的任务更加艰巨，面临的困难愈加艰险，面对的敌人更加强大。北有燕国，东有东胡，西有林胡，更有秦国、韩国蹲在边儿虎视眈眈，尤其是秦国有欲吞吾之而后快之意。国不强，民不顺，军队不能打仗那是要亡朝灭国的。我们要强国建军，不甘做他人板俎之肉，唯有变革才为出路。赵武灵王言之凿凿，誓言旦旦地说：“我要向胡人学习，胡服骑射。”

这对于相对落后羸弱守旧的赵国来说，无疑就是一场翻天覆地的革命。

中国汉人的服装自春秋以来，皆为广袖长袍掩襟无领，以出土的孔子石刻画为例，所着大衣袍，袍襟过膝，衣摆能盖住脚面，掩襟大袍无衣扣齐腰用宽衣带系之，衣带从腹前垂至两腿间，直拖到脚面上，尤其让后人开眼的是两袖之广之大，以孔老先生的衣袖看其袖围至少要近乎于其腰围，其袖长当为其裤长。毫不夸张地说，孔子那个年代的士大夫的衣着比之我们现在看的京剧中的人物的衣饰还要夸张。以其衣袖为例，孔子年代，士大夫的衣袖要比京剧中士大夫的衣袖还要宽至少两倍，长至少一倍。春秋时期的士大夫上朝上车要比京剧中的“名角”登台难得多。起步难，迈步难，出手难，抬臂难，传递难，唱诺难，更无论喝水难，吃饭难，临厕难，举手示意都难，但却数百年上千年不改，竟其原因是春秋的士大夫更追求的是“派”，是“礼”，是和东狄、西戎、南蛮、北夷的区别，是追究士大夫的“格”和“节”，“礼”和“仪”，越繁复、越程序，才越有“派”、越有别。

孔子生活的年代和赵武灵王生活的年代不过相差250多年，相信赵武灵王深恶其害、深恨其繁，立志要改。

据我考证，赵武灵王生活的公元前200多年时期还不仅仅是朝中的士大夫摆谱拿捏得一步三晃像京剧“名角”上台一般，那种穿戴应是社会风俗，都那么穿、都那么戴。即使是一般城乡百姓亦如此，所不同的是衣料的好坏。这就犹如我们目前穿西装，有的领导一套西装要数千元，甚至数千美元，但有的打工者，乡村的农民亦穿着西装，所不同的是他那套西装可能只要几十块钱，甚至十几块钱，但那都是西装，你不会误认为是中山装、长袍马褂。

《史记》魏公子列传中司马迁说得明白，魏公子无忌窃兵符救被秦军团团围困的赵国首都邯郸，为了怕魏军前线统帅晋鄙不交兵权，就带着屠夫朱亥同行。准备一旦晋鄙有变，由朱亥用40斤重的大铁锤一锤就击碎晋鄙的脑袋。朱亥进魏军统帅晋鄙大帐时并不是手提着那颗大铁锤，那样他是进不了中军大帐的。朱亥是把那颗40斤重的大铁锤藏在衣袖中，然后随魏公子信陵君十分坦然地走进前线司令部，走近三军统帅老将晋鄙，他之所以这么顺利，没让晋鄙的警卫、将士包括晋鄙本人起疑心，是因为那袖子又大又长，像面口袋一样，把那颗40斤重的大铁锤藏得严严实实。这才有《史记》的下面记述：“朱亥袖四十斤铁锤，锤杀晋鄙。”

赵武灵王改胡服有理。

赵武灵王也真够难的，也真够行的。敢为天下先，敢冲破世俗不顾白眼恶语，从自己做起，从赵家的显贵们做起。上朝为官，进殿议政，必须着胡服。上身短襟，下身长裤，脚蹬战靴。下发政令，全国推行。赵武灵王令人敬佩，想起1300年后北宋的大改革家王安石的“三不足畏”来：“天变不足畏，祖宗不足法，人言不足恤。”赵武灵王亦大无畏者也。

赵武灵王的改革重点在骑射上，春秋战国时期两军交战主要依靠战车，国之盛弱以战车多寡论。大国万乘之军，小国不过数百。那个时期的战车一车三兵，中间一兵是驭手，只负责驾车，左手一兵为戈手，以戟矛刺杀敌人，右手一兵为箭手，以箭射杀敌人。但车战也有其局限性，它需要一个大而广、广而平的战场，交战双方投入上千甚至数千辆战车，那片战场该是多么大的一个平原。否则在太行山上摆战场，恐怕车不能并行，何况万千辆？而赵国所处的地方绝大部分都是山地，在和“胡人”作战时，统兵之帅赵武灵王看到胡人的骑兵来往自如，聚散有度，驰骋神速，袭击突然，即使是山区小径人能行马即能行，不会像赵国的军队，要先修路再架桥，要排大队，要拥堵一团，给敌军造成可乘之机，又因车队行动迟缓，到手的战机又丧失了。很多情况令赵武灵王困惑，打时军队运动不上去，追时军队又车车拥堵冲不上去，撤时因道路不够宽，不够平坦，数百辆战车排出十数里远，见头不见尾，一辆车卡住，整个军队瘫痪。反观胡兵，却异常机动，异常灵活，异常迅速，令赵军首尾难顾，防不胜防，打又打不着。因此他下决心改造赵国军队，要训练一支新军，核心是放下中原大国的架子，放下中原正统的面子，学习胡人骑射，一人一骑一射，形成真正的骑兵。赵国后来逐渐强盛，灭了中山国，统一了赵国内部，对外打败了胡人，又打退了秦、齐、魏、燕的蚕食，收复了失地，开拓了疆土，把赵国的版图扩大至山西、河北、河南，真正成为战国七雄，也成为了真正敢和当时的强秦叫板开战的国家。赵武灵王的行宫已经建在大同的灵丘，他的军队已经打到今天的雁门关处，赵武灵王筑的赵长城就是历史的见证，一直到汉、唐、宋、明都未能打出赵长城以外。

胡服骑射是使赵国兴旺强盛的根本，赵武灵王英雄也。

四、后人的话

赵武灵王是英雄，热血肝胆汉子。

战国时期，所有诸侯国，关中六国的国王没有一个不怕秦国的，没有一个诸侯国的王愿见、敢见秦国国王的。远的不说，赵武灵王的儿子赵惠文王怕秦王犹如鼠见猫，秦王提议要在渑池和赵王相会，这本来是两国间的正常外交活动。但赵惠文王吓坏了，他根本不敢去，他畏秦国如同虎狼，畏秦王如同魔鬼。

赵武灵王却一身是胆，为了了解秦国，了解秦国的地形地貌地理情况，也为了“从云中、九原直南袭秦”，他的战略方略不但是灭中山，扫胡人，抗列国，还要从大同、包头出奇兵，直接出击秦国，打秦国一个措手不及。惜哉，悲哉，自赵武灵王后，别说如此大胆的突袭秦国本土的作战计划，六国君王想都不敢想，做梦都不敢梦。他们睡不踏实夜不能寐，除了花天酒地地自我麻醉，剩下的就是害怕秦国大军叩关。而赵武灵王的确英雄虎胆，竟然敢化妆成赵国的使者，深入虎穴，亲自到秦国走一趟，查看国情，勘察地形，一直走到秦国的国都，一直走上秦昭王的大殿，和秦国国王面对面。

秦王大殿是不好登的，是触目惊心的，是胆战心惊的，是雄伟壮丽的，是摄人魂魄的。难怪秦舞阳一往秦始皇的大殿前一站就吓得魂不守舍，两股战战，白如死灰。秦昭王的大殿比不上秦嬴政大殿的气势，但也足以让他国的使者汗颜。赵武灵王神态自若，对答自如，举止得当。既没有当场吓得露出马脚，亦未让秦昭王一眼认出真伪。但秦昭王也是位成熟的政治家，阅人无数，接见这类的外国使者亦多矣，他总觉得此使者非彼使者，此使者隐隐有股非凡之气，有一种勃勃的霸主气场。感到此人“非人臣之度”。“使人逐之，而主父驰已脱关矣。”仅差一步，赵武灵王已经脱险出关，胆量可谓大矣，视龙潭虎穴为平地，来去自由，怎能不让“秦人大惊”？秦昭王亦吃惊不小，赵武灵王不可小视，不可轻视，不可不重视，劲敌也！

然英雄气短，祸起萧墙。

说到底赵武灵王的悲剧就在于履行权力移交时出现的失误，误了自己，也误了儿子，更误了赵国。

赵武灵王和历史上一些有作为的君王一样，得志于权力在握，失败于权力过渡。先是宠爱一个女人，因三千宠爱在一身引出无数宫廷官司，宠爱的女人生了儿子又跌入到废长立幼的泥潭，陷入国乱争权的骨肉相残。不知道赵武灵王怎么想的，当他看到被废的太子立为安阳君的大公子章时，竟然产生了这种想法，要把赵国一分为二，现立的赵惠文王为半个赵国之君王，已废的太子长子公子章为那半个赵国的国军，两王对峙，赵国不乱更待何时？这种裂土而封，满足两个儿子的想法幼稚的近乎天真，可见英雄也有糊涂时。

赵武灵王终于死于权力之争，死于他们赵家人手中。为了大儿子公子章，他被公子成和赵国的权臣围在沙丘的行宫中，公子成也够心黑手辣的，他下令被围在赵武灵王行宫中的人后出宫者灭族，吓得整个沙丘行宫赵武灵王的侍从恨不能多生出一双腿来，都急不可待，逃之夭夭。跑慢了，不是斩首是灭族！只剩下可怜的赵武灵王，三个月的时间才把赵武灵王彻底饿死，赵武灵王绝境求生的本领不可谓不大，但再大也大不过权力。英明一世，英雄一世，却落得个活活饿死。死不瞑目，死得凄惨。

比赵武灵王早 300 多年的春秋五霸之一的齐桓公，当为人杰，人主，人之霸也，到晚年，“五子闹龙廷”，为争王位，骨肉视若仇人敌人，人人恨不能生啖他人。可怜齐桓王直挺挺地躺在病床上，也是活活饿死。死后还不如赵武灵王，放在病床上尸体再无人问津，直到肉臭生蛆，腐烂不堪，尸体放了整整 76 天。也是乱于萧墙，乱于争夺权力，乱于“接班人”手中。

呜呼哀哉！

站在赵武灵王大坟前，突然想起杜牧的《阿房宫赋》：“呜呼，灭六国者六国也，非秦也。族秦者秦也，非天下也。……秦人不暇自哀，而后人哀之；后人哀之而不鉴之，亦使后人而复哀后人也。”

孤零零的大墓历经多少个春秋？毕竟春天又来了，“墓草无人随意绿，空梁何处落燕泥？”

赵武灵王早已无泪无叹了，阴天深夜，狂风暴雨时也再听不见那阴阴幽幽的鬼泣了……

李鸿章的临终长叹

一

光绪二十六年（1900）十一月，连续数天天飘大雪，天下奇寒。李鸿章过完79岁生日矣，他感到自己挺不过这道寒，迈不过这道坎，40年后的今天，李鸿章才明白当年那位短须八字眉尖嘴猴腮一脸苦相的江湖术士给他算命时留下的两句神秘的谶言：“七九河能开，八九雁不来。”

李中堂不愿走。他气难绝，目难闭；朝中大臣还有老佛爷、国外驻华大使都不愿也不敢让他死；讲李鸿章一身系天下之安危，可能有些言之过重，但将他喻为大清王朝岌岌可危大厦中之栋梁恐不为过。在李鸿章病重期间，每日朝廷急报，总理衙门署重要拟文直接报送他的叠之盈尺。屋外俄、德、日、英大使馆从早到晚在屋外“恭候”，虽说都是请的本国名医伺候，但外交官们都夹着一叠请求李中堂答复的“国书”。有些明显带有“逼宫”“逼债”“逼约”，恨不能生吞了李鸿章，但绝不“食腐”。可能是李中堂创造的“念文件”，他躺在床上，让人把总理衙门署的重要呈文拣核心内容念一遍。外国使节包括给请的外国大夫一律不见。非见不可的不能不见的，李中堂半躺在病床上，双目紧闭，形若枯槁。外国使节或使团的把要呈报朝廷急待李鸿章签署的和约、条约、合同念完了，李中堂的喉结突然猛烈地上下喘动，发出一阵阵呼呼噜噜的声音，就像他平时抽水烟时发出的声音，人们都凑上去，试图听清楚李中堂的指示，非常遗憾，不但外国人连中国人也听不明白，不但官员们连医生也听不清楚。李中堂不愧老奸巨猾，他要的就是让人都听不清楚，都听不明白，只有他心里清楚，他心里明白。三十六计中都没有，这叫借病推召。纵观大清王朝二百多年，就其外交能力，包括李鸿章其师曾国藩，包括被喻为晚清中兴四大名臣中，无一人能出其右。1870年李鸿章出任直隶总督兼北洋大臣后，大清王朝的外交事务“非李中堂不可”，被称为“大清帝国中唯一有能耐和世界列强一争长短之人”。外国人把日本的伊藤博文、德国的“铁血宰相”俾斯麦、中国的李鸿章并列为世界三杰。连慈禧皇太后都恭维他，称他“再造玄黄”之人。李鸿章在晚清可谓是人臣之极，一顶顶桂冠接踵而来。李鸿章在宦海中搏击半个多世纪，他深知，生前的荣誉很可能都是死后的污秽、盖棺后的罪名。他已经站在了生命的悬崖边上。

李鸿章最怕人呼之卖国贼，但他一生代表大清帝国和外国列强们签署的30多个和约、协约、条约，又有哪一个不是丧权侮国、割地赔款、卑躬屈膝？卖了国土卖祖宗？李鸿章快死了，大口大口地咯血。他喷着血沫长叹一口气，他不知道欧洲有位名人的名言，他想说的正是那句：我不下地狱谁下地狱？谁敢为李鸿章鸣冤。弱国无外交，李鸿章体会最深，刀劈斧剁一般，城下之盟就是逼人就范，临刑画押。在中日甲午海战后的外交谈判中，日本外相伊藤博文一副流浪恶霸相，凶神恶煞地指着日本人起草的不平等条约，厉声喝道：“只有允与不允！”何谓欺人过盛？何谓恶鬼相逼？日本人是也。恨不能一口吞咽了他李鸿章，一口吞咽了大清王朝。李鸿章最了解日本人，也最恨日本，最怕日本，他的身上至死都留着在日本谈判时被日本人凶袭时留下的子弹伤疤。日本人，恶魔也！大清王朝权臣中有比李鸿章更了解，更清楚，更明白的吗？没有！

李鸿章至死，对他的病似乎也无一准确的说法，比较公认的是胃血管破裂，也有人认为是胃癌，或肺癌。李中堂死得艰难，死得痛苦。欲罢不行，欲死不能，被折磨得奄奄一息，枯木干枝一般，油尽灯枯，又仿佛苦苦不肯撒手，吐血之余，长叹数声，似为回光返照，竟然提笔如风，留下一首绝命诗：

劳劳车马未离鞍，临事方知一死难。
三百年来伤国步，八千里外吊民残。
秋风宝剑孤臣泪，落日旌旗大将坛。
海外尘氛犹未息，诸君莫作等闲看。

李鸿章至死不放心海外，最担心、最害怕、最提防的就是日本，他外交“以夷制夷”的核心是以俄制日，以列强制日强，制不住日本，大清王朝满盘皆输，日本乃大清帝国心腹之患。“诸君莫作等闲看”，果然，三年后，日俄战争在中国东北辽宁爆发，日本以小博大，掀翻了俄帝国，日本从此在中国东北独大，野心昭然若揭。

二

人的一辈子过得真快，弹指一挥间。莫看那老僧一日呆坐，僵若泥胎，有传曰此乃黄巢也。

卅年前草上飞，铁衣抛却著僧衣。
天津桥上无人问，独倚危楼看落辉。

李鸿章少年得志，龙腾虎跃，好生了得。

丈夫只手把吴钩，志气高于百丈楼。
一万年来谁著史，三千里外觅封侯。

少年大志，壮怀激烈，朝气豪情，生猛乍起，未见过二十岁的青皮后生有过此等励志诗。说也奇妙，李鸿章二十岁上的这首铭志诗竟然是他一生的轨迹。一言以概之，李鸿章一生追求单一纯粹：做官，做大官；为政，为朝政；办事，办大事；以身报国家，报朝廷。曾国藩曾有评论说得既中肯又准确：“俞樾拼命著书，少荃（李鸿章）拼命做官。”难得的是，李鸿章二十岁的励志诗，以一生践之，不但做到了，而且“一跃冲上万里涛”，览明清横空出世人物，帝王除外，非李鸿章当莫属。

余观李鸿章故居，一百多年前乃豪宅大家也。李鸿章可谓既商又官、既文又武，官后代、富后代。李鸿章祖籍合肥，又称之李合肥，清末民国初年的习惯，李合肥未养成纨绔子弟，亦未成膏粱少爷，这可能和其家风有关。

李鸿章少年聪慧，犹喜读书，加之名师点带，初露头脚，兄弟姐妹八人，他排列老二，其父为官，官至刑部郎中，凡见过“老二”的，无一人不夸。李家“二先生”远近闻名，见者皆赞。李合肥的确书读得博广，书读得精湛，书读得深刻，八股文也做得好。道光二十年，17 岁的李鸿章中秀才；道光二十三年，其父已在京城刑部为官，官至郎中，召其进京深造，为其以后发展铺路搭桥打基础。其父李文安确有政治眼光，不愧为老道的政治谋士，李文安为其子搭建或引上了一个更大更宽更有发展的政治舞台，才让李合肥最终走出合肥，去著史，去封侯。隔年，李合肥中举人，正式迈上仕途。

此时此刻的李合肥正青春年少，趾高气扬；也正热血沸腾，才气横溢。

然而当年像李合肥这样的狂生猛士可谓多矣，谁不想千里封侯？谁不想上马平叛、下马议政？谁不想立功立德立言？但千百人中历史只青睐李合肥。用中国老话说，李鸿章有这个命，命中做高官，官运亨通。

李合肥的官运就应在曾国藩身上。

曾国藩在晚清时期是大清王朝官场上的一个奇迹。读书幼童就出名，科举登第，一步一个高阶，27 岁就成名成家，至此十年七迁官，官封跃十级，国运败落，国家有难，而曾国藩却逆势而上，官越做越大，职位越加显赫，李鸿章投靠的正是曾国藩。

曾国藩当年识人用人主要有依靠“二子”，然后再看你能干不能干？有才有大才没有？这“一子”就是胎子，曾国藩十分重视“相人”，他研究过麻衣相法、易经、堪舆术，且自以为深得其道。曾国藩曾自谓阅人无数，无一人颠倒黑白，看错一人。曾国藩的相人术也很“刁”；邪正看眼鼻，真假看嘴唇，功名看气概，富贵看精神，主意看指爪，风波看脚筋，若要看条理，全在语言中。初次考核一个人，曾国藩从不正眼看一眼，只用眼角余光扫，那扫得也真入木三分，你的一举一动、一言一行、一问一答、一上一下，曾国藩都心细如丝，眼锐如鹰，你从娘胎里生出来就鼠目獐耳、尖嘴猴腮，像《十五贯》中的娄阿鼠，像《水浒传》中的武大郎，像《三国演义》中的张松，即便像《金山寺》中的阿桂，放到曾国藩眼里都是不入流，只看一眼，再不多瞧。

曾国藩第一次见李鸿章在北京的碾儿胡同，李鸿章的“胎谱”不错，一眼让曾国藩过关。年轻朝气，身长膀阔，五官俊美，天庭有光，地格有阔，言谈文雅，举止得当，有问必有答，有答必答到好处，言简意赅，解释问题深入浅出。曾国藩一眼看上这位23岁的初出茅庐的俊后生。

第“二子”就是帖子，清末做官出仕讲究推荐人，推荐的人即不能官职太大太重，也不能官职太小太轻，要恰到好处，“帖子”不对，曾国藩宁可得罪人也绝不重用。李鸿章的“帖子”不高不低，不轻不重，正中曾国藩下怀。李鸿章的父亲李文安与曾国藩是同年进士，这种关系在当时被称为“同年”，“同年”了不得，这层纽带关系，对于曾国藩和李鸿章结为师生之谊至关重要，李合肥登上官场的第一步就步正方圆。

沧海横流，方显英雄本色。李合肥不是英雄，却实为崛起于乱世，出人头地于“横流”；李合肥虽然年轻，却有一双老练的政治目光和大局头脑；难得的是李合肥还敢“押宝”，敢拼敢赌，敢孤注一掷，尤其善于抓住机会。他和其老师曾国藩一样，是书生掌兵，书生带兵出征，千里孤军深入，敢打敢拼，能谋善算，以博求胜。

趁乱而生，趁势而起，李鸿章终于握住了“枪杆子”。那时正是太平天国革命风起云涌的时期，大清王朝一度风雨飘摇，眼看有些朝不保夕，在大厦将倾之际，清王朝不得不向汉臣放权，曾国藩拉起了子弟兵湘军，又帮助李鸿章建立了自己的武装淮军，但那支初建的淮军是一支彻头彻尾的农民武装，甚至连一身像样的军装也没有，一群扛锄头的叫花子，但李鸿章就是在这支农民武装上充分显示了他军事和组织才能，李合肥可谓一手提笔杆子，一手抓枪杆子。如果李合肥没有抓住那稍纵即逝的机遇，混到死李合肥充其量就是一个农民自卫军司令，地主武装的统领，站不到全国政治舞台上。

但机遇从天而降，咸丰十年（1860），太平军二破曾国藩的江南大营后猛攻上海，上海危在旦夕，上海那时已经是江南豪绅大贾云集之地，呼救之声，直报曾国藩。曾国藩深知上海的重要，失上海就如失江南，稳上海犹如稳江南，他想派自己的亲兄弟老九曾国荃率湘军精锐前去救上海，这样上海可保矣。但曾国荃两眼圆瞪直盯着天京，他要攻下太平天国的首都创建大功，他眼里没有上海，他瞧不上上海。

上海已呈燃眉之急，上海必救，何以救上海？万般无奈，曾国藩想到了李鸿章，想到了他那支民非民、军非军的淮军，死马当作活马医。没想到李鸿章欣然应诺，他看出来了，此番不成则归故里，此番如胜则不可而语。他也深知“穿贼道二千余里”，千里挺进上海，二千余里皆为杀机。但在李合肥看来，千载难逢，舍命而搏。当他率领他的七八千人的农民军挺进大上海时，不过是一队穿着草鞋，甚至打着赤脚，一身破衣烂衫，一脸蓬头垢面，拿的都是破枪烂刀，上海佬轻蔑地叫其为“赤佬”“瘪三”军队。就是依靠这支“叫花子军”，李鸿章又勾结“洋枪队”一起向上海城外的太平军发起猛攻，打得上海的绅士百姓都蒙头了，谁也没想到李合肥指挥的这支衣衫褴褛的“叫花子军”竟然解了上海之围，打退了似乎英勇无敌的太平军，上海无恙矣！从此李鸿章成了一方之“神”，有了上海作根据地，李合肥可谓财大气粗，羽翼丰满。淮军也鸟枪换炮，变成一支装备优良有洋枪洋炮供给不愁的“李家军”，李合肥不但成为太平军的克星，也成为晚清一颗冉冉升起的政治明星。“保卫上海”之战，在李鸿章政治生涯还落下了重重一笔，那就是他勾结洋人，收买洋枪队，开始了他一生的外交生涯。太平军的鲜血染红了他的官帽顶子。

李鸿章虽系书生掌兵，却凶残毒辣，为了其政治目的，绝不讲任何诚信，翻手为云，覆手为雨，出尔反尔，杀人不眨眼。苏州杀降，李鸿章够凶、够狠、够毒、够背信弃义，以至于号称“常胜军”的洋枪队首领戈登都和他翻了脸，无情无义无信莫过于此。

1862年2月，有些雄赳赳气昂昂的淮军在李鸿章的率领下几乎横扫苏南，太平军连战连败，丢城失地，只剩苏州被围。守苏州城的是太平军以慕王谭绍光为首的“八王集团”，由于苏州久攻不下，迫使李鸿章屯兵于坚城之下，这时他利用收买招降手段，许给守城太平天国的“八王”以高官厚禄，请英国洋枪队常胜军队头领戈登做担保，折箭为誓,策反兵变。终于“八王之变”借机杀了谭绍光,打开苏州大门,投降叛变。但因种种原因，李鸿章对这支被迫放下武器，举手投降的太平军并不放心，况且八王的部队还具有一定的战斗力，八王继续提出强硬要求，要官、要钱、要兵、要建制。李鸿章决定设“鸿门宴”，彻底解决“八王之变”。

李鸿章杀人极其狡猾。杀“八王”时，因“八王”手下仍有数万太平军军士，稍一不慎就可能翻盘，甚至引火烧身。李鸿章的“鸿门宴”是公开的,宴请“八王”让“八王”里外看清楚绝无埋伏下刀斧手,让他们悬着的心安然放下。酒席之间,谈到前程问题,兑现投降的许诺,顺理成章地有八位托着二品大员武官朝服的内侍向前，一位王面前一个人，正在八王得意得志之际，这八位内侍从官服之下抽出利刃，清王朝二品武官的官服应为红珊瑚顶戴、九蟒五爪蟒袍、狮子补服，可惜官服未上身，利刃已穿心，血溅狮子补蟒袍。李鸿章真乃心黑手毒，八王尸体未倒,淮军已开始进攻毫无准备的降军,一场名副其实的屠杀，不分男女，凡是和太平天国沾边的一律屠杀，然后是纵兵抢劫，血洗苏州城。书生不带兵，带兵也疯狂。

李鸿章阴险狡猾,在复杂的清末官场上得以左右逢源,四两拨千斤。在处理“天津教案”上,李鸿章是和他的老师曾国藩交接班,曾国藩在“天津教案”上搞得“左”不得“右”不得。宽“洋”,“中”不干;宽“中”，“洋”不干；简单地说因为天津民众困惑望海楼教堂的“洋人”“拍花”，拐卖人口，残害中国儿童，一怒之下，烧了教堂，杀了法国神父。当然其背后有深刻的社会矛盾。但这一突发事件引起轩然大波，直至撼动清朝政府。因为法、英等西方列强，要求清政府必须严办严惩，否则将出面直接干预。曾国藩是直隶总督直接处理此案，对涉案的人员，负有责任的官员判的判、杀的杀，还赔款白银 50 万两，派专使向法国赔礼道歉。外国人还不依不饶的，中国无论官方民间骂声不绝耳，骂曾国藩丧权辱国，被人引为“奇耻大辱”，京城会馆中所有悬挂曾国藩官爵匾额“悉被击毁”，其湖南家乡绅民更绝，一怒砸了他的家宅，就差扒他家的祖坟。当时有副对联说得挺绝：“杀贼功高，百战余生其福将；和戎罪大，早死三年是完人。”

曾国藩没想到“天津教案”让他倒这么大霉。当时清朝廷看出曾国藩的难处，正巧两江总督马新贻遇刺身亡，清廷遂让曾国藩出任两江总督，把直隶总督的帅印挂在李鸿章脖子上。李鸿章狡猾，“天津教案”炒得这么火爆他焉能不知？何况是他的恩师亲自处理。我以为他曾极用心地研究过。那块“烫手的山芋”不好接，也许独有的政治敏感使他有一种被迫取而代曾的潜意识。当清廷任命他为直隶总督时，他已然胸有成竹。他看得很明白，案情如火，拖延不得，国内国外，朝廷上下都等着看结果，曾国藩走不了！因此他想方设法地拖，从陕西“拖”到保定后，仍然称自己肝病复发，需要调养。天津再急，保定不急。李鸿章年龄不大，却老奸巨猾，老谋深算。直到曾国藩把案子判下来，该杀的杀、该判的判、该赔的赔，在一片骂声中曾国藩狼狈而去，李合肥才一摇三晃地上任了。他上任的第一件事还是处理“天津教案”。

李鸿章狡猾，掂得匀。他摸透了洋鬼子的心理，面对面和洋人谈判。中国的规矩，判了不罚，罚了不判，既然已经以命相抵，要杀 20 人顶命，就不能赔那么多钱。要钱不要命，要命不赔钱。被判免职流放新疆，走到河北就算执行了。洋人要严惩不贷的天津提督陈国瑞经李鸿章多方努力最终得以保全。对非杀不可的，李鸿章又将原来关押的死刑犯冒名顶替，还让洋人现场监斩，洋人岂能分清张三李四王二麻子，认为李鸿章执法严正。对因此受到处分的官员，李鸿章都采用先办后用，有的还个别安慰，朝廷认为李鸿章大事化小，政策掌握得好；洋人认为李鸿章执法秉公，办事可靠，愿意和他打交道，这也是以后李鸿章成为中国外交第一人的第一课，方方面面都叫好，李鸿章不愧是位老练的政客，坦率地说，李鸿章这第一出外交大戏唱得不错。

李鸿章长叹都叹不出气来，他努力想长叹一声，灯枯油尽的他仍然闭不上眼，是他欠这个世界太多了？还是大清王朝让他不放心的地方太多了？李鸿章要绝这口气，要彻底闭上他那双已经混浊的老眼也难。

李鸿章真纳闷，从康熙爷开始就和洋人外国打交道，为什么堂堂一个天朝大国就没有一个外交衙门？为什么全国上下鄙视一个会洋文的翻译就像押着一个逃犯过街一样？以至于要和外国人签订一个条约竟然无一人能做翻译？李鸿章唯一感到多少能出口气的是他主政总理衙门后，开科取士选翻译，他主持向外国公费派遣留学生，连光绪皇帝还学英语，遑论其他？不知道李鸿章学没学过英语，但他曾气愤得摔茶碗骂娘，因为整个总理衙门找不见一个精通外语的，洋人带的翻译全是汉奸，像龚自珍的儿子龚半伦，李鸿章杀人不眨眼，但他却奈何不了龚半伦。在中国知名度甚高，中国人自己修建的京张铁路的总工程师詹天佑就是李鸿章公费派出赴美留学生。李鸿章是中国洋务运动的发起人，他是中国历史上第一位提倡引进外国技术人才、管理人才、引进外国资金，开办矿山、工厂，直接从外国购买洋枪洋炮，直接购买高科技，购买技术科研成果。中国的第一条铁路，第一座规模化的煤矿，第一座现代化的工厂，第一座邮局，第一所外语学校，第一所钢铁企业，第一家招商局、洋枪局、轮船局，第一台洋设备都是李鸿章亲办亲历亲为。中国第一支可称现代化的当时称为亚洲第一的舰队是李鸿章建的，中国第一支可称为现代化军队也是李鸿章办的，在中国乃至世界，李鸿章还创造过一个让国人、世人皆瞠目结舌的第一。1896 年，已经 73 岁的李鸿章带着自己的棺材出访，国之大事，虽死不辞；大将出征，马革裹尸。李鸿章这次扛棺出访，历时 190 天，行程 9 万多里，访问了俄国、德国、荷兰、比利时、法国、英国和美国。李鸿章壮士出征，不能不让人敬佩，即使那么痛斥他汉奸、卖国贼的人也不得不挑指赞扬，左宗棠也曾抬棺入疆，收复伊犁，大将英豪，要么战死，要么战胜，那年左宗棠 68 岁。李鸿章还有什么闭不上眼吗？

李鸿章至死都没弄明白，甲午海战为什么败得那么惨？中国海军全军覆没，北洋舰队非沉即降。他同样搞不明白的是，朝廷为什么同时向世界列强宣战？和世界列强开战不是娃娃过家家，闹着玩，当时他如在朝中，他是会拼死一拦的。那时他正走背字，慈禧不愿再重用他。

他再度入京是因为八国联军进京，没人能收拾这个烂摊子，算命的给他“掐八字”时讲过他 77 岁“因祸得福”，原来如此！李鸿章有李鸿章的主意，包括对钦差大臣林则徐的禁烟，换上李合肥，他绝不会武装禁烟，他一定会搞贸易战，李鸿章的阴招多了，他不相信朝廷斗不过一群商人。当他看到当时朝廷对英国几乎一无所知时，看到包括林则徐在内都以为洋人的膝盖不会打弯，因此不能给皇帝下跪时，当他看到林则徐南下时竟然购买五百根长竹竿准备在和洋人打仗时以竹竿击洋人腿，打倒洋人以便生擒，因为洋人无膝盖被打倒以后就爬不起来。李合肥不知该怒、该恼、该恨，还是该骂？当然他那时还不过是个青皮后生，但鸦片一战孰胜孰败已成定局。

李鸿章深知，只要他一闭双眼，世上的骂名将滚滚而来。

李鸿章臭名昭著，恶贯满盈。中国最大的丧权辱国的《辛丑条约》就是他签的。李鸿章也觉得憋屈，谁能知道他的苦衷？八国联军盘踞在紫禁城，横行霸道在北京城，退兵？人家的政治条件头一条就让朝廷头疼。

拿慈禧问事，必须交出慈禧，必须绳之以法。李鸿章经历了世界历史上最长久的谈判，且是一对十一的不平等谈判，整整谈了一年，差点把李合肥累吐血、累咽气，这里面的插曲也多了去了。在谈判之余，八国联军总司令德国统帅瓦德西十分郑重地告诉李鸿章，八国联军可以把他推上皇帝的宝座，让李鸿章改朝换代当皇帝。李合肥就站在汉奸皇帝的悬崖边上，好在这个老家伙头脑不热不糊涂，他言之，我都老态龙钟到如此，皇帝之印扛不动了。后人也有评，如若非李合肥，换清廷任何大员，《辛丑条约》恐怕更让国人羞愧难言。李鸿章是让人拿枪顶着脑门子签订的最能让清廷容忍的卖国条约了。签字之日，李鸿章全身颤抖，几乎不能自已，他似乎感到大限将至。《辛丑条约》签订两个月后，李鸿章这次真的快喘不上气来了，他长叹之余就是吐血。人之将死，苦不咽气，他想起了自己的一生：“予少年科第，壮年戎马，中年封疆，晚年洋务，一路扶摇，遭遇不为不幸，自问亦未有何等陨越，乃无端发生中日交涉，至一生事业扫地无余，如欧阳公所言‘半生名节，被后生辈描画都尽’，环境所迫，无可如何。”

我觉得这像是李鸿章自作的一份悼词。一生之事由后人去评说吧，李合肥就是李合肥。

李鸿章终于长长地叹了一口气，“两眼犹瞠视不瞑，忽目张口动，欲语泪流，遂亡”。

谁能知道李鸿章临终还念念不忘什么？

只说士为知己者死

点题：此言为战国四大刺客之一豫让之语。

《战国策·赵策一》有证，豫让为报其恩主智伯被杀之仇，曰："嗟乎！士为知己者死，女为悦己者容。"此文只说士。

豫让，司马迁高看，誉之战国四大刺客也。未见其生如何，但见其死，青史留名，死得可谓大义凛然、顶天立地。士为知己死又何论？去年我曾专程前往太原市小甸区当年豫让刺杀赵襄子处寻觅。两千多年岁月沧桑，几乎改变了一切，但相传豫让的遗迹未变，豫让的大无畏精神依然代代相传，士之气场何其大？士之影响何其深？此后中国有刺客，但似乎再无士。士在何方？谁能为士？这正是本文要探索的。

一

士，乃中国古代政治的一个特殊阶层。甲骨文中就有士，作为活跃的阶层萌芽，他应该产生于西周晚期，兴盛蓬勃于春秋战国。士凭一己之力，可以左右一个国家的政治走向，可以改变一个国家政治面貌，可以影响一个社会的社会风潮，可以扭转一个朝代的发展方向，士之张合力不可谓不大。孔子曾言："士志于道，而耻恶衣恶食者，未足与议也。"孔子对士的定位是志于道，目光远大，抱负深远，为国利民，如果有人谈论的是吃穿享受的事，那就不值得和他讨论道了，其士也不足论矣。我认为孔子本身就是士，是士中之杰，孔子志于道，天下无人质疑，孔子追求执着于道，首先是仁爱、周礼，但他志于道也志于以其道强周礼，挽救那个礼崩乐坏的社会；其志于道，就在其志向在于为官，在于政治，在于国家。似乎没有人言孔子，士也。其实孔子由士而出，由士而仕，由士而礼，由士而仁，由士而教，由士而书。孟子说："君一位，卿一位，大夫一位，上士一位，中士一位，下士一位，凡六等。"封建社会最核心的是礼，礼之核心是壁垒森严的阶层。故孟子把士分为三等，孔子在未入仕之前的位置应于士。出仕之列仍回归于士。后人不把孔子列入士是因为孔子太伟大了，天不生仲尼，万古如长夜。风起于清萍之末，孔子早年读书就怀志于道，且生活清贫，但却甘之如饴，他自己曾说："饭疏食饮水，曲肱而枕之，乐亦在其中矣。不义而富且贵，于我如浮云。"孔子对士的描绘简直就是一幅自画像，孔子非士，何为士也？

在孔子心目中，士不应为衣食所累，"君子谋道不谋食"，君子不应为五斗米折腰，乃士也。孔子又说："君子忧道不忧贫。"国家事大，自己事小，首先要想到国家命运，不能沉溺在自我，热衷于追求物质生活。

在《论语·子路》中，子贡问孔子什么样的人可以称士？"何如斯可谓之士矣？"子曰："行已有耻，使于四方，不辱君命，可谓士矣。"

曰："敢问其次。"曰："宗族称孝焉，乡党称弟焉。"

曰："敢问其次。"曰："言必信，行必果，硁硁然小人哉！抑亦可以为次矣"。

孔子认为士分三个等级，第一等士，不仅对自己的行为知羞耻，行得端，立得正，且能不辱国家使命，履行好君命。为君之命，国家之命，赴汤蹈火亦不辞；第二等士，宗族之中皆称好，孝顺父母，待人胜过待己，父老乡亲称赞；即使是第三等士，也了不得，言必信，行必果，如今诚信者亦难。

子贡向孔子请教士的标准，和孔子讨论士的作为，说明士在当时社会影响之大，已成为绕不开的礼教和政教。这使我想起一位士，按孔子的分类，他当属第一等士，蔺相如是也。

赵惠文王时，赵国得和氏玉璧，秦国得知，愿以十五座城池换赵国的和氏璧。赵惠文王处两难之端，换固然好，但恐怕璧失而城未得；不换又怕秦兵以此为借口，强秦弱赵，赔了夫人又折兵，倒霉的还是赵国。满朝文武大臣皆抓耳挠腮，面面相觑，拿不出一个万全之计，搞不好就是一场“和氏璧战争”。蔺相如被推荐上去，蔺相如不过一个门客，似无职无官无财无势。蔺门客是肩负“君命”只身赴虎狼之秦。蔺相如到秦国后，果然艰险，果然险恶，但蔺门客置生死度外，据理力争，留下青史美谈，完璧归赵。

没过两年，秦国又找茬，先是伐赵拔石城，又以强凌弱攻赵国边界，杀赵国军民二万余人。赵国敢怒不敢言，秦国玩强权政治好戏不断，又约赵王去赵秦两国边界城市属秦的渑池相会，明显没有赵王好果子吃，赵王畏秦不敢去是完全有道理的，怕去渑池丧权辱国，更怕被扣为人质。但蔺相如力主去，赵王不得已而行之，在渑池会上为了不给赵国丢脸，不受辱于秦王，蔺相如大义凛然：“五步之内，相如请得以颈血溅大王矣！”秦王的卫士“欲刃相如”，蔺相如“张目叱之，左右皆靡”。蔺相如厉害！正如孔子所言，“使于四方，不辱使命”。其后方展示蔺相如“行己有耻”，即视己为小，视君为大，视国为大，才感动了以大功自居的赵之良将廉颇，演出“负荆请罪”，演出“将相和”。蔺相如当为孔子所云：“可谓士矣。”

二

诸子百家乃春秋之绝唱，也是中国历史之绝唱。我以为诸子即士也，士之出类拔萃者也。“仕而优则学，学而优则仕”。此言出自《论语·子张》，对于做官之士，则应该学习；对于没有做官的士，应该学习好了再做官。这是儒家名语，也是士家之训。孟子在与梁惠王对话时说：“无恒产而有恒心者，惟士为能。”几乎一无所有，但胸怀大志，坚信明天，自信自己，相信学而优则仕，相信天生我才必有用，且有大用。头撞南墙也不回头，要么碰死，要么破壁而出。在这方面，苏秦张仪皆士之典范。

苏秦虔信“学而优则仕”，“习之于鬼谷先生”。不甘寂寞，不甘贫困，绝不安分，“出游数岁”，在外打拼数年后，“大困而归”，一无所有，形容枯槁，面目犁黑，狼狈而归。“兄弟嫂妹妻妾窃皆笑之”，“妻不以我为夫，嫂不以我为叔，父母不以我为子。”皆认为他学来的本事不足以换碗饭吃，忽悠不住别人，只能忽悠住自己，受苦受穷一辈子，终生难以出头。这种家庭内部的鄙视藐视可以让士悬之梁上，但苏秦不是那种士，他是把所有的怒所有的恨、所有的懊悔、所有的希望都寄托在学而优则仕上。苏秦自信，相信自己的头脑和学问，他留在中国历史上的“头悬梁，锥刺骨”，恐怕也是空前绝后，也代表着一种士气、一种士精神。苏秦具有士的求道原则，百折不挠。未能得逞不是仕途不通，是士术不精。于是再发愤读书。一年后，苏秦再度出游，他要靠他的学识、口才、知识、本领独领风骚，受的白眼、冷遇、辛酸、挫折岂是言语所及？苏秦铁定主意，咬定青山。蒲松龄为自己题的励志联在二千多年前又一次得到佐证：“有志者事竟成，破釜沉舟，百二秦关终属楚；苦心人天不负，卧薪尝胆，三千越甲可吞吴。”几乎人人都看着苏秦像走进死门一般，谁也没有想到，苏秦能咸鱼翻身，从活门荣归故里，“并相六国”，天下人除苏秦再无二人，一身佩六国相印，古今中外舍苏秦再无其他，真士也。

张仪也传奇。他和苏秦同是鬼谷先生的学生，“苏秦自以为不如张仪。”张仪学而优不但未能入仕，反而蒙冤受苦，被人诬陷，反背黑锅，被打得死去活来，几乎要了张仪的命。张仪之贫，一无所有。在士与仕之间，士是平等的，虽然中间有鸿沟巨峰，那全看士之命，全看士之求，看看张仪的自信，司马迁写得太生动，太逼真，太有神了。被打得几乎奄奄一息的张仪被抬回家中，其妻叹曰：“子毋读书游说，安得此辱乎？”你老老实实在家过日子，不去读书求仕，怎么能受如此大辱，受这么大罪呢？其妻言之有理。但看张仪，并不为此辱所辱，并不为此辱所折，对他老婆说：“视吾舌尚在不？”其妻笑曰：“舌在也。”仪曰：“足矣。”张仪真士也！孟子在《孟子·滕文公下》中对士的赞赏是：“志士不忘在沟壑，勇士不忘丧其元。”简直就是对张仪的写照。张仪是战国时期最成功的士之一，他做了秦国的相国以后，阴谋、“阳谋”并发，使秦国不断强大。

当然并非士皆成功，成功者寥寥，即使是像韩非子这样的大才，死于非命，死于他手，死于陷害，死于嫉妒也是常有的。但士皆有一信念，宁为玉碎，不为瓦全。死不可怕，为仕而死。不求平静安达一生，即使能像韩非子那样日子过得还算滋润，也心不甘，气难平，绝不愧对自己一腔热血、满腹经纶。

三

有时候士也挺有意思，有时候觉得士不可思议，有时候也觉得士血太热、命太“贱”，动不动就以命相拼。

战国时有四大君子，也称为四大公子，皆士也。各招门客数百，其实就是广招天下之士，齐国的孟尝君门客多为士。

有一次，孟尝君和一位士吃晚饭，孟尝君手下士聚成群，“有一人蔽火光”，蔽住了灯光就看不见孟尝君在吃什么，但他低头看看自己的饭菜，“客怒，以饭不等，辍食辞去”，此士见不得不平，也看得出此士也很自信，认为自己不能比其他士差，才大怒，才愤而辞去。士可杀不可辱，吾乃士也。孟尝君见此状，“自持其饭比之”，那位高士看见孟尝君吃的饭菜和自己吃的并无两样，非常羞惭，士不可辱，但士辱他人亦可杀，乃拔剑自到而亡。为误解别人，冤枉别人选择的是以生命作赔，士之不凡、士之纯粹、士之高尚可见一斑。自士之后，中国再未见之，多少人做下多少昧心事，多少人做下多少小人事，投石下井，瞒天过河，诬陷冤枉，让人含恨而亡，却再无人承担、再无人追责。士之去矣，追念那位无名无姓的士！《晏子春秋》上记载“二桃杀三士”阴险卑鄙的晏子利用士之胸怀、士之作为，仅用二桃就让齐景公帐下三员大将含恨自杀，自杀的原因是自己觉得受到侮辱、受到藐视、受到挑战、受到不公，干脆以死鸣冤，后二士是在感到死在前面的士因为自己的吹捧和因为自己而受到不公正待遇没能吃上桃子而自刎，羞愧之情无以言表，拔剑自杀，以死相报。后人会嘲笑“三士”的愚蠢，嘲笑“三士”的冲动、无知，是因为士那个时代完结了，士和恐龙一样消逝了，人们和社会的价值取向是晏子，因此指点“三士”死得活该，赞晏子机智聪明；正因此，士才消亡矣，晏子才繁生矣，举目所见，何处有士？遍地晏子。

孟尝君就是一位“高士”，即孔子所言：“士志于道。”孟尝君在其封地薛，乃至天下，“招致诸侯宾客及亡人有罪者”，凡去投奔他的士，孟尝君惶惶惜惶惶，士士相怜，舍业厚待之。演绎到春秋战国时代的士，“内容丰富”起来。泛指社会上有一定知识、技能，亦有一定抱负、雄心甚至热血、野心的人群，他们起于社会各阶层，星座繁杂；但有一点，热爱自己的国家，忠于自己的事业；有仁者之心，有智者之慧，有勇者之风；敢于投身，更敢于报答；敢于担责，更敢于挺身而出。孔子曾言：“无求生以害仁，有杀身以成仁。”

孟尝君门下有食客数千人，孟尝君待之如师如友、如兄如弟，绝无贵贱贫富之分。据说孟尝君待客时，屏风后常有侍史，记载他与士的谈话，孟尝君问寒问暖，问亲问家。“客去，孟尝君已使使存问，献遗其亲戚”。士还未到家，孟尝君赠送的礼品已经送到士之家矣。

袁世凯也曾想学孟尝君，也想揽天下士于一身。袁世凯也具备士之几个条件，野心、热血、挺身而出，敢于承担。他和张作霖第一次相见相谈时，时间虽短，却给张作霖留下极好极深的印象。原来张作霖在大总统府内多看了两眼一件摆设，结果他人未回来，那件名贵的摆设已送进他府。画虎成犬，士已不在，士不会再生。

孟尝君门下士中，在历史上最有名的要首推冯谖。冯谖，士也，然为一穷士，一穷二白，一无所有，去见孟尝君时也是“蹑屩而见之”。脚蹬一双草鞋而见之，身无分文，只有一把剑相随。剑只是当时士的一种身份的象征，况且冯谖之剑无鞘无饰，用根草绳捆在剑柄上，“蒯缑”，就是一种长在水边的植物，可能是一种蒲草。穷得几乎沿街乞讨，但冯谖士气不散，士神不倒，正如孔子所说：“饭疏食饮水，曲肱而枕之，乐亦在其中矣。不义而富且贵，于我如浮云。”冯谖是也！冯谖三次弹剑长歌：“长铗归来乎，食无鱼。”“长铗归来乎，出无舆。”“长铗归来乎，无以为家。”三次弹铗，三次吟歌，冯谖充分体现了那个时期的士，士即如此，随吾所想，纵横江湖，哪管你孟尝君悦不悦？

士有一共同特点：“不辱君命。”当冯谖授命去孟尝君封地薛地收租收债时，冯谖不顾一切，为孟尝君办大事，办“后事”“擦屁股”，才有“狡兔三窟”的故事。看冯谖去薛地办差，可谓干净、利索、清楚、明白，大刀阔斧，敢于担责，充分显示了士之能，士之功，士之为。孟尝君失势被免被贬后，三千宾客尽散，孟尝君心灰意冷，怨人恨世，此时此刻冯谖有番士之高论：“生者必有死，物之必至也；富贵多士，贫贱寡友，事事固然也……今君失位，宾客皆去，不足以怨士而徒绝客之路。愿君遇客如故。”此乃高士之胸怀、之气度、之眼光、之辩证法也。

四

春秋战国士如过江之鲫，又如大水漫灌，泥沙俱下。宋之名家王安石就对孟尝君招士大不以为然。“嗟乎，孟尝君恃鸡鸣狗盗之雄耳，岂足以言得士？……夫鸡鸣狗盗之出其门，此士之所以不至也。”我看不起的士，非鸡鸣狗盗之士也，恰恰是鲜衣高车之士也，却行龌龊之事。如同出一师，同窗数载却忌之如仇，如孙滨与庞涓，又如李斯与韩非子，中国“窝里斗”源远流长，士之相斗相拼相害相残，如仇如敌，置之于生死，处之于水火。士从历史潮流中被淘汰，可能与之互掐互害互灭有一定关系。

王安石以为鸡鸣狗盗之士上不了台面，甚至不能枉自呼士，孔子、孟子已经把士分为三类三等，依王安石之见还要再分为九等。其实有没有真才实学不在于上等下等、技高技低，亦非三教九流能说清。鸡鸣狗盗之士更说明士岂可小觑。

齐湣王二十五年，孟尝君被齐王派至秦国，其才被秦昭王相中，要封其为相，但孟尝君都不知道是怎么中的枪，估计也是士之相斗。有人对秦昭王说孟尝君的坏话且“上纲上线”，秦昭王翻脸不认人，先囚禁他继而想“谋欲杀之”。真乃翻手为云，覆手为雨。孟尝君就向秦昭王的一个宠姬求救，那美女开出的条件倒也简单，想当初你曾献给秦昭王一件狐白裘，也送我一件，此事就办。但此狐白裘珍贵就珍贵在“天下无双”，急了抓蝎子都不行。孟尝君所率众士皆无计可施，生死之决，无人能言。此时坐在最下等最后边的一位士，就是三等士开口承诺，此事我能办。这位三等士半夜从狗洞中爬入秦宫，盗得狐白裘送给那位宠姬，宠姬果然厉害，说服秦昭王把孟尝君释放了。此乃狗盗之士。一险未尽又出一险，孟尝君一行如惊弓之鸟狼狈逃窜。果然秦昭王后悔，使人驰传逐之。当孟尝君一行连夜逃到秦之函谷关时，却因关门紧闭无法出关。如等到天明、关门开启之时，秦之追兵至矣，生死攸关，命悬一线。千钧一发之际，又是一位过去无名无地位的三等士挺身而出，要制造一个黎明，于是他学鸡鸣，一鸡叫十鸡鸣，十鸡鸣百鸡叫，关上关下报晨鸡一起长鸣，黎明早到，关门大开，救得孟尝君一行性命。司马迁在《史记·孟尝君列传》中说："始孟尝君列此二人于宾客，宾客尽羞之，及孟尝君有秦难，卒此二人拔之，自是之后，客皆服。"士不可不服，三等士亦不能不敬，王安石稍安毋躁，事非经过不知难，士非经历也不知高。鸡鸣狗盗之士亦可称颂高赞也！

中国的士进入西汉以后，已呈渐行渐弱之势，汉武帝实行董仲舒的废黜百家政策以后，士已日薄西山，渐渐走入历史深处。但西汉初年有位士，他验证了孔子所定士之三项标准。此韩信是也，自韩信之后，再未见有孔子所定一等士，韩信被冤杀，韩信死，则中国士死矣。

韩信，家庭无考。其贫近赤贫，何时贫？为何贫？司马迁只说："始为布衣时，贫，无行。"韩信与张良不同，韩信何时读的书？史无记载。只知其穷得无家，漂族，流浪汉，每日蹭吃蹭喝，人皆厌之。韩信未能遇见孟尝君，想做冯谖都不行。但韩信和冯谖一样，虽穷但却佩长剑，想起鲁迅笔下的孔乙己，再穷也要穿长衫。

韩信和二桃杀三士中的士不同，韩信的人生原则为士不可杀可侮，他绝不会拿命去赌，把生命看得无足轻重。《史记·淮阴侯列传》中说得极生动，说淮阴屠夫中有一赖子，瞧不起韩信，想借污辱韩信而拔份，说别瞧这小子个大，腰间又挎剑，其实他就是一个窝囊废。"信能死，刺我；不能死，出我胯下。"想起《水浒传》中杨志街头撞见牛二。古语：秀才遇见兵，有理说不清。韩信遇见无赖何理可论？韩信生动，韩信有三个动作，先伏地抬头看看那个无赖的胯，可能是目测其胯之高低；又"俯其胯下"，最后"蒲伏"，"一市人皆笑信"，不知韩信自己笑了没有。

韩信就是这样一位能高能低，能尊能卑，能富能贫的士，韩士。

想起毛泽东的一段话，诸葛亮如未出茅庐，他不过南阳之一农夫。

列夫·托尔斯泰这样评价林肯："他的地位相当于音乐中的贝多芬，诗歌中的但丁，绘画中的拉斐尔和人生哲学中的基督。但是，如果他不当总统，他的伟大恐怕只有上帝知道。"

在中国有句流传极广的俚语："成也萧何，败也萧何。"讲的就是韩信，应该讲"成也韩信，败也韩信。"无论怎么讲，韩信成功在前，否则，韩信穷死窝囊死也只一寒士。

韩信的军事指挥才能，堪称用兵如神。打了许多恶仗、大仗、硬仗，打胜了许多令人不可思议的胜仗。留在中国历史上的有"明修栈道，暗度陈仓""韩信点兵，多多益善"等等典故。用刘邦的话总结最精辟："连百万之众，战必胜，攻必取。"世上无常胜将军，有，则韩信是也。

但韩信脱不了士之本质。蒯通直言相劝："兔死狗烹，鸟尽弓藏。"劝韩信自立，若如此，早400多年，中国历史上就可能出现汉、楚、齐三国演义。其结果很可能是韩信用武力一统天下，若如此，则天下无汉，则无汉族、汉语、汉文化。但韩信非政治家。直到临被吕后冤杀时，韩信方悟，悔之晚矣。韩信曰："吾悔不用蒯通之计，乃为儿女子所诈，岂非天哉！"韩信死，"遂夷信三族"。韩家再无士，天下再无士。韩信被冤杀证明，君子斗不过小人，士也斗不胜流氓、无赖，士不亡待何时？

收官。

春秋战国时期的士，没有比荆轲更具有士之豪情、士之热血、士之胸襟、士之舍命、士之多艺。司马迁在《史记》中记过的士，似乎再无比荆轲更典型、更生动、更感人、更让人壮怀激烈、更让人拔剑而出。而《史记·刺客列传》中影响最大、最震撼人心的莫如记载荆轲者，而记述荆轲短暂而悲壮一生最让人动颜者莫若其易水告别一场。

请再阅读一遍，相信当年司马迁先生是含泪而就。

高渐离击筑，荆轲和而歌，为变徵之声，士皆垂泪涕泣。又前而为歌曰："风萧萧兮易水寒，壮士一去兮不复还！"复为羽声慷慨，士皆瞋目，发尽上指冠。于是荆轲就车而去，终已不顾。

感慨之余方知荆轲不但热血肝胆，敢去一人敌一国、只手擒一国、以血溅一国，而且诗亦做得好，即情赋诗、即景赋诗、以血为诗，而且懂音乐，是士中难得的音乐高手。由“变徵之声”复为“羽声慷慨”，不但自如变声变调变节奏，而且能随高渐离击筑，“和而歌”。

荆轲当为春秋战国时期的歌唱家、士之高士。荆轲之友亦士友，高渐离亦真士也，亦肝胆照人也，亦真正音乐大师也。一只筑，在他手中能让“客无不流涕而去者”。古今中外还有他人乎？连其仇人秦始皇都“惜其善击筑，重赦之”。高渐离真人才也，史料上再查不出他出自谁师，何时成才？秦始皇敢冒生死之毬留下他，足见其技艺之高之精，天下再无二人，否则留他人必杀高。即使如此，受其才艺留其性命，也必须弄瞎双目。高渐离应与荆轲一样，乃世间最后一批士也，拼将一死酬知己。不忘士志，不忘友情，何惜一命乎？“乃以铅置筑中，复进得近，举筑扑秦皇帝，不中。于是逐诛高渐高。”高渐离应大笑而赴死。

呜呼哀哉，士亡再无士矣。

说鬼不怕鬼

鬼的知名度不低,鬼的历史堪比人类文明史。鬼行无踪,鬼行无声,鬼域无疆，鬼技无穷。鬼是踏着人类文明的脚印亦步亦趋地走过来的。屈指算来，鬼之寿命，大概有四千余岁，称其为鬼千岁当有余。商代甲骨文记载巫之活动，占卜打卦，迎神送鬼，神鬼同行，神鬼同根。

见过鬼的人不多，但人世间说鬼、聊鬼、画鬼、写鬼、演鬼、骂鬼、怕鬼、装神弄鬼的人不少。鬼使许多人出名，鬼也使不少戏出彩,鬼戏有戏。我看过的最有鬼的戏，鬼戏中的经典当推《李慧娘》。《李慧娘》半出人戏、半出鬼戏，人戏为铺垫，鬼戏是正戏，“鬼”一登场,全场一片彩,白衣白裙白装扮的李慧娘被逼变鬼,以报阳间被屈杀之仇,要救无辜才子裴舜卿之命。虽是说鬼，但确有史记。

南宋期间，权相贾似道骄横跋扈，祸国殃民。一次他带着美妾歌姬在西湖荒淫，其一歌女看到湖中有一船驶来，船中有一美俊少年,就随口说道:“美哉少年！”贾似道听见后,即把此歌女杀害,头颅割下,盛于木匣中，让手下美女传视。然后又把那渡船中的美哉少年抓来以莫须有的罪名杀害。后经文人的编改,《李慧娘》登场。李慧娘即那歌姬,曾与其父在西湖捕鱼卖鱼，被贾似道看上掳至府中，演出“美哉少年”的悲剧。李慧娘屈死以后,化为女鬼,念念不忘回到阳世找贾似道报仇,叫除恶，找裴舜卿救善。李慧娘是位有良心的女鬼，变鬼也爱憎分明。由此鬼戏出戏,演出了一场鬼与人、鬼与情、鬼与恶、鬼与仇。在京剧中,《李慧娘》是尚小云尚派的代表作，也是中国京剧中唱得最好的鬼戏。有“高票”曾言：听戏要听鬼戏，鬼戏才有戏。屈死鬼、冤死鬼最厉害，厉鬼缠身，非要命不可。贾似道失势后，被押送流放，因厉鬼缠身，冤鬼索命，屈死鬼鸣冤，让贾似道生不得死亦不得，掉到粪坑中被押送官铜锤击顶而亡，估计到了阴曹地府，那儿的鬼世界也要审判他、折磨他、报应他。

鬼在中国文化中地位不低，小巫见大巫实则小鬼见大鬼。鬼话、鬼文、鬼歌、鬼事、鬼戏数不胜数，乃一中国文化现象。像《牡丹亭》《钟馗嫁妹》《二鬼相遇》《女吊》《跪坟》《长生殿》《白蛇传》《审乌盒》等等，其中包公戏《审乌盒》就是审鬼、说鬼，让屈死鬼吐冤情，为鬼申冤、为鬼不平、为鬼鸣屈。包公真行！包公审案在遇到冤、假、错案又审不下去时，往往借助阴曹地府的力量、借助鬼的威力。鬼也助人，没有鬼助，杨七郎的冤案，恐怕至今难平。

鬼还是恶鬼多、厉鬼多、魔鬼多，在中国似乎有什么样的人就有什么样的鬼，有什么样的死人就有什么样的死鬼。什么吊死鬼、饿死鬼、屈死鬼、淹死鬼、无头鬼、病死鬼、鬼也分阎王、小鬼、也分男鬼、女鬼、推车的鬼、拉纤的鬼、抬轿的鬼、端盘的鬼等等。所有的人死后终变鬼，因此，有鬼乎，无鬼乎，鬼在何方，鬼为何样，在中国为鬼过两个节日似乎再无二主。清明节乃鬼节，祭神祭鬼祭先人。鬼似有似无，据《聊斋》蒲松龄讲，鬼轻如烟，散如雾，过水无声，负重无形。鬼能变恶变丑，也变大变小，变善变勇，总之鬼形莫测、鬼踪无痕、鬼力无穷、诡计多端。在民间有无数鬼的画本，最著名的是钟馗。中国人公认的小鬼的代表是牛头马面。鬼在中国让人恶之、憎之、避之、怕之。有谁不怕恶鬼缠身？鬼乃出神入化，避阳就阴，但也没有人对鬼不敬。敬鬼如敬神。人死了，开一个追悼会，寄托我们的哀思。祭奠之礼，古之有之。年年都要开追悼会，年年都要寄托我们的哀思，这就是清明上坟，摆供品、烧香跪先人，送花祭酒，跪拜在那一个世界的前辈。泪洒坟前，燃纸为念，跌倒叩首，让故人有知。民间还有一节，干脆直呼鬼节，每年阴历七月十五，都要拜鬼，为鬼祈祷，烧纸送钱、烧纸送寒衣、烧纸送温暖。鬼节给鬼送温暖，中国朝朝代代、祖祖辈辈传下来的礼仪之规，敬重先人。唐朝杜牧诗云：

清明时节雨纷纷，路上行人欲断魂，
借问酒家何处有？牧童遥指杏花村。

白居易也有一首鬼节哭鬼的诗：

乌啼鹊噪昏乔木，清明寒食谁家哭。
风吹旷野纸钱飞，古墓垒垒春草绿。
棠梨花映白杨树，尽是死生别离处。
冥冥重泉哭不闻，萧萧暮雨人归去。

清明上坟，中国传统文化讲究供死如供生、敬死如敬生，讲究给坟头培新土、栽新树、擦墓碑、修坟墓，这不是什么封建迷信。西方无封建，美国的历史一共才200多年，无缘封建，但鬼节过得风生水起，隆重庄严而不失欢乐幽默，且老幼同乐。西方把鬼节称为“万圣节”，家家户户都过，甚至流浪汉都过。西方人认为鬼亦可亲可敬可爱可近。他们把一个个大南瓜刻成鬼样，在瓜中点上灯，驱鬼迎祥，晚上要早早关上窗子，怕鬼一高兴会从窗而入。在美国甚至连小朋友也要自己做一个奇形怪状的南瓜灯。有报人数过，一户七口之家竟然做了七七四十九个南瓜灯。无论中外，鬼似乎都无孔不入、无处没有。中国有俗语，鬼难缠、鬼难拿、鬼难耐、鬼上门、诡（鬼）计多端、阴谋诡（鬼）计，鬼的功能大矣，天下人见鬼之人未见，说鬼色变之人多矣。老北京有鬼市，无人能趟出其水到底有多深？中国有句老话叫“鬼话连篇”，其原意并非贬义，鬼话就是巫对天祈祷，是巫的巫术自白、巫的占卜，岂是他人能懂？

蒲松龄蒲爷对鬼也感兴趣，也爱聊鬼。但蒲爷是褒仙贬鬼，扬狐斥鬼。蒲爷《聊斋》中狐仙皆善皆美皆为有情之人、皆为爱情至上，且几乎个个都美若仙，情有独钟。让多少后人看着搓大腿、拧仁中、陪狐仙落泪。但蒲爷笔下的鬼皆恶鬼，皆丑鬼，皆该打入十八层地狱之鬼。鬼不能复生，复生必加害于人、必祸害于世。《画皮》让人看后毛骨悚然，冷汗淋淋，原来鬼伪装术比人的伪装术还巧妙、还自然、还生动、还动人。引诱和诱惑不但人间有，阴间亦然，鬼之所以能横行、能嚣张、能得逞，关键是鬼会利用人的善良、人的追求、人的邪念，把人置于死地，吃人不吐骨头。蒲爷告诉世人一条真理：凡是无邪念的人,必不中鬼计。鬼吃的人都是先中了鬼的诱惑。鬼这东西的确万恶,凡是对鬼好、对鬼亲近、对鬼话愿听愿信、对鬼计愿中愿挨的人，都逃不脱鬼的魔爪。再有不懂，请教蒲爷。

“一从大地起风雷，便有精生白骨精。”白骨精就是鬼，而且是一个本领不小的鬼，这个白骨精稍施本领，差点让唐僧师徒四人取经树倒猢狲散，取经的故事就此打住，“僧是愚民犹可训”，也不必再教育,估计早已成了白骨精的盘中餐。世上有鬼，鬼由风雷惊起。鬼一生出,便有鬼事，“妖为鬼域必成灾”。方知鬼也闹事，闹出鬼灾、鬼祸、鬼害不可小视，鬼计不可忽视，鬼域不可成灾。鬼要加害了唐僧，则再无西游记。鬼债难还，鬼债难讨。

鬼也有喜怒哀乐,喜时鬼也唱歌。毛泽东在七律《送瘟神》诗中说:“千村薜荔人遗矢，万户萧疏鬼唱歌。”毛泽东说血吸虫病使人都变成鬼,万户无生机,萧疏无人家,白天鬼也敢唱歌,那情那景是够瘆人的。鬼要横行人则无乐土，皆为鬼域。

中国民间有贴门神的习惯，那就是驱鬼辟邪。鬼也有怕，鬼怕神,也怕人，更怕鬼。钟馗为鬼，恶鬼、坏人之鬼皆怕之，怕钟馗手擒鬼到，边饮酒边把恶鬼当作下酒菜嚼了。所以在阴曹地府，各种各样的鬼只要一见到钟馗皆俯首帖耳、老老实实、规规矩矩，绝不敢乱说乱动,更莫说横行霸道，让千村薜荔、万户萧疏。没有钟馗镇着，地狱中的大鬼小鬼皆要造反。

谁见过鬼？鲁迅就见过鬼，而且还踢过鬼。

那时鲁迅先生从日本读书回来，在一个也不知叫什么的学堂里教书，晚上没有事时，鲁迅先生总是到朋友家去谈天。这朋友的住处离学堂几里路，几里路不算远，但是要经过一片坟地，谈天有的时候就谈得晚了，十一二点钟才回学堂。有一天鲁迅先生回去得很晚，天空中有很大的月亮。

鲁迅先生向着归路正走得很起劲时，远远有一个白影。

鲁迅先生是不相信有鬼的。在日本留学时学的是医，常常要把死人抬来解剖，鲁迅先生解剖过二十几个，不但不怕鬼，对死人也不怕，所以对于坟地也就根本不怕，仍旧向前走。

走了几步，远处的白影没有了，再看突然又有了，并且时小时大，时高时低，正和鬼一样。鬼不就是变幻无常的吗?

鲁迅先生有点怕了，到底是向前走呢，还是回过头来走?本来回学堂不止这一条路，这不过是最近的一条。

鲁迅先生是仍是向前走，要看一看鬼到底是什么样，虽然那时候也怕。

等走到那白影的旁边时，那白影缩小了，蹲下了，一声不响地靠住了一个坟堆。

鲁迅先生就一脚踢出去。那白影“噢”的一声叫出来,随即就站起来,鲁迅先生定眼看去,却是个人。鲁迅先生说,他在踢的时候,是很害怕的,好像一下不把那东西踢死，自己反而会遭殃的，所以用了全力踢出去。原来是个盗墓的人。

鲁迅先生说到这里就笑了起来：“鬼也是怕踢的，踢他一脚就立刻变成人了。”

原来鲁迅先生见到的是假鬼，什么都有假的，连鬼也有假的。

寻找中国门

一

一个极简单的问题，却几乎难倒所有人：人类的先祖，我们的祖先何时有的门？何时住进有门的屋舍？关上门就是家，打开门就是院；关上门是一个世界，打开门就是另一番天地；门里门外是两个世界。许多专家对文明社会做出说不完的解释，其实归根结底就是一句话：有门的时期就是文明社会，不懂门为何物时就是野蛮社会、原始社会。人类和动物的最大区别也是最早的区别就在于人类终于懂得了门，会制造门、应用门，而动物永远只生活在窝中，永远生活生长繁衍在没有门的窝里。这就是门，那么简单的一道题，一块竖立起来的木板，让人类苦苦寻觅了数千年……

中国人何时懂得门，真正住进有门的房屋，似无定论。先有的门后有的文明，先有的门后有的家庭，先有的门后有的文字，先有的门后有的阶级，先有的门才有的不平等，除去那道门，人类和其他灵长类动物没有区别，没有门的时代，人类还是动物……

门是人类的里程碑。

我见的最早的木门是座城门。据考证，木制建筑不会早于隋，世界上现存已知最早的木架结构建筑是五台的佛光寺和南禅寺，隋唐之前的木架结构的房屋已经不可能存在，屋之不存，门将何在？我却见过一扇春秋时期齐国都城临淄的宫殿大门。距今至少有三千多年矣，堪称古门，现存门之祖也。它是在山东临淄出土的齐故城 10 号宫殿遗址，出土的大门其高 2.75 米，宽 1.55 米，门框每边宽 0.21 至 0.25

米，门表面有红色。当然这都是出土残迹，此门倒塌在火烧残迹堆中，推测应为春秋战国时，齐遭战乱城门遭焚烧轰然倒塌在残灰之中化为遗迹。每有国难家仇门往往首遭其难，“破门而入”，攻城首先是破门，破门的法宝，一是撞，二是烧。齐门之毁，毁在战乱；破其城，先破其门；屠其城，先焚其城门、宫门。翻看中国历史，几乎历朝历代政权的更迭，皆以焚烧前朝政权的皇城皇宫为释仇，为畅快，西楚霸王进入咸阳一把火把秦王朝的国都烧成一片白地，似乎把天下恨秦之怨皆化为漫天大火，包括阿房宫在内的三月不灭的大火已显示出项羽无治天下之能，只能砸烂一个旧世界，连再建一个旧世界的愿望都没有，暴露出其卑微不自信，仇恨不大度，残忍不容人，目光短浅，毫无理智，可怜的皇皇帝都，可怜的阿房宫，“复压三百余里，隔离天日”，竟毁于项羽的一把火。项羽虽是英雄，但他也是中国历史上最大的纵火犯。我们只能从齐国的宫门去猜想秦国帝都的大门，去想象阿房宫的大门。但有一点似乎是肯定的，自从荆轲刺秦王发生以后，为怀揣利器的刺客，秦始皇广收天下的“磁石”，建成磁石门，来晋见秦始皇的人必须经过这道“磁石门”。如有带刀刃的刺客，则被吸于门上，这是中国乃至世界上第一道安检门。秦始皇不愧为千古一帝，他创造了世界上第一座特殊门：安检门。

二

我在陕西省博物馆曾经看见过一尊青铜器，不到一尺高，17.7 厘米，传递的门的信息，却让人震惊。那尊青铜器名叫鬲，乃饮器，我理解是把做熟的肉块放在其中，它上面类似一个扁扁的鼎，方口、大肚，两边有两个鼎耳，四周有饕餮纹，这都不出奇，珍贵的是这个饮器下面是一个做工极精致的“灶房”，两边有通风助燃的方窗，前面有送柴进灶的“灶口”，而这灶口分明是两扇门，需要大火燃烧时就打开这两扇门送柴，不需要大火而需要小火慢温慢炖时就把两扇门关上，我们的先人太智慧太聪明了。让我震惊的是，这件鬲是西周时期的，距今已有三千多年，当它被从泥土里挖出来时，那两扇小门被小心地打开，竟然没有任何生涩。西周时期的门已经分两扇，有门框、门轴，我凑近细看，门上有雕花纹饰，两扇门上竟然有“铺首”，左面是一人，右面是一虎头，有孔，这也可能是最早期带门饰的大门，因饮器，故其门栓在外，西周的门不但成双门，且有“铺首”，有门饰，且有门栓。

据专家研究，古埃及人在4000多年前就发明了机械门锁，当长长的带弯头的木钥匙插入门栓内，弯头上的针销就会顶起门栓内相应的部分，这样就可以拉出门栓，古埃及人似乎比炎黄子孙在门锁的研究发明和应用上起得更早、走得更远、设计得更科学。

但这种门锁因为是木制的，那时还没有任何金属，因此它的体积也见大，据研究有60厘米长，像只把门虎似的，也可以想象古埃及的门应该是相当高大的。

中国自古讲究门，有关必有门，有门必有栓。万里长城大约有四万里长，有二百多座险关雄隘，关越重要，关门越高大厚实；隘越艰险雄壮，门越坚不可摧；关门的门栓则粗如腰，腰上还包裹着铁衣。一夫当关，万夫莫开。一夫只能镇守一门，万夫打不开的也是那扇关门。

门学问也大，中国字中带门的字就有300多个，门里有家、有爱、有生生死死、有恩恩怨怨。曹操就曾借门考人，他在完工的宅院大门上写了一个活字，果然难倒工匠臣子，唯独杨修看破，门字加活字，阔也，宰相是嫌此门太宽，拆了重建。

在中国讲侯门深似海，一望门便可知富贵，一登门便可知侯门乎？王门乎？朱门、豪门、门阀、门徒、门生，杜甫所吟“朱门酒肉臭”，其朱不红，门不重，台不高，真正的王府、侯门、大夫宅第，杜甫望见过的都不多，其酒肉飘香还是酒肉臭，焉能为市人所嗅？杜甫闻到看见的充其量就是一个土豪。当然那是杜工部的一个诗比，但杜甫诗句中却说出豪宅府第的大门在唐时已经被漆成朱门，漆成朱红、大红、重红、紫红，红的不同，宅主的富贵就不同。唐以紫为尚为贵，紫红大门为侯门。此外，王侯将相之宅第还要看其门楼的高低，门面的阔窄，门阶的多少，门钉的大小多少，几排几行几个？错了就“逾制”，轻则罚俸，重则免官获罪，门上不但有讲究亦铸有法律。清初八大铁帽子王爷“和硕郑亲王”济尔哈朗，屡历征战，战功累累，曾传以80多亲兵冲散明朝2万大军，且斩首无数。济尔哈朗把他的郑亲王府的街门改为前后对照的面阔三间的大门。顺治四年,1647年2月,济尔合朗“因府第逾制，罚银两千，罢辅政”。幸亏是铁帽子王爷。

三

唐朝崔郊有一首《赠去婢》甚有名，其后两句:“侯门一入深如海，从此萧郎是路人。”海有多深侯门就有多深。《红楼梦》中描绘贾府中的门就多达30多种，门对门、门衔门、门套门、门里有门、门外亦有门、五花八门的门，各种各样的门，萧郎入侯门，必是入得出不得!

侯门之门虽然门门相望，但门门不同，没有相同的门就像没有完全相同的两片绿叶。我见过清初一位重臣的故居大门，门头之上，高悬三块“王牌”，气势威猛，甚是镇人，皆朝廷赏赐的功名，高高在上，皇恩在上，文官武将要下轿下马，仿佛穿着一件皇帝亲赐的黄马褂。门当无户对，一对威武的铁狮子分左右恪守门栓。下有门枕石，高过半尺厚过四寸的门槛，两旁的门山栓直冲青天，门框是五寸厚的老榆木做的，百年不朽，百年不坍。门上有门钉，五排门钉，每排五钉，都是黄铜包皮，生铁铸就。门钉有讲究，错了有要杀头之罪。逛故宫，进头道门天安门，朱红大门上就有九排鎏金的大圆门钉，九九八十一个，天下只有皇宫大门有，帝都皇城大门有，“朱扉金钉，纵横各九”，以下亲王爷、郡王爷、贝勒爷、侯爷，依次累减，从横各七的，各五的，直到门上无钉，俗称“白钉”，门里不是在朝为官的。门上的铺首分左右，各有龙之四子椒园口衔一圆环相视，所谓“千金造门”果然不凡。想起我在山东临淄博物馆看见的一对在齐陵街道梁家终村出土的秦时的鎏金辅首，估计那应是王侯之府第大门上的铺首。有些无功无名豪门富家大门上的铺首讲究铸字，左首铸忠，右首制勇。

门上有神，附在门上的神为门神。中国的门神据说有30多位，最常见最熟悉的莫过于哼哈二将，黑脸的尉迟恭，黄脸的秦叔室。中国人贴门神的历史不会太久，据说古罗马时人家有位门神叫雅努斯，本是司光的太阳神，请这么一位门神是为了带来光明，驱避邪恶。中国的门神不一样，驱恶避邪，保护宅第，门神就是安全神。门上有神，门不简单。缺什么不能缺了门，可以迈错了步，绝不能迈错了门。

侯门之中要求府中小姐“大门不出，二门不迈”。大门是指府门宅第院门，出门如出嫁，出嫁之前是不能擅自出大门的，大门绝不能迈出，迈错就会毁了名声毁了前途，只怕嫁也难嫁好人家。“二门不迈”，二门专指内宅内院的一道垂花门，家中小姐送客也只能送到二门里，出了二门就是坏了规矩。这二门不但内眷不能迈，未经允许外人也万万不能迈，迈错一步就可能丧命，有法律为证，在垂花门里立着一根红漆的大棍，其名水火棍，据说是从衙门里请回来的，外客未经同意私自迈过“二门”，便可用此棍活活打死。

有时迈错门打死也是轻的。天安门那时叫承天门，正阳门正门大开着，但谁也不能迈过门槛，全国上下不分文臣武将，也不分男女老少，谁迈错此门，则推至菜市口斩首，严重的要追究“三族”，满门抄斩，皇门连着命。京城的九道门，哪个门都不能迈错了步，迈错了钟点都不行，轻则一顿暴打，戴枷立在城门处示众；重则一百大杖，打得皮开肉绽，还有口气的话立马押回刑部大牢，关三五年是轻判。

四

南京有座中华门，以中华命名的门，其门楣还是蒋介石题写的，全中国仅此一道。

中华门壮观。朱元璋大手笔，难怪能开创大明王朝278年江山。朱元璋地道的贫下中农，他只造过草庐，盖过泥屋，在他手中却建起了南京皇城、南京中华门。那皇皇之势的确不凡，其后数百年再无一城像南京城，再无一门像中华门。

中华门有三道瓮城，北京城内城九门，外城七门，门门有城楼，门门有瓮城，却从来没见哪道内城城门，哪座外城城门有三道瓮城。中华门三道瓮城，四道券门贯通，让人瞠目结舌和足让“门史”添彩的是每道券门上都装有上下可以启动的“千斤闸”和双扇木门，遇有敌兵攻入瓮城，城内“千斤闸”门由天而降，关闸断其归路，伏兵由伏兵洞中杀出，其势如关门打狗，瓮中捉鳖。首道城门的主券门，纵深竟达58米，宽6.8米，两边均有七寸厚包铁皮的大铁门，大铁门一关，地遁都无门，敌军必亡。

朱元璋真是把门的作用发挥到极致，御敌于国门之外，进了国门也能灭其于国门之下，杀其于国门之内。

北京故宫最有传奇色彩的门就是午门，午门在明永乐皇帝朱棣眼中就是“国门”，朝廷之外的重门，推出午门斩首，弃首于“国门”之外。

午门威武，午门威严，高耸宫墙，通体重红。上面有五座黄脊黄瓦的城楼，午门正中三座城楼，一大两小，沉稳庄严。正应对着午门之门，三明两暗，皇帝出宫开正中大门，文武大臣相随才可走偏门，即使是“以身试法”推出武门的重臣也不能走午门三明门，也得团头缩肩地被推出暗门，午门规矩大。

午门见证杀人斩首的似乎没有记载，到清明就直接押送菜市口，连肃顺这样的辅政重臣都斩首在菜市口，从刑部提出后再见午门一面都难，午门直接见证的是文武大臣雪白的屁股。

朱元璋是龙爪上沾着泥巴的“土杆子”皇帝，统治有招。他发明的一种杀威刑具叫“廷杖”。把犯纪和有犯龙颜的大臣直接放倒在大庭广众之下，令人抡圆了大板子，打屁股。此刑为杀威，不够杀头，不够判刑，不够充军，不够抄家，不打皇帝这口气出不来，臣子的威风压不住。朱元璋的“招儿”就是当着文武百官的面，打屁股，在劈劈啪啪的板击之声中警告所有大臣，逆我者亡，顺我者昌，有理无理廷杖上讲理。

帝都迁至北京后，“廷杖”更加“完善”，更加“规矩”，且不断发展。直接将犯“廷杖”的大臣推出午门，就在午门之外，直挺挺地摁倒，两边大板子伺候，且有一监杖官高声数数，一板都不能少！到了正德年间，大太监刘谨当政，又进一步发展了“廷杖”，过去是允许穿着裤子挨板子的，刘谨皱眉，改成脱了裤子，光着屁股，午门之外，组织所有在“档”的官员站在旁边“观摩”,美其名曰:杖一警百。刘谨够损,他被千刀万剐凌迟罪有应得。

正德十四年,大臣们为劝阻皇帝南游,惹得龙颜大怒,把朝中敢持异议的大臣无论品位一律推出午门,排成数列,脱光屁股,板杖伺候,清脆洪亮的报数声此起彼落,板击皮肉之声传之甚远,始有呼喊,继而呻吟,再继而只闻击打声,不闻有人声,竟然当庭杖毙15位大臣,其余奄奄一息,一动不能动的只好用木板抬走。“零敲碎打”的不计其数,明朝奉行“棍棒出孝子”“廷杖”出忠臣,午门为证。后渐推广,直到民间,民犯法大堂之上,脱光屁股打板子,挨不下来,打死不算,还要在存档上写明欠多少板子,“法律无情”。从此,民间把能脱光老百姓裤子当堂打板子的“朝廷”不叫“公检法”,统称“衙门”,似乎是午门的下延。

中国第一座“国门”是在战国时期赵襄子在赵地,北疆所建即现在张家口以北,张北县。赵襄子在此处修建一座雄伟厚重大气磅礴的“国门”——“无穷之门”,其源于《庄子·在宥》篇:“入无穷之门,以游无极之野。”赵襄子在赵国之北部边疆筑此门,一为树立赵之国威,二也为向世人昭示赵国对未来的瞻望,未来的抱负和自信。赵襄子是位开天辟地的人物。再未见其他诸侯国包括秦国有此手笔绘国门,赵襄子在国家建设上是开拓者。

国与国之间的边界漫长,因此国界是以线就称之,而口岸是以国门称之,进出边界必走国门,不入国门不可入国界,门于家于宅于院于国皆为一理。我曾在内蒙古二连浩特国门处参观,曾一脚门里,一脚门外地站在国门之处,体验一脚国内一脚国外的感觉,那门就是国门啊!

五

经过几千年的提炼,门在中国早已不仅仅是门了,门的意义自汉就不断深化,化门为神,化门为灵;指门不说门事,也不说门里门外,而是借门兴事,借门发问。指门言政,就门而论,被门引申的历史、典故,已成为中国传统文化的经典。

“上品无寒门,下品无士族。”门乃身份证、户口册、档案也。寒门不得上品作,穷先穷在门上。古人视门户如冠带,认为门就如一家主人的冠冕,体现着身份与地位,尊与卑、荣与辱,俱在门上,一眼可见。驷马高门、朱户彤扉,一看就是穿紫色官服登白色高底靴的大官;蓬门毕户、柴门柴扉,此为落难之人,贫下中农。“花径不曾缘客扫,蓬门今始为君开。”家徒四壁,野草丛生,柴门不开,门可罗雀,落魄骚人,苦不言自表。苦自苦矣,乐自乐哉。杜甫自己在成都修草堂,配之柴门。柴门名副其实,不过用几枝干柴为架,结以茅草而已,正如其《茅屋为秋风所破歌》。他自言:“野老离边江岸回,柴门不正逐江开。”

中国的门都是往里拉,极少有往外推的,拉的是中国门,推的都是外国门。也符合中国礼教,一切在我,不强加他人。门里有礼教。唐苦吟诗人贾岛有诗“僧敲月下门”?“僧推月下门”?僧在外故为推,人在内故要拉。推拉门在唐代时是中西结合,由西域传入的“番卧”渐渐中国化,厅、堂、室之分先为屏风相隔,渐次采用推拉门把一室隔为二间,前为会客,后为寝室,日本人学回去一直沿用至今。

日本宅户多有门牌,中国的门牌讲究更大,中国有句未入法律的“铁律”:“门当户对。”寒门焉能傍上豪门?即使是家中再有钱有势,再“土豪”,其宅院也只能叫“大宅门”,不敢称府、第,但“土豪”亦有“土豪”的办法,他是把门装饰得豪华起来,在门框、门柱、门楣、门扇、门簪铺首上下功夫,“雕梁画栋”,寓意深远,有在门栓门框上精雕“辈辈封侯”“三阳开泰”“福、禄、寿齐到”“读书千年”“为人忠厚”等,不用进门,望门就能知院是什么院,房是什么房,园是什么园,门前是什么、门后是什么、门上是什么、门下是什么,俱有讲究。甚至门门有典故,门门有诗句。精工细作,皆在门上。门若寒,其家必穷;门若阔,其家必豪,也有新解,土豪家的门故称豪门。附庸风雅不用登堂入室，望门而知。我去参观过山西灵石县的王家大院，六十多道门，门门不同，门门都有不同的风格，门饰都有鲜明的寓意，真乃穷天下之智，搜古今之意，门上有学问。门就是一本书，有时是本读不懂的书。和尚出家，要称遁入空门，其实寺院墙高门厚，何来空门？难道门中有风？无风何称门风？且门风分好坏，门风分清浊。门内有人，皆为徒乎？才称门生门徒乎？真可谓不是一家人不进一家门。又衍生出门第、门阀，一个门里走出多少千事万意，一脚门里，一脚门外，说不尽的门……

劈手斩得小楼兰

楼兰斩不得。

刀下留楼兰。楼兰是西域36个古国中“丝绸之路”的中枢关口，也是西至波斯一路远行路过的最神秘、最离奇、最古老、最具有魅力的古国，充满着一个又一个神奇的秘密，被称为“沙漠庞贝”，在死亡之海中，竟然会有美貌的“小河公主”。黄沙之下，古楼兰国该有多少爱与恨，该有多少生与死，古楼兰国有多少故事，有多少传奇，有多少荡人心弦的历史长歌？王昌龄诗云：

胡瓶落膊紫薄汗，碎叶城西秋月团。
明敕星驰封宝剑，辞君一夜取楼兰。

从汉唐到明清再到今朝今世，人人皆要“取楼兰”“斩楼兰”。李白曾赋诗：“愿将腰下剑，直为斩楼兰。”李白与楼兰似有仇怨，李白又发狠，“挥刃斩楼兰，弯弓射贤王”。杜甫也有诗：“属国归何晚，楼兰斩未还。”王昌龄的诗写得豪迈：“黄沙百战穿金甲，不破楼兰终不还。”陈毅元帅也曾有诗：“脱手斩得小楼兰。”

楼兰何罪，楼兰当斩，楼兰何在？

楼兰美，最美望楼兰。西有大漠西域，风从西方来；两河文明，西域文化，先承先接。北望大草原，直接天际，草肥水美。塔里木河和孔雀河相交之后直汇其城下的罗布泊，那时的罗布泊比中原太湖还大，真乃浩浩汤汤、横无际涯。东临敦煌，与大秦大汉相接；南有车尔臣河，河宽水阔，可以行舟。出嘉峪关、函谷关、玉门关，直入西域，出关第一国就是楼兰古国。不知为什么，对楼兰古国的记载却如沙漠中的水，几乎只字皆无。

楼兰何在?

古楼兰国到底是谁建的国，国王是谁，都城何在，古楼兰国有没有文字，古楼兰国有没有语言，这些建国人来自何方，古楼兰国人究竟是哪个民族?古楼兰国的建立几乎和它的消失一样诡秘。正像古楼兰国面对的那条孔雀河、那条波澜壮阔而又美丽多彩的生命河，没人能知道它在何朝何代竟然神秘地消失得无影无踪。谁是古楼兰国的主人?有人考证可能是匈奴人，但也可能是突厥人、回鹘人、吐蕃人、西域胡人、羌人、氐人。一直到唐朝王维在《谓城曲》中仍吟道“西出阳关无故人”，绝非出阳关而无友人，而是一出阳关已无汉人，西出阳关皆胡人。建古楼兰国的民族不在当今的56个民族中，已为成定论。那时候一出玉门关，两眼泪不干，因为再无“故人”，再无汉语，西域胡人说的是阿尔泰语系、印欧语系，这些民族从何而来，何时而来，因何而来，似乎都是历史的谜团。

发现古楼兰国的是位瑞典探险家，这位性情古怪，做事执着，不避艰险的大胡子叫斯文·赫定，他是在中国大名鼎鼎的“丝绸之路”的命名人德国学者李希霍芬的学生。是赫定第一个发掘了古楼兰国的遗址，发现了古楼兰国的数千件文物，并且把它们公布于世，虽然赫定几次差点死亡，但他命大，顽强地活下来了。赫定第一次把4000多年前古楼兰国的神秘面纱在全世界面前悄然揭开，要知道80年后，中国著名科学家彭家木就死于古楼兰国，而余纯顺也神秘地僵死在古楼兰国内。2003年更有考古界的惊天新闻，在古楼兰国的墓地，赫定发现的小河墓地，由新疆考古研究所所长带领的号称“沙漠之狐”的考古队，不顾九死一生，在小河墓地挖掘出一具沙漠木乃伊，打开方见，其乃“小河公主”，震惊世界的美女木乃伊，其葬于一个神秘的“船棺”之中，专家考证距今已然3800年矣，但其肤仍美，其肌肉仍有弹性，要知道这位被命名为“楼兰美女”的“小河公主”比在湖南长沙马王堆出土的汉代女尸要早近二千年。最让人瞠目结舌的是这位美丽的楼兰公主，竟然是位欧洲美女，据考证其确为欧罗巴人。这使得那道围绕着古楼兰国的难题更加难解了，欧洲人是怎样来到古楼兰国的，因何而来，何时而来，难道是欧罗巴人建立的古楼兰国？据斯文·赫定考证，古楼兰人当时用的语言是一种佉卢文，是古楼兰国的一种书面语言，估计没人能懂了；另一种就是吐火罗语，我认为是当地人的一种语音的直译，是印欧语系中最古老的语言之一，西出阳关焉能有故人？

四千多年以前，大约相当于夏王朝，很可能就在大禹治水期间，有一群白肤高鼻、蓝眼黄发的欧罗巴人，不远万里，沿着中亚北部的草原森林，一路东行，他们为什么要离开生养他们的地方，为什么要去遥远的东方去追寻他们的梦，他们途经多少岁月，多少艰难险阻？他们锲而不舍，执着东寻，终于找到了他们真实的梦：古楼兰。塔里木河、孔雀河、车尔臣河、疏勒河，一条条生命的河齐汇到古楼兰。距古楼兰东不过200多公里的敦煌，已然“风吹草低见牛羊”，水美草肥，何论古楼兰？《汉书》中有段描写：“广袤三百里，其水亭居，冬夏不增减……”堪称世外桃源，人间仙境。这群不远万里而来的欧罗巴人没白来，楼兰梦就在眼前。

古楼兰国另一处墓地有着更多的神秘色彩，远远望去，地上有七圈整齐环列的木桩，紧紧围绕着墓葬中心，呈太阳光芒四射状，被称为“太阳墓”，六座太阳墓中埋葬的全部为男性，头东脚西，仿佛死后也要追逐太阳而去，这种“太阳墓”，崇拜“太阳神”，在炎黄数千年墓葬史上绝无仅有，倒是“两河文化”中有大量的崇拜太阳神和“太阳墓葬”，难道在古楼兰国中还有古中亚西亚“两河”的子孙吗？那种把男性生殖器直立指向蓝天的生殖崇拜文化不正是“两河文化”的诠释？古楼兰国太复杂了，那真是一部让后人看不懂的大书。

中国史书上最早记载古楼兰国的是司马迁，在《史记》中司马迁也只提了短短的一句话，还是转述匈奴王冒顿写给汉文帝的“恐吓信”。冒顿恶狠狠地告诉汉文帝，我已“定楼兰、乌孙、呼揭及其余二十六国，皆以为匈奴”。历史上第一个斩楼兰的人当为匈奴王冒顿，冒顿凶悍，匈奴厉害。西域三十六国，它独吞二十六国，冒顿凶残心狠，匈奴因他而强大。他曾做大月氏国的人质，杀人夺马逃回。杀人不眨眼，凶勇异常，敢一人独闯万人营，打仗轻生不要命。曾把自己的最心爱的坐骑放开让他的部队放箭射死，许多人不敢射箭，经查，凡未射箭者就地处死；后又让自己的爱妾骑马飞驰，又让他的部队放箭射之，再查，凡未听令者立斩无赦；后其父汗骑马而来，冒顿下令齐射，其父匈奴可汗立时被射成刺猬。冒顿凶猛,匈奴强悍,把汉朝欺负得底朝天。刘邦内战内行，外战外行，被冒顿用纵敌轻进之计，在大同的白登山，把刘邦围困起来，胜负已无悬念，灭汉灭刘邦即在弹指间，可能早于一千多年前，冒顿就有可能建立一个类似大元王朝的匈奴大帝国，幸亏其中了陈平的诡计，放了刘邦一马，从此汉王朝再不敢向匈奴瞪一眼，发一言。冒顿的办法是把大汉王朝的周围的小国统统灭了，然后再扳倒汉王朝。楼兰当斩不当斩，冒顿起手先斩。这也是“楼兰”第一次出现在历史记载之上，也可以说是因匈奴斩得楼兰，而使楼兰史上留名。冒顿称霸，从汉高祖一直欺负到汉文帝，高祖在世时就得不采用娄敬的“和亲国策”，把汉家的公主远嫁匈奴，甚至在刘邦去世后，这个冒顿竟然敢直接挑衅吕后，说让吕后嫁给他。冒顿亡汉之心不死，路人皆知，直到汉王朝的第六代皇帝汉武帝时才确定要武力解决匈奴，并决心要在西域建立抗击匈奴的联合战线，这才有张骞通西域，张骞联合西域各国不是为了通商，不是为了贸易，不是为了丝绸，也不是为了汗血宝马，而是为了联络西域各国，共同对付匈奴，汉武帝的战略意图就是要在匈奴的侧背后造成军事威胁，打破匈奴自冒顿建立起来的围绕吞食大汉王朝的反汉联盟。因此张骞才不惜牺牲一切，甘愿十三年大漠苦旅，被匈奴扣押长达十年，终于换来了共同打击匈奴共识，初步建立了反对匈奴的统一战线，直至东汉班超，以假司马身份出使西域，劈手斩得小楼兰，这些用鲜血和生命换来的绝不单单是一条丝绸之路，而是一条血与火的军事联盟。古楼兰国得天独厚，到汉至魏晋时，已成为西域繁荣昌盛的富国。从现在出土的古楼兰国的遗址和大量文物推测，当时的楼兰国都城城墙高大坚厚，城内建筑重重，既有官署、民房，亦有军营、城障，寺庙高大华丽，市井繁荣热闹，甚至拥有医院、客栈、舞台、邮局，推测古楼兰的风光应该是最美的，可惜从李白到杜甫，从王维到王昌龄，都要斩它，绝无一人颂它。

楼兰这地方安静不了，地处要塞，兵家必争，它位于汉西出，西域各国东进的要冲之地，匈奴联合西域必先要掌握楼兰国，大汉要通西域建立反匈联盟也必先从楼兰始。汉武帝要稳定西北边疆，打击匈奴，扭转西域各国向匈奴一边倒的态势，楼兰国必先配合，否则，就打不开局面。战略形势和双方的战争资源就决定了夹在他们中间的小国，为了生存，为了本国利益，楼兰国不得不“朝秦暮楚”，谁凶跟谁走，为了生存不惜仰人鼻息，“有奶便是娘”乃楼兰国的基本国策。这就是楼兰屡遭“斩首”的根本原因。

到汉武帝时期，楼兰国在大国夹缝中的外交政策已臻完美。楼兰国为求得大国间的平衡，把自己的两个王子分别派到匈奴和汉王朝做人质，不偏不倚，不亲不疏。但楼兰国王突然去世，哪位王子继承王位就是楼兰国最重大、最突出、最关键的政治核心。楼兰国内亦分两大派，一为亲匈派，一为亲汉派，各派都努力推荐自己的代言人执政，楼兰国的政治局势发生了极其微妙的变化。但此时此刻在汉朝做人质的楼兰国王子乃长子，本该堂而皇之地回国继位，但却因为犯罪正在服刑，这位王子在汉犯的什么罪不得而知，似无记载，但判的什么刑却确有记载，被处以“腐刑”，割去生殖器，阉之。西汉的阉刑是继承了商代的刑课。从商始，处置罪犯直接在罪犯身体上施刑，如砍手、刖足、割耳、去目、阉割。司马迁就因直言犯上而受到阉刑。但楼兰国乃一国也。人质王子该不该享受“外交豁免权”姑且不论，两国之间可商讨，毕竟是两国关系的大事，把一位有继承王位的王子给阉割了，不能不说是一种大国凌欺小国，强国蔑视弱国的表现，不能不使楼兰国感到羞耻，产生仇恨。恶果果然自尝，这位王子经历千难万险跑回到楼兰，又经过九曲十八弯竟又当上了楼兰国王。楼兰国的外交政策、国策都发生了根本性的改变，楼兰不再是左右逢源，搞匈汉平衡，而是一心一意、死心塌地跟匈奴走，彻底和汉朝掰裂、为敌、成仇。楼兰一翻脸，一屁股坐在匈奴怀中，西域三十六国与汉朝的同盟和反匈的统一战线立时瓦解和崩盘。楼兰国不但断绝了汉朝与西域的通道，攻杀汉朝派往西域各国的使团，甚至派兵杀害与楼兰国相邻的几个西域小国的汉朝外交人员。对于汉王朝而言，是可忍，孰不可忍！楼兰之变，犹如鱼骨在喉，不可不去，不能不去。对于楼兰而言，跟谁，叛谁，嫁谁，不嫁谁，本是楼兰国事，但国王被阉割之仇不能忘，被阉割之耻不会忘，记起阉割之仇之辱，楼兰国与汉王朝不共戴天了。

汉王朝不能容忍。强国大国自有凌厉手段，国与国之间实施的“斩首行动”就落在楼兰国王身上，这可能是国际间第一次实施斩首行动，大约应在公元前77年前后。汉朝派一名小官，其名曰傅介子，有勇有谋，有胆有识，置生命于不顾，瞅准楼兰国王爱财的弱点，以金钱宝物相诱，脱手斩得楼兰王，然后当即告之楼兰臣民：“楼兰王屡屡叛汉，天子命我诛杀他，拥立新王，汉军将至，妄动则会灭国。”大国出手不凡。

楼兰古国到底因为什么神秘地消失了，消失数千年而不惊？至今仍是谜，历史的谜，地理的谜，说不完的猜想。

有专家认为，古楼兰国的消失犹如流入沙漠的孔雀河，河无水则涸，风沙摧毁了一切，掩盖了一切，罗布泊干枯了，水不再有，草不再肥，人畜无水无粮无草，此地不再养人。楼兰国悄悄地来了，又悄悄地走了，只有风沙知道。

有专家认为，是战争毁灭了古楼兰国，战争断了楼兰的道路，毁了楼兰的粮田、草场，灭了楼兰的生机，楼兰本来人口不过十几万，兵甲不过三四千人，频繁而凶残的战争摧毁了一切。

有专家认为是一场无敌的瘟疫掩盖了一切，掠去了一切，让楼兰国魂归梦去。

楼兰的神秘就在于此。古楼兰人，那些不远万里由遥远的西方而至的欧罗巴人，“两河文化”的传人，波斯文化的传人，都去向哪里了？

查历史，古楼兰国被“斩”多次，人在做，天在看，最终结仇于东方大汉王朝，楼兰真的因“斩”而亡？

楼兰当真该斩？斩得楼兰？

卧底

“卧底”禁言五十年，一旦喷发即爆火，至少火爆屏幕。从《潜伏》《悬崖》《脱身》《面具》《伪装者》一腔唱红，现在中国，没看过“卧底”戏的人不多。

中国的“卧底”可能开世界“卧底”之先河。

《孙子兵法》就专有“卧底”一篇：《用间篇》。孙武子把“卧底”列为兵法第二十三篇，说明中国人自古懂得“用间”，作为一名高明的军事家、政治家，不懂得“卧底”，不使用间谍，皆非然也。

司马迁记载过战国四大公子之一，魏公子无忌可能是最早成功使用“卧底”的。

《史记·魏公子列传》中有一段非常有意思的记述：魏公子正与魏王赌博，且赌得正上劲火爆时，北部边境传来情况，言“赵寇至，且入界”。魏王慌了，赵国军队犯境，武装入侵，国之大事，于是“魏王释博”，赌也不赌了，也没赌兴了，“欲召大臣谋”，魏王不糊涂，要立即召集大臣商量对策。魏公子无忌却气若平常，面如故色，让魏王不必大动干戈，也不必当回事，“赵王田猎耳，非为寇也”，说得非常明白。魏王大惊，曰：“公子何以知之？”此时魏公子有句高级机密语：“臣之客有能深得赵王阴事者，赵王所为，客辄以报臣，臣以此知之。”魏公子对魏王“泄底”，他在赵王身边有“卧底”，赵王的一举一动，他都向我报告。

在公元前3世纪，魏公子就是玩“卧底”的高手；魏公子的“卧底”卧得深，已然“深得赵王阴事”，阴事、阳事，事事瞒不过“卧底”；此“卧底”效率奇高，边报刚到，“卧底”的情报已然报到魏公子处。这位“卧底”也是位奇人，情报高手。正因为如此，让魏王好生不安，“不敢任公子以国政”。

当然也有“外行”，出卖“卧底”，自掘坟墓。同样是司马迁记述在《史记·项羽本纪》中，楚军在汉军中有一成功“卧底”，乃汉军中左司马曹无伤，曹无伤及时把沛公情况报项王。这才引出鸿门宴，唱出那么一台激荡历史的大戏。因为有“卧底”曹无伤，中国的历史差一点走向歧路，汉无朝，民无汉。因为有了这个“卧底”，项王在鸿门宴杀刘邦设计上始终处于主动。但项羽乃扶不上朝的君王，我曾推测，项羽是昨夜大醉，其酒未醒，否则绝不会做那样的蠢事，不费沛公三分力，平手斩得“卧底”来。是项羽亲口把“卧底”曹无伤拱手出卖给刘邦。刘邦深知“卧底”的厉害，“沛公至军，立诛杀曹无伤”，曹无伤至死不知漏洞出自何处。知己知彼，项羽至此丧失知彼的一个有利条件。

曹孟德也是玩“卧底”的高手。早早就把陈登布置在吕布手下，任务也明确，“令阴合众以图吕布”。玩明的，战场上拼杀，“人中吕布，马中赤兔。”玩阴的，吕布小儿也。曹操的布子在与吕布大战时发挥了重要作用，陈登不但破坏了吕布与袁术间互联互助的战略伙伴关系，而且背上扎刀，献城哗变，让吕布无葬身之地。因其“卧底”有功，被曹操封为“伏波将军”。

大明王朝对“卧底”记载最细。明太祖朱元璋就是位善布“卧底”的阴谋家。

朱元璋是中国大一统王朝中唯一一位“泥腿子”皇帝，龙爪上依然可见“高粱花子”黄泥巴。但其玩阴的搞阴谋诡计也是前朝后代最出名的，大搞文字狱，大搞冤假错案，大杀功臣，大搞恐怖统治，朱元璋心黑手狠，创办锦衣卫，以后又有东厂、西厂，“卧底”、密探、奸细、特务，无所不在，防不胜防。

《明史》有记载，朱元璋手下有位老臣，其名唤钱宰，在朝中可谓规规矩矩，雷池也不敢越之半步。朱元璋统治下的大明王朝规矩大，早晨天不亮，三通鼓毕就要上早朝，且风雨无阻，冬夏不分，的确十分辛苦。钱宰就在匆忙上朝之际随口吟一小诗，颇有些牢骚：

四鼓咚咚起着衣，午门朝见尚嫌迟，

何时得遂田园乐，睡到人间饭熟时。

第二天上朝，朱元璋便笑眯眯地对他说："钱爱卿，你昨天作得好诗，不过朕并未嫌你迟到，不如改成午门朝见尚忧迟，如何？"那天朱元璋心情格外好。钱宰吓得冷汗尽湿其衣，磕头谢罪，几不能起身。朱元璋的"卧底"直卧到老臣府内，第一天随口吟诗，第二天皇帝便知之甚详，岂能不把魂吓掉、胆吓破？

何处无"卧底"？

朱元璋手下两位官员一曰宋濂，一曰宋讷。宋濂是大明王朝开国文臣之一，洪武元年，朱元璋命其主修《元史》。一日与同事在家中饮酒，喝得高兴。谁料第二天上朝，朱皇帝问宋濂："昨日在府中畅饮，坐客为谁？馔何物？"宋濂照实回答。朱皇帝说："诚然，卿不欺朕！"宋濂吓得汗如雨下，欺朕便是欺君之罪，重则会株连家族。宋濂从此即使是在家中亦不敢请客，不敢喝酒，不敢讲话，甚至不敢随意走动。

宋讷，明初国子监祭酒，一日上朝，朱皇帝问其昨日何事生闷气？宋祭酒如实上奏，昨日其弟子打碎一件茶器，心中不快，生了闷气。万万没想到，朱皇帝让太监给宋讷看了一幅图画，画的正是宋祭酒"危坐，有怒色"。宋祭酒相当于教育部部长吓得魂飞魄散，赶紧跪倒，磕头如捣蒜，谢主隆恩。这"卧底"好生了得，不但有情报还配有形象，能不让大臣有危机感？更有甚者，据《明史》记载，明熹宗时，魏忠贤指挥的情报系统，"卧底"卧进千家万户，半夜被窝里放屁也会被报告。

说有五人，客居京城。一日得闲，偶在旅店喝酒，酒至酣处，无话不谈，一人快语，言魏忠贤之罪恶。其余四人大惊。劝其闭口少言。谁料那人酒醉之言无顾忌，言"魏忠贤又不在，怕什么怕？难道他还能剥了我的皮不可？"岂止隔墙有耳？此处就有"卧底"。刚睡到半夜，事竟发，东厂缉拿捕快数十人，气势汹汹，把五人悉数铐走。容不得申辩，把那个骂过魏公公的人剥光，手足大钉，钉在门板上，魏忠贤令人剥他的皮。把滚烫的沥青浇遍那人的全身，待其凝固后，再一块一块提敲打，把整张人皮生生剥下，惨不忍睹，逼其余四人眼睁睁地看着，吓瘫、吓尿、吓呆直到吓死。

明朝的“卧底”做到了登峰造极的地步。上至王公大臣、王侯将相，下至平头百姓、商甲士卒，但未听说大明王朝在“境外”有“卧底”，虽说那时与境外民族矛盾日益尖锐，边患不断，规模日大，已成朝廷心腹大患，却无可奈何于它，守边将士望风逃十里。“卧底”只卧自己人，窝里斗，窝里折腾。这也是大明王朝“卧底”的一大特色。

时代在发展，其兴也勃焉也，其亡也忽焉。但《孙子兵法》在，“卧底”就不会变。只不过其“卧”得更深，“卧”得更“冷”，也“卧”得更高效。国共之争最激烈的时候，也是“卧底”最需要、最不可或缺的时候。一个“卧底”可能关系整个行动、整个战争，甚至整个组织的安危胜负。“卧底”非凡，有时一子定乾坤。

据资料显示，钱壮飞、李克农、熊向晖被称为“龙潭三杰”，其“卧底”皆由周恩来布局，周恩来看得远，深思熟虑，高瞻远瞩。周恩来布置的“卧底”常常是“冷子”，要求“卧得深，藏得住，沉住气”，任凭风浪起，深卧不抬头。不看“小鱼小虾”，不报军情秘情，潜伏待机。十年“卧底”不动，甚至二十年“卧底”深藏。钱壮飞深得周恩来“卧底”之要诀，深藏不露，博得信任，身居关键核心位置，当他得知顾顺章在武汉被捕叛变后真惊出一身冷汗。顾顺章是中央政治局委员、中央特科负责人，是当时在上海所有中央重要机关的“总保卫”，掌握着中央核心机密，熟知在上海所有领导人的化名及秘密住址，因此“门清”，他的叛变，将使中共面临着一场严重的危机，面临着一场前所未有的破坏和屠杀，中共中央将面临灭顶之灾。几十年以后，周恩来曾说，不是钱壮飞，他们早就做了刀下鬼，看不见今天的胜利了，中共的历史可能会重写。钱壮飞利用手中的密码，翻译出从武汉发给国民党组织部长，也是国民党特务头子的徐恩曾的密电。钱壮飞当时已经“卧”在徐恩曾身边多年，担任他的机要秘书。钱壮飞冷静迅速地让人把顾顺章叛变的情报送往上海，周恩来深知此事关天，片刻都不敢耽误，立即布置全面撤退。

钱壮飞不愧是中共最杰出、最优秀，也是最有成就的“卧底”，正是这一“卧底”让中共避免了一场足可以摧毁中国革命和中共领导核心的血腥大屠杀。

熊向晖也是中共成功的“卧底”。静水无底，冷卧有灵。熊向晖在西北王胡宗南手下有多红、多宠、多“任性”？陈诚愿意拿一个整编师换熊向晖。胡宗南爱其无度，视其核心，无间无隙。熊向晖在胡宗南麾下任劳任怨，埋头苦干，积极努力，从不搞情报，真正做到了“冷子”“深卧”。从抗日战争，一直“卧”到解放战争，十几年如一日，深藏不露。

直到1947年，国民党准备闪击延安，这是一个惊天的大阴谋，按胡宗南的部署，几十万大军闪击延安，一举摧毁中共领导机关，荡平陕北解放区，党中央的处境万分危急。

就在万分危机时刻，熊向晖身在其中，更感到十万火急，刻不容缓。十年一剑，十年“深卧”，在此一刻，熊向晖把国民党闪击延安的军事计划，迅速传递给延安，毛主席当时有句话说得好：熊向晖一个人能顶几个师。

“卧底”厉害。

中共在国民党中最大的“卧底”当推郭汝槐。郭乃黄埔军校五期毕业生，是1928年的老党员，一直“卧”到国民党中将，头衔一长串，最主要的是其担任国民党国防部作战厅厅长。没有任何军事机密能瞒过郭，他还常常是国民党大型战役的具体制订者，国民党在内战期间，几乎所有的大败都与他有关。常常作战方案还没送到国民党军队战役指挥官手中，却已展示在解放军将领的指挥室内。有时甚至故意下达错误指令，提供错误信息，导致国民党军队速败、大败。山东大捷、淮海大战，郭汝槐功不可没。

“卧底”难得终然，天下之事何其残酷，何其无情，“卧底”使然，古往今来“卧底”梦难圆，十剧九悲。皆恶梦、残梦、不成梦。“卧底”之途云谲风诡，变幻莫测，千难万险，危机四伏。“卧底”之旅堪称不归路。但“卧底”仍然，天不变，道不变，“卧底”亦不变。这是一种什么力量？

断代（外两篇）

夏商周断代五百年未能断清，中华文明三千年还是五千年至今仍有争论。断文断句，断层断意，当断难断。

元无青花，一百年前还是定论。青花瓷断代断在明中晚期，此前无青花，有则必赝，有则必伪。这就有如景泰蓝，乃明朝景泰年间出的官瓷，元无景泰蓝，翻款一瞧，款为元朝年代的国号，再不必细看，此器必是后人伪造，且还不是位精明匠人，张冠李戴。要么没出徒，弄巧成拙；要么胆大妄为，古董行中有一称呼“贼手”。就是这种当初被中国古玩市场共同的“铁律”的一件赝品，元代的一件青花大罐，2005 年 7 月 12 日，在伦敦佳士德拍卖行拍出了 2.3 多亿人民币的天价。这件元青花大罐被命名为“鬼谷下山元青花大罐”。

这件元青花大罐，高 28 厘米，直径 33 厘米，重约 5 公斤左右，罐上画的是鬼谷子先生下山。细看鬼谷子先生光头披大麾，两耳垂肩，地包天的脸沉着，隐隐有怒气，他是下山去救他命悬一线的学生孙膑，故两眼有凶光，画师笔下有神气，几笔成仙。鬼谷子先生端坐在两轮车上，拉车的是一狮一虎，着实吓人。后面还跟着两位骑马人，其中一位身着武官制服，打一面飘旗，旗上有“鬼谷”二字，再看后面有苍松虬枝，花草葳蕤，别有洞天。

此大罐原属荷兰凡赫默特家族所有，其家族有族徽，估计当年也曾显赫一时，那族徽距今似乎也 700 多年矣，也是件名副其实的古董。

其家族有位叫凡赫默特的男爵，一战期间被派往北京，担任荷兰驻华使馆的护卫司令，这位荷兰男爵在北京一驻将近十年，他热爱北京，热爱中国文化，喜欢中国古董。使馆的护卫司令是个闲职，东交民巷离琉璃厂仅一箭之遥，抬脚就到，得闲有空，这位男爵爷就逛琉璃厂，买过不少中国“玩意”。他看上了这件元代青花鬼谷子下山的大罐。

这大罐当时正是块烫手的“山药”，收的时候“走了眼”，卖的时候“坐了蜡”。因为那个大罐罐底有款，“大德”乃元成宗钦明广孝皇帝帖木儿的年号。元无青花，隔朝隔代，元大德非明正德，一把走眼，砸在手里,肠子都悔青了。“天上掉下个林妹妹”,凡赫默特一步跨进来。有缘在身，竟一眼看中这件“烫山药”。据说爵爷也没那眼光，一眼看出宝，俯身捡了个天大的“漏”，那位男爵爷就是爱，也看得认真仔细，从罐口看到胎瓷，从画作看到底款，看得古董店的老板长衫都让汗浸湿了。老外有“洋招”,他把那大罐摆在那儿,自己搬把椅子远远地静看，看得偌大个店中鸦雀无声，老板悄悄地燃起一炷沉香，他怕自己昏倒。他要是知道这个大罐价值 2 吨黄金，他会彻底昏倒。凡赫默特男爵终于抱得美人归。他直言喜欢它的沉静，喜欢它中国绅士的气质。能把一件中国古董看出沉静，看出绅士气质来，“洋人”有修养。

有传奇色彩的是这个元青花大罐跨海越洋地来到荷兰后，一蹲就“冷”了半个多世纪，几乎没有人记得男爵他们家还有这么一个宝。男爵家的后人也没认过真，而是真把它当成一个罐，先是空着，后来放的是碟和盘。倒是佳士德拍卖行的专家有眼光,十年内,曾“三顾茅庐”,锲而不舍，中国有名俗语叫“不怕贼偷，就怕贼惦记”，元代青花鬼谷子下山大罐终于被请进拍卖行，随着槌落，惊闻天下。

2006 年在湖北钟祥市郢靖王墓的发掘中，在主墓室的王和后的灵柩前各有一“招魂瓶”，谁都没有想到，会在本来极度失望的发掘现场出土这么一对元青花四爱图梅瓶，瓶高 38.7 厘米，口径 6.4 厘米，底径 13 厘米。关键还是一对，因在主墓室置放，主墓室无坍无陷，因此保存非常好。瓶身肩部饰有凤穿牡丹，腹部饰有青花“四爱图”，即王羲之爱兰、陶渊明爱菊、周敦颐爱莲、林和靖爱梅。元青花特有的白釉泛青，色彩清脆艳丽，典雅高贵，群而卓立。当场就被专家定为国宝，湖北省博物馆的镇馆之宝。

世上还有一对元青花瓶更“牛”，更珍贵，更“惊天动地”，那也是一对元青花云龙纹的象耳瓶，珍藏在大英博物馆的 93 号展厅中。

这对元青花象耳瓶高约 60 厘米，最宽处直径 20 厘米，上下窄，腹部圆，两耳是两头大象头，挺牙垂鼻，其鼻正好瓶之把手，瓶上龙游白云，摆头摇尾，五爪凌空，腾云驾雾。这对象耳瓶是大收藏家，其貌不扬的大维德爵士收藏的。据说这对元青花象耳瓶是1351年，元至正十一年，农历四月，由一位叫张文进的男子把这一对花瓶和一尊香炉一并供奉给现在江西省婺源县的一间道观中，以祈求全家平安，这对象耳瓶是如何传到这位张姓男子手中的，这其中有多少传奇，有多少故事，已不得而知，那尊香炉也从此下落不明；但这对象耳瓶又不知经过多少周折，多少回合，终于被大维德收藏。这位大维德爵士可谓“富可敌国”，他收藏有中国瓷器1700多件，几乎件件是宝，从晋到清，大量明清宫廷精品，稀世珍宝，包括传世珍宝珐琅彩瓷器和极为稀有的宋代汝窑瓷器。据说现在全世界公认的宋代汝窑瓷器才70多件,而大维德爵士收藏就有17件。这对元青花象耳瓶用中国话说“捧在手中怕摔了，含在嘴里怕化了”恐怕不为过分。每有要求借这对象耳瓶出去展览，从来不借一对，只能单只成行，不怕一万，就怕万一，必须保证若有意外，另一只尚存于世。其出行的规格是，订头等舱，放在一只特制的箱子里，有专人看护，那只箱子特制到什么程度？据说从一万米高空掷下，里面放的玻璃杯不碎不裂。飞机落地后，必须等它先安全下机后，乘客才许离开座位，比英国首相的规格还高、谱还大；有一次要借展到美国，美国竟然派了两个荷枪实弹的美国大兵为其做贴身保镖，任何人不得靠近，那也仅仅是一只元青花象耳瓶。

当年大维德在收藏这对元青花象朵瓶时花了多少银子不得而知，这位爵士也绝不会告诉你，那是他心中的秘密，也是他商业秘密。但有一点可以板上钉钉，他当初花的是糟糠钱，买回座金银山。大维德那一宝就押在断代上。

问题是谁不给断这个代？直到70年前才由两位美国人研究出，青花瓷不是产生于明中后期，在元朝就有，就曾光辉。联想到中国古代的“四大发明”也是由一位英国传教士李约瑟断的代，总的结。中国的仰韶文化是由瑞典人安特生断代发现名命的，而“丝绸之路”的命名应归功于德国的李希霍夫。

断代难。

竹简

中国古代发明多为佚名，不知为何，雁过不留声，风雨无踪。古代的“四大发明”三项皆无名氏，只有蔡伦造纸有主，但仍存疑问。马克思曾列举世界的三大发明，他没有把活字版印刷术列入其中，他说到造纸术的发明没有指明说造纸术是东汉蔡伦发明的。

但文字的发明却似乎早有定论，是黄帝手下的仓颉，仓颉发明的文字，因为黄帝是华夏部落中第一位知名的首领，断代应断在华夏文明起源点上，是我们五千多年前的老祖宗。

这一点胡适先生肯定不同意，他研究认为中华文明最多不会超过三千年，三皇五帝，大禹治水，皆后人编的故事，焉能作史？但文字断在甲骨文上应该是对历史负责，除非能拿出仓颉发明的另一种更古老的文字来，否则恐怕不会在仓颉造字后到甲骨文出现前的一千多年中是文字的空白期？

历史无空白。1984 年 11 月 14 日下午 5 点，在山西临汾市陶寺遗址竟然出现了一片陶片，这片陶片有红色的印迹，专家确认那是一个字，其形像文，这就是著名的“毛笔朱书扁壶”，它的发现将把文字的发明往前推至少 4000 多年，它将改写中国文字历史，断代要重新断。

华夏文明到底有多少种语言？多少种文字？似乎并无定论，何论断代？据在河南舞阳贾湖遗址出土的一批刻符，距今大概有 8000 年至 9000 年了，有学者认为贾湖刻符就是早期文字，甚至有专家在《科学》网站还进行了论证，认为贾湖刻符中 21 个刻符中已经破译了 11 个，让人瞠目结舌。

蚌埠遗址也发现7000多年前的630个刻画符号。2009年10月24日，30 多位来自国内外的著名学者就此展开讨论，言之为具备了原始文字的性质，是汉字源头之一，以后还陆续发现 6000 至 7000 多年前的古文字，属于良渚文化的浙江省庄桥坟遗址发现的刻符，距今也5000多年，有些刻符据说连字成句了，胡适先生再生亦难有它言。至今没有被破译的中国文字中，至少有鲜卑族契丹文字。

统治长达276年的满族，其满文是作为官方语言流通的，但过去100年，满族语言文字就已经消失了。20世纪90年初，据说会说会写又会用满文的人,全世界只有3位,且都是70多岁的老者,满文今安在？有一年我去一个满族自治县发现无一人通晓满文，被告之满文其实很简单：中间一根棍，四周都是刺，加上撇和捺，就是满文字儿。欲哭无泪。

让胡适先生认可的，中国文字自甲骨文之后，演变成金文，不再在甲骨上刀刻为文，而是在青铜器上铸造为文，大克鼎之所以能称为国家重器，国宝级文物，皆因其腹内铸有铭文290字，可谓字字如珠、金不换。又发展到春秋战国时期文字“百花齐放”，李斯了不得，他堪称中国第一大文字学家，他把各国各地的繁缛怪异的象形文字进行文字改革,统一文字,创造出小篆。他留在泰山上的九字崖刻,与泰山齐辉。后又发展到隶书、楷书、草书等，文字发展的趋势是一步步走向简化，一步步走向方便。当然也有人求繁求美求雅，如篆文至今仍铸刻在钟、鼎、石碑上，金石之上也多偏爱篆文。

中国文字发源似不太好断代，但中国书成籍、编撰成册，却有铁证，它始于竹简，成于竹简，竹简是中国思想、历史、文化、文学发展的最重要的平台，中国古代的思想家、政治家、历史学家、文学家、军事家几乎无一不是因为有了竹简这个大平台、大舞台。没有竹简何来老子、孔子、诸子百家？没有竹简中国历史就可能出现断档，像古印度一样。

中国的竹简最早出于商。

商始有竹简。

商人有智，有大智慧，是商人加速了中国文明、中国文化、中国人思想的进化和发展。商人开始在竹片或木片上刻字，发展到用毛笔蘸墨直接在特制的竹片上书写。有人做过测试,在甲骨上用刀刻20个字，大约需要4个小时；而在竹片上书写4个小时，大约可以写2000多字。

最早发现竹简，有记载的是在公元279年，估计也为盗墓贼，在盗挖魏襄王的陵墓中，发掘出写有文字的竹简数十车，估计竹简的总长度应在数十米。魏襄王有文化，盗墓贼没文化，那么珍贵的文化遗产被弃之如枯竹，可能是中国历史上难以弥补的损失。魏晋时期盗墓蜂起，再无发现竹简的记载。惜哉悲哉。

直到汉武帝，有人在孔子家旧宅夹壁墙中发现了竹简，这次发现举足轻重，是中国书版界的开世之祖，因为在这批竹简中发现有先秦古文书写的《左传》《论语》《尚书》《毛诗》等。

几乎比中国晚近千年，欧洲人的书写还处在“原始阶段”，到公元2–3世纪中国魏晋南北朝时，欧洲人在书写《圣经》时，仍然在用羊皮，书写一部《圣经》大约需要300多张羊皮。秦始皇每天要看120斤重的竹简，实在辛苦，做皇帝也不容易，秦时的竹简细长，汉时略短宽，秦始皇看过的秦简约22厘米长、1.2厘米宽，每片简10个字左右。因此秦时竹简简单扼要，绝无官话、套话、大话。废话、恭维的话说多了，秦始皇每天要看的竹简就可能要翻番。

2012年夏在成都金牛区发掘了一座汉墓，这座汉墓修得有创意，他的主棺竟然是双层的，暗含夹层，然道高一尺，魔高一丈，双层棺、夹层墓亦被盗墓贼盗了个底朝天，佩服盗墓贼的专业和锲而不舍的职业精神，汉墓被洗劫得几乎一无所有，但却出土了920件汉代竹简，盗墓贼未盗走一支。经专家考证，竟是扁鹊的医学著作，真乃冥冥之中有神灵，对中国古代医学的研究作用太大了。这也是中国古代医学专著的首现，成为考古学上的一奇闻。

1975年湖北省云梦睡虎地十一号墓地发掘出土了大量秦简。据专家论证，这是第一次发现用墨写成的秦竹简。

我念中学时就背过课文《触詟说赵太后》此文脍炙人口，可题目错了，因为在这次出土的秦竹简为证，方知题目是《触龙言说赵太后》，非这些秦竹简有可能误国误人，永远误下去。

1972年在山东临沂出土了大量汉代竹简，经整理，其中竟然有《孙子兵法》《孙膑兵法》匡正了过去许多误判、误解、误读、误写，重现中国两部兵法大典的真相，真是弥足珍贵。

曾列入全国十大考古发现之一的甘肃敦煌悬泉置遗址，因被盗而不得不进行抢救性发掘，挖了整整 3 年，出土文物 7 万多件，其中汉简有 3.5 万枚，有文字的有 2.3 万枚，一时惊动世界。“悬泉置”是两汉时期在此设置的一处邮驿机构，其“牌子”是用毛笔蘸墨写在一木简上，非常漂亮的隶书。汉简中从皇帝的诏书、律令、使节的往来，周边的关系，甚至天灾人祸，民情民俗，一直到工作调查，驿站档案，可见那个时期在这么一个边远驿站工作人员的工作态度。也成为中国历史上一份难得的历史清单，填补了不少历史空白，也匡正了不少历史错误。其中有一枚汉代封检，即邮件的封匣，是简牍的一种，墨写的汉字漂亮拿人，有骨有力，比我们现在一些知名的书法家要写得有功夫，不服不行，古人比我们行得远，功夫下得大。

在江西南昌海昏侯刘贺墓中出土了 5000 多枚竹简，其中有失传 1800 多年的《齐论语》，还有极为珍贵的《论语》《易经》《孝经》等堪称瑰宝的经典历史文献。最让我吃惊的是其中竟有一套《六博棋谱》，西汉初年公元前 90 年，已有棋谱，且为六博。刘贺极有可能是博弈爱好者，还可能是位高手，至死博不离手，口不离谱；这也无言地证明，中国的博弈自西汉初年已经有“谱”，已然进入高度文明阶段。

1973 年湖南长沙马王堆汉墓出土大量文物，当时并不起眼的是出土汉简 1000 多枚，当时人们纷纷前往看出土的汉代女尸和大批国宝级文物，却没有什么人对那些小木条条感兴趣。

据说在中国自古盗墓圈里也有“贼规矩”，拿金拿银不拿简牍。当然因为简牍卖不了钱，至少盗墓贼注意到古墓中的简牍，这也是学问。

谁也没想到马王堆出土的汉简，简直就是中国秦汉时期的一座知识宝库。我不明白，墓主人不过是西汉初期长沙诸侯国的一个丞相利苍和其夫人，为什么把那么多足以影响今后若干年发展的文献、科学发现和理论文章都带入墓中，此人哪儿来的那么大学问？哪儿拥有的那么大热心？利苍为何被封为轪侯？西汉的侯不是白封的，李广一辈子拼杀难搏一侯，“李广难封”，我认为利苍更应该做科学院部的侯。

中国古代有“四大发明”，其实在这“四大发明”之前，中国确还有“四大发明”，即占星术、炼丹术、堪舆术、房中术。这四大术是中国最早探索人类未知世界的重大突破，就某种意义上，要比英国汉学家李约瑟提出的中国古代四大发明还早，更具有未知性、科学性、理论性和发明性。这“四大术”都在马王堆出土的竹牍和帛书中有充分的记载。它首次向全世界揭示了四个人类当时并不晓的神秘世界。从这个角度看，它们可能比出土的竹简、木简中的《易经》《老子》更辉煌、更灿烂。

仅举一例。当从简牍中整理出“房中术”时，让那些专家既兴奋又发愁心忧。这次出土的“房中术”，是通过性生活调节来达到养生的目的。其中《合阴阳方》《天下至道谈》等皆为“房中术”典籍，主要谈“五欲之征”等。因为当时正值“文化大革命”，这种“房中术”一旦被发现，无疑会被定为黄色的、淫秽的、色情的，会被彻底批判，彻底捣毁。在公元前三四个世纪前，中国人已经懂得优生优育，已经懂得性生活的要素，已经探讨两性之间的医学科学。中国确有高人，出一谋，只出整理结果的原本，不断句，不点标点，不做诠解，外行人是读不懂，也读不下来的。有些事情现在想起来荒唐，但那时却冠冕堂皇，理直气壮，比如发掘马王堆汉墓申请费用 12000 元，但只批给 6000 元，原来申请要求 12 个彩色胶卷，只批了 6 个。谁也没想到，也没防到，日本记者厉害，到现在也不知道那位日本记者是怎样搞到出土汉简整理本的，不是日本人太狡猾，是中国人怕。日本记者从北京大学找 3 位高人，把“房中术”竹简的整理稿按照现代行文重新整理后，发表在国外一家十分有影响的科学杂志上，震惊世界，当然也震惊中国。想起那句话，中国的中药，让日本人赚世界人民的钱，中国的竹简让日本人出了大名，得了大奖。而那位日本驻北京的记者也讲得挺实在，他说报道公元前的人类科学研究是新闻记者的职责。中国人怕，我是日本记者，我不怕。

这位日本记者成名成家，一生记者生涯最值得炫耀的就是这次报道，是他把公元前的“房中术”让世界都知晓。他感到无比自豪，那是东方人的骄傲。

直到魏晋南北朝时，竹简才缓缓转身，慢慢隐去。

广袖

研究古人的服饰，可以窥见中国古代社会的侧影，一斑窥豹，一叶知秋；一衣知天下，一袖知社会。研究古人的衣袖，吴为山比我研究得早，研究得细。

吴为山的名作《问道》，孔子向老子问道，我注意到，孔子和老子相揖而礼，两位圣人的衣袖可称广袖。其袖口的幅长可能长于腰围长，其袖长，应该等于其实际臂长的两倍。这说明，在春秋时代的士大夫以袖长袖宽作为标志，其人愈贵、愈高、愈有身份，其衣饰中首先表现在广袖上，袖则愈长、愈宽。

看过春秋战国时代楚国大夫屈原的画像，是在他悲愤欲投汨罗江自尽之前的瞬间，看屈原大夫依然宽衣广袖，其袖似乎比老子、孔子的衣袖还长还宽。屈原做过“三闾大夫”，楚王族三姓：昭、屈、景，屈原后中，楚国“三闾”，王、令尹、左尹。屈原地位显赫，也曾一人之下，万人之上，王在其上，臣民皆在其下，因此才有资格宽衣广袖，两袖飞飘起来，仿佛两只神来的翅膀。

毛泽东曾在其填写的《蝶恋花·答李淑一》中吟:“舒广袖。”舒者，其袖且长且广，飘也扬也、飞者也。

见过一幅大画，画的是隋炀帝杨广称帝图。杨广着皇帝正装，头戴十二旒皇冠，其帝袍的衣袖且广且长，应该比其隆起的腰围更宽更长；两旁的侍卫，其衣袖明显要细要窄要短。杨广身高 1.80 米左右，其两手架于胸前，两袖依然垂地。研究方知，“摆架子”源于衣袖，不摆出像隋炀帝那样的架子，其衣袖将曳曳坠地，拖在身后像斗败的公鸡，皇威尽丧，故皇帝，显官皆“摆架子”，把衣服的袖子架起来。袖子架起来，才有威风，才有气派，才有造型。古时候官是要摆官架子的，盖源于此。

晋武帝登基的“标准像”与隋炀帝几乎无二，除了那种视天下于掌中，观四海于眼前的神情，不可一世，踌躇满志，晋武帝的帝装比隋炀帝的还肥大，还宽博，架子摆得还大。

请教一位懂服装设计的朋友，她先看了晋武帝的“尊严”，又询问我晋武帝的身高。她给出的清单，其袖长应为160~180厘米，其袖宽可能在185~205厘米间。皇帝就是皇帝，官架也是天下第一。

在中国古代，以宽衣广袖为尊、为贵、为美尚。由皇帝开始，蔚成风气，形成制度。直到中国最后一个末代皇帝袁世凯，穿的“九团龙袍”，其衣袖依然为广袖，但到底不同，当皇帝像做贼似的，其镶金边的龙袍衣袖宽也不过5尺，广袖难舒。

但也有例外，我在陕西周至县楼观台观望寇谦之的雕塑，这位北朝道教的领袖，自诩“天师”，他的衣袖堪比皇帝，肥大几乎无边，他正高举双手在拜天拜地拜老子，但其两袖都霍然垂地。道教称之有韵：两袖生清风，一身观太师。神仙也在广袖上做文章。

现藏于台北博物院的《宋太宗立像》，画得也生动、形象、逼真，且看其衣饰，袖宽要比腰围大一倍，袖长几乎等长于身长。皇帝也不自由，两手只能架着袖子，稍一自由，则龙爪不见。千年易过，皇帝的帝装的颜色、式样、装饰、绘图有些许变化，但广袖未变。皇帝不变，广袖变不了。

司马迁对广袖亦有记载，《史记·魏公子列传》中记载，魏公子无忌窃符救赵，但又怕带兵十万的晋鄙起疑心，不肯交出兵权。此时随行的勇士其名曰朱亥，“朱亥袖四十斤铁椎，椎杀晋鄙，公子遂将晋鄙军。”朱亥是把一个藏于袖子中的四十斤重的大铁锤突然亮出来，一锤就击杀了带兵的统帅晋鄙。司马迁明白地告诉我们两条信息：之一，朱亥广袖也，他把40斤重的大铁锤藏于袖中，晋鄙军中无人察觉，说明其袖子广且长，藏40斤大铁锤一点都不显山露水；朱亥出手便击，行动迅猛，从袖子中抽出大铁锤一点障碍都没有，亦证明其袖为广袖。之二，朱亥衣着，穿那么大袖子的肥大衣着并未引起晋鄙军士的警觉，甚至站在大将晋鄙面前亦未让晋鄙觉得异常，说明那时像朱亥这种人穿广袖之衣已经让人司空见惯，不足为奇。

司马迁笔下的荆轲刺秦王写得实在精彩，堪称千古绝唱。其中最重要的情节却往往被人忽略，那就是荆轲刺秦王之败是败在秦王的广袖上，嬴政九死一生得救于广袖，如无广袖，而是窄袖、细袖、短袖，嬴政已丧命在荆轲匕首下。且看司马迁描述，荆轲“左手把秦王之袖，而右手持匕首揕之。未至身，秦王惊，自引而起，袖绝”。如果秦始皇穿的是赵武灵王改穿的胡服，荆轲一把揪住他的必然是其手腕或小臂，以荆轲这种老剑客，让他牢牢扼住手腕，那就如饿虎扑羊，绝无一脱。而秦王嬴政的又长、又大、又宽、又肥的衣袖，让荆轲甚至判断不出他的手在袖中的哪个部位，才会一把捋空，只攥住了嬴政的袖子，金蝉脱壳，空留一袖，一袖救一命，嬴政命不该绝。嬴政当时穿的王袍是丝麻合织的，先秦时期棉花尚未传入中国，因此不会有棉织品，秦王嬴政穿的“王袍”能否在危机之中被挣断一袖子呢？司马迁所描绘的“袖绝”，其袖是如何绝的？最合理的推测是仅靠两个人撕扯，荆轲想把秦王拉近，在互相较力搏斗中，顺势用匕首斩其手，或砍其手臂，因为他带的匕首，“天下之利匕首”，使工以药淬之，以试人，血濡缕，人无不立死者。逼挟不得，荆轲此刻只想一匕首见血，因为见血即亡，百试不爽。所以他拉住秦王袖子，挥匕首直斩袖子，只要砍着秦王的身体，哪怕只擦破一层皮，划破一道口，秦王必亡。但因秦王嬴政袖广、袖长，又在拼命挣扎，这时他离荆轲应该有段距离，在万般无奈的情况下，荆轲在慌忙和紧急中做出了致命的错误选择，用匕首猛砍秦王的长袖，只要砍中则一了百了，大功告成，这才造成“袖绝”。秦王的袖子是荆轲没有见过的，也无法估计的，他砍虚了，砍空了，断其一袖，反而放嬴政可以“环柱而走”，可以“拔剑”。可以这样说，荆轲死在秦王广袖上。

那只广袖没有使历史开倒车，没有推迟中国的统一，但也提前结束了诸子百家、百家争鸣的时代。

以后广袖的传奇故事不是很多了，但中国人的广袖、长袖一直传了2000多年，至今穿大褂长衫的仍有，戏台上老生的广袖、青衣的水袖，各得传统，各领风骚。

悲莫悲兮，和亲婚姻

传统京剧有《三娘教子》，现代话剧有《子教三娘》，然此三娘非彼三娘，此三娘确有此人。正像北出大漠的王昭君、西入高原的文成公主，在三娘前面，早有长长的一列远嫁异族他乡的汉家女，她们为了王朝的政治、王朝的安定，牺牲了青春、牺牲了伦理、牺牲了一切，谁能了解她们心中的痛苦？心中的悲惨、郁闷乃至绝望？只有孤坟远望故乡，悲莫哉兮，苦莫苦兮，别人唱出的可能是赞歌，她们心中哭出的却是悲歌。

三娘的时代正是蒙古军队发威、发猛、发飙的巅峰时代，其铁骑纵横驰骋，肆意凌侮大明王朝。曾发生了在中国历史上也极其罕见的“土木堡之变”，明朝的皇帝在宦官王振的怂恿下带20万大军北征瓦剌，仅仅走出都城200多里远，愣叫瓦剌军队一击即溃，直杀得屁滚尿流，狼狈不堪。亲征的皇帝明英宗朱祁镇被瓦剌军队当场俘虏，其周围竟无一人护驾，全吓得逃之夭夭，只有一个太监死守在他身旁，还是准备献俘邀功。大明王朝的皇帝被几个瓦剌士兵像拎小鸡似的拖回军营，朱祁镇磕头如捣蒜，求饶求救声不绝耳，瓦剌士兵围观，其热闹犹如赶集过年。明王朝无论皇帝、文臣武将皆被瓦剌、鞑靼骑兵吓破苦胆，谈则必色变。明军有规定，不足千人不列阵。但瓦剌、鞑靼的骑兵却恰恰相反，见有明军，无论有多少军马，亦不管自己有多少军马，更不论对方列不列阵，自己也顾不上列阵，而是犹如饿狼见羊群，饥虎遇群羊，立即放马横冲直撞，跃马厮杀。以草原的法则看，从未见一只狼因羊多而怕。瓦剌、鞑靼的军队凶悍、强壮、残忍、置生死于不顾。当年瓦剌、鞑靼的军队出征时，部落的男女老幼，全部出动欢送，热泪、美酒、滚烫的语言，千言万语汇成一句话：可以战死，不可以没有斩获。这些蒙古战士一般一人自备三匹战马，一匹是抢得财富归，一匹是抱得美人回，每个人的目标都极精准，除了土地、房屋不要，其余的全部抢回草原。蒙古军队求战求胜，且速战速胜的迫切心情和他们对财富及女人的渴望程度都像烈酒样鲜血一样。据说瓦剌和鞑靼的军队基本属于“三无军队”，无编制、无阵容、无战术，就是能打敢拼、刀刀见红。秋后草肥马壮，经常到明朝国内发财，其部队几乎无敌，常常一打就打到河北一带，甚至直扑北京城下。

三娘就是在这种“大环境”下远嫁蒙古俺答汗，“和亲”的政策立竿见影，俺答汗和隆庆皇帝签订了“隆庆和议”，互通贸易，人员互通，两国和好，不再战争。三娘有功，三娘可抵50万明军。但三娘到底是何方人士，是哪门的皇宗皇室，叫什么名字？历史上皆无详细记载，现在的流行说法是三娘是蒙古族。推测三娘为闺中三女，出嫁为三娘，和俺答汗没过两年，生有一子，这位大汗蹬腿而去；三娘不得不又嫁给了俺答汗的儿子；他儿子死后，三娘又被逼再嫁给俺答汗的孙子，且都与他们生儿育女。三娘的苦谁知道？在中国乱伦为大逆不道，焉能一女嫁三代爷孙？而三娘却“历配三王”，同是一个娘出生来的儿女，有的被称之为爷，有的被呼之为儿，更有的只能是孙，很难设想当过年过节全家几代人相聚相拜时应行何种礼，拜何人先，呼何种尊称？心最苦的当推三娘，悲莫悲兮，苦莫苦兮，痛莫痛兮，三娘子最后郁闷而死。

三娘名气不大，比三娘早1500年的西汉王昭君要比三娘名气大得多，几乎家喻户晓，是苦是福，王昭君心知。俗话说，婚姻美满不美满，犹如鞋子与脚。不在鞋子有多豪华，多高贵，不在有多少人赞扬和羡慕，鞋子合适不合适，脚最知道。

王昭君没想当民族英雄，也没想做和平使者，更没想变成民族和睦的象征。王昭君只想寻找自己的生活，追逐自己的幸福，选择自己的婚姻。是苦不是甜，是苦还是甜，王昭君用她的一生做了回答。中国著名学者、学术权威，北京大学副校长翦伯赞曾就民族的“和亲”

政策做过很专业也很实际的论述。

似乎自古以来，政治婚姻、交易婚姻、投机婚姻、赌博婚姻，幸福的不多。

“和亲”婚姻起于无奈，实于被迫，也源于当时的自知之明。军事解决不了，只好婚姻解决。“和亲政策”起源于匈奴大败汉高祖于山西平城，几乎全歼刘邦的精锐，也差一点就活捉刘邦，灭汉几在张弓之际。经过四年反秦战争，又经历三年的楚汉大战，刘邦的将士可谓身经百战，横扫千军，但和匈奴的冒顿交战，方让刘邦感到非敌手。不战则边乱，不战则生变；战则必败，败则必生乱，刚刚建立数年，根基未稳的大汉王朝可能就毁于匈奴。汉高祖此时真难矣。退忧，进亦忧；战忧，不战亦忧，首尾两忧之。此时刘邦麾下谋士娄敬因阵前谏言不战而获罪，押在军中几乎成为刀下鬼。也就是此娄敬，军前又冒死献策，获赐刘姓，一策封侯。娄敬献的这道国策就是实行民族和亲政策，这条政策几乎影响了二千多年的民族关系。李广征战一生，血染战袍，一生未得封侯，“李广难封”；而娄敬因一策得封建信侯。娄敬是位政治家，他把汉匈两族的经济和军事实力分析得一针见血，对汉高祖皇帝的窘况一把到脉。

娄敬的和亲政策就是用“嫁女”改变匈奴王的血脉，既换汤也换药，彻底改造匈奴，同化匈奴，不动一戈一箭，揽匈奴于膝下，让匈奴成为大汉的子孙。他请刘邦把嫡长公主嫁给匈奴单于，“陛下诚能以适长公主妻之”，再送以厚礼，单于必让公主做阏氏，冒顿单于和长公主生的儿子就是匈奴未来的单于，乃大汉之外孙也，以后再娶汉之公主，亲上加亲，血浓于水，最后岂不是成为谁也分不开的一家人？自此开了汉家女儿外嫁远嫁之禁，至于婚姻幸福乎，美满乎，那绝非娄敬所虑。虑之者，汉之长公主之母吕后也，她的办法也认为娄敬和亲政策是救汉灭匈的大政方针，虽然近乎卑鄙，但吕后可舍不得自己的亲闺女远嫁，嫁到那种荒凉野蛮的夷地。她的办法是“狸猫换太子”，是汉家女即可，何必吾之女也？至今第一位冒长公主之名远嫁冒顿的女子没有留下任何史料。从汉高祖始，自历经惠帝、文帝、景帝、武帝70多年远嫁、外嫁的汉王室女儿多达几十位，没有一位的婚姻是幸福的、美满的，都是以泪洗面，委曲、痛苦、悲伤，甚至抑郁而死。但也的确为汉边境赢来了和平和发展，“文景之治”的确有“和亲”政策的作用，但“和亲”的婚姻却很少有人翻揭，那毕竟是把汉家宗室女孩送进匈奴单于的毡房。牺牲一女儿，和平千万家，既是牺牲，就当以国为重，谁让你为汉家女儿？

娄敬的“和亲”政策，在历史上第一个留名留姓的女子应为汉武帝时的“和亲公主”刘细君。汉武帝的“和亲公主”不再嫁给匈奴的可汗，而是嫁给西域的国王。汉武帝是用“和亲”政策来组成反匈奴的统一战线，构筑他的消灭匈奴真正实现大汉的战略部署。他于公元前140年派遣张骞通西域，绝非像德国人李希霍芬在1877年所言，是开辟一条丝绸之路，他的出使使命简单明快，就是要建立一条反匈奴的同盟，组成统一战线。

在西域36个国家中，乌孙王国最大，最有实力，但它是匈奴的盟国，要拉拢、亲好、结盟乌孙国，张骞的外交政策依然离不开“美人计”，“妻以公主”，对乌孙国实行“和亲”嫁女政策。嫁去的第一位汉家公主即江都王刘建的公主刘细君，是汉武帝刘彻的孙女，因其父作乱被杀，刘细君一直养在汉家宫中。公元前119年，汉武帝嫁女，远嫁的使团多达300多人，运载的金银财宝连绵数里，送嫁的就是张骞，使命是唯一的，不惜一切，破坏乌匈联盟；不惜一切，结盟乌孙；形成南北夹击，东西配合，对匈奴战争。

苦了刘细君！嫁给完全陌生的一个老国王，一切陌生，一切不通，一切痛苦，举目无亲，张口无言，有言无话，无人能听，无人能懂。其情其窘，如同盲人聋哑人，更何况，匈奴得知汉王朝使了“美人计”，意在拆散乌匈同盟，联乌反匈，立即挑选一名更年轻，更漂亮，且能言善舞的匈奴公主也嫁给乌孙国的国王，与刘细君分左右夫人。其实，乌孙国国王还是有政治头脑的，老而有谋，既不远大汉，又不近匈奴，尽量保持等距离外交，当然他当年是匈奴扶上王位的，数典不能忘“祖”，张骞空有“美人计”。老王国死后，其孙子继位，也“继承”了他的这位奶奶。刘细君上书汉武帝，要求回娘家度其余生。但汉武帝态度蛮横，只有一句话："从其国俗，欲与乌孙共灭胡。"刘细君大概未能活过30岁就郁闷而死，死得也凄惨，死得也悲凉。

从娄敬始出，到张骞力行，从西汉开朝到东汉年代，一共外嫁"和亲"了多少"公主"似无准确记载，但无一是幸福家庭，美满婚姻似有定论，和亲多是哭的婚姻、泪的婚姻、血的婚姻，甚至死的婚姻。但汉元帝时，公元前33年，"和亲"出了一位青史留名的王昭君，昭君出塞从郭沫若起大唱赞歌、颂歌、欢歌，以后加封、加赞、加誉愈烈，至有赞王昭君忠君爱国，民族大义、民族和睦的伟大使者。据史记载，王昭君的确是自己选择远嫁，原因也很简单，并未有那么伟大。王昭君，原名王嫱，湖北秭归香溪人，16岁选入汉宫，19岁嫁蒙古匈奴单于。实事求是地说，王嫱的这种人生选择是经过深思熟虑的，她在汉宫三年，对汉宫中的腐败和黑暗了解得一清二楚，对汉元帝的"帝德"也有体会，三年不得见皇帝，19岁对于当时在后宫的成千上万名宫女来说，已然是大姑娘、老姑娘矣，再过三年，又过三年又如何？终老后宫，汉宫亦有"白头宫女在，闲坐说玄宗"。汉王朝男封侯女封君，她一个江南农家女孩被册封为王昭君，汉王朝待她不薄，封君称"昭"，嫁妆富贵，成为天朝公主，那应该是王嫱一生最为光彩照人之时，但和亲的婚姻几乎无幸福可言。

王昭君的出嫁路整整走了10个多月，比当年刘细君远嫁要早到3个月，但那"万里长征"再苦，也比到了呼韩邪单于的大帐篷要好。绝没有像后人歌颂的那么多欢歌笑语，恩恩爱爱，更没有卿卿我我，诗情画意；她一个匈奴字不识，一句匈奴话不懂，一个匈奴习俗不通，甚至连生活中最起码的吃喝拉撒几乎不能自我，终日愁苦，以泪洗面。王昭君的苦日子还在后头。似乎没有记载那位甘于给汉元帝称婿的匈奴单于多大岁数，只有记载说这位姑爷和其老丈人汉元帝年龄相当，应该是40多岁，但王昭君在匈奴大帐中的日子，和西汉远嫁乌孙国王的刘细君基本无二，当她还没适应那完全陌生的生活、习俗、语言、环境时，呼韩邪大单于就一命呜呼。匈奴当时并没有像我们后世那么恭敬王昭君，那么高地评价王昭君出塞，并没有封她做单于的阏氏，而单于妻妾成群，王昭君出嫁时汉元帝陪嫁的使女侍女，也早被呼韩邪分光赏光，孤零零的王昭君一个人生活在完全陌生的人群中，什么都不通，什么都不懂，什么都不习惯。而恰恰在这时，她嫁过来两年后，呼韩邪病死了。按照匈奴的习俗，呼韩邪的长子不但要继承他的单于王位，而且还要“继承”他父亲的妻妾，除阏氏外都要统统被儿子接受，“继承”下来。这种婚姻制度王昭君无论如何不能忍受，这种乱伦的婚姻要天打五雷劈的，何况她已经与呼韩邪生有一子。于是王昭君急书汉成帝，要求返回故乡。据说其书写得极悲、极苦、极动人，石头也会掉泪。但汉成帝的答复冷酷而无情，当然也出于无奈，敕令其从胡俗。嫁完老子再嫁儿子。王昭君可谓叫天天不应，呼地地不灵，想那时那刻她会后悔自己当初的选择？她是遗恨终生、遗恨终生。她亲生的儿子又被她的丈夫，又是她所生儿子的兄长迫害致死。她和那位曾经是自己的儿子，现在又是自己丈夫的复株累单于，生育了两个女儿，但复株累也短命，复株累死后，其长子继位，按匈奴的婚姻制度依然要纳王昭君于帐内。王昭君忍无可忍，痛苦不堪，“娘家”汉王朝又不允许她南返，有赦命在上，在人生的道路上留给王昭君的唯一选择只能是死。每逢天阴连雨，在王昭君墓前人们似乎还能听见她那嘤嘤的哭声，她该恨谁？

对唐文成公主的赞誉比对汉王昭君出塞更耀眼、更辉煌、更完美，甚至更伟大。因为已经把她放在汉藏两大民族伟大友谊、伟大亲善、伟大融合、伟大和睦的历史平台上超祭。文成公主身生七彩的耀人光芒，有人统计，在文成公主出嫁进藏的一路上，关于她的遗迹、遗址、遗像、传说、故事等数十处（个），尤其是那些雕塑如仙女下凡，那些和松赞干布的迎亲图更彰显男才女貌，夫妻恩爱，汉藏一家。

但文成公主的远嫁入藏的美满婚姻似乎就终止在出嫁的路上，入藏做了松赞干布的妻子以后的幸福生活再无所闻，甚至史料都难觅一二，其实这位不幸的女人的婚姻从一开始就是一场悲剧，谁把悲剧唱成喜剧？

文成公主远嫁吐蕃实出无奈，被逼而为，这桩婚姻不但是政治婚姻，也是战争婚姻，城下之婚。

吐蕃的军队近乎无敌，能一气打到大唐国都长安城下，李世民率领的大唐军队凡战必败，凡败必溃，从李世民起，大唐将士中皆有“恐吐蕃”的心理障碍，打不得就得和，委屈不了吐蕃就得委屈自己。松赞干布是陈兵长安城下，其言不送公主入藏，踏破长安城。李世民也认为此乃天赐良机，借此大张旗鼓修缮和吐蕃的关系，结为友好，罢除兵戈,也是大唐王国初建时的政治需要。唐太宗是把和亲了作为国策，因此出嫁的婚礼隆重，天子亲自送嫁，嫁妆极丰厚，盛况可谓空前绝后。

但松赞干布从骨子里认为，文成公主是他的战利品，他至死未认与大唐有翁婿关系，他把随文成公主出嫁到吐蕃的侍女、百工、随员等都像分发战利品一样分赏分赐给部下文武。他也并没有给文成公主一个李世民期待的“名分”。松赞干布对待文成公主就像摆一个新鲜的花瓶，摆摆就放那儿了，何况这位吐蕃大王“花瓶”成排，姬妾成群。更多时间文成公主孤独一人，无言无语，阴郁沉闷，几乎无人问津，她和松赞干布一起生活 3 年，实际应以天数计算，无宠无子，守寡 31 年，凄苦而亡，据说一生最大的期望是希望能回大唐探亲，无奈不准，40 年望断长安路，40 年只望星空东看长安。文成公主，真悲苦莫大兮，悲兮悲哉，苦兮苦哉。我在拉萨期间正赶上演大型歌舞剧《文成公主》，那晚我没去，看着拉萨上空的星星，那么多的亮闪闪的星星，多像一双双眼睛，它们看见过真正的文成公主……

神童（外两篇）

神童自古有之，今亦有之，但其神奇似今不如昔。

能难倒孔子的儿童，应为神童。

孔子东游，见两小儿辩理。一儿曰：我以为日出之时离人近，日中则离人远；另一小儿则辩曰：正相反，日出离人远，日中离人近。两小儿各辩其理，一小儿曰：日初出大如车盖，及日中，则如盘盂，此为远者小而近者大乎？另一小儿辩曰：日初出沧沧凉凉，及其日中时如探汤，此不为近者热而远者凉乎？

孔子不能决也。把孔子考得无言以对，古之中外，此两小儿也。孔子也会由衷而赞：神童。

东晋皇帝司马睿的庶长子司马绍，有神童之称。三四岁时，司马睿皇帝常常抱他坐在膝盖上玩。一日，司马睿问他：长安与日，孰远？司马绍答：日远。闻有自长安来，未闻人从日边来。司马睿甚惊喜。二日，司马睿大宴群臣，为显耀其子，让群臣见识皇家神童，便当众问司马绍：日与长安相比，孰远？不料司马昭朗声应答：日近！司马睿大惊，问：何言日近？司马绍仰天望日，从容说道：举目见日，不见长安！这小孩真行！

进过寺庙的人都见过布袋和尚，布袋和尚两侧有一副传世之名联：大肚能容，容天下难容之事；开口便笑，笑世间可笑之人。

其原型为晚唐五代时期的和尚契比，在一千多年间，见过这位大胖和尚的，估计数以十亿计，但只有一位 7 岁的缶珂提出异论。据明人郎瑛记载：缶珂看到别人画的一幅布袋和尚，便在上面题笑一语："行也布袋，坐也布袋；放下布袋，何等自在！"缶珂神童！

梁元帝更神乎。梁元帝出生就眇一目，瞎一眼，但却出奇的聪明。5岁就能背诵儒家经典《典礼》上半部，且能讲解，下半部竟然只翻阅一遍，站起就能暗诵。且博览群书，看过即背过，提笔下文，立马可待；吟诗作词，出口即成，常常语惊四座。7岁时就写一手好字、好文章。也有“段子”，他因相貌不佳，又有残疾。娶妻后，其妻不爱。有次化妆只画半边脸，心中甚奇，忙问原因，其妻傲然回道：“你只有一只眼，半边脸足矣！”没想到自幼为神童的人，竟然一时哑然。

唐高祖之子李云嘉，被誉为神童。他左手执笔画圆，右手画方，且画得方是方、圆是圆；同时口诵经史，目数群羊；亦在同时，打一腹稿，吟出四十字的一首诗；还是在同时同刻，用左脚写五言绝句，右脚写门上春联。这些动作同时完成，不但不出丝毫差错，还能让人由衷地、情不自禁地击掌称绝，真神童。

传北宋时方仲永亦神童，5岁就可随口作诗，且有品有味，一日其父驮着他在街头偶遇一老先生，老先生闻其有神童之名，有意考他，出一上联：子骑父当马。方仲永随口答道：父望子成龙。老先生当即称服。

王阳明，也被呼之神童。5岁之前，不知何故不能说话，但被带去听父辈诵经典似有所悟，待5岁一开口，竟然通背《大学》《中庸》等经典，神在能上坛开讲，对众儒士讲学，头头是道，让人心服口服，皆在心中称师。

曾国藩，5岁开萌，6岁能文，提笔文章；9岁能诗，开口即吟，能和文人秀才唱和。10岁即能作表，且文笔老辣，见其文皆疑为老吏之为，不服不行。

宋徽宗亦神童，5岁时随哲宗皇帝郊游，见一风景，哲宗令其先作诗，再作赋，徽宗随口即吟诗作赋；哲宗又命其挥笔题词，最后现场作画，徽宗无一不能，立时而就，博得满堂喝彩！

相传二十八代天师张继先小时聪明过人，诗词歌赋无所不能，且立时而就，见者无一不服。于是宋徽宗把他召到殿前问他：“卿居龙虎山，曾见龙虎否？”12岁的少年郎立时朗声回答：“居山，虎则常见，今日方睹龙颜。”徽宗大喜。

想起元人脱脱主撰《宋史》对徽宗的评价："宋徽宗诸事皆能，独不能为君耳！"

中国古来神童似乎都是"文科"的，其实非然。耳详能熟的"曹冲称象"就是物理学科的。曹冲那年才五六岁，学龄前儿童，望着东吴孙权送来的大象，曹操问百官如何能称出大象的重量？群臣咸不能答。曹孟德帐下能臣如云，看来皆"文科"大家，唯曹冲言："置象大船之上而刻其水痕所至，称物以载之，则象可知矣！"曹冲真神童也。

南北朝时期的祖冲之，儿童时期观一先生进行数学演算，良久，对先生言，此乃无限循环小数，可不必再计算。并准确地说出循环的8位数字。先生不信，几昼夜苦算，终于得出结论，是8位无限循环小数，先生大惊，几乎拜倒，祖冲之谓中国古代数学奇才，数学神童，当无别论也。

又想起一句土话：小时候胖不算胖，长大压坍炕。文人不那么说，秀才言:十岁神童,二十岁才子,三十岁常人,四十岁老不死。文人相轻，方见一斑。因为祖冲之就例外。

奉承

拍马屁的故事听多了，身上就不容易起鸡皮疙瘩了。但有些人确有水平，不服不行，不想起鸡皮疙瘩都不行。《世说新语》中讲晋武帝司马炎登基称帝卜一卦，其卦只有一个字："一"字；因事关国家祚数，司马炎甚是憋闷，脸也由"光辉灿烂"变成"乌云密布"，大殿上下皆大惊，亦俱无言以对。正在尴尬之际，当朝站出侍中裴楷，裴城俯甚深，老姜巨辣。先贺后言："臣听说，天得一而清，地得一而宁，帝王得一而天下恢宏正道。"此言一出,满朝官员如释重负,晋武帝也大阴转大晴，君臣无不叹服。裴楷的马屁拍得好，拍得响，也拍得公平，拍在朝廷大堂百官面前。这无疑在告诉世界,拍马溜须是门学问,且是门大学问，不但要下功夫，还要有天才；当然也有无师自通，自学成才。警惕性再高也必被“灌晕”。正所谓：“道高一尺，魔高一丈。”

郑公未发达时，极恨阿谀奉承之人，曾“每裂眦扼腕作恨声”：别让我遇上，遇上“当尽逐阿谀谄佞之徒”。郑可谓一身正气，恨阿谀之徒如仇。如同范进中举，郑公高中，“初入廨”，但见其堂匾高悬，上面竟书“琪树甘棠”，左右有对：“谋略无双士，文章第一家。”马屁拍得山响。郑公亦怒，老子第一天上班，何来赞誉如山似海？既无双士，又第一家，拍得可谓赤裸裸的。官吏答之有水平：“百姓闻公将至，群议作此。”是老百姓自发要作的，并非有人专为，最后一句话马屁拍到点了，说：“亦盛德远播故也。”但郑公此时此刻尚还清醒，“公愠稍息”，既然是百姓办的，也不再说什么，留下一句：“盛名之下，恐其实难副耳。”

郑公手下的官吏皆官场高手老客，立即布置一局，在郑公查询积案时就讲明一桩逼嫁夺产之案。待明日，果有寡妇前来告状，因郑公“稔知其事，明断之”，结果堂上堂下皆被感动至深，百姓官吏俱得称赞，告状的寡妇直感动得哭出血泪来。“公有德色”“怡怡然未觉为谀也”，愣没觉得是衙吏摆的局。及退衙，群吏复颂公“宵衣旰食，泽被黎民”。公觉“浑身通泰”。

同时给两个人同场拍马屁，既不显山又不露水；既不拍轻这个，也不拍重那个，功夫也。

清末湖广总督张之洞、湖北巡抚谭继洵不太对付，一次两位正在黄鹤楼对饮，因为公事应酬，心中都不服对方。谭说，武汉江面宽五里三分；张说，胡扯，七里三分；督抚相争不下，谁都下不了台，在场的僚属难置一词。此时江夏知县正坐在末座，其名陈树屏，官场功夫不浅，举手发言，曰：“江面水涨时，其广为七里三分；水落时，即狭至五里三分。制军就水涨言之，正确；中丞就水落言之，无误；两贤皆无讹！”一言解之，张、谭闻之，抚掌大笑，一场僵局就此一言尽解。别看陈树屏官小，七品芝麻官，但功夫不浅，奉承拍马的技术含量也不低。

当然也有一言不发的，此“事”无声胜有声。

明万历年间的首辅大臣张居正过生日，有人送去一副黄金打造的对联。上联："日月并明万国仰大明天子。"上联颂天子，敬皇帝；真意在下联："山丘为岳四方颂太岳相公。"这副对联必出高人之手。张居正别号太岳，日月为大明王朝，山丘为太岳相公。字字如珠不是形容，是字字金光闪闪、金光满堂！金石也要为之动！

当然还有比他胆肥的。

1946年驻扎在河南新乡的国民党第三十一集团军为给蒋介石祝六十大寿，特意把收集到手被誉为"中华第一鼎"的司马戊大方鼎，作寿礼献给蒋，当然蒋没敢私收，蒋知道此鼎太重要了，收此鼎可比孙殿英盗掘皇陵，因此把它直接送到南京博物馆。马屁没拍上，但也成全这件堪称第一的国宝，没有流失在民间。

但齐白石为蒋介石六十大寿作的一幅画，蒋公是心满意足地收下了，他虽然不可能知道在六十五年后，这份寿礼拍出4.255亿元人民币的天价。但这幅画《松柏高立图·篆书四言联》叫蒋看不够，那幅篆书四言联写得神形兼备，左联："人生长寿。"右联："天下太平。"齐白石不但懂艺术，也懂得人情：不但字画金石称魁，马屁拍得也滋润，蒋另眼高看。

做人"精"难，做"马屁精"亦难，孰难孰易，难在一言难尽。

对月而言，奉承和谄媚是两个概念。谄媚小人之能也。在大堂之上，公开朝议为魏忠贤建生祠，立金身，贴金符，屈身膝行晋拜生祠，甚至甘拜魏忠贤为干爹亲爹，排队跪待达旦。这类人、此类事，不属本题所聊，怕口臭耳浊，故不再提。

下跪

双膝跪倒，以头磕地。

中国传统之大礼。

封建主义的道理千条万绪，归根结底就是一句话，跪地磕头。

因下跪磕头，几近闹出国与国之间的外交纠纷，此事发生在乾隆年间。

乾隆五十八年（1733），英国乔治三世派遣特使马嘎尔尼爵士率领一个前所未有的庞大代表团，出访大清王朝。清史记载有 100 多人，即使在今天也鲜为罕见，这将是中英两国之间的一件大事。中国可能由此对外开放，但就是因为要三跪九叩，对皇帝行大礼，差点让英国使团又返回英国。经过无数次的外交协商，一次又一次不愉快的争论，终于为下跪达成了折中的办法，英国使团的所有官员在拜见乾隆皇帝时可行西方的单膝跪地，不磕头的礼节，而让外交使团中的一位小孩，“洋娃娃”斯当东，双膝跪地行叩首礼，总算过了磕头关。在中国拜见皇帝不三跪九叩是欺君之罪，轻则杀头，重则夷族。即使是杀头夷族也得朝皇帝所在方向跪地磕头，然后再一刀枭首，死也免不了下跪。

“辛酉事变”后，肃顺被绑赴菜市口，临刑前誓死不跪，最后被刽子手用铁棍生生把双腿打断，跪在刑场，死也得跪下死。

中国的下跪之礼何时形成似无准确的文字记载。拜天拜地拜祖宗，拜上拜老拜父母，似乎源远流长。

但对皇帝奏言，要推倒三山，拜倒五岳，双膝跪地，以天灵盖磕地的君臣之礼，实行得并不久远。秦始皇那么霸道，那么气冲，统一全国、统一文字、统一货币、统一度量衡，唯独没有统一礼节，规定臣见君行跪拜大礼。男儿膝下有黄金，对秦始皇也不跪不拜。到汉朝，虽然大一统的王国，统一集中，拜皇拜上达到秦没有的地步，皇权已然霸道至极，敢“废黜百家，独尊儒术”。一直到北宋，也未见面君如天，看见皇帝都莫敢仰视，三跪九叩。看宋徽宗的《听琴图》似乎君臣之间没那么重的大礼。

中国真正皇权至盛至威，“三纲五常”极而盛之的当数大明王朝。农民当了皇帝不一样，生怕人把龙爪看成马脚，规矩更严、更高、更苛刻、更制度化。见皇帝必先双膝跪地，以天灵盖磕地；皇帝不让起，绝不敢平身，否则就是僭越，免官罢职治罪，不磕头就杀头，不低头就头落地，农民皇帝比贵族皇帝更讲究面子，更注重规矩，更要摆架子。

后来方知，农民是跟牧民学的。跪礼应始于元朝。自成吉思汗始，皇帝在上面坐着，群臣在下面跪着，见君二话不说，先行跪拜大礼，多急多大的事，也得等礼毕再奏。之前，跪拜、叩首，以头磕地都是敬神的大礼，至此，把皇帝彻底神化，天子高于一切，高于神、高于天，也高于父母爷娘，成吉思汗不仅只识弯弓射大雕，他懂得如何使自己变成神。

到了大清王朝，跪的文章更多了、规矩更大了。见皇帝不但要“着正装”，而且要三跪九叩，即使是重病的老臣，见皇帝也必须认真、严肃、一丝不苟地自我折腾完毕。清王朝的规矩大，受皇恩，听皇旨，要谢主龙恩，何以示之？磕头要出声，磕在地上要通通作响，越响才越能显出奴才的赤胆忠心，感恩感到五体投地。五体投地也极形象，双腿双手加上头，同时触地。于是文章就出来了，太监有学问，他们私下把臣子磕头的地方的一块砖撬起掏空，头磕在这块空砖上，其声虽响，但头磕得却不重不痛。当然这块砖天下无人识，连皇帝也不知道，被蒙在鼓里，这机关奥秘只有一两位大太监心中有数。把“礼”敬到了，当要磕头谢恩时，太监自然会引你到空砖处，一个响头磕到底。三个响头磕出来，头不痛、不昏、不晕，不起一层青疙瘩。皇帝也满意，太监也高兴，大臣也知足。

世界第一跪应推当年西德总理勃兰特。

1970年12月7日，当时的西德总理勃兰特访问捷克、波兰，在华沙波兰犹太人死难者纪念碑下，双膝跪倒，向在第二次世界大战中死于纳粹之手的波兰犹太人赎罪。勃兰特的这一跪，惊动整个世界，使全世界都刮目重看德国，德国对战争的反省让全世界感动。人们从勃兰特的一跪看到了德国在和平时期的崛起的决心，看到了勃兰特的伟大。诺贝和平奖颁发给勃兰特，其当之无愧。即使后来勃兰特因“丑闻”被迫辞职，在我心目中，其伟大的光辉未减弱分寸。

中国也有惊世的一跪，书生的一跪，大师的一跪。导师王国维投昆明湖自尽。在他的追悼会上，所有的追悼者皆心情沉重地三鞠躬。当陈寅恪步履沉重地走到灵前，他缓缓地撩起长衫的下摆，双膝跪地，双手抚地，一丝不苟地将头沉重地磕在地上。

在场的所有人都被惊讶了，众人在陈寅恪头颅叩地之时清醒过来，一齐列队站在陈寅恪身后，跪下，磕头，重重地磕头，一遍遍地磕头，清华园角角落都响着重重的磕头声……

1912 年，中国政府正式宣告，废除跪拜礼。

105 年以后，当我站在父母的灵墓前，依然双膝跪倒，磕头，重重地磕头，一抬头才发现，泪已满面。

意境的天空

一

意境说到底，就是精神世界。

古戏台左出右进上题出将入相，人生两重世界上题意境吃喝。

中国人推崇的意境当推王国维在《人间词话》中论述的人生三大境界，谓之古今之成大事业、大学问者，必经过三种境界："昨夜西风凋碧树，独上高楼，望尽天涯路。"此第一境也。"衣带渐宽终不悔，为伊消得人憔悴。"此第二境也。"众里寻他千百度，蓦然回首，那人却在，灯火阑珊处。"此第三境也。自王国维后，解释这三种意境的人，开篇鸿谈，引经据典，其实无非讲出六个字：立志、执力、功就。王国维的精神世界非一般人所能窥见。陈寅恪要不深解释，恐怕别人很难能超越现实的物质世界，一步跨入到王国维的精神世界。王国维说："有有我之境，有无我之境。有我之境，以我观物，故物皆有我之色彩；无我之境，以物观物，不知何者为我，何者为物。"又言："无我之境，人性于静中得之，有我之境，于由动之静时得之。故一幽美，一壮美也。"但王国维也曾说过："书成付与炉中火，了却人间是与非。"

意境达到极致，也是精神世界的终极。

想起陈布雷先生。陈布雷在国民党有"文胆"之称，其文独占鳌头。其官德人品无人能挑剔，即使国共两党两争之际，国民党要人达官无一人不被指责斥骂，唯陈布雷除外，超然于两党之争，超群于两党之众。更有"一寸河山一寸血，十万青年十万兵"之民族之呼。陈布雷先生和王国维先生一样，悄然而逝，愤然而去。陈布雷先生自尽是他精神世界的崩溃，也是他崇高意境的转化，“羽化而登仙”。没有人逼他，也没有人害他，更没有人摧残他；陈布雷精神世界的最高之处，已是一片云海，无路可行，解脱是走向另一种意境，生死是意境的转化。

王国维先生所言意境，古今有多少人能达到？怅然无所望。有人言，王国维所说的三种意境，达而仙也，望则远也。一则“望断天涯路”，天涯无路，路尽脚下；“为伊消得人憔悴”，至死方见，斯命无悔；第三种意境也是只有天上有，更非在人间。《易经》之论，穷途末路，又是花开花落。

王国维自言：“无我之境这寒意我，人惟于静中得之。有我之境，于由动之静时得之。故一幽美，一壮美也。”幽美也美，壮美也美，大千世界美，大千之外也美，有我而美，无我亦美。王国维追求的精神世界已近阴阳、静动、有无之际。死对他之外的世界是个损失，花落、无我，而对他的精神世界可能是补偿、升华、寻求，花又开，云又聚，无中有一望中绝。

王国维于1927年6月2日，独自出清华校门，雇车前往颐和园，步行至排云殿西鱼藻轩前，临流独立，静望静思，而后投水而死。其有遗书：“五十之年，只欠一死，经此世变，义无再辱。”王国维投水而去的地方80年后我去时，其水深仍不足1米，据说王国维以头撞进淤泥而死，王国维未作任何挣扎，亦无任何痛苦状，其后背的衣服尚未全湿。王国维先生已然随愿而去，其死也悲哉，也哀哉。王国维在遗书中所托付的陈吴二位先生是指陈寅恪、吴宓，后世有多少人研究王国维的遗书，包括陈吴二位先生，对王国维的死因都有种种揣忖和不同的解释，他的死因至今是个谜。王国维是大学问家，也只有他意境达到《人间词话》中的三境，但他不是政治家，不是社会学家，否则也不会拖着长辫子去投颐和园昆明湖，去追随昔日皇室的影子。其实，影子也是一种意境，梦也是一种意境。

二

王维追求雪的意境。

唐诗中写雪的不下一百首，王维咏雪的诗不是最好的，他的《观猎》曾收入到初中生的语文课本中，那两句咏雪后出猎写得精彩：“草枯鹰眼疾，雪尽马蹄轻。”但人家柳宗元的《江雪》更有诗情画意：“千山鸟飞绝，万径人踪灭。孤舟蓑笠翁，独钓寒江雪。”写雪是对一种意境的崇高追求，见雪无诗，落雪不咏，枉为诗人。但追求意境是多方面的，有时候诗的意境更深远、更有内涵、更高尚、更富想象，但画的魅力也深达，也高雅，也俊美，也只可观之，非能言之，有时候诗话不能而画却能。第一个把雪引进画中的诗人便是王维，王维追求的是诗中有画，画中有诗。

王维画雪景的画已经见不到了，但现在藏于北京故宫博物院的《雪溪图》即摹仿自王维的作品，难能可贵的是，此画深得宋徽宗皇帝的热爱、赏识，在画上有题字，摹本应在北宋或北宋之前，很可能是五代时期摹仿的，到底是谁的作品已很难考证，但看过这幅画的人都深深地融进一种雪后的意境中，读画如吟诗，吟诗必观画。雪画中那种大自然中特有的安宁静谧，万里无尘，万里无声，江山洁白，细看细听仿佛有飘雪落地之声；万物浓妆，俏然风姿，河溪悄然而动，行人悠然而吟，那境界让人似在画外，又在画内；似在诗外，又在诗内。窗外酷暑却觉雪花飘飘，世上无雪却感到雪落山川，大地一片俏白，让人感到有一种神韵、一种气场、一种高清、一种宛丽。其实那就是王维追求的一种雪的境界。这位五代的高手还曾摹仿过王维的《雪中芭蕉图》，那更是一种意境梦境的大写意。芭蕉本不可能在大雪中还青绿、还茂盛，但在他的意念意境中由幻变实、由梦变真，雪中芭蕉。精神世界的追求无止境，亦无禁区，一脚踏进禁区，正是意境的蓝天白云。

有说燕山雪片大如席是错也，言南国雪片大如席是谬也，其实那不过都是人追求一种意境的反像，一种在精神世界中的自我体现，正因为没有，或根本就不可能有，才有了理想、追求、意境和梦。

五代南唐的和尚巨然，公认其为画雪的高手，也有称“雪中第一僧”，其画雪是追求雪飘、雪落、雪冻、雪河、雪山、雪川、雪叶、雪屋，奇怪的是巨然画雪居然不见雪，偏偏是在无雪的夏天才画，画完让人来看，一抖罩布，满室生寒，一屋大雪，三伏暑天能让人冷得打个寒战，身上起层鸡皮疙瘩。他的《雪图》，画的是深山雪雾之景，深山之中，一片白雪皑皑，苍苍茫茫，又是万物万象；溪桥山道之间，寺宇半露远山；雪花轻轻，飞雪有韵，浑厚华兹；古松参天，松枝怪立，顶风冒雪，卓然傲立，冰雪天地之中有暗绿，苍天皎白之下有清香。“高松飘白雪，深寺掩香灯。”巨然追求的不是实景，不是写实，他追求的是意境，是想象中的世界，是一种梦境，佛国的理想世界。

其实巨然根本没见过飘雪。

高意境的追求是在物质世界、现实世界之外的境界。谁都没有见过西方极乐世界，但那个难圆的梦却依然存在。佛国世界、天堂世界都是精神世界，幸福天堂，没有人不去追求那理想的世界。

托马斯·莫尔追求的是虚无的《乌托邦》，赫胥黎仰慕的意境是《美丽的新世界》，意境的追求仿佛梦境的想象，是无止境、无间隔、无限的。

三

这也是一种意境，《阳关三叠》的意境。

《阳关三叠》是古琴曲，有说创作于宋，也有说是元。是根据王维七言绝句《送元二使安西》谱写的一首古今名传的歌曲，曲送人入云，歌送人入梦，别有一番意境。所谓“三叠”，其实是三段情感、三段话别、三段情长、三段意境，思之无穷、念之无尚、曲之无尽、情之无言。

第一叠：“渭城朝雨浥轻尘，客舍青青柳色新。劝君更饮一杯酒，西出阳关无故人。”唱罢，听唱的人心驰神往，慷慨激昂，情深意长，险不能自禁。泪将和酒而下，情涌胸腔，再望亭外，清风徐来，杨柳依依，白云万里，云卷云飞，似乎又回到现实的社会。

再唱第二叠：“朝雨浥轻尘，青青柳色新。更尽一杯酒，阳关无故人。”听之则有凄凉、悲怆、恍然若失，难有一聚，终为一别，持酒问苍茫，世事何然？但觉水亦呜咽，山亦朦胧，风变凄然，客已泪出。

又唱第三叠 ：“浥轻尘，柳色新。一杯酒，无故人。”歌词短促，上马匆匆，分手在即，难全盛情；割不断，理还乱；情不断，舍难断。曲调更悲更切，更凄凉，更直接。伤心动魄之际，情断分离之时，声泪俱下，唯曲在空中。这才叫曲尽情来，这才叫绕梁三日。古人断肠之意境，尽在其中。唱出来的境界，念出来的境界，坐出来的境界，想出来的境界。

境界无大小。我欣赏“鱼儿离开水”的意境。北京画家刘寀的名画《落花游鱼图》喜庆、热闹、欢快。春日花开，缤纷花瓣随着和煦春风飘落在如天如海的水面上，引来一群鱼儿，它们在追逐落花，时而浅出，时而深游，尾鳍摆动，随波而游，怡然自得，悠哉乐哉；子非鱼，亦能知鱼之乐。然定睛细瞧，水中鱼，鱼中水；花落水，水漂花，却无一笔水纹。满眼无水，滴水皆无，却又时时处处皆是水，花花草草俱有水。

齐白石的《三余图》，三条鱼，游得那么自然、那么自在、那么自得、那么兴致，却不见水，一水未见，但水却自现，无水处皆是水，满眼都是清彻透明的水，谁敢说此处无水、鱼游水外？白石先生懂得画的意境。有人不画水，自有水；有人画满水，却让人不见水，不感到有水、有活水。那是一种艺术的意境，没有几十年的工夫，练不出意境的精神世界。

再瞧八大山人画鱼，鱼活灵活现，游玩自由，随波而去，逆水而来，但满纸不见水，满眼不见波，只有空白，只留想向，只求意境，境界难求！

伶界徐兰沅有副对子，就是一种境界：“看我非我，我看我，我亦非我；装谁像谁，谁装谁，谁就像谁。”达到这种境界乃大师之境界，一辈子登台，一辈子唱戏，从青丝唱到白发，不见得能达到这种意境。梅兰芳对这二十二个字十分欣赏，意境也相通，遂改为八字：“看我非我，装谁像谁。”

纪晓岚有句总结扮戏进入意境的名言：“某伶欲扮人妻，则先忘自己为男，贞淫喜怒，拟境于心，然后登场自合。”意境入境，出神入化，忘乎自己，忘乎所以，也要忘乎其然。境界难登梦难圆。

欧阳予倩乃戏剧大家，讲意境也有绝语：“饰节妇先正其志，饰淫妇先荡其心。”戏唱到那个份上，可见其意境修养之高。

有三副对联亦代表三种境界。

明王朝开国大将徐达宅邸中曾悬挂一副对联，上联：“大江东去，浪淘尽千古英雄。问楼外青山，山外白云，何处是唐宫汉阙？”下联：“小苑春回，莺唤起一庭佳丽。看池边绿树，树边红雨，此间有舜日尧天。”徐达好生得意，指点江山，唤古今英雄，舍我其谁，上马尽显英雄本色。唐宫汉阙，灰飞烟灭。千秋霸业，百战成功。下马便见四季繁华，春去秋来，老子不享受谁享受？这是帝王将相的一生追求，马上马下的一番境界。俗不俗？两脚不能离地，人与人的精神世界焉能一样？一千个观众就有一千个哈姆雷特，也应该有一千个不同的眼前世界，一千个精神世界。

清末樊增祥亦大官大家，曾自联一对：“金管纪德，银管纪功，斑竹管纪文，隆吾门望；奇花在庭，奇书在手，奇山水在目，适我性情。”要依我不如改为“任我情性。”樊增祥的追求，樊先生的意境，够高够雅的，够上青史，够上格调的。上朝为官讲德、言、功，为朝廷服务，建功立业，隆我门望，光宗耀祖；下朝悠闲，“三奇”在握，悠哉乐哉，尽为神仙，数天下名士，英雄能有几个？也是理想王国，精神世界。其实更多的“俗士”的追求虽然没有这么高大上，但也都有一番“小算盘”，那“小九九”就是他们的追求，他们的锲而不舍的努力，他们为之一生要圆的梦。“乘他一乘轿，起他一个号，刻他一部稿，娶他一个小。”那也是他们的黄金梦，梦的境界。

浙江天台山方广寺有一副对联，也是一种人生，一种追求，一种境界，一种世界。

上联：“风声水声虫声鸟声梵呗声，总合三百六十击钟鼓声，无声不寂。”下联：“月色山色草色树色云霞色，更兼四万八千丈峰峦色，有色皆空。”

佛家看世界，佛家的追求，佛家的眼光，佛家的体会，佛家的出入，佛家的感悟，佛家不同俗家的境界，不同现实的意境。同是一个山，同是一个水，同是一个洞，同是一棵树，佛家望山不是山，看水不是水，观洞绝非洞，观树别有情。其实好多人追求也是实，看的过程也在变，意境也因时光不同而变，境界也因修养不同而换。

我在五台山见到庙院上张贴着一对子，也深奥，也浅显；也复杂，也简单;也现实，也缥缈;也见也不见，也叹也不叹，也是一番佛国境界、佛家的意境："青山巍巍俯仰天地世态，晨钟暮鼓悟真谛；大河滔滔沉浮千古人物，黄叶秋风是天机。"

有首佛家境界的诗在槛外亦流传甚广。

春有百花秋有月，夏有凉风冬有雪。

若无闲事挂心头，便是人间好时节。

那真是"千江有水千江月，万里无云万里云。"俗中有雅，做到俗中雅，达到那种意境岂为易事？雅中有俗，不离万物，万物皆空，四大皆空；万物有缘，自在缘中。意境的修炼，境界的觉悟，放得下、想得开、看得透、忘得了，此意境非彼意境。如山泉清，如银雪净。如圆月光，如空山静。中国佛教史和中国文化史上著名的"求法偈"和"得法偈"岂能分出高低？皆是一种尚崇的意境。"身是菩提树，心如明镜台。时时勤拂拭，勿使惹尘埃。""菩提本无树，明镜亦无台。本来无一物，何处惹尘埃？"意境无高下，无优劣，无清，对人而言，追求、探求、求知、向往，都是通往精神世界的崎岖路。不是境界的比较，是通往境界修行的执着。

“礼”之思考

一

“礼”始于何时，似无准确定论。“礼”起于原始社会晚期，随着原始社会内部以物易物，“礼”始之盛行，其所谓“来而不往，非礼也”。原始社会并无任何记载，有“礼”无“礼”则为后人之说，但即使有“礼”，此“礼”非彼“礼”；此“礼”是“礼”之初，更多的是礼貌、礼节，并无礼仪。制礼作乐，始自周公旦，自周有礼，自周有乐，肇基西周煌煌“礼乐文明”后，方演绎“礼仪之邦”。周公旦是中华文明的起始开世祖。在漫漫历史长河之中，显示中华文明独特的精神气质，引领风骚，独唱大风。

几千年间，“礼”的外延不断扩大，内容不断丰富，对“礼”的注释不断创新，对“礼”的研究不断深入，这都是因为在漫长的封建社会中，唯“礼”使之漫长，唯“礼”使之发展，也唯“礼”才使之巩固，其宗旨“三纲五常”，尊卑有序，贵贱有等，内外有别，亲疏有分，使社会构成以“礼”为核心的运转体系。“礼者，分也”。“刑不上大夫，礼不下庶人”，“礼者，贵贱有等，长幼有差，贫富轻重皆有称”。这样的社会，人人对号入座，人人安分守己，以礼相待，以礼待人，以礼对己，岂非君子国、理想国？孔子追求的是一个有条不紊上下有序、有礼、有爱、有仁、有义的和谐社会。这也正是孔子以礼教治国的本意。把“礼”变为一种安民立国的思想，变为安分守己的意识，“礼”之功莫若其大也。

孔子为何看重周礼？殷周以来的礼仪，已经形成了一种比较严密的上下有差别，等级有次第的社会格局。比如在祭品的太牢、少牢之分，乐舞的八佾、六佾之差，葬礼的九鼎、七鼎之别，祭祀的郊祭、庙祭之规。孔子在《论语·颜渊》中讲“出门如见大宾 ，使民如承大祭”。见大宾、见官员要恭恭敬敬，有礼在前，讲礼为重；承大祭则心怀敬畏之心，要严格遵守规矩；办理大事要小心翼翼，谨谨慎慎，既不能忘乎所以，也不能出规违纪。表里如一，礼仪为先。恪守秩序，循规蹈矩。当孔子得知季氏以八佾舞于庭，非常气愤，孔子认为臣子越礼必有野心，不臣之心是祸国殃民的灾星。孔子认为周礼破不得，周礼不破，天下大吉，万民平安。孔子宣扬的仁、义、礼、智、信，就是对周礼的拓深和发展，孔子终生追求的政治目标就是“克己复礼”，唯此唯大。不但要克己，亦要克人。鲁国大夫少正卯，就是位革新派，他要改造周礼，推陈出新，另行一套，为孔子不容，认为少正卯是个野心家、阴谋家，心术不正，乱国之人。孔子杀少正卯毫不犹豫，且言卯有“五该杀”。捍卫周礼，孔子责无旁贷。

《左传》中记载：“礼，经国家，定社稷，序民人，利后嗣也。”孔子在《论语》中讲得最坦率、最直白，也最真挚、最有水平，“克己复礼为仁，一日克己复礼，天下归仁焉”。

周礼有“吉礼、凶礼、军礼、宾礼、嘉礼”，所谓“天下之大，尽收周礼”。“礼”是制度上层建筑与意识形态的综合载体。涉及制度建设、道德观念、行为方式、价值取向等社会方面。没有周公旦的开创和建设，中华民族的文明、中国的封建社会的建设可能还要在黑暗中摸索很长时期。我认为周公旦对封建社会的贡献，应犹如顾拜旦对奥林匹克运动的贡献，只是孔子的光辉光照灼目，让周公旦委屈了。周礼养育了一代一代封建礼教之人，奠定了一级一级的封建社会之基石；周礼在西周、东周是时代的主流、主旋律、主题歌，现在看起来不可思议的事情那时却是天经地义的。比如宋襄公的泓水之战，被戏之“蠢猪似的仁义道德”。毛泽东在其著名的《论持久战中》这样讥讽宋襄公，“我们不是宋襄公，不需要那种蠢猪式的仁义道德”，宋襄公蠢到什么地步？“君子不重伤，不禽二毛，不以阻隘也。寡人虽亡国之余，不鼓不成行”。用我们现在的价值取向看宋襄公的确是愚蠢到家，但在二千五百年前，周礼倡导和培育之下，宋襄公的道德取向和价值取向都乃天经地义，毋庸置疑，周礼能把一“国”之君，自称为春秋之霸的诸侯教育成后世千夫共指的“蠢猪”式的思维，可见当初周礼之力量，周礼之教义，周礼之成功。

封建社会的初级阶段的迅速发展，主要得益于周礼的不断进化，不断完善，不断释放其“礼”之功能。中国封建社会的核心理念就是一个字：礼，而“礼”的核心恰恰是等级的礼仪，等级的制度；“礼”把封建社会的社会基础筑牢筑实，构建了一整套牢固坚实的森严壁垒的等级制度。

二

没有规矩不成方圆，没有礼教焉成社会？孔子在《论语·雍也》中就曾发出痛心的感慨：“觚不觚，觚哉，觚哉！”封建社会的基础、核心全在“礼”，无“礼”则无封建社会的进步，亦无封建社会发展，更无封建社会的稳定。所以孔子曰：“克己复礼。”“非礼勿视，非礼勿听，非礼勿言，非礼勿动。”“礼”的规矩无处不在，无事不管，无时不看。周公旦比秦始皇想得更深、更远、更广、更重要；秦始皇是想让其子子孙孙都为皇帝，自他始，传之万万代。而周公旦制周礼、作周乐，是想让他创立的那个社会更稳定、更秩序、更巩固、更长久，周礼的基本功能在于建构社会的伦理秩序，维系社会的正常运行，“礼者，贵贱有等，长幼有差，贫富轻重皆有称”。孔子是中国最重要的教育家，而周公旦则是中国最重要的政治家。20世纪初在潘光旦的学生中曾流传着一个小段子，说凡是名字带旦的男人都不得，民以食为天，男人以旦为尊。举例就举周公旦、顾拜旦、撒旦、穆旦、潘光旦，至此，再无人敢称旦。

“礼”是对人的约束、管理，首先是对人的教育、克己。君君、臣臣、父父、子子，谁也不能越雷池一步。“礼”是封建社会治国理政的理论基础，亦是人伦关系维持的基石，“礼”对于国家、对于社会、对于家庭、对于人与人的关系，唯孔子看得最透，洞察最明，说得最精辟、最经典、最哲学，也最能经得住历史的检验。

《荀子》言：“礼起于何也？有欲有求，有争，争则乱，乱则穷，先王故制礼义以分工，人无礼则不生，事无礼则不成，国家无礼则不宁”，“故礼上事天，下事地，尊先祖而隆君师”。荀子，大师也，理论分析透彻有层次，言之凿凿，情之切切，语之亲亲。

仅以乘车为例。《尚书》中记载：“天子驾六马，诸侯驾四，大夫三、士二、庶人一。”违反此规是要追究责任的，僭越不仅要杀头，且要夷族。《周礼》中描绘得更细，称古代帝王所乘车分为王路、金路、象路、革路、木路，这是因为车上的装饰不同，车饰分为玉、铜、象牙或骨饰、皮革和木质，何时乘何车都有严格规定，“礼”不可乱，车的大小、高低有严格规定，包括驭手的穿戴、使用的工具都有严格规定。《晋书·舆服志》曰：以云母饰车，谓之云母车。臣下不得乘，时赐王公尔。《晋书》记载，惠帝自邺还洛，殿中官属备云母辇及云母车奉迎。据考证，天子御马之饰件就达九百多件，御马成神马。到了西汉，车以车盖的颜色、装饰来区别等级、尊卑，皇室多用羽盖，为“翠羽盖黄裹”，即外面用翠绿色的鸟羽加以装饰，里面用黄色的绸缯。什么级别的官员，享受什么待遇，配备什么样的乘车。乘车的颜色是不相同的，装饰也是不相同的，一队车辆疾驰而过，从其颜色和装饰立马就能判断是什么级别的官员、什么待遇的王侯出巡，绝不会有差。

秦始皇称帝出巡，车队不但旌旗蔽日，且副车成阵，前后警卫车极多，气势极大，这才引发刘邦观后叹曰：“大丈夫当如是也！”这也才使张良请来的刺客，把120斤重的铁锥误中副车。《史记》中未曾作细致的描述，但从秦兵马俑出土的情况推测，秦始皇乘车出行，除其警卫部队外，车辆的使用、车辆的装饰、车辆的标志皆天下第一，似乎也是空前绝后的。

三

“普天之下，莫非王土；率土之滨，莫非王臣。”君臣之别是“礼”之内核，绝不能“礼崩乐坏”。故周礼所定，其规至细。天子九鼎八簋，诸侯七鼎六簋，卿大夫五鼎四簋，士三鼎二簋，摆错一鼎一簋，轻则免官流放，重则杀头夷族，钟鸣鼎食是有严格规定的。《后汉书》记载天子旌旗是缀有十二个缨穗。“十有二斿画日月升龙”，而一般诸侯是旌旗九穗，旗上绘有低头俯冲的金龙。再到明朝，龙也分三等，皇帝专用的五爪龙，王爷用的是四爪龙，而被封为侯的只能绘三爪龙。

秦始皇登基为千古一帝，头上戴的是帝冕，垂有十二道流苏，王侯只能依次类减。

皇帝的自我官称为朕，据野史称赵匡胤陈桥兵变后，张了几次嘴，始终呼不出“朕”来，可见规矩之大，纪律之严，法律之重。

服装的“礼”仪更庄重、更庄严，也更森严。自唐开始，黄为皇帝专用，天下再无人敢私用；用则僭越，其罪大焉。唐不仅把黄定为皇家独享，其官员上朝也是五颜六色，按其官职大小，其官服分紫、红、绿、青，花团锦簇，别有情趣。

到了宋代，黄为帝色已然承天启运，天经地义，见到黄色如见皇帝，拜黄如拜皇。后周王朝的开国皇帝郭威就是依靠“黄色崇拜”，搞起兵变。当时军中无黄袍，政变的军人扯下军中的杏黄旗裹在郭威身上，三军伏地，狂呼万岁，郭威因此成为皇帝。无独有偶，仅仅过去不到十年，原郭威手下大将赵匡胤也是利用黄色崇拜，搞陈桥兵变，这次兵变比郭威时的兵变搞得更阴谋、更策略、更计划，政变之时，兵变士兵拿出事先准备好的黄袍披在赵匡胤的身上，众将士俱伏地高呼吾皇万岁。新的一朝皇帝诞生了，也就从此黄与皇同等，黄即皇家专用。延至清王朝，皇帝为示皇恩，把一件黄绸子做成的马褂赏给臣下，那便是天大的恩典，见黄马褂如见皇帝，不管谁穿着，你都得跪。大清王朝的礼仪更加缛繁，君臣相见得三拜九叩，拜是五体投地，叩是以头磕地。皇帝如天地，胜似父母。以致于由马嘎尔尼率领的英国使团就因为不拜不叩，几乎和乾隆皇帝闹翻，清王朝也错过了一个难得的历史机遇。直到1912年才以庄严的法律形式废除了延续千年的跪拜礼仪。

东汉应劭《汉官仪》：“天子出，车驾次第谓之卤，兵卫以甲盾另外为前导，皆谓之薄，故曰卤薄。”皇帝的派大，天子之仪，顶天立地，惊天动地。“卤薄”除了负责皇帝的安全，还包括马车、乐器、旗、扇、伞、盖、拂尘、服饰以及动物等仪仗用品，皇帝出行，礼仪铺天盖地。

《新唐书》曾记载唐代皇帝的“大驾卤薄”之气势：领路有所巡县令开道，紧跟着司徒、尚书，一片五彩官服，旗帜如林，伞盖高擎，然后禁军紧随，先是高头骏马虎头贲士四十八骑，继而一队连一队、一行衡一行;铁甲卫士二十四人，御马卫队二十四匹，刀枪鲜明，面色狰狞，皆张扬得不可一世，视天子大，视天下小。唐朝仪仗多，仪式繁，气势如虹，出行皇帝两侧左右亲卫都是穿得锦衣花带，都配置长枪短剑；队中有乐队，乐队又分吹的、奏的、喊的、唱的，车驾齐整，阵仗宏大，旌旗招展，鼓乐齐鸣，可谓惊天动地。以皇帝乘坐的玉辂为中心，前后对称各配备四十二个仪仗队。仪仗队之外还有动物相随，有大象、牛、马等。宋太宗前往南郊拜祭天地时共有5000多人，车辇61乘，马匹近3000匹，牛36头，大象6只，各种乐器1700余件，兵杖1548件。可谓阵容强大，彰显皇帝之威之尊。

封建礼教讲究“避讳”。“礼”之所在，是要避免把君王和尊者的姓名直白地道出，如直呼那就有罪，甚至可获大罪重刑。《左传·桓公六年》中记载：“周人以讳事神，名，终将讳之。”规矩大了，《公羊传》中明确：做“春秋为尊者讳，为亲者讳，为贤者讳。”秦始皇因其生在赵国取名为政，做了皇帝以后，天下“政”“正”皆要避讳，不能直呼，正月就在那时称端月，违讳，法律伺候。两汉时期汉光帝名为刘季，因此世间只有茂才，再无秀才。汉明帝叫刘庄，竟然把《庄子》一书改为《严子》。更为可笑的是吕后名雉，当权以后，天下再无雉，如遇见雉，一律写为“野鸡”，由此判断西汉时“野鸡”绝无“娼妓”之意。此事临孔子亦难违礼，孔子名丘，只有孔子可言丘，世上无丘，即使姓丘，也正式改姓邱也。

五代十国时期曾出了一位政治高客，其名曰冯道。冯道先后侍奉过十个君主，每朝天子他总是臣，哪朝天子都离不开的臣。“历任四朝”，“三为中书”，连皇帝都让他三分，都不敢直呼其名，都有所避讳。当年有位先生为冯道讲解老子的《道德经》，为避冯道之讳，把“道”改讲为“不敢说”。老子《道德经》开篇首章“道可道，非常道”，被他讲成：“‘不敢说’可‘不敢说’，非常‘不敢说’。”一位其名唤李导的人去见冯道，冯道不悦，曰：“吾名道，当朝太师，尔何许人，敢妄称道？”眼看就是一场杀身之祸,没想到李导也非等闲之辈,亦“滚刀肉”,朗声答道：“太师之道无寸也，小子之导乃带寸之导。”

“礼”亦能杀人。

清王朝乾隆时期第一臣和坤，在嘉庆皇帝当政后仅四天就被法办，抄家下狱，被判当斩的二十大罪状中第十三条就是用金丝楠木在自己府中盖殿堂，“僭侈逾制”只这一条和坤就当斩。因为金丝楠木在清王朝是皇家专用木材，他人用则为僭越，轻则削职发配，重则杀头夷族。

清雍正年间的权臣大将军年羹尧，从权力的顶峰一直跌到罪恶的深渊，罗列他死罪四十条其中有一条就是他睡女人要翻牌子，要模仿皇帝，殊不知，皇帝做得，别人做不得，大将军亦然，僭越的罪名，罪不可赦，非死不行。血染的“礼”，杀人的规矩。

活在世上有“礼”可循，死也有“礼”数，生死皆不能乱。就是包公判案杀人也是三把铡刀等级分别。龙头铡是专铡皇族的，别人想死在龙头铡下也是妄想；虎头铡是专铡其他官员和权贵的；狗头铡才是铡平头百姓的。有史记载：杀纣王时“以黄钺斩纣头”，而当斩纣王的妻妾时，则改用黑色的钺。

五

孔子一生痛恨的“礼崩乐坏”，说到底就是造反有理，其理论基础千头万绪归根结底就是一句话：“帝王将相宁有种乎？”

《左传》有道，鲁宣公三年，楚庄王三年不鸣，一鸣惊人；三年不飞，一飞冲天，挥军直打到周天子脚下，把周天子吓得寝食不安，“定王使王孙满劳楚子，楚子问鼎之大小轻重焉”。问鼎中原，《左传》不敢把楚庄王写成王，它守礼循礼，因此只说是楚子，楚庄王“枪杆子在握，他也想享天下做天子。楚庄王之心，天下皆知。而秦国秦武王干脆去举铸有雍州的大鼎，据云其鼎重千斤，秦武王真有举鼎之力，他举鼎是示威，告之天下，秦国也要问鼎。

礼崩乐坏，土崩瓦解。到公元前720年东周时期，诸侯列强再也不把天子之尊放在眼里，把天子之威加威于己，而是“老子天下第一”，什么礼不礼的？谁怕谁？礼再也奈何不了吾。郑庄公竟然敢和周天子周桓王兵戎相见,真刀真枪见尊卑。郑庄公手下的大将祝聃驰战车向前,一箭射中周桓王,险些要了周天子的命。什么君君、臣臣,君叫臣死,臣不得不死?周公旦亡矣。

周桓王够幸运的了,周礼余威尚在。郑庄王毕竟还是派人载酒载食去安慰周桓王,表示了自己的歉意,总算给了周天子一些面子。

周桓王要与三国时期的魏国皇帝曹髦相比“礼仪”多了,遇上“司马昭之心路人皆知”的司马昭,心黑手辣,派手下武将干脆在大庭广众之上,众目睽睽之下,一戟就把皇帝刺穿,挑下皇辇来。

中国历史上第一敢亲手下毒毒死在位皇帝的是西汉王莽,王莽也是中国历史上第一个依靠宫廷政变登基上位的皇帝,在王莽眼中,汉平帝就是一颗挡着他当皇帝的路石,一脚踢开就是了。君臣不再有定份,翻手为云,覆手即为雨。曹操有句名言:宁我负人,毋人负我。绝口不提三纲五常。他亦有坦言:非我不知天下有几个称帝几人称王。挟天子以令诸侯。在曹操看来什么礼,什么仁,什么朝纲?政权第一,政治第一。天子不过是一摆设。他能叫人带三百甲士直接闯进皇宫去搜捕伏皇后,伏皇后被连拖带拽地抓到汉献帝面前,伏皇后哭诉言之已经怀孕,可否等把腹中皇子生出来再处死?没想到如狼似虎的武士根本没把皇帝放在眼中,拖出去一根白绫就要了伏皇后和腹中胎儿两条人命,而可怜无奈的汉献帝只敢哭着送行,说我也不知何日去死。一手灭了大唐,毁了长安城的朱温,视大唐皇帝唐昭宗如粪土,想怎么糟蹋就怎么糟蹋,一丁点都不含糊,派人把唐昭宗连同他的皇后、妃子、昭仪等,包括后宫的宫女、太监一个不留统统杀光,血染皇宫。这还不算完,又下令把唐昭宗封在外面的九个儿子都召回来,名曰宴请。入席后,朱温一声令下,刀斧手齐上,把九位皇室王子王爷统统杀光,挖个大土坑,埋了完事,他登基做皇帝。

东魏时期的权臣高澄,根本不懂什么礼数、礼仪,甚至礼貌也不懂,既野蛮又粗鲁,既混又横,依仗有权有势,视皇帝不如一条狗。有一日,高澄与皇帝饮酒,孝静皇帝推辞几次终于不敢再推,因为他看到高澄脸色由晴转阴,天子吃饭要看臣子的脸色,周公旦、孔子绝对想不到的。高澄果然厉害,把斟得满满的一大斛酒直接捅到孝静皇帝的鼻子下，霸道、断然命令似的喝道：喝了它！不喝不行，推辞不行；喝也得喝，不喝也得喝。孝静皇帝被逼无奈，恨不能找条地缝钻进去，只以朕开头说了句牢骚话，准备豁出性命灌下那一大斛酒。没想到高澄大怒，当着那么多人臣指着孝静皇帝的鼻子大骂："朕、朕，你敢在老子面前充大？"高澄感到自己的权威受到挑战，连这么个皇帝都敢给自己发牢骚，不听话，其怒不可遏，竟然下命让陪酒的大臣"殴帝三拳"。真乃颠倒了礼仪，什么君叫臣死，臣不能不死，而是臣让君亡，君必亡，必不得好死。这是对"礼"的颠覆和造反。"礼"已无路可走，只能躲在历史的角落里哭泣。

但纵观中国封建社会三千年间，一直是在"礼"与"非礼"，"克己复礼"与造反有理的斗争中不断发展，不断完善，不断巩固，不断健全。一个旧的王朝的覆灭不是说明"礼"的灭亡，因为一个新的更强大、更兴旺、更有朝气的王朝的建立恰恰是"礼"的复兴，是"礼"的再生。中国的封建社会没有那一个王朝能离开"礼""礼仪"，"礼"的思想是整个三千年封建社会的理论基础和社会基石，即使是破坏力、造反力、毁坏力那么大的朱温建立的后梁王朝也不过是区区16年，不足弹指一挥间；高欢建立的北齐王朝折腾得翻天覆地，从头算到尾25年。魏晋南北朝之后，就是历史上更加强大、更加统一、更加"礼仪"的一统王朝，还有隋王朝和唐王朝亦然。而五代十国，朝纲大乱，礼之不存，民不聊生，国破混战，但随之则是中国历史上最繁荣、最富足时期，科技最发达，人民生活最安定的"礼仪之邦"宋王朝崭新地崛起。"礼"不但未被折磨折腾而亡，反而在新旧王朝的更迭中更加深入人心，更加完善自己。宋之礼教，是中国礼教的一个高峰，宋之理学是春秋礼学的深化和发展。孔子言之"礼崩乐坏"，即使是在春秋时期，也是礼崩而未毁，乐坏而未亡。直到1912年中国封建社会灭亡，但"礼"并未随着封建制度而亡，帝制不存，而礼仪犹在。

以发展的眼光看，中华文明、中华文化、中国社会都沿着"礼"在发展、在繁衍、在进化、在不断更新创新，但其指导思想和其理论基础当推"周礼"，周公旦堪称伟大！

谈玄说巫

《说文解字》中小篆的“玄”写法甚为复杂，用刀刻竹，恐怕半天刻不出几个“玄”来。解而视之，一分为二，玄字的小篆体是上大下小，上面是复杂的“上层建筑”，下面却可视为幺。幺者小也，渺小，而小却被一个复杂而高大的“盖头”所罩，因而看不清，看不准，其意为奥妙、神奇、微妙。此乃玄字一解也。

我理解，玄实际隐意为悬，飘乎于空中，四面无壁，上下无托，用现代语言直率地解释就是不靠谱。玄是悬，是否通假尚待考证，但其意相通似无疑义。

玄之二解亦出自《说文》，何为玄？“黑而有赤，争者为玄，象幽而入复之也。”至此方有一解，秦始皇登基为千古一帝时并未黄袍加身，而是玄袍登基，其中必有深意。玄者，黑里透红，其意为奥妙、深邃、广博，深不可测、远不可达、威不可亵、奥不可言。秦始皇对玄的理解应也是千古一人。集三皇五帝于一身，应天地日月于一人，其着装必然要深刻，要深奥，要深不可测。中国的皇帝何时以黄图解皇，至少说明那朝那代的皇帝无法与始皇帝相比，皇帝身上的玄已褪失尽至。

玄之三解为“天也，道也”。《广雅》上说：“玄为天也，道也。”查《辞海》称玄“精神性的宇宙本体叫玄”，玄真乃玄也，玄妙、奥妙、微妙、奇妙。越研究越聊玄越觉得玄和悬当为通假。

郭沫若有一个郭氏解释，通俗易懂，不失为一家。他说玄就是旋转的旋。由《说文》可见，幺上面有一“上层盖”罩着，它是可旋转的，至于它为什么可能旋转起来，郭沫若并未解释，他围绕玄说旋，犹如人，一旋转头就会发晕，两眼就会发黑，所以玄就出来了，旋而转，转而晕，晕而黑。郭氏之论，玄即黑也。直到今天，出殡皆黑帐，玄色为天。中国传统的东西南北，青龙、白虎、朱雀、玄武，即升、沉、胜、亡，北方为玄。故中国皇帝陵宫称玄宫。但不能忽视的是，玄还代表玄机，玄还代表玄妙，玄还代表玄奥、玄念。

玄与空相连，还是一个哲学的命题，宗教的命题。

老子、孔子的论说中就充满玄念、玄机、玄奥。

以我上初中时学过的《两小儿辩日》为例。说孔子东游，见两小儿辩日。一小儿曰：我以为日始出时离人近，而日中离人远。另一小儿的论点恰恰相反。两个孩子各言其理。一小儿曰："日初出大如车盖，及日中，则如盘盂，此不为远者小而近者大乎？"另一小儿曰："日初出沧沧凉凉，及其日中如探汤，此不为近者热而远者凉乎？"孔子不能决也。莫说孔子，2500年前谁能回答？这两个小儿的辩日之论太玄了，这种形象思维最终玄至抽象思维。"一尺之棰，日取其半，万世不竭。"玄！说宋代之大理学家二程之程颐到友人家玄谈，谈天说地，程颐指着面前的桌子说，这个桌子放到地上，不知天地放在何处？

庄子就是位玄学大师，玄妙、玄奥、玄乎其玄。历史二千多年无人能出其右。玄不过庄子。"子若非鱼，又安知鱼之乐？"

庄子的玄妙：庄子梦蝶、庖丁解牛、运斤成风、螳臂挡车、斥鴳笑鹏等等。"北冥有鱼，其名为鲲。鲲之大，不知其几千里也；化而为鸟，其名为鹏，鹏之背，不知其几千里也；怒而飞，其翼若垂天之云。"呼之，何人见过此等玄说？

《山海经》中说精卫填海、夸父追日、嫦娥奔月、女娲补天、共工怒触不周山，没有玄说何来神话传说？《山海经》中说有一大蛇，一次能生吞一头大象，吃完之后并不吐骨头，三个月后才把骨头吐出来，听其言，观其行。何人能不玄？当代美国好莱坞的科幻大片较之二千多年前的中国玄说何颜之有？

中国的《易经》玄妙得几乎不可理喻，玄妙得让人头晕头昏彻底旋转。当玄最终为科学与实践相证实世间万物运行之客观规律时，世界为之旋转。

中华上古有三易，易易都够让后人炫目耀眼的。一易曰《连山》作者为夏代神农，神农尝百草，为民医病；二易曰《归藏》，为黄帝所作；三易为伏羲所作《周易》。这三部易经都是玄文、玄经、玄说。充满着玄妙玄奇，它们让数千年间的数十亿人都目晕、都头昏、都旋转，堪称伟大不朽。

三部《易》其主要不同在首卦，《周易》首卦是乾卦，《归藏》首卦是坤卦，《连山》首卦是艮卦。首卦不一样，说明卦的性质、特征、内涵之差别。《周易》开启了儒家的思想，《归藏》开启了道家的思想，《连山》开启了墨家的思想，从这个意义上讲，《周易》是中国文化的一个源头，它除了对先秦的儒、道、墨以外，对阴阳家、名家、法家、兵家都有着深远的影响。三《易》真够玄的，《周易》玄得让人炫目眩晕。《周易》最基本的两个符号是阳爻、阴爻，几组长短不同的线段无穷地变化组合，竟然能说明世上一切发生过的、正在发生的、即将发生的事情，这种千变万化的爻文组合，千奇百怪的卦图说明，几乎等同于万千事物的变化规律，往扩大化上说、往广泛性上说《周易》中的卦文都可以先知或遥知，其包罗万象、无所不容，又似乎无所不知、无所不测。往小处归纳，往集中概括，《易经》又可言之为两个字：阴阳。一切万物万象万载皆由阴阳两极产生。易有太极，太极生两仪，两仪生四象，四象生八卦。玄乎哉？

《周易·系辞》说："易者，象也；象也者，像也。"易是讲象的，象是对世界、对宇宙万物变化的规律性、必然性的掌握，它也是宇宙万物在变化过程中所表现、表露出的一种表征。"象"一般指卦象、爻象、阴阳之象等等。阴阳之象如阳为天、圆、君、父、金，阴为地、母、子母、黑、缺等等；八卦表征为天、地、水、火、风、雷、山、泽。天是乾、地是坤、水是坎、火是离、风是巽、雷是震、山是艮、泽是兑。每个卦的卦象甚至多达数百个。至今被清华大学引以为校训的"自强不息，厚德载物"即出自《周易》，梁启超先生曾以此作文，"天行健，君子以自强不息"是乾卦的大象。"地势坤，君子以厚德载物"是坤卦的大象。《周易》直到今天，已为一门"大课"，堂堂乎登北大清华。至今未有人不以为其博大、精深、百纳、万解。

宇宙之间最根本、最伟大的德行就是讲生，生生不息，生生不易，此就是“易”的核心;“穷则变，变则通，通则久”是易之变通精神;“日新之为盛德”是易之创新精神；“天道变化，各正性命，保合太和，乃利贞”是易之和合精神。当世界很多大洲还处在茫茫大地一片真干净时，当中国还在远古时期，文字尚未产生，但《易经》《周易》就出现了，而且那么周密、科学、神妙、奥秘，不可思议。中国的哲学思想、抽象的理论思维从《周易》之时就开始产生了，何人不呼之为玄？有的专家称：《周易》实际上就是百科全书，包含了所有知识，包含了你认识的，也包含了你不认识的未知世界，就当时而言，《周易》把所有的问题、现象都涵盖了，玄乎哉？旋也！

当然国外的玄学也玄而又玄。但不在今文之例，比如伟大的古希腊的哲学家、科学家、数学家、物理学家阿基米德，曾放话：“给我一个支点，我就能撬起整个地球。”阿基米德与比他早出生半个多世纪的东方玄人庄子有一比。

其实玄之本论乃色。玄之本色乃黑，黑中有红，红与黑的图案，构成了春秋战国乃至秦一统时期的国色。现在当我们揩去浮尘，再看那个时代的漆器，会觉得是那么壮观、美丽、深奥、夺目，是那么深邃、旷远、和谐、圣洁，此乃玄之妙也。

谈无先谈空，让人想到佛教中的四大皆空，传统意义上讲，空即无，佛教中对无和空的限意是一致的，皆空即无。佛教中说四大皆空是由有化为无，先有后无，“有而后无”“虚而不无”，空无一人。空无两字相关又相联，但在汉语中，无要比空来得早远。无在甲骨文中就有，是中国汉字最早诞生的先祖，甲骨文有三千多字时，无字赫然列于其中，因此无的通假字多，借用字多，延伸意字多。

中国百家姓是实指非虚指，秦统一关中六国后，制定百家姓，那时中国仅有一百姓氏，现在已经突破万姓。汉字的发展应该是姓氏发展的基础。无字在秦时已经借用为亡，我理解在《睡虎地秦简》中的亡字就是人逃亡，人去则无则空。由无及舞，人类没有文字时就有舞，没有舞字时就有舞蹈，有万年之前的岩画为证，手之舞之，足之蹈之。舞蹈是人类最早表现感情交流的方式，无字就有舞蹈在其中，因此无并非空,亦属实,舞蹈比战争早得多。因为舞蹈也是人类向太阳、向大地、向四季、向一切自然现象表示感情。无的用意用途广而实，也是无的借用延伸。但无和空一直携手并进，而无和舞却早已分道扬镳。

无、舞、巫的渊源很深，自有文明始，似乎就相依而立，相拥而起，相互而发。巫在中华文明中的地位应该更高、更雅、更尚。

谁能更权威地解释巫?

中国最早的词典《说文解字》中的解释是："巫、祝也。女能事无形以舞降神者也，像人两袖舞形，与工同意。"巫能通神，巫能使神降到人间，即巫能请神，巫能使神起舞，舞之人舞，舞之像人，巫能邀神一起起舞。天下还有他人否？巫之神能莫大其焉？直到三千年后，巫仍在，巫术仍通，巫技仍代代相传，巫舞依然舞之人舞。

最早的甲骨文大约出现在商朝的前中期，公元前 21 世纪，据统计，现在发现的甲骨文中，最多的是记述巫的活动，占卜和卜辞，也就是说甲骨文作为国家文字，是记载国之大事的，而巫之活动、巫之语录，皆国之大事也，可见巫的地位、巫的作用。在中华文明乃至世界古代文明，记载最早的人之语录的不是孔子的《论语》，不是耶稣的《圣经》，也不是释迦牟尼的《佛经》，应该是巫之言、巫之行也。在夏商时代，巫的地位无可替代，至高无上，他甚至可以左右王命，王也要敬其三分。巫可以敬天邀神，他可以与天通与神通，他可以得知一切，预知一切。王的信息尤其是遥远的和将来的，都要靠巫的卜卦；王的福、祸，甚至王的喜、怒也要靠巫来祈祷。夏商时期，祭天乃国之大典，其隆重至举国之庆。祭天之典，完全要听从巫之安排，从祭礼、祭典、祭品，无一不是巫亲点亲定，那时那刻，巫将从天上迎神到地，天神依附在巫，巫又跳又叫又唱又念又舞，直到几千年后我们仍能看到"跳大神"的，觉得可笑，但那时那刻从君到臣、从王到民，无一不觉得神圣、庄重。五千年前的巫，神圣不可侵犯。商之中兴王武丁王，开疆扩土，政通人和，在商王朝 629 年中，是最有作为的君王，他笃信占卜，无论国之大事、王之家事，上至出兵伐夷，下至爱妻妇好怀孕生产是生男生女都要巫打卦占卜。武丁要狩猎，去何地狩猎，狩猎能否有所收获？狩猎为何物？武丁出行前都要巫做主。我曾掩卷而思，巫的占卜打卦靠得住吗？如果信口雌黄，百占而无几中，君王何以得信，巫何以能活，巫的巫术何以能取信于君王？据甲骨文记载，叫“谷贞”的巫就多次占卜且多次言中，一次为武丁王占卜去狩猎，何时出行，行向何方，何处遇何兽？狩猎得虎、鹿四十、狐一百六十四，让人难以置信。武丁是个很有作为的大国之君，多智而狡黠，相信靠胡言乱语、指天说神肯定不行，骗一时一事易，骗数年、数十年难。巫最终走向分化，东周末期已出现了占星术、堪舆术。又演衍出许多惊天地泣鬼神叫人不敢相信、又不能不相信的故事。巫术至今让世人仍觉得不解，只感到随着科学技术的发展，随着已知世界的扩大，未知世界不是在缩小而是也在扩大。

巫和医是同源。巫在前在先，医之源在神农，神农尝百草而为人治病。由史推论，神农为夏王朝时的人，活在公元前 21 世纪，神农应是当时的巫。巫为医始。

中医，中华之医，如追溯到夏时神农也已经 4000 多年，应是世界上最古老的医术。在中医中，几乎无物不可入药，又几乎无物不可医病。所有植物的根、须、叶、枝、茎、籽、花，所有动物的骨、皮、壳、甲、指、牙，爬虫、毒虫、恶虫、飞虫、蚊虫等等多是配药的良材，包括名医名药师都很难说全中医中药的全部。即使明之李时珍的《本草纲目》也只是以一管窥豹，世界之大，万事之多，何能言尽？而这些药的搭配则是一种不折不扣的巫术。已经有 4000 多年历史的医术，至少从源头上是巫术。把十几种甚至几十种植物的根、叶、花、粉再配上昆虫的幼茧、蜕皮、牙骨、全尸，再加上一些动物包括象牙、虎骨、穿山甲的鳞、金钱豹的齿、犀牛的角等等就可以治病，而且各种药材各配置多少，并没有统一的标准，很多是凭手感的脉象、眼观的现象、闻问望切而定方子，谁也说不明白，为什么这味药多一克，那味药为什么要少一克，为什么这味药要抓这么多、而那味药要抓那么少？这就是巫之根本。足显医之根在巫、医之源在巫。曾经请教过一位中医名家，一样的病，同一个病人，请十位中医大家把脉看病、抓药、医治。比较十张药方，无一相同，即使有的配药有相同的几味，但药量也不同。结果是病人痊愈，都能治病，都能治好病。中医太神奇了，奥妙深如海。其妙其神，不可思议，更证明其源为巫，不能数典忘祖。巫对中华文明的贡献堪称伟大，没有巫的出现，会是中华文明的缺憾，会迟滞中华文明的步伐，会影响中华文明的灿烂。

巫终于走到历史的终结点上。

在中华文化中，似乎没收有比巫寿命更长的文化现象，它诞生于远古，步履整个中华文明的五千年历史，似乎终止于中国的改革开放。巫这位历史巨人，像远古时期的巨兽，像6500万年前的恐龙，最终变成美丽的传说和故事，变成不朽的化石和遗迹。

20世纪30年代，在中国北方很多农村还能看到巫的行迹，看到巫的再现，那很可能是五千年前的巫，很可能是中华文明古化石的复活。

久旱不雨，禾苗尽枯，求雨的队伍在酷暑赤日下在巫的带领下走向太阳。烈日高照，汗滴一入土即化为青烟，队伍抬着三牲四禽，抬着纸糊泥塑的玉皇大帝、四海龙王、太白金星；所有男人全部赤裸脊背，一齐跪倒在炎炎烈日之下；三牲头颅下插起燃烧的三炷香，鸽子、鸡、鸭、雀被割开喉咙，鲜血滴在酒碗里，巫此时把血涂在脸上、背上、胸前，仿佛是图腾、是古文字，也可能像鬼符神幡，然后都伏下，跪下，向着太阳，向着天空；巫开始闭眼，开始打坐、开始念咒、开始诵颂、开始嚎唱、开始摇晃、开始作法、开始对天呼喊，对天诉说，对天像蛇一样扭动身体，对天像龟一样四肢慢慢挪动，对天像朱雀盘旋而起，作迎风状、作淋雨状、作爬出状、作心诚状、作迎接状、作恭敬状。巫被后人称为巫师，的确不简单，他能把那么复杂的事项和众多心理都用动作表达出来，这类独舞不是一般人能够跳得了的。然后所有人跪拜天，跪拜神，一起虔诚地跪拜巫。巫的传统五千年基本未变样，一脉相承，代代相传，而且是口传身教，巫的神奇，巫文化的魅力。

20世纪60年代末，我去山西农村插队，曾目睹“巫的风采”。巫在那个时代被鄙视为“跳大神的”俗称：神婆神汉。神婆神汉跳大神都是在半秘密的状态下进行，他们应属于“坏分子”，五类分子中居第四位。但社员们都在默许中认可。

去时，神汉已经开始作巫术。开始“跳大神”了，小屋的四角各点着一盏小灯，中央有一案台，供着符画，插着三炷香，案头下面放着三只火盆，火盆上正在烧着三色纸，烟熏火燎。神汉在极认真极专注地打坐念诵，然后烧符，点燃杯中烧酒，连火带酒一饮而尽，手指南头甩北，脚踢东腰拧西，真乃手之舞之，足之蹈之。俄尔一跃上炕，俄尔一跃下炕，指东有东边的词，指西必有西边的词。请巫作法的原因不外有二：其一是认为屋中有邪，室内有魔障，驱鬼除妖。其二是家有病人，无医无药，或久治不愈，请巫用法术治病。看得清楚，神汉汗流浃背，上衣几乎湿透了。小屋上下左右，犄角旮旯都要跳到了，念到了，此术要功夫。不知何时神汉开始唱将起来，“上天无路往西行，入地无门东方升……”四二拍，阴声韵，北路梆子的曲，爬山小调的词。听起来挺有韵味，可能是巫文化的一部分。巫除了驱邪除魔赶妖，尚能治病驱痛。但见端一大碗，将病人从炕上扶起，几经念咒，几经烧符，几经上下按摩，几经掐头火罐，然后伸舌，以利刃轻割舌底血脉，但见其血外流入碗，血竟然呈黑紫色，着实怕人，几近一碗。让人吃惊，让人害怕，没想到神汉送神回归后，病人竟然下床能行走，这几近神话。

几十年后回村叙旧，和老得几乎没牙的乡亲们坐下说旧，无意中聊到巫，说到神婆神汉，没想到他们说得更神、更传奇。有的还能哼哼出神汉跳大神时唱的“神曲曲”。但也就到他们这代人，巫便彻底绝根了，灭亡了。问起现在年轻人信什么来？没想到老乡亲们异口同声，年轻人现在只信三大神！问哪三大神呢？说：手机、麻将、钱！

朔风扑面，猛然间想起杨慎《江仙》的两句词：古今多少事，都付笑谈中……

追踪中国车

一

那是我第一次见到 2500 年前的中国车。

20 世纪 80 年代末，我在山西太原第一发电厂采访，看到厂区有一大片用草绿色的帆布蒙盖的施工区，厂领导告诉我，那是电厂改扩建时发现的春秋时代诸侯的陪葬车马坑。我出于好奇要求下去看看，经厂方和考古队联系，由考古队的人带领我走进考古现场，没想到那是那么庞大的车马阵，浩大、庄严、肃穆，车挨着车，马靠着马，像等待检阅，又像等待进军;像在展示威武，又像在昭示王权。2500 年前，那是何种的场面、何种的气势、何种的威严、我真没想到，一步竟然迈过了历史的长河。我细细地看每一辆车、每一匹马，只有你走进现场，你才能感到它们还存在，还有灵魂、还在召唤、还在倾诉。那车是中国车，是中国乃至世界最古老的车，车轮落槽，车轴着地，车辐清晰分明，车厢依然旧貌。车车紧靠，车轴相望，车阵前后呼应，车辆左右排齐。时至今日仍让人感到有一股冲天的气场，森森之阴，难饰威威之气。那是 16 辆春秋时期最威武、最现代、最豪华、最时髦、最有代表性的中国车。在车前有白骨森森的 46 匹骏马的遗骸。岁月把一切能掩饰的都掩饰了，能隐藏的都隐藏了，但那些体形强大的马骨却能无言地证实一切。那些驾马长腿瘦腰高脊长颈，专家说是典型的蒙古马，且都保持一样的标准体姿，头都朝着一个方向，甚至腿都保持伸曲一致。显然这些马是被杀死以后，又以统一的姿势按其生前的位置摆放的，悲乎哉？但侧耳似乎能听见马嘶车鸣。在殉葬的 16 辆车中，只有一辆是国舆车，据我目测，这辆国舆车要比左右呈方形的车大三分之一，此车正是这座大墓的主人，春秋时期晋侯赵鞅所乘。但我注意到，国舆车的驾马依然为驷，赵鞅似乎并未僭越，春秋天子驾六。

赵鞅听起来生僻，但提赵简子相信大家熟悉，因为我上初中时就学过语文课《中山狼与东郭先生》，其中追打中山狼的即是这位赵简子，东郭先生一生骗过多少人无案可查，但他成功地骗过了赵简子是众所周知的。

山西太原电厂就是赵简子的归宿，好车好马好威风。

我曾到河南洛阳东周王城遗址参观，这是东周时代的一座王陵地宫。其中陪葬的车马坑南北长 42.6 米，东西宽 7.4 米，陪葬的车有 26 辆，马 68 匹，是一支雄伟、庄严、浩浩荡荡、神采飞扬的天子仪仗队。最引人注目的是周天子乘坐的是六匹驭马拉的天子驾。这就是史书上记载的“天子驾六”，这也验证了《古文尚书》中所言：“天子驾六马，诸侯驾四，大夫三、士二、庶人一。”“周礼”规矩何其大，等级何其严，封建社会“礼仪”何其分明，天子驾六，而赵鞅诸侯也，只能驾四。

马车在中国历史上无可替代，那中国的马车起始于何时？何时驾车驰入中国的历史？

据《史记·夏本纪》记载，大禹治水时，“陆行乘车”，那就是说大禹有车，出行有车，以车代步。也就是说在公元前 21 世纪，中国已经有车，且已经有了乘车。在大禹治水时，治水大军中不但有民众万千，而且有了拉土拉石的运输货车。据专家考证，一辆车的运输能力，在当时应是一个人力的 20 倍。大禹治水的队伍中搬石运土的主力军应该是车。

据史料记载，车的发明人叫“奚仲”，“奚仲作车”，再无详文。但这一句也说明发明权应在奚仲。奚仲应为夏王朝时的人，其生平背景不得而知，据《左传》中记载，夏王朝时，曾封奚仲为“车正”，我以为其官职应相当于现在的交通运输部长，是不小的官职，也说明奚仲发明的车对夏王朝的建设起了极大的作用，有论功行赏的成分，而且是奖赏并重，封官封地，奚仲封地为薛，应在今日山东滕县一带。但《作篇》一文中说："相土作乘马。"相土是商人之先公，说这位相土才是最早驯服马匹并用马匹来拉车的人。

我翻查资料，人类驯服马的时间大约应在3700多年前后，牛则在马之前就被人驯服，应在4000多年前后，现在似乎没有人提出疑问。而大禹生活的年代，马尚未被人类驯服。因此大禹所使用的车辆只有两种可能，一为人力车，一为牛拉车。但有一点似乎得到佐证，夏人已经使用车，在殷商的甲骨文中，车的出现很频繁，车是甲骨文中第一批破译的文字。《考工记》中就有"周人尚车"之说，说明周人的生产力是发达的，生产效率是比较高的，车的应用也越来越广泛。中国车应该在4000年前就已经制成。奚仲制造的车是中国第一车，也极有可能是世界、是人类第一车。

如果能考实"相土作乘马"，那么从商代公元前17世纪始，马拉车便登上了历史舞台，它成了中国一种政治、文化、社会建设、生产建设乃至军队建设的标志，成为中国各阶级生活中不可或缺的宝。中国有句老话：宝马配雕车。说明人的身份、文化、地位、档次，车一旦出世，历史的必然使其走向华贵、奢侈、高雅、显赫，人类社会再也离不开车。马车也开始实现社会分工，要么走向贵族王室，要么走向生产生活，要么作为战车走向战争。

二

车，神奇的车，一旦为人类创造，人类就离不开它，越来越依靠它。从夏商一直相依相伴走到今天，走向未来。《诗经·鹊巢》中吟道："之子于归，百两御之。"诸侯要娶亲，须有百辆车迎亲，看来中国的风俗越千年而不衰，即使是2500年以后的今天，迎亲的队伍依然是"百两御之"。全靠车在风光，全靠车在威风，全靠车在摆份、显阔、闹喜。车的装饰，讲究规矩大了，内有内饰，外有外饰，追求豪华、奢侈、漂亮、高贵，天子之车分为王路、金路、象路、草路、木路，车饰分为玉、铜、象牙、皮革、木质，穷其所能，华丽无比，一辆车就是一座小小的宫殿，一辆车就是一辆小小的宝库；车的横栏不但要装饰成黄金的，而且还要装饰上闪闪发光的珠宝。车上有金帐，帐上有华盖；四周有彩旗，左右有飘带；车辆的轴帽，车的轭，上车的登梯，车门的把手都要饰金；车厢四周要饰以反光的云母，錾有金花、金树、金鸟、金兽。上有所好，下必甚焉。天子如此，诸侯何以等闲？况且礼崩乐坏，车就是身份的象征，这种车的意识一直延续至今。不观人，只观车，就能知道车中大臣为几品几级，车是历史的见证。

庄子曾经讲过一个很有意思的寓言，其中讲到车的价值。和庄子一块穷过的曹商得到宋王的赏识，庄子之言，宋王送给曹商“几乘”，标明曹商自此有了身份，不再是贫士。受宋王之命出使秦国，可能曹商此人确有小才，得到秦王重用，标志之一是赏赐“益车百乘”，这在当时是件了不得的事。诸侯迎亲不过“百乘”，而曹商凭一嘴得秦王“益车百乘”。曹商气派异常，得志猖狂，率百乘直趋庄子的住处，可谓惊天动地，车隆马嘶，估计把庄子的破庄院围得水泄不通。

他要羞辱庄子一番，让庄子开开眼，看看什么是百乘之主。人不重要车重要。没想到庄子云：“秦王有病召医，破痈溃，座者得车一乘，舔痔者得车五乘，所治愈下，得车愈多，子岂治其痔邪？何得车之多也？”庄子真智慧，庄子真淡定，但庄子也说出了一个事实，车子胜过黄金，车子等同于官职。车是人身份的标志，春秋时期，不仅以衣冠取人，更以车取人，车厉害。

司马迁也讲了一个很有意思的故事。

战国时期著名的四大公子之一，齐国的孟尝君门下曾有一食客，穷得几乎一无所有，却弹铗而歌：“长铗归来乎，出无舆。”可见车在社会生活中的地位，以至于2500年后，其弹铗而歌之声未绝。柳亚子诗云：“夺席谈经非王鹿，无车弹铗怨冯驩。”“狡兔三窟”就出自这位一穷二白的寒士，而秦王被冯驩说动以后，“乃遣车十乘黄金百镒以迎孟尝君”。遣车十乘已乃国之大礼也。

中国车最早是独辕车，车辕在车的中间，两边有辕马两匹，在辕左右，夹住辕，称之为“股”，另外两匹马在外，现在称之为拉套，当时谓之“骖”，四匹马拉一辆车称之“乘”。马车以乘为单位大概有

2500年矣，以后称谓变为辆，变为挂，变为套，乘的消失应该在两汉以后。

车讲究，拉车的马亦讲究，体现了那个时期中国上流贵族社会对美和奢华的追求，也透视出中国文明的进步。

《诗经·小戎》中有歌："四牡孔阜，六辔在手。"多么威风，多么漂亮，多么耀眼，多么令人羡慕。一色四匹公马，健壮、威武、气派，大小高低一致，一色的皮毛，溜光水滑，高大健美，随着马缰的抖动，四匹精心选挑的高头大马齐步跑来，车上的装饰耀眼光闪，马上的饰物鲜明美丽，车辕、车帮、车厢上旌旗猎猎，英雄名马高车，当时世人之追求也。

公元1980年在秦始皇陵墓封土西侧仅20米处发现一大型葬坑，这就是让后人震惊的铜车马坑，出土了两乘铜车马，出土时都已经被压成碎片，经过专家整整8年的修整，终于把压碎成3000多片的秦始皇御用座驾修整成我们现在看到的秦王朝的铜车马。而出土这两乘帝驾的一号坑和二号坑总面积达3000多平方米，也就可以看出秦始皇御车车房的豪华，堪称天下第一车库，时至今日未曾听说谁的车库单车车库面积超过1500平方米。

秦始皇一统天下，成为千古一帝，气度非凡，其礼仪也开天辟地，别出心裁。秦始皇的帝驾分为大驾、法驾、小驾，何时出行，出行何处，为何出行，车杖队形都有严格规定，秦始皇是想给他的千世万代后世皇帝立帝规，因此，出行车队如何排列，多少车马都行之有矩。"法驾，上所乘曰金根车，驾六马；有五色安车，五色立车各一，皆驾四马，是谓五时副车。""华丽精美，规范典雅。"法驾就是秦始皇帝驾所在车队，从车有36乘，金光闪闪的金根车在前，装饰华美的副车车队相随，旌旗招展，彩练飞扬，高大健勇的御马官衣冠鲜艳，难怪刘邦看后悄然长叹：大丈夫当如是也！这也是他造反有理的一股动机。

秦陵车马坑出土的这两乘车马，可谓空前绝后，天字第一号，真正的高大上，一览众车小。这两乘铜车马，一曰高车，一曰安车，车不同，其使命亦不同。

我书架上摆着一辆秦陵车马坑出土的铜车马的工艺品。这辆车其名曰高车，亦称立车、戎车。“高车，其盖高，立乘载之。”若在车上，手扶金横栏，检阅军队，视察百姓，传威播礼，抚慰四方。高车的装饰是华丽中的豪族，无车能超越它。“立乘曰高车，坐乘曰安车。”我认为高车是皇帝的检阅车，因此，高车上还载有铜弩、铜盾、铜箭镞、铜戈等兵器，既有保卫示威之用，亦有礼制“征伐”的象征。最让我感到不可思议的是这辆高车的车厢后有一人字形的器物，经询问，此乃“车撑”，它的作用是在车停下以后，为了减轻辕马的负担，把“车撑”撑在车辕下，让辕马放松。这种“车撑”我就亲眼见过，而且不是什么新鲜工具，我在农村时，生产队的大车都有一个“车撑”，连名都没变，当车停下来时，车把式都很习惯地把“车撑”拿出来支撑在车辕下，让辕马轻松轻松，二千多年足够漫长，“车撑”依然是“车撑”，我不知是应该由衷地赞美我们的祖先智慧文明呢，还是夸赞我们这些祖先的后人永远忠于的发明制造而故步自封呢？至少2500多年过去了，车不变，“车撑”亦不变。

而“坐乘曰安车”，这辆安车出自秦陵2号车马坑。安车设计和制作得更讲究实用，更具科学性。其车厢分前后两室，前室小，后室大，前室乃御驾者，从左侧门登车；后室大，宽绰，是秦始皇的专座，可坐亦可卧。车门在车厢的后侧。在前后室之间的隔板上，开有一个小窗，窗上方有活动铰链，可以拉起也可以拉闭，这和我们现代汽车上驾驶员和主人之间的隔窗可以关闭也可以打开的，设计几乎完全一样，谁能想到始自公元前221年秦人的聪明和智慧呢？车厢两侧各开一双层小窗，外层窗板呈镂空菱形花型，打开内窗有外窗相隔，外面看不见里面，里面却能看见外面，如果车内热便可打开内窗；天气冷，便把内外窗都放下，调节车内温度。莫言刘邦、项羽望之想入非非，就是今人也为秦人的这些设计感到由衷敬佩，自惭自愧矣。而秦始皇多次出巡直到病死在出巡的途中，乘坐的正是安车，亦称辒辌。我在西安兵马俑博物馆参观这两辆镇馆之宝时，曾产生过两个疑问，请教专家亦未得到满意的答复，之一：秦始皇乘坐的高车、安车为何是四驾，而不是六驾八驾呢？周天子时就曾有过八驾，后亦有“天子驾六”的礼仪，为何这千古一帝任何事情都要超越前朝不同于三皇五帝，而独独高车、安车只驾四马？之二：秦始皇出巡非出游，很重要的一项工作是镇抚地方，且在外巡中继续办公。秦是大一统的国家，国家权力高度集中在秦始皇手中，他每天在宫中都批阅120多斤的竹简公文，如若此，秦始皇出巡中应该亦如此，阅读公文呈件是必不可少的，包括询问随行的大臣，那么为什么秦始皇没有“公车”？是没有还是尚未出土？秦始皇一出行往往以十数天、数十天计算，那么他们正常生活就应该在车上，为什么没有专门用于生活的“寝车”？从已经出土的高车、安车的设计和制造上看，秦始皇拥有“公车”“寝车”“餐车”等等都是合理的，也应该是必备的。秦始皇陪葬的兵马俑坑那么大，兵马俑几乎是秦军的缩小版，为什么他的车马坑仅仅只有1号坑、二号坑？坑内只有一车四马？

三

中国车也是世界人类第一辆战车。

据《尚书·甘誓》上记载，夏王启与扈氏在“甘”之地发生战事，夏王首先把马车用于战争，作为两军相争中的战车。夏王启应为中国伟大的军事家，对战争的创新思维和创新战术值得大书特书。夏王启把中国车用作战争开启了战争的新阶段。夏王启在公元前21世纪就把战争推向战车之战，在人类历史上亦为首创，夏王启赋予中国车新的历史使命。

到商汤伐夏桀时，战车已经成为战争中的主力武器，决定着战争的胜负。大量使用战车是战争“现代化”的标志，在商王朝时代，战车是最先进的兵器。商汤为推翻夏桀一次就出动战车70辆，武王伐纣，率三千人，车三百乘，制纣于牧野，逼周纣王自焚朝歌。到东周、春秋时代，战车出战规模愈来愈大，战车交战，集团冲锋，成为那个时期战争的特色。战车甚至直接决定战争的胜负，战车直接标志着国家的强弱。要称霸诸侯国，战车几乎是唯一的“硬件”，决定国力的第一力量是战车。春秋五霸，霸霸皆万乘之国。历史上最著名的“长勺之战”，齐鲁两国之战，就是战车与战车的较量，鲁国依靠曹刿的作战理论：“一鼓作气，再而衰，三而竭。”打败了齐国，齐国军队败退，即使如此，曹刿作为军事家，他可能是中国第一位伟大的军事家，亦是战车战的专家，因齐国是大国，大国难测，“惧有伏焉”，因此“下视其辙，登轼而望之”，才敢下令追杀，其中曹刿“下视其辙”，察看其战车的车辙是否真乱，是否大乱，战车真乱、大乱说明齐国是真败了，可见两军交战，战车之战是关键，甚至有些像第二次世界大战中的欧洲战场。

齐国诸侯齐桓公认真总结败鲁教训，认为长勺之战败在兵力不足，兵力不足不是人力不够，而是参战的兵车太少，未有大国之威。欲要称霸，横行天下，必须扩军备战，重点就是打造兵车，让齐国拥有举世一流的战车军队。于是“修兵同甲十万，车五千乘”，扩军首先要扩兵车，打仗首先要拼兵车，已然在诸侯间形成共识。一次次战争的胜负让诸侯们看明白了，兵车强大，国才强大；兵车少弱，战则必败。春秋时代两大国交战，出动数百辆兵车已不再惊天动地，动辄出兵车千乘那才是大决战，国与国之间的争霸战。

国威、军威看兵车，称霸与被人霸亦看兵车。

千乘兵车相战，阵容极其庞大，战术也日益讲究，研究兵道必研究车战，指挥战争必先指挥车战。《左传》记载齐桓公五年曾打出一种“鱼丽之阵”，这种兵车的战法是每 25 辆兵车组成一个战斗群，有主兵车，即指挥车，有副主兵车辅助指挥，一旦主兵车发生死伤，副则正也。两个乃至数个兵车战斗群互相策应，互相掩护，形成波次，而步兵则散处在战车周围以战车为战斗核心，以战车作掩护，与战车呼应合作。这几乎和二千多年后的现代化战争中的坦克集团军作战的原理甚至战法几乎都一样。我们的先人堪誉伟大。

那个时期的兵车实际载员是三人，一名为驭手，负责驾驭兵车，车厢中左右各有一名战斗员，一名持戈负责拼杀，另一名是持箭士兵，负责射杀。车战此骑兵相拼还要残酷，骑马相斗可以相拼数十甚至上百个回合，而兵车不同，两车相斗，近在咫尺，戈之相斗未果，箭兵已经发射，几乎是在瞬间，一箭毙命，因为是兵车集团作战，其箭兵尚未回身可能已被另一兵车上的戈兵刺穿胸膛。因此兵车相战时期绝无常胜将军，也不会“剩下”五虎上将。

中国有一出传统京剧《辕门斩子》，所谓辕门，就是军队平地驻扎，何以为营，何以为寨？辕门即是把军车并排排列成营成寨，其进出口即是由两辆车排成车门，进出皆由两车之辕通过，军旅之间，称其为辕门。据史料记载，战国晚期，赵之名将李牧与匈奴相战，军营即由军车所围，似铁桶一般，匈奴骑兵几次冲锋皆折戟而归。当时李牧在雁门关外摆开战场与匈奴决战，一次出动战车竟达1300多乘，骑兵13000多人，步兵15万多人，其中弓弩手就达10万，那战场的规范和激烈程度绝不亚于其后二千多年的任何战争。

公元1996年我去甘肃武威雷台参观雷台汉墓时发现，东汉末年的车马已然进化到双辕单驾了，比原历史记载要早二百多年。中国车由单辕向双辕的进步整整走了二千多年，有时候科学进步的一小步，在人类进化史上竟是漫长的一大步。双辕比单辕驾车更科学、更自如、更先进，也更容易。这可能和我们现在的拉杆箱一样，看起来很简单，很容易，甚至有些不屑一顾，但由手提到拉杠，人类的这一小小的进步却整整花费了数十年。

雷台汉墓出土文物中，有数辆东汉时期的马拉车，其车车轮都高大，高出车厢半截，且车轮的条辐呈放射状，这是东西两汉车的不同，东汉的车更科学、更实用、更利于操作，这也是从实践中来。东汉时期车的车厢高低和拉车的驾马大腿根相齐，太矮了不行，驾马使不上劲；太高了亦不行，驾马驾之难受，只有找平了才能即省力又自如，缓快由它，驾驭自如。古人只说伯乐，未言是哪位高士改造的马车。汉时马车的车辐一般为十二条，大的也有十六、十八条的。古时候的车轮一开始时是实心的，并未有条辐，到春秋后期逐渐摸索改造，车轮一度曾出现过30根车辐的，到东汉的雷台出土的马车，就已经规格为

12 根条辐了。

至东汉，中国车又细分为公车、轿车、马车、牛车，甚至羊车，而这种“小车”，原本是为了皇帝在后宫来去方便，由牛、羊驾驶，以至发展到晋武帝在后宫乘羊车临幸后宫妃子，以致于后宫佳丽纷纷在院门口撒盐栽嫩竹以吸引羊停步以召皇帝宠爱，那都是后话。但东汉时期的牛车也盛行，在雷台出土的卤薄队伍中，最后就有一辆牛车，据专家考证其为福车，驾车的老牛为牵牛星，在二十八宿星中有排列。我曾十分认真仔细地观看那辆牛车，谁都没想到，我有些黯然伤情。

四

何以黯然伤情？我感到中国车自东汉始，至少到我去农村插队时几无再进展、再变革，岂不悲哉悲乎？

1968 年我去农村插队，我们生产队有三种车，一是一辆胶皮大车，骡子驾辕，两边有两匹马拉边套，那是生产队的看家资产，宝贝中的宝贝。还有一辆小胶皮车，是胶皮大车的缩小号，由一头大灰驴拉着。最后有一辆又旧又老的牛车，这辆老牛车从头到尾是全木头的，连车轴都是一根榆木制的，我问队长这车的来历，队长说有互助组就在，在地主富农家时就出过力，老资格啦！每到出车，饲养员把一头老黄牛牵到辕上后，都要拿出一瓶子煤油用毛刷子醮着给老轴加油。即使这样，老牛拉起这辆车来车轴也要吱吱呜呜地作响。这种大轮木车的木轮虽然很高很大，我估计直径应在 1.5 米左右，但木轮很窄，大概只有一寸多，牛又走得慢，走起来摇摇晃晃的，在木轮的轮箍上，每隔三寸左右就钉一枚大头的铁钉，可能为了加固。但这种牛车如果走在平硬的土路上，能把人颠得头疼头晕，我曾坐过，也甚奇怪，车的起伏并不大，为什么颠得让人那么受不了呢？原理很简单，硬碰硬，此车一点缓冲设备全没有，估计二千多年前最古老的中国车就是这样，想来秦始皇的高车、安车可能并不美。想起鲁迅先生的一段话，他说他曾经也想当皇帝，后来到故宫参观了一次，看了皇帝的龙椅，他决定不当皇帝了，因为当皇帝的滋味并不好受。

想当初英国特使马嘎尔尼访华，也多受了这种古老的木轮车的折磨，因此这位特使宁愿走着也拒绝坐车，但他在见到乾隆皇帝时，送了许多高科技的英国产品，包括洋枪、洋炮，也有讨皇帝好的自鸣钟和八音盒，但还有橡胶产品，包括一辆有橡胶轮胎的马车，但这些礼品直到67年后英法联军攻进北京，发现马嘎尔尼代表英国赠送的礼品依然原封不动地放在库房里，京城里依然跑的是吱吱呜呜作响的大木轮木车轴的老古董车……

诡秘的堪舆术

一

1973年12月,湖南长沙马旺堆3号墓出土了一批极其珍贵的竹简，922支，当时清理出来的墨字最多的一支有29个字。帛书大约有28种共计约12万字。这批珍贵的文物可谓无价之宝，其中有部分竹简和帛书中论述中国古代的“四术”，即占星术、堪舆术、炼丹术和房中术。日本记者鬼头大,当年有位日本记者还不知道通过什么途径获取了“房中术”的一部分整理文献，这位日本记者在日本杂志一发表，引起了世界震动，至迟在公元前1世纪中国人就已经对人类的性科学进行探求，对人类的性交、受孕、生产、哺育进行探求和揭秘，是不是可以这样说，当西方人还沉浸在亚当夏娃的男女传说中，东方的中国人就已经开始在研究两性相交怎样才能更和睦、更相谐、更自然、更科学、更养生，难怪世界医学界、学术界震惊，日本记者也出了大彩。专家在清理这些文献时，采用不诠解、不断句、不注明、不分章节，但日本专家能看懂。日本专家还潜心研究中国的其他“三术”，愈加发现其水深矣，其深莫测矣；信乎不信乎？二千多年前中国对未知科学界的探知究竟有多深多远？

孔子曾言：“昔尧取人认状，舜取人以色，禹取人以言，汤取人以声，文王取人以度”。无论是《左传》《国语》，还是出土的战国楚竹书，或湖南长沙马王堆出土的竹简、帛书，都可以看出，堪舆术远在春秋已经形成。所谓学富五车，才冲八斗，必有占星术、堪舆术。

说个《国语》中的故事。

叔向是春秋时期晋国之名臣，其弟叔鱼从出生之日就被其亲生母亲羊舌姬认为不会有好下场。母亲赌咒亲儿子，且出语之狠之毒，实难令人相信。原来此母深谙堪舆术，俗语会相面。以羊舌姬之论：“虎目而豕喙，鸢肩而牛腹。”叔鱼生得虎眼猪嘴，鹰肩牛腹，这种面相为何能决定孩子的一生，为何能一面定终身？羊舌姬作为母亲一定也很痛心，她并未向叔向解释这一切，说明她很自信、很有把握。中国有句老话，三岁看大，七岁看老，这可能就是一句堪舆术的谶语。羊舌姬给自己亲生儿子下的断言：“溪壑可盈，是不可餍也。”让人不可思议的是，实践证明，羊舌姬作为母亲，给儿子下的“毒语”不幸而中，叔鱼长大成人后，贪得无厌，不择手段，接受贿赂，弄权公堂，结果死于非命。

还是这位羊舌姬，其儿叔向生一儿子名曰杨食，羊舌姬闻之欣往，看其孙也，到后杨食正大哭，小娃娃哭是正常的，不正常的是，羊舌姬听后看也不看，扭头就走，临走郁郁留言：杨食的哭声非同一般幼孩，乃是豺狼之声耳，此声大不祥，今后羊舌氏遭灭宗之灾，灾星就是这小子。从古至今没见过如此诅咒自己亲孙子的奶奶,可谓恶毒之极，似有不共戴天，恐怕为天下人所不容。你就凭幼儿一阵啼哭就能判断此孙子将会给整个家族带来灭顶之灾？此言重矣！此言毒哉！但让人难以置信的是正是这个杨食，到晋顷公时，杨食果然因罪被杀，而且祸及整个家族，被株连灭族。羊舌姬之言半个世纪后竟然被无情验证。信不信由人，可查阅《国语·晋语八》，想必《国语》不会枉语,《国语》不是野史，更不是小说。当然，也可能是巧合。

《史记》上记载的春秋四大刺客之一专诸刺吴王僚，成就伍子胥帮助公子光夺取吴国政权，灭楚报仇。这场惊天地的宫廷政变的关键是要找到一位刺客，由其一剑推倒“多米诺骨牌”。专诸不像荆轲，但求一剑封喉，不图其他。没想到伍子胥亦堪舆高士。《吴越春秋·王僚使公子光传》中记载，伍子胥看到专诸“碓颡而深目，虎膺而熊背”，“知其勇士，阴而结之，欲以为用”。伍子胥没看走眼，专诸果能担当大任。

春秋越国大夫范蠡亦堪舆大师。越王勾践灭吴称霸，范蠡“自齐遗大夫种书”告诫文种大夫说，飞鸟尽良弓藏，狡兔死走狗烹。“越王为人长颈鸟喙，可与共患难，不可与共乐，子何不去？”文种不听，留恋高官厚禄，也可能不信范蠡的堪舆之术，不相信单凭其长相，就能下断语，言越王勾践只可共患难，不可与共乐，是否范蠡有偏见，有误解，有深意？但实践证明，范蠡之言果然，其言已中。越王容不下大夫文种，赐种剑死，理由竟然如此：子教寡人伐吴七条妙计，寡人仅用其中三条就灭了吴国宰了吴王阖闾，现在你怀中还揣着其余四条，我实在不敢让你伺候我，“种遂自杀”。想必司马迁不会造史，司马迁也不必作假。可查阅《史记·越王勾践世家》。

《史记·秦始皇本纪》中说大梁人尉缭得到秦始皇信任，秦始皇礼待尉缭，“见尉缭，亢礼，衣服食饮与缭同。”秦始皇能这样对待一位大梁外来客实属不易。查看秦始皇一生如此礼待人的非尉缭似再无他人。尉缭也是得以近距离观察秦始皇。请看尉缭对秦始皇的评价：“秦王为人，蜂准，长目，挚鸟膺，豺声，少恩而虎狼心，居约易出人下，得志亦轻易人。我布衣，然见我常身自下我。诚使秦王得志天下，天下皆为虏矣。”尉缭真高人，观人入骨入髓，入木三分。基本上绘出秦始皇今后十年的奋斗蓝图。实践证明，其言俱实。“天下皆为虏矣。”尉缭也真有眼光，也真有自信，察觉秦始皇此人之作为，三十六计，拔腿逃生。秦王待我再好，此地非久留之处，“乃亡去”。

不仅《史记》，再看《左传》。《左传·文公元年》中记载，楚成王想立商臣为太子。王立太子，是国之大事，交朝臣议，令尹子表示反对，其反对的一个重要理由是商臣“蜂目而豺声”，商臣的长相和说话，大臣们都熟悉，但无一人提出异议，其中一条理由是满朝文武俱不识堪舆术，只有令尹子精通；当然也可能早满朝文武慑于王命，有知道一二的也缄口不言。令尹子不同，他认为商臣的面相声音已决定了他的性格和人生，楚国不能交给他。因为商臣这种人做事残忍，不讲人情人性，一旦得势，必将为所欲为，绝不会以国家为重。楚成王不信那一套，血统的力量压倒了堪舆术的导向。商臣被楚王立为太子。但作为太子的商臣的所作所为，让楚成王彻底失望，彻底寒心，也彻底后悔，想改立太子，废了商臣。没想到请神容易送神难，正应了令尹子的忠言，商臣极为残暴，毫无人性人情，讲什么君臣、父子，二话不说，提剑进宫，一剑将楚成王剁为两截。

令尹子堪舆大师也。当他看到司马子良的儿子越椒，一惊一诧，他告诉司马子良必须把这个儿子杀掉，免得以后生祸，此人面相“熊虎之状而豺狼之声”，日后必有“狼子野心”，不现在杀了他，将来不但会有人杀他，恐怕祸及全家。司马子良当然不听，也不能听，孩子乳毛未干，焉能因你一句恶言就杀死他，况且你为何人，言之何据？让父杀子，你居何心？但事实难辩，这个黄口孺子被令尹子自幼就定性为狼子野心，久后必作乱，乱则必被惩。越椒长大后果不其然，不轨之心日盛，公然造反作乱，狼子野心昭然若揭，不但他被捕杀，而且株连全族。令尹子之预言真鬼使神差。

赵氏孤儿的故事，《左传》《史记》中都有记述。晋景公暮年，久病不愈，常常梦见有恶鬼前来索命，折腾的晋景公生死不得。于是让屠岸贾去寻找精通巫术的大师前来驱鬼避邪。屠岸贾找来的这位巫术大师果然厉害，索鬼、见鬼、驱鬼、咒鬼，大行巫术，让宫中人皆看得目瞪口呆，魂不守舍。最后又细细对晋景公相面看气，竟然说：“小人冒死直言，恐君王病，不能尝新麦也！”这便是历史上留下的病入膏肓之说，斯命之所属矣。站在一旁的屠岸贾大怒，言麦熟在即，焉敢如此咒大王？先将其关押大牢，若王吃上新麦，汝当死罪！不但罪不容赦，且株连家族！屠岸贾杀此术士要有名有罪。仅月余，麦热，屠岸贾让人把用新麦做的粥端到晋景公面前，再把那个巫师押到殿前，厉声言道：“新麦在此，犹患不能尝乎？”晋景公只要吃一口新麦粥，屠岸贾就开杀，他是让堂上堂下观之杀此巫师有道，此刁蛮邪恶之术士非杀不可。他像玩弄鼠之猫，问那巫师尚有留言否？没想到那巫师果然铁硬，果然自信，死硬到底，朗声答道：“尚未可知！”这位巫师是以自己生命作代价的。晋景公闻之大怒，端起眼前的新麦粥就要喝，没想到就在这个节骨眼上，晋景公突然腹痛阵阵，几不能奈，急跑如厕，没想到一阵头晕竟然眼前一黑，一头栽倒在厕所中，待左右救起已经气绝。这近乎传奇故事肯定有戏剧性，但春秋时期的谌舆术已是一种诡秘的社会行业，潜心学此术的人也不在少数。

二

我国最早的史书《尚书》中有这样的记载："成王在丰，欲宅邑，使召公先相宅。"这证明早在公元前15世纪以前，王欲宅邑，是要请风水大师来测验宅院的。至少说明占星术、堪舆术在周王朝时已经在王及贵族大臣中风行。

《离骚》开篇有两句："摄提贞于孟陬兮，惟庚寅吾以降。"堪舆术，堪乃天道也，舆乃地道也，古人云堪舆术即所谓包容天地，结合阴阳，测天地之间的八卦九星，采阴阳之间的五行气运。听着真乃神乎其神，玄乎其玄。

秦末时期，许召乃当时堪舆大家，神乎得也是见首不见尾，相人之术让人目瞪口呆，无言以对。魏豹也是那时一杰，人物也。司马迁说："魏豹者，故魏诸公子也。"趁乱造反，攻城略地，项羽"立豹为魏王"。魏王豹野心大，朝思暮想篡政夺权当朝登基做皇帝。其岳母知其有龙志，就秘招许负进府。这个女人也不简单，在茫茫人海之中能寻见许负，并能唤之入府，由此可判，此女也必有"鸿鹄之志"。她让许负为其女薄姬看相。许负相过薄姬后对其云：夫人命贵，贵不可言。日后当为皇帝夫人，生子必为天子。魏王豹听后大喜，立即请许负为自已相之，不料许负已不见踪迹。许负之逃是为逃魏豹。许负曾远望魏豹，言其一身凶相，此人无德，德不配位，祸不远矣。然直言必遭凶手，故深夜潜行，无人再见。但魏王豹依然兴奋不已，薄姬生子必天子，吾必皇帝乎？大醉。后果然魏王豹几次叛汉归楚，又叛楚择汉，最后被冤杀。其妻薄姬被献给刘邦，与刘邦生一子，即为后世之汉文帝刘恒。薄姬之母感慨甚深，令天下遍访许负，终不得见。

比许负要早350年，还有位堪舆大家，此大家为尹喜，尹喜为中华文明乃至世界文明留下了一份极为珍贵的《道德经》，没有尹喜的堪舆术，世上肯定不会有老子的《道德经》。

据司马迁记载，当老子骑着青牛要出函谷关而去时，被守关的关令就是这位堪称堪舆大师、占星大师的尹喜恭恭敬敬地拦住了，连老子也稍稍一惊。老子原意是西出函谷关直入终南山，从此销声匿迹，隐居山林，终老一生，没想到出关之际竟然惊动了函谷关关令。其实尹喜早已在此恭候多日。

因为早在数日之前，尹喜登关东望，但见函谷关以东天地之间，风云变幻，有一团紫雾升腾而起，缥缥缈缈，祥光四射，出现了紫气东来、吉星西行的天象，尹喜精通易经，观此象深知一定会有圣人过来，焉敢怠慢，昼夜不离关隘。果然有一老者身披五彩云衣，骑青牛而至。要入关西游入秦。《史记》上记载，尹喜曰："子将隐矣，强为我著书。"尹喜将老子留下，感动老子，请老子讲课，求老子著书。在此之前，老子并未写过只言片语。这次是看在尹喜一片赤诚之心上，才写出 5000 字的《道德经》，"道可道，非常道。名可名，非常名。"这是老子第一次写作，也是老子最后一次写书，从此老子飘然而去，入终南山而不知其所终。

敬佩老子，也佩服尹喜，无尹喜之礼遇、之远见、之高学、之留人，焉有老子驻留，焉有老子讲学作书，焉有《道德经》？

几乎和老子同时的赵简子，其门下有位奇人子卿深谙堪舆术，赵简子请这位子卿为他的儿子们看相，看哪位能成才？哪位能继承赵家衣钵？子卿逐一看过，对赵简子摇头，言无人能当将军。赵简子感而长叹，悲而愧然，难道赵氏将绝？恰此时，子卿又言，在外见过一孩子，如是贵公子，愿得一见。赵简子才把被忽视的毋恤召来。毋恤虽是赵简子的儿子，但既非长子，又非嫡子，且其貌不扬，性格古怪，离群索异，加之其母为狄族之女，在赵家地位底下。没想到，当把毋恤召到后，这位子卿立即恭恭敬敬地站起来曰："此真大将军也！"果然此人就是十几年后三家分晋的赵襄子，长相一般，但雄才大略，子卿一眼看穿几十年。

蒯通可谓一位政治家、军事家、战略家，如果当时韩信听蒯通之言，形成项羽、刘邦、韩信三国演义，在军事上很可能韩信横扫项、刘而独霸天下。蒯通曾用相人之术说韩信。但他确实说出那个时代的堪舆之术之要津。蒯通云："贵贱在于骨法，忧喜在于容色，成败在于决断，以此参之，万不失一。"蒯通之言可谓经验之谈，亦可谓术之要害，入门之石。所以韩信听进去了，虽然初次见面，但他感到此人非常人，此人有度，必有高论。性情高傲的韩信才曰："善。先生相寡人如何？"听蒯通之言，已分不清何为相术，何为政局，何为必然，何为后天？"相君之面，不过封侯，又危不安；相君之背，贵乃可言。"这才引出蒯通的政局大论，最后告诫韩信："归楚，楚人不信；归汉，汉人震恐。足下欲持是安归乎？夫势在人臣之位而有震主之威，名高天下，窃为足下危之！"蒯通把堪舆和政治相结合，真乃天下奇士，了不得，幸亏韩信未听，否则焉有汉乎？焉有汉族汉文乎？楚汉之战四年矣，若加这楚汉齐战之，天下苦之甚矣。

一个为父之人，敢把自己女儿的婚姻、前程、一辈子押在自己的相人相面术上，敢为此把女儿嫁给一个无赖、流氓、好酒好色的歹汉，可见此人对自己堪舆术的自信。此公不凡，应为堪舆术之大师。汉初风云人物、历史人物、刘邦之妻吕后之父是也。且看《史记》中的描绘：吕公家待宾客有约，"进不满千钱，坐之堂下"。刘邦没有一文钱，却在进门帖上写"贺钱万"。没想到吕公大惊，竟然起身下阶相迎。酒足饭饱后吕公对刘邦有一忠告，说吾"相人多矣，无如季相"。刘邦有可异相？查司马迁之言，"隆准而龙颜，美须髯，左股有七十二黑子"。刘邦最突出的抢眼处就是"隆准"大高鼻子，估计像法国前总统戴高乐一般，其福相尽在其隆。吕公也不可能让刘邦当众脱下裤子看其左股，数其黑子。吕公诚心诚意，甚至低三下四，"臣有息女，愿为季箕帚妾"。吕公是真看出刘邦有天子相了，是真测出日后刘邦有登基当皇帝之缘了。毅然决然，不管老婆哭天喊地的闹，赔上嫁妆，赔上钱财，嫁女。方有吕后一手掌管天下，一手创造历史，翻手为云，覆手为雨的一生。

堪舆术厉害！神乎哉，玄乎矣！

但到东汉以后，堪舆术似不再辉煌，至少大堂之上论之较少。少数民族治国理政后，似乎更多地注重炼丹术、房中术。

但到唐朝则不同矣，百业兴，“四术盛”，唐时曾出过数位堪舆术、占星术大师，且史上留名。

四川阆中有座天官院，正殿正堂供两位“大仙”，横匾上是四个字“天人合一”，祥云白鹤间端坐着神态飘然，深沉高端的两位“仙人”，左边那位是袁天罡，右边那位是李淳风。这两位就是唐时代著名堪舆大家、占星大师。专门为两位堪舆、占星大师树碑立传，盖殿供拜，似再不曾见，可见袁、李二位不凡。

先说袁天罡。武则天幼时，其父为唐贞观年间应国公，曾请袁天罡到家中为其子女看相，可见此时袁天罡已名声赫赫，先看武家两位公子，袁说两公子皆栋梁之才，官都在刺史之上，应为三品官，着红色官袍。又引出武家大女，袁天罡看后言：“此女命中富贵，但其相克夫。大富大贵后，夫婿不沾光。”后武家大小姐正如袁天罡所测，长成人后嫁给贺兰越石，被封为韩国夫人，果然富贵之极，但却与贺兰越石相克，贺兰越石果然早死。武家又抱出二女，即武则天，那年武则天四岁，男孩打扮，袁天罡一见之下，大惊失色，惊慌不已，连说：“此子为龙之目，凤之脖，富贵已极，如果是女儿的话，以后当为天子。”被告之此孩为女，袁天罡心中一沉，面露惊恐，起身而“逃”，留言：“乱唐者，华姑也！”谁能想到二十五年后，句句言中，字字落实。

另一位在天官院大殿中拈须端坐者李淳风，其父先为高唐县尉，又辞官归故，改为道士，也是位神神仙仙的人，其子李淳风自幼善观天看星，曾编《麟德历》，改良浑天仪，整理算经，留下星相学名著《乙巳占》其在天文学和数学上的贡献世之公认。但其著名、出名、扬名的还是占星术和堪舆术。

因为李淳风和袁天罡是同一时代的人，所以，唐太宗曾召见李淳风，让其破“唐中弱，有女武代王”。唐太宗想大开杀戒，把有牵扯的人统统杀光，破了此相，保住大唐王朝。而李淳风说，此相乃天相，天定不可违。此人已在宫中，四十年后取唐称帝，要大杀唐室子孙。篡唐之人杀不绝，也杀不对。仍会有人篡唐为帝，恐怕会对唐之子孙杀光，斩草除根，唐恐怕不能再复。但现在看唐不会灭，陛下子孙不会绝。

又让李淳风说得正着。

到唐高宗李治当皇帝后，让袁天罡为其找玄宫陵址，定位坟地。袁天罡不敢怠慢，天南海北，遍访名山大川，一日到关中，于子时仰望天象，发现山间腾腾有紫气缓缓升起，直冲北斗。袁天罡顺着山脉间的这股紫气一直找到乾陵陵穴，在陵穴之处埋下一枚铜钱做记号。

当时李淳风也授命为天子找陵穴。袁天罡用的是“峦头相地法”，而李淳风用的是“地貌风水法”。李淳风好生了得，他遥望那座被称为梁山的山脉，两峰相对，如女人双乳；再观整个梁山，竟如熟睡的贵妇人，贵若天仙，李淳风测定后用一根定穴针直插入土。

皇帝李治得知后，派他的舅舅长孙无忌前去勘察，不可思议的是长孙无忌找到两位大师测定的陵穴位置扒开地皮一看，让长孙无忌及所率众官员都瞠目结舌，惊呆良久。原来李淳风的定穴针不偏不倚正扎在袁天罡早先埋下的铜钱眼里。神乎得让人头晕乎？ 高士廉是唐太宗玄武门政变的大功臣，又是长孙皇后的亲舅，是个较真的人。他深知袁正罡的道数，便执意要追问袁天罡：你能不能给你自己测测，你到底能做什么官？没想到袁天罡一笑答道：“吾百天之后要归天，死期在即，何望高官？”高士廉不相信，百天之后怎么会呢？让高士廉彻底拜服的是，三个月后袁正罡真的死了。一个人能知己死期，且掐算得如此之准，非袁天罡焉有他人？

袁天罡之子袁客师似乎也得到其父的真传。有一次皇帝唐高宗令人把一只老鼠放到一只盒中，然后找几位颇有名气的大师来猜。这几位大师也了不得，众口一词地说匣内装着一只老鼠。请袁客师相之，袁答道，匣里藏鼠，放入时是一只，放出该为四只。从太监、在场的官员到皇帝高宗无人相信，都要等着看其笑话。没想到，开匣一看，竟然真是四只，原来放进去的那只是怀孕的母鼠，在匣中生下了三只鼠崽。近乎神话，近乎故事。

据说有一次袁客师要乘船出行，登船又下船，跟随他的人感到很奇怪，袁客师说，船中人鼻子下面发黑，必船行至江中必为江水所翻。但你告诉他们，他们又绝对不信。正在此时，有一瘸腿男子上船，袁客师看后说，贵人到，此船不会翻了，果然船行江中，突然起风，几次遇险，差点翻船。原来瘸腿贵人乃唐之大将，曾率兵防御吐蕃数十年的功臣娄师德。

我曾经去过江苏镇江金山寺，听说此寺千年前的一位主持道月禅师即为堪舆大家。

当年岳飞被十二道金牌从抗金前线急调回京城，渡江之后岳飞并未直奔杭州，而是鬼使神差地到了金山寺，见到了道月禅师。岳飞与道月禅师何时相识无从查起，岳飞到金山寺找道月禅师是为了破其一梦。岳飞梦见两犬相抱，相对而言，不知为何？道月禅师为岳飞破此梦。言之此梦不祥，此梦有凶，此梦有恶兆。两犬相抱而言为狱，断言岳飞绝不能回杭州，回杭州必有牢狱之灾。皇上催得越急，风险越大，灾难愈重，愈难全身，有犬无人。但岳飞执意要回，朝廷亲下十二道金牌焉能不归？明知是狱，亦要去狱，背上有母刺“精忠报国”。无奈，岳飞临行，道月禅师赠一偈：“风波亭下浪滔滔，千万留心把舵牢。谨防同舟人意歹，将身推落在波涛。”岳飞不信，果然被同朝为官的同舟人秦桧陷害，以莫须有的罪名残害于风波亭。

三

信不信在人。

荀子就不信。荀子在《非相》中讲得十分坚决，也讲得十分鲜明，“古之人无有也，学者不道也”。荀子提出：“相形不如论心，论心不如择术。”“术正而心顺之，则形相虽恶而心术善，无害为君子也；形相虽善而心术恶，无害为小人也。”荀子认为占星术、堪舆术皆为邪术邪说邪教，从表面是看不到内心的，从形相也看不出善恶丑。他认为形象和本质是不相关的两回事，他甚至还举了尧、舜、周文王、周公、孔子、夏桀、商纣等例子，结论是表面能掩盖本质，形象却不能表现内心、本质。

也算为一家之言。从《尚书》《左传》《国语》《史记》，再未见有荀子之论。荀子应为那个时代的少数派，难道真如荀子所言？

被岁月淹没的水

一

论水莫若老子。

老子有千古名典："上善若水。"万事之善，善之上首，水之谓也。

老子见过的水浩浩荡荡，横无际涯，水清如镜，水碧如蓝。老子把水喻为最崇高的善、最高尚的德、最智慧的谋、最神圣的行。老子的胸怀、老子的智慧、老子的目光、老子的感喟绝非我们所能理解，即使在数千年后，亦只能望其风也，只能闻其声也，无法理解其心也。自老子之后，再未见人有如此高论，透彻之悟。高山仰止，因水深万仞。

早在老子之前2000多年乃至更长时间，天地之间仿佛是水的世界。司马迁在《夏本纪》中曰："当帝尧之时，鸿水滔天，浩浩怀山襄陵，下民甚忧。"5000年前华夏乃茫茫大地，茫茫是指天水一色，水色茫茫，除去水，除去天，只有被水包围的高地，"怀山襄陵"，"江河横溢，人或为鱼鳖"。我揣测，那时的华夏大地，十之六七皆为水。天下第一喜为水，天下第一愁、第一忧亦为水，这才引出大禹治水，疏通九大河流，开通九大山脉，放水归海，引水过山，从大禹手中，水患始为水为万民、万物之生命源。炎黄子孙得以在这块土地上繁衍生息，得益于大禹治水，大禹驯水；水为人治，始于大禹。人类认识水的力量也应始自大禹。

孔子对水亦有高论，他在《论语·子罕》中说："子在川上曰：逝者如斯夫，不舍昼夜。"有些学者谓之对时光流逝的感慨，非也！孔夫子站在大河之畔，望波涛汹涌奔腾的河水，感慨的是河、是水，感叹的是江河的伟大、江河的壮丽，感慨的是水的无限汹涌、水的奔流而去，无丝毫犹豫，无一点眷恋，无任何迁牵，从滚滚而来，到滔滔而去，不舍昼夜。孔子一生望大江大河大水不多，这可是夫子空前绝后的感叹绝唱。水把孔子征服了，把孔子感染了，把孔子融化了，孔子才有逝者如斯夫的由衷之叹。孔子还有一句感慨“善水”之名句,在《论语》中孔夫子扶栏讲道：“智者乐水，仁者乐山。”孔夫子并未解释仁者为何爱山，爱山之大，爱山之高，爱山之险，爱山之巅？让后人费解的是孔子接着发感：“智者乐水。”可能无人能知道那时那刻孔子的心情，因何而感，为何而发，智者为何只爱水，水能启发智者什么，告诉智者什么，培育智者什么，提高智者什么？孔子当称智者，他应该乐水，乐水是智慧的标志吗？孔子更是仁者，当然乐山，山能给仁者什么，能让仁者更仁爱，更丰富，更守则？仁者爱山与智者爱水之间有什么联系，有什么区别？孔子为山、为水、为仁者、为智者出了一道历史的难道，2000多年似尚无解。但孔夫子唱不出“上善若水”了。

水上善还是“上恶”？在乎天地也，亦在乎人也！比孔子晚二百五十多年，中国出了位驯水圣人：李冰。李冰不再是立川上而吟，亦不能望大流而叹,他也可以说是“受任于败军之际,奉命于危难之间”。在李冰上任秦国蜀郡太守之前，成都平原几乎为水泽一片，岷江江宽水急，水势浩大，又从上游挟带大量泥沙，堤岸不足为其导流，连年泛滥成灾，此地有“泽国”之称，人民苦不堪言。查《蜀国志》，当年治水已是蜀国治国之大计，但苦无良法，屡治屡败，多灾多难。李冰父子到任后，便开始察水治河，全民治水，建成都江堰水利工程，水至此变善、变富、变财，成都平原因都江堰得福，水驯成财，成为“聚宝盆”、鱼米之乡。可贵的是这座都江堰从公元前250年始至今仍然在发挥作用，让成都平原上子子孙孙受惠。历时2000多年至今仍然造福于民的水利工程非都江堰枢纽工程莫属。给李冰父子建庙塑像最应该。老子的上善若水，李冰父子是第一实践人。

中国民俗中有见水如见财，水大财旺，无水财尽，甚至求墓地建皇都都必须有河有水；无河要挖河，无水要凿水。

庄子见过大河大川,庄子曾在川上观水,但见“秋水时至,百川灌河；

泾流之大，两涘渚崖之间不辨牛马。洪水暴涨，大河奔流，百川入大河，波涛汹涌，波澜壮阔，两岸不辨牛马。”可见河之宽，水之大。庄子生活的年代，黄河流域江河湖泊遍地，那时的黄河河面当为属今何止十数个之宽，其水更是无法相比，望河如望海亦非虚话。可惜庄子未远行，未去看看真正的东海，未能见到真正的大河：长江。如果庄子真能站在长江江畔望滚滚长江东逝水，必有望洋兴叹之慨然。我去镇江时，曾考察过长江镇江段在东汉末年时的水宽，竟达20多公里宽，那才是大江大河，其浪澎湃，高达数米。如再前推一千甚至数千年，长江之大、之宽，江水之大、之猛岂是庄子所言黄河能比？三江口吴曹交兵，莫言“两岸不辨牛马”，而是根本就望不见对岸。甚至船行至江中，依然如行云中，何见两岸？有专家曾考证，春秋时代长江下游的江面最宽时节应为50—70公里。我也曾立在大河之畔感叹过，这哪儿是江河，分明是大海。那是在南美的阿根廷的拉普拉塔河流入大西洋的入海口，那河宽真乃一眼看不到边，观河如观海，观河如观云。新华社驻阿根廷的首席记者告诉我，拉普拉塔河的河面有200公里宽，令我瞠目结舌良久。

一位巴西朋友曾告诉我，真正的天河之水是巴西的亚马孙河。天水一色，水大如天；能望尽天涯路，望不尽亚马孙。他曾经乘直升机愣没有从此岸飞到彼岸，却从空中看到过一幅极难见的壮观之景，铺天盖地的亚马孙河河水在入海口涌起高耸雄壮的潮头，直扑向大西洋，河水巨大的冲击力，激起海水千层波浪，卷起一片一眼望不穿也看不到边的白色水雾，真乃欲与天公试比高，欲与大西洋一争高低，水的魅力。只可惜当年老子、孔子、庄子未能远行，未能看到此情此景。上善若水，上威亦若水。

二

无水方知水珍贵，方悟“上善若水”。

水恩于世，恩于人类，恩于地球上所有动植物，直至一切生物，无水则无世界，则无一切。

人类要侦知火星上是否有生物，首要就看火星上有没有水，有没有漂流的遗痕，有则有希望，无则无可能。老子之言，贯穿宇宙。

非洲的撒哈拉大沙漠是世界上最大的“死亡之海”，它的面积恰恰和美国国土面积所差无几。撒哈拉大沙漠寸草不生，滴水不落，沙尘暴来临，其沙尘所卷起的沙粒高达几十米，遮天蔽日，呼啸而来，呼啸之声源于沙粒。剧烈摩擦，竟成瘆人恐怖的惊天之啸，声传数十公里不减，相当于数千架喷气飞机低空掠过。当地人谓之：魔鬼长啸。仿佛天崩地隐，世界末日。

谁能想到二亿年前,这片令人恐怖的“死亡之海”竟然是古地中海，波光粼粼,浪涌八方。一亿年前撒哈拉大沙漠有草原、平原、河流、湖泊，是世外桃源。

因为气候变化、地壳运动，但归根结底就是一句话，水渐渐消失了，渐渐干涸了，彻底没有了，于是干旱、风暴，终于把山丘、岩石、平原、厚土，统统变成了沙砾，变成了沙漠。人类可能失去一切，但不能失去上善之水，否则，美国也会变成撒哈拉沙漠，比美国大 300 万平方公里的中国也可能会变成撒哈拉沙漠，世界最大的沙漠。

在沙漠边缘的干旱地区，一切动植物都仿佛为水而活着。水不仅上善，而且是上贵、上尊，与生命同在，与生命同义。就连大象亦然。为了寻水，它们要走近百公里的不毛之地，地面常常高温达到四五十度。大象就在极干旱的半沙漠地方迈着沉重的步伐疲惫而执着地前进，找不到水源只能被晒成一张象皮、一堆白骨。饥渴交加的大牙只好用象鼻拔沙砾中的草根，当它们把草根连带沙土送进嘴里，能看见，硕大的象眼里缓缓滚出两滴混浊的泪水，可能那是方圆几十公里唯一的两滴水。在干旱的边缘地带有一个水坑，那就是生命之泉，几乎所有的食草类动物都要赶来喝水，那是维持生命的唯一通道。但在水坑周围毫无隐藏地趴着十数只饥饿的“沙漠狮子”，后面还有几十只张口待食的鬣狗。但远道而来渴得几近生命极限的羚羊、斑马也仅仅是犹豫了一刹那儿，就义无反顾地扑向水坑，随着一阵躁乱和厮杀，一只羚羊被撕成血淋淋的碎片，但羚羊群也只是躁动一下，然后又去喝水，那真是用鲜血和生命换来的水，水就是生命，又一次被残酷地证明。而那混沌近乎泥汤的小水潭，若干年前曾是一望无际的高原湖泊。这片小水潭如果消失了呢？它似乎正在消失，一圈一圈的在一年一年地萎缩，越来越小，越变越浅，越变越浑……

那并不遥远。1972年美国总统尼克松访华时曾经交给中国总理周恩来一个大信封，信封内放着十几张卫星照片。尼克松轻声对周恩来说："你们的罗布泊终于干了。"罗布泊彻底变成了一片无边无际的戈壁，干风吹过卷起的沙粒带着呼啸横扫罗布泊。赤地千里，寸草不生，荒凉悲惨，除了干风、沙尘暴，还有什么？似乎没有任何生命的迹象。就在20世纪60年代初期，中国人民解放军总参三部的战士为了寻找原子弹试验场还不得不扎上木筏子划船进罗布泊。再往前推50年，俄国和瑞典探险家来罗布泊探险时，要花钱雇上船夫，乘船进罗布泊。那时候在罗布泊的周围有渔夫渔家，亦有船夫船家，尚有鱼米之乡称谓。水消逝得真残酷，真无情。水无则万物无，罗布泊只有梦中的水。

罗布泊似乎太遥远。1968年我去山西定襄县季庄公社插队，大约在1971年我曾去定襄县尧头公社，方知尧头在山上，虽然滹沱河在我们县流过，但尧头公社却点水不见。他们吃的是地窖子里的存水，彻底靠天吃饭，完全靠天喝水。老天一冬一夏不下雨他们就得爬20里山路担着水桶去挑水。我下到他们的石头地窖子看，足有五六米深，下面有三四平方米大，冬天下雪就把雪扫进来，夏天下雨就让雨水流进来，一年全靠这些积水过日子，我看见那一小池积水，深绿中发灰，上面甚至还有羊粪球。用我们北京知青的话说，非到上甘岭境地绝不能喝一口。我们就纳闷了，他们祖祖辈辈为什么要选择这么一个穷山无水的地方定居？经查此地在西汉时，山高林密水深，其景色不亚于当今的四川九寨沟。但不知何年何月，水渐退，林渐无，草亦衰。但直到20世纪初，尧头山上依然还是山有多高泉有多高，尚有九泉一湾。又过半个世纪，一晃一眨眼，泉干湾涸，再也不见水。直到干成了"上甘岭"。据说现在尧头树没了，草没了，水没了，人也四散走得差不多了。水是聚集万物之神，神走了，焉能留住人？

滹沱河发源于五台山，流经定襄县，我去插队时同学们查看地图，地图上画着一条曲曲弯弯粗黑线，这标志着那是一条大河。但实际上却是一条干河、季节河，有其名无其实。但历史上的滹沱河不然，它曾是波澜壮阔、水深湍急的大河，有商船定期通航，直下河北天津卫，是晋冀间一条重要的水上通道。从尧头山下山正对着滹沱河的一个河湾叫嘴子，曾是滹沱河上的一个码头，不但有货运亦有客运。20世纪初曾计划开设船运公司，后因中原大战才被迫放下，据说两艘船已经在日本订货。谁想到滹沱河现在河不是河，滩不是滩。我在定襄十年，1972年滹沱河发大水，河面有三四千米宽但最深的地方也不过齐人胸深，洪峰一过满河床皆流沙碎石，似戈壁荒沟。滹沱河的历史多么令人向往？

我去过腾格里沙漠。一望无际，无边无际的沙丘、沙漠、沙湖、沙海，只有黄沙，没有任何杂色，无绿、无红、无白亦无黑，黄沙统治着一切，主宰着一切，无树、无草、无虫、无鸟，似乎什么都没有，没有虫鸣，没有鸟叫，没有树荫，没有花香，白天看不见一只苍蝇，晚上绝无一只蚊虫，只有那单调的发出金属冲击声的黄风，那风能把汽车漆皮剥得一干二净。风一停，到处都是如波似浪的沙丘。人所需要的一切都必须从外面运进去。让我战栗的是，他们告诉我，几十年前这里曾是绿洲。

18世纪世界著名的探险家瑞典的斯文·赫定在罗布泊发现震惊世界的楼兰古国，他由衷地说道，楼兰古国的神秘消逝原因很多，最根本的原因是水消逝了，孔雀河不再流经此地，孔雀河死了，干了，不再有水了，楼兰古国也就死了，灭亡了，消逝了。何止楼兰古国？一带一路上的很多古国都因为水的短缺、消失，而迁国迁都甚至灭亡，丝绸之路无路可通也是因为水通则路通，水亡则路亡，荒沙一片埋没了。

啊，老子言之：上善若水，其后数千年的实践证明，不能数典忘祖，地球上因为有了水才有了生命，才有了人类。对水要恭敬之，上尊之，敬畏之，上畏若水。

三

水无形，其形也善也恶，水火无情指其一端。

中国有文字记载最早以水为兵的应为司马迁《史记·赵世家》中所记："三国围晋阳，岁余，引汾水灌其城。城不浸者三版。城中悬釜而饮，易子而食。"晋国的三大权臣韩、魏及智氏三家围攻赵氏，久围不克，于是就决开汾河堤，引汾河水灌太原城。水亦兵也。几乎把太原城淹没，只剩下三板土墙高了，大约还有一米多就灌进城内。水真厉害，胜过十万兵，水困晋阳城，以致城中悬釜而饮，无一处干地，"易子而食"，靠吃小孩来维持生命，晋阳城危在旦夕。水之威力胜人力数倍。水为善则善，水为患则患，为恶则恶。

曹操用兵多智，在攻打袁绍的冀州时，他采用谋士许攸之计，决漳河之水淹冀州城，结果漳河改道，大水灌城，"城中水深数尺"。最后导致冀州城破，奠定曹操的霸业。水为曹立功。

三国时期名战，关云长水淹七军，《三国志》所载关羽似乎并未掘开汉江，引汉江水淹曹七路大军，而是因为连日暴雨，引发洪水洪峰，其势不可挡，水深数丈把于禁所帅七路大军淹得皆为鱼鳖，让关云长一战成名。

史上引水名战之战，我都前去凭吊古战场，皆不见水之狂势，尤其汾河、漳河，莫说决堤灌城，引水浇地亦要借重提水工程。80年代汾、漳两河曾一度断流，其潺潺小流不过淙淙小溪也，莫说淹城，恐怕淹不死一个人，只能淹死一只鸡。

在当代史上，以水代兵，以水作战的"代表作"便是蒋介石1938年掘开黄河大堤，发黄河之水淹灌日军，阻击日军的战略进攻。如何评价蒋介石在花园口扒开黄河大堤已有定论。但当年黄河之水如千军万马，奔腾呼啸而来确有记忆。曾经历过的老一辈人无不谈水色变，那才是黄河之水天上来，其水头高达十几米，铺天盖地，呼啸而来，其轰鸣之声，声彻云霄。挟起的冷风裹着腥风水雾，如万军出阵，势不可挡，不但成片成片的庄稼像刀割一般割倒，连大腿粗细的老树也能连根拔起。掀房揭瓦，推墙毁院，黄河水紧随其后，就是石磨盘一个漩涡就卷得无影无踪。那年的黄河水有多大？黄河水直接淹没了中牟、尉氏、扶沟、西华、淮阳等地，又经颍河、西肥河，注入蚌埠上游的淮河，淹没了淮河堤岸，形成了长达400多公里，流经豫、皖、苏3省44县30多万平方公里的黄泛区。可以想象那凶猛狂暴的黄河水一泻千里，无所不摧，所过之处，皆成汪洋泽国可怕情景。说黄河之水天上来，花园口的老百姓信，但那终成历史。20世纪90年代黄河竟然变成了干枯河道，在黄河里赶车放羊竟然是平常事，数百天滴水不见。据资料显示，1997年断流竟达207天，断流黄河达70公里，让人触目惊心的数字。花园口的黄河河道里如皇帝出行前黄土垫路的“皇道”，一眼望不到边，九曲黄河已然变成九曲沙道。当地老百姓说，自从1938年以后，花园口的黄河再未暴涨，再未发威，别说决口，就是引水都出不了河。平常年景，黄河赤脚平趟，遇上干旱，“我们走在大路上”。老百姓说得尖刻，言黄河就像被阉了的毛驴，别说又踢又咬，就连一声驴叫都听不见了，啊，黄河。

20世纪90年代我去贵州黄果树瀑布，可谓满兴而去，想象着品味着“飞流直下三千尺”，看中国第一大瀑布如何似银河落九天。但太令人失望了，去不逢时，正值干旱时节，枯水时节，瀑布不是飞流，也不像银河，更听不见那隆隆的震耳欲聋的飞瀑落地的伟声，但见几股细流面条一样的悬挂在悬崖边上，既没有野性，也没有灵气，更没有从天而降的感觉。记得当年新华社老社长穆青曾说，不去也罢，让那些美好的记忆永远留在心中。当然，前年我再去时，黄果树瀑布雄风再起，霸气十足，水自天降，声震峡谷。其实李白的咏瀑布是《望庐山瀑布》，李白站在庐山瀑布下，仰望自天而降的飞瀑，估计脸上、头上、身上早已飞雾满满，感自眼前，感自胸口，冲口而咏。我看庐山瀑布，口吟诗仙的名句，半醉半醒矣。李白之诗堪为绝唱。眸醉眼也感到，庐山瀑布俊、美、秀，似乎美中雄风不够，俊中野气不足，秀中缺少狂傲。“飞流直下三千尺”,难道不是李白之诗乎？后来方知,李白诗“飞流直下三千尽”，确有实景，不是李白浪漫。南美洲委内瑞拉的安赫尔大瀑布,的确“飞流直下三千尺”,从天而降,凌空飞瀑,换算成中国尺,正巧三千尺。我的一位朋友曾有幸目睹，真世界奇观，三千尺的飞瀑直落峡谷，看上去不是银河是一片漫漫茫茫的飞雾，似乎是一片细细的碎雨,落峡后激起的水珠,腾飞翱翔,使整个峡谷都始终是水雾漫漫,雷声隆隆，只有在很远很远的峡口，才能望具一条银龙自云中而飞降,这可能就是李白所吟“疑是银河落九天”。

世界三大瀑布我去过伊瓜苏瀑布和尼亚加拉大瀑布。当你站在这样的瀑布下，你会觉得你就是一滴水，你就是一片云；你会感到天下之水皆汇于此,天上之水从此而落;你会认识到人在自然界是那么渺小,那么微不足道；你才会感觉到大自然的伟大、包容、俊美、神圣，那就是水的魅力。它会冲破一切艰难险阻，冲破一切高山峻岭，也会冲过无论多么厚重的历史沉积，最终走向大海。

地球上只有3%的淡水，在滋养着陆上所有的动植物。一粒干瘪的种子，已经干死了50多年，但只要有水，几滴清水，它就会萌发生命，就会发芽、生长、开花、再结果。一只沙漠蟾蜍在干旱的地下整整蛰伏了17年，旱死17年，但当河床里又淌过水时，当水再次浸泡它的身体时，它竟然又复活了，又睁开眼，又鼓噪着要求繁殖了。非洲索马里河滩已经干涸了十几年，寸草不生，只有干风阵阵，但谁能想到这里潜伏着数以千万计的蝗虫卵，当那片早已被人忘却的沽河滩重新有了水以后，仿佛春风吹过，那片地下的蝗虫卵在几天之内就复活了，变成幼虫了。又变成成虫了,终于繁殖成拥有60亿只蝗虫的“灾难群”了，一只蝗虫会永不停息地咀嚼，它们可以吃掉所遇到的任何植物，60亿只蝗虫飞起来，可以把整个天空遮严挡实，中午烈日，因为蝗虫飞舞，大地仿佛是傍晚黄昏。水是生命之源。

三千年前，中国第一部诗集《诗经》中第一篇“关雎”所吟：“关关雎鸠，在河之洲。窈窕淑女，君子好逑。”爱情之河源于水。《蒹葭》

中也唱道:“蒹葭苍苍，白露为霜。所谓伊人，在水一方。”屈原在《渔父》中也借渔夫之口唱道:“沧浪之水清兮，可以濯我缨;沧浊之水浊兮，可以濯我足。”毛泽东也吟道 :“万里长江横渡，极目楚天舒。”那可能是最愉快欢心的时候。

在这个世界上可以没有万物，可以没有人，但绝不可以没有水 ;有了水才有了万物,才有了世界,才有了人类;善待水,尊敬水,敬仰水,崇尚水,上善为水。喊过几千年的万岁,最该万岁的是水,水却默默的,悄悄的，无任何要求地奉献一切。上善若水。该由衷地、含泪地，无限热爱地呼出水万岁！万岁！万万岁！

探讨裸体艺术的起源

一

裸体艺术何时产生的，说法不一；裸体艺术作为行为艺术最初产生于何地,说法亦不一。一说其源于古埃及,又说起源于古希腊、古罗马,也有说最早出现在古印度，但有一点是确定的，世界上四大文明古国中有三个都在公元前六七世纪开始从绘画到雕塑、从官方到民间就出现了裸体艺术。唯独中国没有，即使算上中国的“春宫图”也已然到了公元七八世纪，两者相隔已有一千多年。

裸体艺术是艺术还是感官刺激，是大雅还是大俗，是青色、无色还是黑色、黄色？在中国乃至世界至今仍有异议。一个原本归类于艺术问题的裸体艺术，能争论数千年不熄不灭，唯裸体艺术。

令我没想到是裸体艺术是因为战争而兴起，因为战争而逐渐发育成熟，战争需要炫耀武力。公元前的战争，要炫耀自己和压倒敌人的主要是武士，武士要夸耀显示他的雄健威猛，肌肉骨骼，裸体艺术应运而生。

裸体艺术的催生剂还在于神话传说，有了神话，就有了神，就有了男神和女神，就有了爱神、力神、战神和生活中有的、幻想中的、渴望中的各种神。就将神赋予人的思想、行动、爱情、苦闷、欢乐、渴望、收获、胜利、家庭乃至战争，生与死、爱与惧、性与情、幸福与痛苦，世上原来无处没有神，真正能表现神的，是神而非人的就是自由，无约束的自由、任我的自由、非我的自由、无我的自由、人类达不到的自由、幻想出来的自由。真正能体现神与人不同的，就是神在任何场所、任何时候，都随心所欲地半裸、全裸，自由自在地裸，裸体世界是神的世界的标志之一，任何赋予神的衣服、装饰都是人而不再是神。神的美丽、健壮就在于他们都充分地、自然地、时时刻刻地表现出他们身体的美和力。现代宗教主义认为，遥远的理想彼岸就是西方的极乐世界，而古代人类的理想彼岸就是神的世界、神奇的世界、理想的世界，女神婀娜多姿，男神雄壮健美。

中国远古也曾经有一位伟大的女神女娲，女娲曾为天下补天，女娲也曾为天下创造人类，但她和欧洲神话中的人类起源不同，欧洲人从神话就把两性看得高于一切，欧洲创造了男神亚当和女神夏娃，他们偷吃了禁果，才有了人类。女娲不同，是无性繁殖，用黄土作人。对裸体的认识，中国和古埃及、古罗马、古希腊的区别可能是地域关系，但同为东方古国的印度与中国亦有不同，据考古证明，古印度人在 4500 年前就开始住在带浴池的城市，就开始捏制一些精美的偶像，其中不乏裸女裸男，这在中国尚未听说。《哈拉帕男性躯干像》是公元前 3000 年古印度河文明时期的作品，一尊裸体半身像，头、手已失，但其发达的肌肉、健壮的肌体，风采依旧。古印度河文明的标志之一是涌现出一批裸男、裸女的艺术雕塑。《英恒卓达青铜裸女像》是古印度遗留下的一尊青铜裸体女神。坦率地说，我十分关注中国的青铜器，也自诩看过不少重器，但从未见过青铜裸体女像。在古印度出土的青铜裸女女神像还不止这一尊，像《恒河望水裸体女神像》，这在 3000 多年前的中国似乎不可思议。就裸体艺术论，中国和其他三国的差异似乎不能用地域文化来解释。再往后，印度教的一些寺庙中，有和真人一样大小的雕塑，这些裸体男女雕塑都是在做性交的姿势，这种群交、乱交在中国被称为乱伦淫乱，已绝然不是艺术范畴而是道德和犯罪问题，而在印度教的寺庙中，印度教中有性力派，认为性爱是神圣的，要用全身心去追逐。有的印度教派甚至认为通过性交可以使男女变成一对男女神。印度在克久拉霍的性爱庙群，便是性与宗教结合的典范，主题是妇女与性爱，这些形态各异的男女神像数也数不清，很多是各种姿势性爱的男女，密密层层的裸体形象，让人目不暇接，这些都反映了古印度人形形色色的性生活方式，裸体形象堂而皇之地走向殿堂、走向庙堂，在一座寺庙大殿中，有种种男女群交、混交，甚至与野兽性交等等，让信者参拜崇信，让中国人不可思议，至今仍如此，崇拜的人依然虔诚，这里有信仰问题，也有文化问题。在中国更重要的可能是教育和文化问题，裸体艺术似乎是宗教和道德的底线。

两河文化时期，裸体艺术达到一个新的平台，由原始的简单写生逐渐升华到一个艺术门类。两河文化也是人类文明的标志，女神的形象开始走向神坛，开始走向文化和艺术之坛。主宰一切的女神已经不再是一位而是群体，形态各异，地位不同主宰不同的女神，几乎都是裸体，为表现女神的权威、慈悲、母爱、幸福，对女性裸体的艺术创作也在不断地改进、完善、丰富、发展，在古埃及图坦卡蒙的金字塔中，就出土了珍贵的堪称艺术珍品的少女全裸雕塑，《图坦卡蒙墓中的小船》，少女扬臂、腕有环饰，全裸充分表现了少女天真、活泼、幸福，充满理想和向往的内心，雕刻十分细腻精致，人体比例精准无误，体形丰满青春，肌肤滑嫩柔软，公元前1300多年前的裸体艺术，让3000多年后的今人仍由衷敬佩。又比如古埃及壁画《宴会中的侍女》《乐手与舞者》把裸体艺术展现在娱乐的大场面中，把少女的表现、动作、举止、作派表现得那么活泼自然，那么动情青春，即使放在今天也不失为艺术佳作。

古希腊时期思想非常活跃、非常解放，古希腊曾经塑造出多少位神，恐怕连希腊人也说不十分清楚，这些男神和女神、战神和爱神、凶神恶神和慈神善神，有山神、林神、酒神、花神、鸟神、英雄神、太阳神、月亮神、欢乐神、智慧神等等，既有人的本性，不失人的行为，又有神的作为，神的无所不能、无所不为。公元前9世纪伟大的希腊盲诗人荷马，在其《荷马史诗》中就创造了一大批半人半神、真人真神的神，难能可贵的是这批“阅尽人间春色”的神，一一从诗歌中走出来，演变成壁画和雕塑，也正因为他们都变成了石头文化，他们才数千年而不朽，而永垂，而“神态”依然自如。据专家统计，古希腊神像中，有近十分之一的男女神是全裸的，有近十分之一的是半裸的，裸体艺术在古希腊的造神运动中得到了极大的提升。比荷马晚6个世纪的中国大诗人屈原、中国诗歌集大成者《诗经》都塑造了不少神，有天上的神也有地上的神，有爱神也有恨神，有鬼神也有人神，有风神也有水神，但不知为什么这些近乎伟大的神却没有走出诗歌，从未见有把他们立体化、形象化、艺术化的彩绘和雕塑，更没有出现以神为主体的裸体艺术。著名的古希腊神庙装饰浮雕《奥林匹斯山12神》，在雅典卫城的帕提农神庙的饰带浮雕上，描绘的正是奥林匹斯山上这12位神与雅典人民共同欢度雅典娜庆典，而让人惊讶的是其中有着衣的，有半裸的，也有全裸的，各种姿态惟妙惟肖、栩栩如生。在古希腊神的世界中，宙斯是众神之首。在奥林匹亚的宙斯庙内供奉着一尊巨大的宙斯像,其高达14米,是用黄金和象牙镶嵌而成,是“世界七大奇迹”之一，全裸的宙斯青铜像两臂伸开，两腿前后拉开，肌体的肌肉成块成块地崩起,展示出男性的健壮雄勃俊美。把请上神坛的神,让其全裸,一丝不挂，用中国土话说光着屁股，这在中国，即使是3000多年后的今天仍让人接受不了。但马克思说过:“希腊神话不仅是希腊艺术的宝库，而且是希腊艺术的土壤。”

宙斯祭坛建于公元前180年至公元前170年之间，祭坛座基四周装饰着巨大的浮雕饰带，雕塑上的人物比真人还高大，全长130多米，表现神与巨人之间的搏斗。其中宙斯半裸，一条披带以弧形从身后搭到右肩，下半身似乎是半褪的战袍，在他的前面，是三个全裸的巨人，正在作法要擒拿宙斯，而宙斯正高扬雷击捧回击巨人，这种神与巫的战斗、神与恶的搏斗，与其说是正义与邪恶的交锋，不如说是为表现力量、彰显男性的智慧与神力。在古希腊人看来,非裸体艺术难以表达。宙斯是古希腊时期裸体神像中出现最早、最多、也是塑造最成功的形象之一。

在古希腊的裸体神像中，出现得最劲、最力、最有艺术性的是阿波罗,《皮翁比诺的阿波罗》是其代表作之一，全裸、青春、健壮、有魅力，阿波罗是宙斯的儿子，用中国话说叫长江后浪推前浪，一代新人赶旧人。阿波罗是太阳神，以太阳为神座，其光芒四射，无所不能，阿波罗有些像一千年后东方出现的佛和菩萨。阿波罗主管光阴、青春、音乐、舞蹈、祭祀等等。阿波罗与宙斯相比，更青春、更朝气、更浪漫、更善良、更通情达理、更通晓人间，当然也更英俊、更有魅力。裸体的阿波罗神像大约诞生在公元前7至6世纪，时值中国的春秋时期。我以为，此时此刻古希腊的绘画和雕刻是受到古埃及乃至两河文化的影响，还没有跳出古埃及影响，有些绘画和雕刻带有明显的摹仿和比照。但进入到公元前5世纪以后，古希腊的绘画和雕刻水平有了大幅度的提高，越来越浓地展现了希腊风格，尤其是裸体艺术，人物的比例、结构、造型、神态拿捏得越来越准确，艺术成分越来越浓重。他们开始追求神话传说之外的东西，人体的美、自然的美、艺术的美、风格的美。这个时代的《阿波罗》《梭苏·古菲埃的阿波罗》《库罗斯像》《赫拉克勒斯像》《望楼的躯干雕像》等等，把神与人、力与美集于一身，已经成为世界艺术珍品。

我在罗马梵蒂冈博物馆见到《拉奥孔》时几乎惊呆了，那时我对拉奥孔为何遭到两条巨蟒的攻击不甚了解，但我震惊拉奥孔和他的两个儿子在两条巨蟒的缠绕下，那种临难时的挣扎、拼搏、绝望、悲哀，这座可能创作于公元前2世纪由罗德岛雕刻的全裸雕像把人的惊恐、害怕、绝望、挣扎表现得如此淋漓尽致。

古希腊裸体艺术的表现力还在于它不但要表现人体的美俊强力，而且还要表现人的痛苦直至死亡。这可能也是古希腊裸体艺术的一大特点。古希腊裸体雕刻《受伤的战士》，全裸的一位战士，正痛苦地从自己胸膛中往外拔射进身体的箭，你能感到，他的四肢在痉挛，五官在抽动，眼睛绝望地闭上，右手在用尽最后一点力量去拔射进胸膛的箭。《临终的战士》表现一位在战场上负伤即将阵亡的勇士，侧卧在地，左臂还紧套在盾牌上，竭力想支撑着站起来，右手握着剑，他是想站起来继续战斗，不屈的战士，垂死的战士。但为什么要用一个全裸的人像去表现一个这么庄严神圣的题材？古希腊人认为裸露着身体才是最圣洁、最纯美、最神圣、最高尚的，这在儒、佛、道长期教育下的中国人是无论如何难以想象的。

古希腊的几次战争，包括著名的希腊波斯战争都给裸体艺术的表现提供了更广阔、更现实、更刺激的艺术空间。像《垂死的高卢人》《自杀的高卢人》《菲底亚斯杀敌图》。战争使人疯狂，战争也使艺术扩张。看《自杀的高卢人》，站在这座古希腊雕塑面前，你会心惊胆战，你会热血沸腾，你会诅咒战争，你会祈祷和平。一名全裸的战士，全身的肌肉都是隆起的、僵硬的、凝固的，把短剑刺进自己胸膛的一瞬间，战士并未绝望、悲伤，甚至并无仇恨、愤怒，而是那么平静、自然，在他身旁，他用手拉着的是他的妻子，他的妻子心甘情愿地被他杀死，亦那么平静、自然，唯一让人心悸的是她至死未瞑目，她在想什么？难道她还在企盼什么？让我不能理解的是，这座雕像为什么把战士雕刻得全身赤裸，而把更善于表达情感的“妻子”却塑造成穿着衣服呢？有人做过假设，因为这些全裸的战士的雕像大约都在公元前300至前200年完成，相当于中国的秦王朝，因此有人说，如果秦始皇把统一天下收缴的武器铸造成的12个金人全部都铸成裸体的又当如何？如果是在古希腊，陪葬的兵马俑将不再是一身戎装的秦国战士，很可能是裸体武士列队待敌，那时的中国人和现在的中国人能接受得了吗？历史能回答吗？

二

公元770年，东方的中国进入春秋时期，春秋无义战，处处冒狼烟。几乎在同一个历史时代，地处南欧的希腊也进入对内对外战争频发时期。和东方不同的是，战争刺激了军队的建设，军队因战争需要大批年轻力壮、体魄强健的战士，据说从荷马时代就开始，男婴一出生，必须经过长老检查，健壮合格留下，体弱病残的一律抛弃山峡，世界上最残酷的莫过如此，即使是选优留下的婴儿，还要用酒洗澡，体弱者会在酒精的熏呛中死去，古希腊人也真能做得出来。战争还意外地激发了古希腊的竞技体育的发展。公元前776年，希腊历史上第一届奥林匹克运动会开幕，规定每四年在宙斯祭坛举行一次。古希腊人太有想象力了，也太有科学性了，他们在中国春秋刚刚开始的时代，就号召要锻炼身体，壮身健体卫国。让我敬佩的是 3000 年前古希腊人设立的体育竞技项目，竟然延续了 3000 年，至今奥林匹克运动仍然进行。中国西汉董仲舒曾提出“天不变道亦不变”，比他早近 1000 年的希腊人却在执行着一条：天变不变，体育不变。2006 年我去希腊时，特地到宙斯祭坛去看看奥林匹克运动会的起源地。希腊的友人说当初的奥林匹克运动会是全裸的运动会，所有的运动项目的参赛队员都必须全裸。友人问我，我们现在的奥运会为什么不能全裸？如果全裸就不必依靠昂贵的运动衣的帮助提高运动成绩，运动员也大可不必为穿高科技的游泳衣而费去赛前的 20 多分钟。给我印象最深的是那些雕刻，据说它们都是后仿的，真品是青铜铸就的，在公元前 6 至前 5 世纪，其中最著名的是《掷铁饼者》《掷标枪者》《拳击者》《长跑者》《摔跤者》，我们现在才具有三千多年前希腊人的目光，只有全裸才能显示健壮的男人更强、更壮、更有魅力、更有朝气，也更能体现出男子汉的气度和体魄。其实，爱神、美神的主角儿还是女神，尤其是从古希腊时代走向古罗马时代，女神更多是以全裸和半裸来表现，最杰出的，最优秀的、最动人的，堪称世界珍宝的就是《米罗的维纳斯》，因此罗马时代有人也称其为维纳斯时代。

1820 年 2 月，在希腊爱琴海的米罗斯岛上，有位农夫在自家葡萄园内挖土意外地发现一尊女性大理石像，就像我们陕西西安附近的农民在打井时不期发现秦始皇的兵马俑一样，但这位农夫既未慌张也未犹豫，他立即判断这是一尊能卖一笔钱的“财神”，这个农夫了不起。倘若换上一位中国农民，发现一尊半裸体的女人像，估计他会以为是遇到邪恶，会用锄头把她击碎以避邪，因为那是一个光着膀子的娘们。19 世纪初正是大清王朝嘉庆年间，正是中国社会最黑暗、最腐朽也最封建的时期，你不能期望那个时期的中国农民有多高的审美观念和美术修养，虽然想发财的意识绝不会比爱琴海边上的那位农夫差。

维纳斯一出土，几乎引发一场战争。

为争夺维纳斯，德国舰队随时准备行动，而土耳其也毫不示弱，准备为维纳斯而战，维纳斯终于在争夺中被肢解成“残疾人”，谁都没有想到，断臂的维纳斯成为一种世间的“绝美”。当然后世之人为维纳斯的复原曾经争论得面红耳赤，做出过无数个方案，但没有一个得到公认，公认的原则其实就是一个字：美！在中国也曾引起过争论，但争论的焦点是该不该给这位半裸的美妇穿件衣服。

维纳斯像高 2.04 米，她那丰满的乳房、光润的肌肤、柔韧的腰肢、妩媚的身姿，世人对她的评价近乎绝对，无处不美，多一分则长，少一分则短。我没有考证过是在《米罗的维纳斯》之前还是之后，至少又出土过数尊也可能是十几尊维纳斯的雕像，《美第奇的维纳斯》《尼多斯的维纳斯》《沐浴的维纳斯》《维纳斯立像》《加比多林的维纳斯》等等，虽然这些维纳斯几乎都是完整的，几乎都是全裸的，但没有一尊能比上《米罗的维纳斯》,那是裸体艺术的高峰,那是裸体艺术的极品，维纳斯真美！欧洲进入文艺复兴时期，裸体艺术成为揭露、控诉和摧毁愚昧、黑暗的中世纪的最主要和最犀利的文艺手段。

欧洲文艺复兴的旗手之一波提切利最著名的代表作《维纳斯的诞生》，在波涛汹涌的海面上，全裸的维纳斯以金色的长发做衣，从一个张开的贝壳中冉冉升起，风吹发动，美不胜收。波提切利的不凡，就在于他把人的全部美通过裸体奉献给人。《维纳斯和阿多尼斯》更是炽热。全裸的维纳斯和美男子阿多尼斯的恋爱,展现的是人类对美的追求。站在这一幅幅巨大的裸体艺术珍品前，徜徉在一尊尊比真人还高大的裸体艺术雕像前，中国人可能比欧洲人的赞美来得慢一些，但被美征服的感受则是一样的。德拉克罗瓦的名画《自由女神引导人民》，画中的女英雄置生死于不顾带领战士去冲锋，去流血，去牺牲，德拉克罗瓦把女英雄画成半裸，她的乳房是裸露在弹雨硝烟之中的。德拉克罗瓦深信把美毁灭是邪恶可咒的，也是必然要被摧毁的。

约翰·柯里尔的名著《马背上的伯爵夫人》这幅画着一位全裸的女人骑在马背上走过全城，有着一段真实而动人的故事。当年英国考文垂市的统治者伯爵要为支持英国的不义战争向全城课以重税，人民已然民不聊生，贫困已极，其夫人百般劝阻，伯爵愤而怒斥，如果明天你裸体穿过全城，我就免去此次征税。第二天早晨伯爵夫人真的一丝不挂地骑在马上穿过全城。而全城百姓得知后，为了伯爵夫人的尊颜纷纷关门闭户，街道上阒无一人，谁看了这幅油画能不为之感动？

法国卢浮宫有三件宝，皆女性：米罗的维纳斯、达·芬奇的蒙娜丽莎和胜利女神像。中国人说起维纳斯像，几乎没有人去深究她是古罗马的女神还是古希腊的爱神？她是忠贞还是放荡？不管她和多少男人相好、私通，是否生下过5个孩子？中国人都知道那是一尊美人像，一尊半裸体的美人像。

其实，达·芬奇还有一件裸体艺术的珍品《丽达与天鹅》，有意思的是就这个主题至少有三位艺术大师留下过不朽的大作，中国人翻译，都叫它们《丽达与天鹅》，米开朗基罗、高雷其奥，我以为达·芬奇表现得最好，最传神，最动人，也最美丽。丽达丰满漂亮青春，她全身赤裸地站在画面中央，娴静优雅，纯朴自然。由于重心在右腿，左腿微屈，身上呈现一条优美的曲线。化为天鹅的宙斯站在她的左侧，从天鹅的眼神中，我们能看出宙斯近乎色情、贪婪、求欢的心理。他伸出翅膀搂揽着丽达，丽达双手轻抚着他身上的羽毛，温柔而害羞地转过脸去，嘴角上还有达·芬奇笔下女性特有的“神秘的微笑”，达·芬奇的画笔太神奇了，他能画出女人的笑、女人的情、女人的爱、女人的心。

意大利的佛罗伦萨市，是一个美丽的古文化小城。清澈敞亮的阿尔诺河从佛伦萨城中穿流而过。在阿尔诺河的南岸有片高地，在意大利乃至整个欧洲都赫赫有名——米开朗基罗广场。就在这个广场的中央，有座高大的石雕像，这就是著名的大卫像。米开朗基罗创造的伟大的裸体艺术形象。

我初次踏上这片高地，初次走近大卫雕像，感到心在怦怦跳，呼吸有些急促。我不知道别人是什么感情，别人为何看得那么专注怡然，我心有些不安，因为我的眼睛正好看见大卫的睾丸，他那巨大的睾丸正好悬在我的头顶。我敬佩那些年轻的和不太年轻的女人们都平静而认真地观看着大卫，审视是从大卫巨大的睾丸开始向上移动的。难道她们都是米开朗基罗的后裔？

大卫是《圣经》中的英雄人物，是米开朗基罗用了近3年时间雕凿而成的。米开朗基罗开始用锤子和凿子在那块5000多公斤重的纯白大理石上创作大卫时，仅26岁，和我看见的大卫几乎一样年轻英俊。大卫怡然自得，刚毅自信，坚定无悔，左手上举，握着搭在肩上的“抛石带”；右手下垂，仿佛要握指成拳，头微俯直视前方，全身肌肉健壮，敏捷强健，一丝不挂。其实最先映入人眼帘的是大卫睾丸，因为它所处的位置和它的神秘性决定了它的抢眼。

对大卫的评价，对米开朗基罗的评价，恰恰没有人说大卫最“露脸”最“显眼”的部位睾丸。

我认真地仰头，非常仔细地从大卫的睾丸看起，毫不扭捏毫不避讳地就从睾丸雕塑谈起，那才是裸体艺术的阶段。

马未都先生曾经谈过欧洲裸体艺术雕塑的真假之辨。马先生是大师。他说男人睾丸的真假是判断古代人体雕塑真假的标志之一，就像鉴定明清时期的青花瓷，都要端起来看看印鉴一样，要看睾丸，甚至首先看睾丸，必须看睾丸。男人的左右两个睾丸绝对没有长在一个水平线上的，一定会是左低右高，这是人的生理特点决定的。否则就不是男人，不是真男人。我认真看，仔细看，看睾丸，看得同来的下属都难为情了，得出的结论是，米大师真不愧是世界级的大师，欧洲文艺复兴的扛鼎者。

佛罗伦萨市是一个文化积淀十分厚重的城市，又是欧洲文艺复兴的启蒙地。在佛罗伦萨市的大街小巷，殿堂广场，都有大量的文艺复兴时代的雕塑，虽然是复制品，但却真让人感动。那些仿古的雕塑十有八九都是人体造型，都是裸体艺术，而且相当一部分是女人的裸体造型。

穿过佛罗伦萨美术馆，你的周围几乎都是美丽无比、高洁无比的裸体艺术造型。米开朗基罗的《创世纪》宏伟开阔、气势磅礴，竟然绘出343个人物，其中100多个人物是比真人体还大两倍。而且几乎全部都是男女裸体艺术的造型，美不胜收，令人流连忘返。你能忘了佛罗伦萨的阿尔诺河，忘了河上廊桥，却很难忘记那些裸体艺术形象，忘不了大卫。

法国雕塑家在中国人心目中的知名度最高的当推罗丹。罗丹的代表作当推《思想者》。罗丹是艺术大师，他的成名，得益于裸体艺术。

罗丹的艺术视角有时却不可理喻。巴尔扎克何许人也？文学泰斗，《人间喜剧》在世界文学史上都是必讲的一课。罗丹却把巴尔扎克塑造成一个一丝不挂的裸体。我曾经站在裸体的巴尔扎克面前，想体会一下罗丹当时创作的思考，但怎么也琢磨不出来罗丹大师为什么要用裸体艺术来表现巴尔扎克。

罗丹征服世界的是他的《思想者》还是裸体艺术？罗丹是用艺术手段再现一位一丝不挂男子来展示他的思想，这在那时的中国是不可想象的，是一种邪念。

罗丹的《思想者》，越走近才越能感到他的力量。

他强劲富有内力，饱满的肌体全是腱子肌肉，透出勃勃生机；他成熟而深刻，那生命感强烈的躯体正在一种极艰难、极痛苦的思想中剧烈地收缩着；他紧皱着眉头，托腮沉思，仿佛身体的一切都在内心活动中变化、升腾、凝结；他不仅展示了人体的阳刚美，而且还孕育一种深邃永恒的精神，那是一种思想驱使身体的必然，非裸体艺术难以表述这些内在的美。当然，罗丹的作品很多，他的《吻》是男女双人裸体求爱接吻的雕塑，这种作品即使今天在某些国家巡展也可能遭到非议。罗丹不管，罗丹笃信，没有什么表现手法比裸体艺术更有冲击力。

当你走在法国罗浮宫、凡尔赛宫，俄罗斯的冬宫、夏宫、克里姆林宫时，当你从那一尊尊叫不出名的裸体女神和众神雕像前走过时，你才体会感到罗丹的艺术思想的癫狂。

同样让我难以理解的是这尊高约127厘米，宽61厘米，重65公斤的青铜雕塑竟然会在一夜之间不翼而飞，是谁偷走了裸体的巴尔扎克像？巴尔扎克全身赤裸，挺胸抬头，双臂环抱，高傲地远望，一脸的喜看人间万象的表情。巴尔扎克死后40年罗丹把他赤裸裸地重新推出人间，我似乎顿悟了，难道罗丹创作的原意就是让巴尔扎克赤裸裸来去无牵挂？以肌体的赤裸清白来对照人世的混浊污秽？这位偷盗者不但爱财，也懂艺术。当然，罗丹6年后又创作了一尊《穿斗篷的巴尔扎克》。令人不解的是，这尊巴尔扎克裹着大斗篷的雕像却受到舆论界、艺术界和美术界的讥讽和嘲弄，使得罗丹不得不向法国作家协会退钱，因为巴尔扎克的雕像是当时左拉领导下的法国作家协会为纪念巴尔扎克定做的。罗丹一言未发，去巴黎展馆搬回《穿斗篷的巴尔扎克》，一直放在自己家中，直到罗丹去世22年后，法国社会才顿悟过来，才理解这尊巴尔扎克的雕像多么优秀，才把他矗立在巴黎的拉斯帕伊大街上。而《裸体的巴尔扎克》却未受到这么多挫折，他从一诞生就为人高赞，从未被冷落，几经辗转才“落户”在以色列的耶路撒冷博物馆。据称，罗丹的三尊著名的裸体艺术雕塑都好生了得，《吻》2009年在苏富比拍卖行以人民币2234万元卖出，《夏娃》拍得人民币1.27亿元，《裸体的巴尔扎克》的价钱应与《吻》不相上下，贼眼有“贼光”。

三

文艺复兴时期以后，欧洲文艺进入到一个百花齐放、百家争鸣、百舸争流、百派丛生的时代。蒙克是那个时代现代表现主义的先驱，蒙克可能是那些现代派中长得最帅最酷的伟大的艺术家了，挪威人看待蒙克皆仰视，用《史记·孔子世家》之语赞之，挪威人说亦不过分：“高山仰止，景行行止。”

我知道蒙克并不是因为他的《呐喊》在2012年5月2日晚苏富比拍卖行拍出1.2亿美元的天价，据说创当时所有艺术品世界拍卖纪录。

不知为什么，蒙克的《呐喊》总让我想起鲁迅的《呐喊》。可能真有相通之处？蒙克画面上的这个光头，声嘶力竭地呼喊，眼睛睁圆，浑身颤抖，鼻孔大张，满脸仿佛只剩一张圆张的大嘴。色彩仿佛在流动，脚下的桥梁仿佛在颤动，河水也仿佛在奔腾，仿佛因恐惧而狂流。

我的朋友没有一个看入眼的，可它就是值那么多钱，起价就8000万美元。蒙克真不愧是现代表现主义大师。

蒙克的《呐喊》分三部曲，《不安》《绝望》《呐喊》，蒙克比鲁迅多了两部曲。但我认识这位令挪威仰止的“伟大艺术家”是因为他还画了大量裸体艺术的作品,《马拉之死》便是其代表作之一。马拉是位法国历史上的名人，是法国革命的先驱，也可以称为革命的领导者，马拉是在浴室中被女刺客刺死的，这其中有说不完的传奇故事。当时有几十位画家、艺术家都试图用艺术的手法来表现法国革命中的这场悲剧，据我所知，这些手法都浸进在裸体艺术之中。蒙克的这幅《马拉之死》可能是表现最好、最艺术、最现实、也最充分的。据说蒙克一共画过三幅，我看过的是那幅小圆桌上摆放着水果的那幅。蒙克和其他大师不同，他没有写实地描绘马拉被刺而是把马拉之死描绘成死在床上，马拉赤身裸体，一丝不挂地僵死在床上，床单上到处是血，看得出马拉是位身材健壮的男人，肌肉发达，肩宽胸厚。而站立在床前正面的那位女刺客，全裸呆木，橘黄色的头发散乱地披肩而垂，眼神绝望、僵滞，仿佛僵僵地呆立在那里，她在想什么？看什么？打算什么？无人知晓。大卫也有一幅名画《马拉之死》，可能比蒙克的影响还大，大卫是把马拉当时惨死在浴盆中的情景如实地表现出来了，半裸的马拉僵死在浴盆里，手中还拿着要处死反革命的命令或名单。但蒙克是引领现代艺术派表现主义画派的“领袖”，他绝不会写实般地刻画，那不是表现主义的艺术手法。后印象派大家高更的《哎呀，你嫉妒吗》那种描绘裸女形象的手法已经开始不为不是现代派的人所接受；塞尚、梵高笔下的裸体艺术让许多人感受不到那般传统艺术的冲击。毕加索一生画过数百张裸女，包括他的素描，但真正能欣赏的人须对现代派有所了解,否则确有“味同嚼蜡”之感。毕加索的《画家与模特》画中的模特是毕加索的一位情人，十分美丽漂亮的一位少女，她裸坐在地上，正专心致志地作画。但毕加索的画面上，用外行人说画的非人非鬼，非妖非怪，没有一个准确的词语去描绘她，但有一点可以直述，一点美感都没有，绝不认为她是一位裸体美人。他的另一幅名画《草地上的午餐》中的裸体女人坐在草地上，却五官挪位，四肢挪位，唯一能辨认她是女性的，是能分辨出她有丰满的乳房和夸张的黑色三角区。我去美国芝加哥，在市政中心广场上有一巨大的钢铁艺术大器，光钢铁就用了160吨，足足有五层楼那么高，堪称世界第一；这座摩天艺术雕塑就是毕加索的得意之作，也是这位传奇式的艺术大师一生中最大的一件艺术作品，那是一个钢铁的裸体女人雕塑，但据说所有见过这尊钢铁巨雕的人，堪称世界最高、最大、最重的裸体女人，没有一个人能看出她是一位女人、一位裸体女人，没有一个人能指出她为什么是一位女人？为什么是一位裸体女人？凡是装模作样地围绕着这位世界第一裸女转来转去的人、自称懂毕加索艺术的人、懂现代派艺术的人，其实在他们心中也分辨不清眼前这座庞然大物到底是什么？是人是妖？是鬼是怪？凭什么认定她是女人？问天，天可能都不知道，只有去问毕加索。《亚维农的少女》是毕加索的代表作之一，据说是现代派中立体主义创作的扛鼎之作，利用三维空间的错觉表现五个裸体少女在田园之中游戏舞蹈，我曾经有幸去美国纽约现代艺术博物馆，亲身站在这幅《亚维农的少女》面前一动不动地仔细认真地看，一动不动地认真仔细地体会，毕大师就是毕大师，即使按照他的鉴赏理论：鸟叫得好听你懂它叫的什么吗？不懂，但你觉得好听，愿意听就行了。按照毕加索这一理论去看《亚维农的少女》，依然如梦如幻如醉如痴如风如雾。纽约现代艺术博物馆太安静了，那里没有鸟鸣。但我知道毕加索的《阿尔及尔的女人（0版本）》的价格是1.794亿美元，当时合11.1亿人民币，毕大师让人耀眼，毕大师让人仰止，但毕大师画女人尤其是裸体女人也真的不敢恭维。当然论到杜尚的《下楼梯之裸妇》《新娘也被光棍们剥光衣裳》，我纯粹看不懂，什么也看不出来，即没看见光棍，更找不出新娘，更别说是被剥光衣裳的新娘，但也确有人喜爱，追逐杜尚的画，欣赏杜尚的风格。论裸体艺术的欣赏，我更乐意去看安德列的《坐着的女人》、安格尔的《浴女》《土耳其浴室》《泉》《维纳斯的诞生》、大卫的《爱神与仙女普赛克》、米基的《爱神与普赛克》、丢勒的《夏娃》、米开朗基罗的《最后的审判》。欧洲裸体艺术的流派也繁多，也泥沙俱下。1960年3月在法国巴黎国际当代艺术画廊表演上，号称先代派的克莱因令三位裸女沾满蓝色颜料，在铺好的白布上滚动，完成他的创作。克莱因可谓走火入魔。

四

人类竟然和毛毛虫是相通的，要么作茧自缚，要么破茧成“妖”。刚刚走出中世纪的欧洲人们面临的难题竟然也是解放思想，冲破桎梏。安格尔的《泉》刚一面世，就遭到卫道士们的恶毒攻击，其鸣嘈之声，其语言之毒，皆已用尽。把《泉》看作是邪恶、淫秽、罪孽、下贱、丑陋、卑鄙等等，安格尔几乎要被钉在耻辱柱上。

安格尔还不算是最倒霉的，布歇画的《玛丽·路易斯·奥墨菲》被视为邪恶、淫秽、伤风败俗，在油画中做裸体女模特的15岁少女，因为其趴在床铺上，春情荡漾，含情脉脉，几乎被看作是妓女，是在卖春，累及这位少女一生坎坷。无独有偶，像提香的《马尔比诺的维纳斯》、马奈的《奥林匹亚》都被指责、谩骂，那幅《草地上的午餐》甚至惊动了法国皇帝，拿破仑三世看了以后大为光火，甚至大吼“淫乱”！其实这位法国皇帝的私人生活堪称淫乱，但他见不得一幅草地上的裸体画。

这使我想起中国有句成语：道貌岸然。就是这位“花”得出名的“骚”皇帝，见到古斯塔夫·库尔贝画展上的画作《浴女》时，怒不可遏，斥之“粗俗”。愤怒之下，一把从随从手中抢过鞭子，对着《浴女》狂抽。

法国画家朱尔斯·莱菲博瑞于1875年创作了一幅裸体少女画《克洛伊》，这幅全裸少女画画的正是19岁少女克洛伊，画作问世后，曾在争议声中赢得高的赞誉，但到澳大利亚参展时，差一点被澳大利亚人的口水淹没，用中国话说叫“千夫共指”，“批倒批臭”，谁都想不到澳大利亚有位十分精明的商人，没花什么钱就把这幅裸体画悬挂在自己经营的酒吧内。谁都没想到，从此这间酒吧每天从开业到打烊，爆满，爆火。连那些骂得最凶的“卫道士”们也都情不自禁地一次又一次地来这间酒吧喝酒。我翻看有关资料，未能查出这位经营酒吧的老板姓甚名谁，但我可以肯定，是位“人精”。

中国之茧更厚，其缚更重。

中国的裸体艺术比古罗马至少晚了2000多年。直到1978年还因裸体艺术的壁画闹得不可开交，被认为是“宣传资本主义腐朽没落思想”“宣传黄色文化”，幸亏当时小平同志说了句话，“我看可以嘛”，才得以在北京新机场大厅展出，但随之而来的批评声却山呼海啸一般卷来。当时人戏称“光屁股事件”。

1978年，北京新扩建的首都国际机场要投入运营，因有“国际”二字，就史无前例的在候机大厅内装饰了一幅“大画”，这幅壁画长27米，高3.4米，是袁运生为首的当时称几位中青年美术工作者制作的。思想交锋的旋风就从这幅其名曰《泼水节——生命的赞歌》开始的。

这幅壁画最关键的是它的第二部分，象征着青春幸福的傣旅姑娘对生活、人生、爱情的追求，画面中有3位女青年一丝不挂地洗浴。这就是狂风起处。坦率地说，那么大，像真人一样的全裸女人画像，如此逼真如此细腻，令人脸红。在中国，在大庭广众之下矗立起这么高大，颜色鲜艳的裸女像，数千年都未见过。

据袁运生回忆说，当时尚未公展，内部就争论不下，最后担任这批项目的总负责人李瑞环说，等小平同志看看再定吧。邓小平到首都机场时看后说:“我看可以嘛。”这才在机场大厅展出，消息传得比风快。据当时的人回忆，人们为了来看首都机场的“裸体画展”，倒四五次车，忙活五六个小时的都有，那时专程来参观人的车把首都机场前的广场停得满满的。人们像潮水一样涌进大厅，又像潮水一样涌到壁画前，睁大了眼睛盯住不动以至于机场的工作人员不得不出面疏导，让前面的人快点走，好让后面的人挤进来。有的人竟然排几回队，反复看。

随之，责难声，批判声，叫骂声，卷地而来。又加上袁运生“有折”，1957年被打成过右派，长期下放劳改，上纲上线就更自然。就有人把这幅画视为洪水猛兽，视为卑鄙无耻，视为资本主义复辟。不知是谁出的馊主意，给那三位裸体的女傣族姑娘都蒙上了一层薄纱，似见非见，似穿非穿。但仍然抵挡不住大批判的火力，只好把《泼水节》蒙上了一层厚厚的毡布。专程来看的人，都不顾那么多，索性过去掀开毡布看，或干脆钻到毡布下看。后来干脆用三合板钉成护栏封起来。裸体艺术就那么可怕？李嘉诚先生说，我从香港飞北京下飞机后，总要看看《泼水节》的壁画，看他被围起来没有？要是没有被围起来我就放心了。

一张裸体艺术画，竟然关系到一个阶层人士的政治信心，裸体艺术的作用何其之大。每说到此，我就想起米开朗基罗的《最后的审判》这是一幅震惊世界的“大画”，画中有400多位人物，其中有近300位是裸体人物。当这幅“大画”横空出世时，世人为之震撼，教会和卫道士们为之恐慌、仇恨，他们用最恶毒的语言攻击它，诋毁它，咒骂它，扼杀它。其恶招竟然和425年后的中国卫道士同行一辙，不知是谁继承了谁,谁发展了谁？他们对米开朗基罗《最后的审判》也是先遮后盖，让人给那些光着的人物都穿上衣服，然后再遮上油布，最后钉上木板，教皇克莱孟八世甚至想毁掉它。裸体艺术能让那么多人咬牙切齿，那么多人耿耿于怀，那么多人寝食不安，如丧考妣，这也是裸体艺术的艺术的魅力。

陈丹晨曾经讲过，那个时期他的一位老师曾经开课讲裸体艺术的学术报告，课堂中间放了几张世界著名的裸体艺术的油画和雕塑。谁都没有想到那堂课来了那么多人，不但把教室挤得满满的，连走廊过道甚至连窗户上都爬满了人，人们都伸着脖子瞪大眼睛看着讲台，像一群池塘内缺氧而探出脑袋呼吸的鱼。当关灯正准备放幻灯片时，黑暗中又拥进来一批外校外系的学生，大家都渴望着听听裸体艺术，看看裸体的艺术形象。据说，当幻灯片播出裸体时，全场数百人，鸦雀无声。事后不少人坦言，自己连眼睛都没眨，舍不得眨。

据说，那位讲课的教授叫钱绍五，讲完之后，人挤人拥成群说什么也走不了，散不了场，下不了课。一是要求再讲一遍，再放一遍；二是异口同声问：哪天还讲，在什么地方讲？

1980年我回到北京，看望我的一位老同学，他原是东北建设兵团的，有股东北大侠的风骨，喝的是东北小烧。他说了一件关于裸体艺术的事。他说，他排了3个多小时的队，去中国美术馆3楼看一个画展，是心甘情愿排的，一点怨言一句牢骚都没有。不仅他没有牢骚，全队皆无。感谢排队，感谢登堂入室，否则这届被称为“星星画展”的美术展览，早已被扼杀取缔了。实际上，这也是很值得珍惜的一次展出，随后就被取缔了。

他说，最让他兴奋的是展览中竟有不少裸体女人、裸体艺术。看得人都傻了，哪儿人多，人挤人，挤都挤不动，挤不走，人人驻足长看，那是一幅画得特逼真的裸体女人像。

真奇怪，女人穿着衣服站在那儿和裸体站在那儿的魅力截然不一样。

酒一下肚，话即上路。

他说，咱也是见过点世面经过点风雨的人，但你站在画着光光的女人画像前时，你肯定有异性的冲动感、好奇感、欣赏欲，让你冲动的，是一种冲击力、摧毁力、震撼力，那就是裸体艺术的威力。

此兄 1989 年移居美国，后为伦敦大英博物馆工作，曾获得美国文化界最高奖——麦克阿瑟天才奖的提名奖，后失去联系不知去处。

中国石文化的另一个高峰，是 1959 年，以向建国 10 周年献礼的北京十大建筑为标志。这十大建筑都是石结构，都有古希腊、古罗马的建筑风格，其中最典型的，当推人民大会堂和中国历史博物馆。

而中国裸体艺术的觉醒，应该是改革开放以后。现在可能没有人把裸体艺术再看成洪水猛兽了。在 20 世纪 80 年代，一批一批人体摄影、绘画的出版物如雨后春笋，出版商投其所好，“地毯式轰炸”似的席卷而来。直至穿着泳装的各种大美人挂历铺天盖地，彻底让中国人倒了胃口。

时间过得真快，从 50 元买了一张裸体女人的世界名画的印刷品还羞羞答答，偷偷摸摸，到花 11 亿人民币买一幅“光屁股”女人的世界名画，这中间也不过就是这 20 多年，一晃而已。据报道，在纽约佳士得拍卖会上，中国人刘益谦。以 1.7 亿美元的天价购进意大利绘画大师阿梅代奥·莫迪利亚尼的《斜躺的裸女》。拍卖会收场后，一位“闲人”问现场的拍卖大师，如果是《斜躺的穿衣服的女人》能拍多少呢？那位美国佳士得著名拍卖专家，曾经拍过一千多场“大卖”，沉思一会儿说，起价位应在 500 美元吧。

但裸体艺术真正登上中国美术的大雅之堂还是近 10 年的事。它的起始点，798 是一个；它的标志，李象群算一位。

李象群先生手下有一佳作，不知为什么题目叫《堆云·堆雪》，曾在全国第三届美术展上展出，是一座雕塑，雕的是慈禧太后，看上去应该是老佛爷年轻时，至少不是曾有过一张老照片上照的那么老时，因为李先生把慈禧雕成一位漂亮美丽的少女，而这位年轻的少女，还是一位裸体的少女，赤条条地坐在一张大太师椅上，一只脚还踏在椅子的边上，两只手很随便地放在椅子的扶手上，呈自然放松状。看者蜂拥，议者嘈嘈，成立中国裸体艺术最具争议的作品之一。裸体的慈禧说明了什么？看来，解放思想也永远在路上。

古寺听偈

江南的春雨下得缠绵细润，掀开雨帘走进去，古紫庵背依洞庭山，面临太湖水。不走到庵前，你不会发现那古树繁枝中竟隐匿着一座始建于梁陈时期的古庵。

古紫金庵虽小，建得却格外精心讲究，江南的品味，苏州的格调，佛门的规矩，出家人的心埸尽在其中。金黄色的围墙，皂青色的墙头瓦，门头上一边一个白线描形的螭吻，静而守责地观望远方。碎石甬道曲曲弯弯，仿佛在昭示来者，佛门易进，修行不易。

古紫金庵正殿门前的庭院不过一亩多大，左右两棵老树，竟是有600多年历史的金桂树。老树虬枝，撑着多半个院子，两树之间有一立于石台之上的三足铁香炉，雨打洗刷得像刚刚漆了一层油光光的黑漆。

寺院极静，三世佛端坐在莲花座上，古朴典雅，肃静庄严，细看那雕塑手法圆润自然，清楚流畅，让人称道的是无论你在殿堂的哪里，只要你虔诚地合十敬佛，都能发现佛祖正慈祥专注地看着你。再看站立在大殿两的十六尊泥塑彩绘罗汉，果然精彩，果然逼真，果然绘声绘色，果然传神动人。相传是南宋大师雷潮夫妇的大作，距今已然八百多年矣，古紫金庵一绝。人言“天下罗汉二堂半”，此处罗汉占一堂，不简单，不简单！最生动的是罗汉衣着，佩饰，彩络，各不相同，各有特色，虽是泥塑，却飘飘扬扬，轻轻逸逸，似绸似缎，确有“曹衣出水，吴带当风”的风格作派。出正殿，有净因堂，堂外有两棵古黄杨树，亦罕见稀奇，皆有1500年的树龄，仍在雨中傲然，生机勃勃，粗不过罐口，树干皆是绿茸，“千年黄杨碗口粗”正是。又说“鸟中之王是凤凰，木中之王是黄杨”。我过去没看过千年黄杨树，竟站在雨中细细看起来。

净因堂左侧，有一壁画，站立其前，如听师说。

寒山问拾得：世间有谤我、欺我、辱我、笑我、轻我、贱我，如何处之乎？

拾得笑曰：只要忍他、让他、避他、由他、耐他，不要理他，再过几年，你且看他。

我静静地立在壁画前，一遍一遍默诵，一遍一遍体验，每一遍都有不同的感悟，我不知道寒山是哪位高僧，拾得又是哪位高人？堂中无人，堂外亦无人，无人可问，也不必问。那雨渐渐大了，落水有声，雨声似偈声，望堂外那两棵1500岁的黄杨木仿佛还在聆听，它们该听过多少遍？却还在那么认真仔细一丝不苟地听。我站在壁画前，不知为什么，突然闭上眼双手合十，心中的诵声伴随着雨中的诵声，一遍一遍……

也说骂人的艺术

梁实秋先生有高论。他说："古今中外没有一个不骂人的人。"无论其为圣人、贤人、君子、达人。梁先生还真研究过骂人，"想骂的时候而不骂，憋在心中会弄出毛病，所以想骂人时，骂骂何妨？"梁先生还有高论，其言"骂人是一种高深的学问"。

把骂人作为学问而且是门高深的学问，梁先生何出此言？我倒要看看。

不平则鸣，其鸣必怒，怒而鸣之则骂，追溯人类语言发明之初，不平则鸣不是哭，不是唱，更非吟诗作文，而是骂之，骂可能是人类文明的先驱，骂当在诗词歌赋之前，骂是文明社会的启蒙。梁实秋先生之言，言之有理。

当初人类祖先，乐极兴极则手之舞之，足之蹈之，可以想象人之怒极、苦极、恨极、愤极必然是骂之，大骂之，骂天骂地骂想骂的一切。十分遗憾，那些生动、无可替代的骂语作史者皆以为是龌龊之语，不录其辞，实为作史者之大悲也。我们现在认为骂人乃不文明之举，实则为人类文明之始。国骂，没有国时就有此骂，鲁迅先生对国骂有研究，但大先生对骂源未作深究。《尚书》中所言"咒之"，即骂人；赌咒、斥之皆破口大骂，真正的骂是真骂、悍骂，逼急了、气急了、恨急了的骂都是破口大骂，恶语相骂，使用最原始、最赤裸，最直接、认为是最解恨的词语，恶语相加，恨不能一口水吞了他，何需温文尔雅？何讲温良恭俭让？骂分雅骂、粗骂 、文骂、武骂，含蓄的骂，赤裸裸的骂，所以梁实秋先生说骂人是门高深的学问，领教。

指桑骂槐，是真骂也是假骂，是大骂也是小骂；无非是骂在张三身上，让骂传到李四耳中；既骂了人又没有撕破脸，既出了气又隔山骂了人；但说到底是不敢指着槐骂槐，指着鼻子骂，劈头盖脸骂。

打情骂俏，也是一种骂，骂里有文章，方知俏不仅是靠捧，不仅靠吹，靠夸，靠装，而且还要靠骂，骂出俏来。那种骂中有爱，骂中有情，骂中有意，名曰为骂，实则要想甜加些盐，理在其中。夸不成，拍不成，赞不成，骂就骂成了，骂里有学问。

老北京人一般不文绉绉说骂人，而是直呼骂街。骂街比骂人更地方化，更直率，更有气势，也更生动形象，更有生活气息。骂街，顾名思义，一骂一街，横扫一胡同，指骂的声量大，气派大，毫无顾忌，甚至是有意为之，不让四邻八舍听见、不让整条胡同半条街听见那不叫骂。骂街不是骂三言两语就偃旗收兵，而是敞开了骂，破口大骂，抡圆了骂，论持久战，只有人听腻了，没有他骂烦了，骂累了，骂得不想再骂了。骂声一浪高过一浪，骂频一时超过一时。

中国人，骂街源远流长，但似无大创新发展，看《水浒》《金瓶梅》中的泼妇骂街已然如此。

男人骂街称骂阵，跳着脚的骂，像斗前的公鸡。中国人说先礼后兵，现实中是先骂后兵。男人骂阵更恨、更扇动、更毁人、更让人蹿火。《史记》中司马迁说到楚军坚守不出，因为项羽明确交代，必须坚守十五日，十五日我必诛彭越，定梁地，再三叮嘱大司马曹咎“谨守成皋”。汉军真拿楚军没辙，“数挑楚军战，楚军不出。”但韩信用兵奇诡，“使人辱之”，司马迁又说得文绉绉了，其实就是韩信派上部队到大司马曹咎守的成皋城下破口大骂，什么最难听、什么最侮辱人、什么最刺激人就骂什么。骂人似乎是个天性，没听说有谁有意教孩子学骂人，而是唯恐孩子学会骂人，学会说脏话。但奇怪的是往往骂人的话大人无意中说一次，儿童不但能记住，而且能够活学活用。骂人对每个人似乎都是无师自通，不学自会，自学成才。大司马曹咎终于被骂得怒火中烧、怒不可遏，恨不能生嚼活吃了那些骂阵者，可见骂人的力量，能让三军之帅丧失理智，结果中了汉军骂阵之计，亡师丧帅失城。

皇帝骂人更狠，一句骂街能要人命。秦始皇指着鼻子骂吕不韦：“君何功于秦？秦封君河南，食十万户。君何亲于秦？号称仲父。其与家属徙迁蜀！”通篇骂街，虽不见一个脏字、骂字，但满纸皆恨骂、怒骂、气骂、劈头盖脸地骂，声嘶力竭地骂，置人于死地地骂。所以手握重权的吕不韦才吓得魂飞魄散，才饮鸩而死。吕不韦是被秦始皇骂死的。

范增也够厉害，敢当众痛骂楚霸王。范增是真急了，是恨是怒？他看得明白，“夺项王天下者，必沛公也，吾属今为之虏矣。”楚汉战争还没正式开始，而楚霸王又有绝对的优势，天下似乎在握，而被称亚父的范增却已看出这场争夺天下之战的胜负，而且得出的结论是那么无情、残酷，不但战败，而且用手一划拉，军帐中的所有人最终都不过是人家沛公的阶下囚，神气不了多久。这才怒火中烧，把张良献上的玉斗置之于地上，“拔剑撞而破之”，骂道：“唉！竖子不足与谋！”看前人都翻译得文绉绉的，其实作为亚父的范增是看到了楚汉战争的结局，所以才痛心地骂道：“你个小兔崽子！”因为范增是安徽巢县人，此骂必然。骂人无善语，慈言无恶骂。

三国时期的诸葛亮是骂人的高手，讲究骂人艺术，追求骂人技能，能在两军阵前当场骂死敌军主帅，古今中外再无他人。《三国演义》第九十三回说诸葛亮在与曹真大军对阵时，将曹魏王朝司徒王朗骂得“气满胸膛，大叫一声，撞死于马下”。诸葛亮好生了得！会骂阵，那才叫上挂下连，上纲上线，攻其一点波及全面，攻心攻身攻祖上，调侃、讥讽、挖苦、痛批，轮番上，步步深入，句句刻薄，字字点在心窝里；从人心，人德，人伦层层剥皮，一针刺在脉搏上，一剑封喉，让人气得、恨得、憋得喘不上气来，换来大叫一声，被骂死在两军阵前。

在之前，诸葛亮在两军阵前一阵痛骂就曾要了东吴大都督的命。诸葛亮让军士们对着计穷军败的周瑜破口大骂：“周郎妙计安天下，赔了夫人又折兵！”骂得声声刺耳，声声要命，虽无一字带骂，但此处无骂胜有骂，方为真骂，骂得狠，骂得痛，骂在要命处。以致周瑜大都督“大叫一声，金疮迸裂，倒于船上，众将急救，却早不省人事”。

《三国演义》中击鼓骂曹也骂得精彩，也骂得痛快，也骂得舒畅，骂得有艺术，有水平。称衡真饱学大师也。裸体登堂，击鼓震廷，用鼓棰指着曹操公堂之上痛骂："汝不知贤愚，是眼浊也；不读诗书，是口浊也；不纳忠言，是耳浊也；不通古今，是身浊也；不容诸侯，是腹浊也；常怀篡道，是心浊也！吾乃天下名士，同为鼓吏，是犹阳货轻仲尼，臧仓毁孟子耳！"称衡真敢骂，真能骂，真会骂，真痛骂。

会骂的也还有高人。三国时期的陈琳为袁绍征伐曹操起草的檄文，气势浩荡，义正词严，指着曹操大骂，骂得痛快淋漓，骂得狗血淋头，骂得五体投地，骂得天昏地暗。檄文丝丝入扣，层层递进，骂调提得高，骂腔摆得正，曹操本人看后竟惊吓出一身冷汗，把头痛的顽症都治了，让曹操感到如同再生一般。骂有医病之效，应从陈琳骂曹操始。

骆宾王为徐敬业讨伐武则天作檄文，檄文实为骂文，这篇骂文也史上有名，骂得痛快，骂得仇恨，骂得山崩地泻，骂得日月无光。骆宾王真会骂，不仅仅是骂而且是讲道理讲形势、讲发展、讲前途、讲未来、讲良心、讲道德、讲伦理、讲孔孟、讲做人，谁能想到，这篇檄文几乎挖了武则天的祖坟，扬了武则天的家丑、人丑、道德之丑，已经骂到几乎无以复加，以致极限，让其罪恶曝光于天下。骆宾王奇才，他竟然骂得武则天对其骂文拍案称绝，击掌叫好。过后不但不恨他不杀他，还要重用他。骆宾王因骂出名，因骂救己一命，因骂得福，骂才也。

骂得最没水平，谈不上艺术，只是粗口暴骂的当推灌夫骂坐。直接后果是因骂得祸，得杀身大祸，株连数人，殃及家族，血溅骂场。灌夫乃西汉景帝时的功臣，平灭吴楚叛乱有功，是当地一恶霸土豪，难称什么好鸟，平时也霸道，胡作非为，无人敢惹，因为他背后就是被封为魏其侯的窦婴，是汉孝文帝皇后的"从兄子也"，曾经权倾朝野，堂上堂下我说了算。但是一朝天子一朝臣，到景帝时，新贵蜂起，魏其侯被冷置闲任失势于朝廷，灌夫是窦婴的亲信，是魏其侯的"铁杆"，魏其侯得势时，他上朝都横着走。看到窦婴江河日下，新贵水落石出，一肚子牢骚，满腹不满，又嗜豪饮，酒后常常惹事。在新任丞相武安侯田蚡娶亲宴上，灌夫又以借酒大骂，骂锋直指那些得势有权的新贵。灌夫骂街是真骂，直到破口大骂，恶言四出，在丞相田蚡娶亲宴上实为搅局，让田蚡当场下不了台，恨得咬牙切齿，这才有以后不但杀灌夫及其一家，株连累计数十人，而且连魏其侯窦婴也被砍头示众，骂里有文章，骂里有政治，骂中有生杀，岂是想骂就骂？想骂谁就骂谁？想怎么骂就怎么骂？想在哪儿骂就在哪儿骂？灌夫该杀，骂杀自己，也殃及无辜他人。

骂人也能骂出品味，骂出风格，骂出个性。有人开口即骂，不骂反而有日从西山出之感。老京城人骂人有特色，亲切悦耳婉转不脏耳朵，“你大爷！”“你姥姥的！”当然也要暴跳如雷，一句话能骂出 50 多个不重复的脏字，故骂街不够，加之一大字，为骂大街。可见其骂声骂语在大街上横扫，无敌。以前一直认为蒋介石骂不离口，似乎“娘西皮”是其发泄的口头骂。不知道宁波人管骂街、骂大街叫什么？但认真看过蒋介石日记后，方知人非草木，孰能无怒？怒而冲口而出，骂也，但要说蒋介石三句话不离脏口，乃后人追风造势地有意丑化、脸谱化，蒋介石可能有此骂但非如此骂。倒是美国四星上将巴顿，满口骂话，尤其一上战场，骂声不断，一脸凶相，杀气腾腾。但美国人称其为骂将军但为常胜将军。“宁要骂将军，不要温将军。”温将军指二战中在菲律宾投降日军的温赖特将军。巴顿不死，骂声不绝，文质彬彬那就不是巴顿将军。巴顿一生谁都敢骂，唯独没有骂过自己。巴顿自信、自豪、自大，他言之就像坦克的炮口，只冲向敌人。巴顿骂人有特点，也有风格。

梁实秋先生谈骂人艺术中没有谈到自我谩骂，自己痛骂自己，自己把自己骂得狗血喷头。让人惨不忍睹，惨不忍听。梁先生说得对，骂人的学问大了，岂是三言两语能说清的？

“扑克”的帝国

扑克牌发源于中国还是发明于外国似无定论，但扑克牌何时在中国建立起扑克帝国似有铁论，那就是随着新中国的诞生，中国人民推翻了“三座大山”，扑克牌也推翻了压在它头上的“三座大山”，即麻将、牌九、骰子，20世纪50年代初，新中国禁赌，当年在上海百乐门前一把火烧了成车成堆的麻将、牌九、骰子，火苗子窜到二楼高。就仿佛一夜之间，扑克盛行大江南北。

从学校到商店，从工厂到军营，从城市到农村骤然闲下来的人终于发现了解决生活单一苦闷无聊的高招儿——打扑克，且那时的打法通俗易懂，一看就会，一摸就熟，一打就上瘾。扑克的活力就在于其魅力，春风还有不度的玉门关，扑克无所不度，只要有人的地方，就有扑克。

抗美援朝战争爆发以后，扑克也随着志愿军雄赳赳气昂昂地跨过鸭绿江。抗美援朝战争中最艰苦的一战是上甘岭战役，当时部队退守坑道，电影《上甘岭》是其真实写照，但没拍出来扑克牌的贡献力量。退守在坑道里的部队很多是打乱打残了编制的战士，互相之间不熟悉甚至不认识，憋囚在一条又细又窄又闷气的坑道里，每时每刻不是黑眼看白眼，就是大眼瞪小眼，战士们很苦恼、很郁闷也很无聊。这时候不知谁掏出了一副扑克牌，几乎就在那一瞬间，坑道里活跃了，高兴了，有朝气了，热闹起来了。谁能想到，前方的坑道里最需要的不是弹药，是扑克牌。电影《上甘岭》中往坑道送水的运输员腰里都揣着几副扑克牌。那位首长给老炊事员的不是两个苹果，而是两副扑克牌。不经过战争，不经过上甘岭那样的战役，没坚守过表面阵地被敌人占领的坑道的军人，体会不到扑克牌的金贵和重要。

其实，美军对扑克的情缘可能要深于我们。美军士兵打扑克成瘾、成气候、成为战争病，连美军的随军牧师都四处发放扑克，鼓励士兵打扑克，以冲淡他们苦闷、心虚、忧郁、思乡、惧怕的心理。扑克牌像宗教一样是他们在军中的政治思想工作的法宝。在美军中，扑克“横行霸道”，即使被关禁闭，也允许士兵随身携带扑克，士兵可以在禁闭室一个人玩扑克，用扑克算命，打发无聊的时光，不致于激化矛盾，在郁闷中铤而走险。美军打扑克几乎是军中的一道风景线、流行病，只要有空，无论在营房、战壕、饭堂，甚至厕所，玩扑克者无处不在。正应了中国人的那句话：腰里一把牌，得谁跟谁来。在中国志愿军的战俘营中，美军俘虏异口同声地喊：扑克、扑克。

美军打扑克是赤裸裸的赌博，绝无“素席”，连旁边围着的都“押宝”,起价大小全看庄家坐得大小。第二次世界大战时,美日在瓜岛大战，美军飞行员最解忧排难最能让他们忘了眼前的战争和苦难的就是玩扑克。从将军到值日官没有人会干涉他们,相反有时还去助助兴,押押宝。警报一响，飞行员扔下牌就钻飞机升空作战，有趣的是如果庄家是大输家，会有赢家自动为他“保驾”，充当僚机，因为如果他被日本飞机击落，那么赌债就一风吹全黄了。

美军著名将领巴顿，接手美军第二军时，这支部队军纪极差，巴顿就从整顿军纪入手，他提出美军士兵无论在何时何地，只要不是睡觉都必须身着全套军装，必须头戴钢盔，即使是上厕所、打扑克也必须如此。否则巴顿的办法就是“连坐”，不但打牌的人被罚一周手不许碰扑克牌，就是坐在旁边围观押赌的也一律照办。以致于马歇尔将军前来视察美军第二军时，看到一身军装、头戴钢盔的士兵疯狂地挤在一起，很好奇。马歇尔挤进去一看，原来士兵们正打扑克，玩得很疯狂。即使如此，个个士兵依然戎装严整，一个就是纪律部队。据说巴顿刚一开始整顿时，没人当回事，巴顿亲自带人检查，把没戴钢盔的士兵关起来，这些士兵哀求宪兵:给我一副扑克吧，我睡觉都戴着钢盔。美军对扑克牌的贡献是扑克牌上两张倒置的肖像，这样在打扑克时就不用倒过去看是什么牌了，扑克牌的四个角被切成圆角，是防止在打扑克时被划伤，美国的瘾君子还是挺动脑子的。我查了一下，这种发明并没有注册专利权，可能在战争期间的原因吧。

据一位“老八路”讲，当年他们在山西黎长公路上打过一次伏击，颇有斩获，打扫战场也比较彻底，当时并不是只把被打死的日本兵的枪械子弹收走，而是“彻底打扫”，就是把死鬼子的军装、皮鞋、皮靴全部剥走。“打扫”出一盒扑克牌，当时没人认识，以为是鬼子的联络信号或秘密联系方式，就上缴。一直交到团里，竟无人认识。“老八路”哈哈大笑，人家喊我们土八路也没错。结果呢？“老八路”说，那时候有两种说法：一是让指挥部的译电员辨认，人家大笑，说是扑克；一是正赶上邓政委在指挥部巡视，才揭穿谜底。

20 世纪 50 年代中国的扑克牌打法似乎很单一，就是“打百分”，“扣底 40 分下台”，“主”是先翻一张夹在牌叠中，“底牌”是 6 张，一般都要翻开明看。

那时候打扑克就是“玩”，“素面素底”从来没有听说过用扑克赌钱的，赌博是大逆不道的，是封建社会和资本主义的遗毒，是革命的对象。

到 20 世纪 70 年代，扑克在中国已成燎原之势，红遍祖国大地。被光荣地命名为“54 号文件”，党、政、工、农、兵、学、商几乎无人不学，有人感叹：“天天学，雷打不动。”上至中央领导，下至地方官员，直到平头百姓，“54 号文件”学习贯彻，完全彻底，自觉自愿。当时中国人口为 7 亿，扑克帝国中也有一副名联：七亿人民七亿抓（扑克牌），万里江山处处打（扑克牌）。

等我们去插队时，扑克牌几乎成为我们知青的“大救星”，它能使我们忘了忧，忘了愁，忘了苦和难，忘了爹和娘，也暂时忘了北京和未来。输了就在脸上贴纸条，一张报纸能撕七七四十九张纸条，每次打牌都贴像吊死鬼一样。这时候打扑克已经不再打“百分”了，而是打“升级”。多少分升一级，多少分升二级，多少分连升三级，“光头”升几级，“退毛”跌几级，打到勾（即J）被对方用勾把底抠了就一把退到底。后来又热衷于打“拱猪”。当他们重新返城以后，他们才觉得他们的确落后了，他们的确是“农民老二哥”，首都人民已经改打“敲三家”“拖拉机”“打桥牌”“争上游”。那些“术语”就像黑话，“三先”“四洗”“溜边”“端底”。知青回城给城市的扑克大军增加了新生力量，闲着也是闲着，愁着也是愁着，不如“敲三家”“争上游”，打得热火朝天，稀里哗啦，常常深夜一两点了，路灯下还有一摊一摊打扑克的，且都极其认真，极其负责，极其上心。有时候为了一张牌出得对与错能争执起来，即使闹翻脸也无所顾忌。扑克真厉害，又不赢房子输地，两个大老爷们直至两边各有一方人马都会在当街上又争又吵，好不热闹。

扑克和麻将不同，打麻将一夜不睡，两眼瞪起精神百倍，通宵下来都很平常，那里钱催的，如果打麻将不带“彩”，恐怕没人肯上桌，哪怕是亲父子，亲兄弟，夫妻俩上阵，也要明算账，谁输谁赢绝不能打白条，不算数。而扑克不同，即使与金钱无关，与赌博无关，但也是打一夜越打越精神。

各地扑克打法不同，说法亦不同，像那年去南京，便闻“吃饭不灌蛋，等于白吃饭”，饭前必先打几把牌，犹如欧洲人餐前必喝开胃酒。

扑克的打法也不断创新，在创新中不断丰富，一副牌不够复杂多变，终于演变成两副牌放在一起打。一百单八将，四个“猫”，横可出对儿，纵可出串，有“炸弹”“地雷”，魔高道高比着高，又有“启子”“连生”，规则也经常修改，越改越严，越改越难。越严、越难人们的兴趣越大，扑克牌的魅力鬼使神差！

当然扑克牌也有另一种玩法，那就是桥牌，堪称雅士之举。邓小平、万里、丁关根等都是桥牌高手，小平同志牌艺之高也是公认的。

美国总统罗斯福也是打扑克高手，虽不常打，但每打必赢，不知罗斯福总统打的什么牌，开的多大灶，最多赢过多少美元。

近几年，扑克牌又有所变化，逐渐“美式化”，开打必带“彩”，无“彩”不开局。“砸金花”“斗地主”“比点数”“混江龙”，钱就放在扑克牌边上，一把一清，不欠不赊，不拖不赖。这些都是民间称呼，上到官场上，上到电视上呼之“二打一”，其实就是“斗地主”。

想起在美国赌城拉斯维加斯看到的“二十一点”，发牌，翻牌，比点，坐庄的站着，开庄的坐着，三张扑克牌一翻，立马见生死，据说玩得大的，一把输赢都在几十万美元，让人舌头吐出来回不去。这也是扑克帝国的一枚奇葩。

到底是谁建立的遍布全球的扑克帝国？

一说中国人。中国古代的“叶子戏”是纸牌的鼻祖。“叶子戏”最早记载自唐人万鹗的《同昌公主传》，在唐朝时，“叶子戏”就已经开始流行，其热不可当。到了宋朝，“叶子戏”的玩法已经多样，民间已经很普及，传到明清时期，“叶子戏”已然风靡大江南北，盛行各个阶层，“四十叶为一具，一叶为一种，分四门，自相统辖”。打时，四人入座，人各八叶，以大击小，上有花样，一花一色的为大。

“叶子戏”从其诞生起就是一种纸牌，“叶子”就是唐时文人夹在书中的便笺。中国人考证，“叶子戏”这种中国创造的纸牌传入欧洲与蒙古帝国远征有关。蒙古军队中这种纸牌十分流行，又便于携带，得空就来，只要不在马上，就在牌上。纸牌随着蒙古铁骑传向四面八方。但扑克帝国创始者乃中国。

但欧洲人有异议。意大利称扑克是他们的商人发明的，但著名的汉学家、英国科学家李约瑟断言，纸牌是通过阿拉伯人或像马可·波罗那样到过中国的旅行家把中国的纸牌带到世界的，包括阿拉伯世界。中国纸牌是扑克牌的祖宗，帝国无国界，但有点可以明确：1377 年德国、西班牙才开始出现扑克牌；1378 年，意大利、比利时人才开始玩扑克牌；法国人则在 1381 年；和中国人相比，差七八个世纪；但扑克牌的四种花色，黑桃、红桃、方块、梅花，功归法国人，法国人会玩，讲究玩，玩得精致，也玩得浪漫。

很长一个时期，扑克牌的背后都是“素面”，有一度欧洲人主要是法国人、希腊人、意大利人还喜欢在扑克牌的背后写些人生感言、自以为美的句子甚至是情书。法国的政治理论家孟德斯鸠就曾经用扑克牌的背面做笔记。把扑克的两面都配以各种图案、照片是美国人的功劳。第二次世界大战中，有一种印有著名女影星的裸体照片的扑克最受欢迎，有些美国大兵干脆把她们排列在床头上，既亲热了美女，又温习了牌艺。一直发展到美军伊拉克战争，把萨达姆政权的 54 个头号人物分别印到扑克牌上，让士兵们便于辨认。

据说二战中，美国一种扑克牌经过努力被送进被德国纳粹关押的美军战俘中，将这种扑克牌洇湿后，上面就会显露出逃跑的路线图。

扑克牌真神，连希特勒的纳粹集中营都尽纳其中，不服不行。

论赌

一

据外电报道：在中国边境外针对中国赌客建立的大型赌场有70多家，且家家生意红火。随之产生的地下钱庄、地下客流，形成一条条庞大的产业链。

二

中国人好赌，好赌上瘾；一赌到底，宁死不屈；博的是彩，赌的是命；赌徒不畏死，奈何以死惧之？老子没想到，是赌博把他的“民不畏死”的思想发展深化了。

三

十赌九输，常赌无胜家。秀才遇见兵，有理说不清；赌博遇见理，无理可论。赌得家破人亡，赌得当妻卖子，一个赌字好生了得，这是赌的魅力。赌无圣人。

四

要想“成就”一个人，一夜暴富都嫌慢，恨不能一时暴富，摇身一变即成钻石王老五；要想毁掉一个人，毁掉一家人，那就去赌，由人变成鬼，一个赤条条的穷死鬼、赌鬼、饿死鬼。

五

最有赌功的皇帝是被誉为“金戈铁马，气吞万里如虎”的南朝宋开国皇帝刘裕。东晋时赌博玩的是“掷卢”，五枚赌牌分两面，一面白，一面黑，全黑为大，全白次之，黑白相交以排列分大小。估计是骰子的先祖。刘裕大赌，五枚赌牌中四枚落定为黑，只最后一枚狂转不定。刘裕大叫一声“卢”,赌牌应声而定,一水的黑牌。裕大赢。裕不掷则已，掷则令“卢”，真功夫！

六

中国人喜赌爱赌，赌则大赌，什么都敢赌。有人云是民族劣根性，是封建社会对中国人性的摧残和异化；人云，西方人从古希腊那些大思想家传承下来的人生哲学是追求真理，而中国人从古代圣贤那里传承下来的人生哲学是追求名利。幻想一步登天，一人得道鸡犬升天，幻想一枕黄粱再现，恨不能一步实现梦想的天梯。

七

中国有句警世恒言：君子不下赌场，赌场绝少好人。亲手毒死汉质帝、被称“跋扈将军”的梁冀本色是赌徒，他惯赌、豪赌，用赌徒的心理、技能、手法赌政治，一宝押在天门上，竟然执掌朝纲，权倾天下，成了大汉王朝的掘墓人。明末魏忠贤更是赌场恶棍，嗜赌如命，输光一切后，一把扯下裤子，一刀割下男根，血淋淋地押在赌案上，赌命！

八

中国人赌博最早起源于何时？已无定论，但赌博最初可是人类文明发展的必然，人类开始思考如何不劳而获，如何坐享其成。劳心者治人，劳力者治于人是人类思想进步的台阶，不平等的产生恰恰是社会进步的标志，平等的原始社会必然崩溃，不平等的奴隶社会、封建社会必然诞生。不平等的产生恰恰是赌博产生的温床和理论基础。很可能在奴隶社会就有了赌博，赌博的内容依然围绕着财富、奴隶、地位，也可能更早。我曾经在宁夏银川岩画上看到一幅岩画，是一个人在狩猎，旁边有人拿着三支箭。我认为这是一种赌博游戏，如果射中猎物，三支箭归你；射不中你拿三支箭我来射。请教专家，专家未作定论。如果我考证正确，说明人类早期已经有了赌博行为，且赌博环境还是很平等的。赢了彩归你，没赢，机会归我。但没有文字记载恐怕不能下定论，专家说可以继续考证。

司马迁在《史记·孙子吴起列传》中对“田忌赛马”的描述，可能是赌博最早、最生动、最具体的文字记载。“忌数与齐诸公子驰逐重射。”司马迁的这句话至少披露四件事实：之一为“数”赌，不是一次赌，而是数次赌，多次赌，公开赌，说明当时在齐国赌博是上层社会的社会活动。之二赌徒为齐“诸公子”，不是一个人，而是一群。齐国上层有权有势的公子应该都参与，不赌不成公子哥，说明当时赌博是一项官僚集团时兴的活动。之三为“驰逐”，玩的是赛马，也可能是赛马拉车。当一项赌博活动公开地走向上层社会时，说明在齐国乃至整个春秋诸侯国，赌博拥有很广泛的群众基础、社会基础，发展到一个国家的领导层像田忌这样的权臣亦热衷于此，足以证明那时赌博已经非常成熟，非常规范。单纯以一项运动看，至少已经开展了相当长的时间。说明在齐国这样的大国，春秋时代赌博成风，赌博是上流社会，统治集团、贵族之间不可或缺的“高雅”有“品位”的社交活动。赌不赌，大赌不大赌，群赌不群赌，有没有王室贵族参加赌，有没有权臣重臣参加赌，是那个社交圈子高低的见证之一。之四为“重射”，何为重射？就是大赌、狂赌！凡大赌、狂赌皆惯赌、赌徒，初下赌场皆小玩小赌试水试风。而赌徒者，皆嗜赌成瘾，嗜赌为命。一掷千金是由一掷一金开始，赌场的老客、惯赌、赌徒在赌博上是有一个成长过程的，就像吸毒者，绝非一口成毒瘾。毒与赌有相近相似之地。而齐国诸公子与“齐将田忌”皆赌徒惯赌，可见赌博之风在齐国其源之深，其风之大。“重射”重到什么程度？司马迁言，田忌在孙膑指导下，“一不胜再胜，卒得王千金”。

跑三趟马，负一胜二，得千金，千金是多少呢？当年齐襄王看上魏国使臣范睢，想把范睢留在齐国大用，“乃使人赐睢金十斤及牛酒”。也据《史记·吕不韦列传》中讲，当年吕不韦“大贾人也，往来贩贱卖贵，家累千金”，大贾其家也不过千金。吕不韦投资五百金去为子楚活动，为的是让子楚能继承秦国君位，也不过拿出五百金。可见其赌局之大，名副其实的一掷千金。中国之赌在春秋时期，即公元前770年左右已经到如此地步，只是我们后人不愿正视之，我们的祖先赌博与文明共进，赌博成文化的一部分，这在世界上也堪拔头筹。

九

从春秋到战国，从秦统一到楚汉战争，一千多年间可谓战争不断，政权多变，民不聊生，严重地阻碍着生产力的发展，赌博也没有能得到迅猛发展。赌博甚怪，赌博业的发展在一定程度上会对生产力进行破坏，但它一定要借助生产力的发展而普及、而发达。饿殍遍野，城乡荒废，民不聊生，苦难深重，焉谈什么赌博？人尚在刀俎之上何来此“雅兴”？

但到了两汉时期，政权稳定，国家统一，生产力得到很大发展，国泰民安，人民生活得到很大改善，那时期是“三十亩地一头牛，老婆孩子热炕头”。赌博也像雨后春笋，又茁壮成长起来；且逐渐呈现多形式，多种类；更加平民化，更趋群众化；不但走出宫廷，走出王室贵族的赌博圈子，而且走出城市，走向农村，开始从官到民，从上层社会到社会底层；赌博真如春风，仿佛战争一停，人民一安定，政权一巩固，这春风即吹遍大地。赌博势不可挡，其妙首先在于易学易懂易上瘾。有口诀：一看就懂，一懂就会，一会就想玩，一玩就入门，一入门就上瘾，就如中魔邪。

我在徐州一家博物馆看到有砖刻画和石刻画。一幅刻的是斗鸡，一幅刻的是斗牛。汉代民间斗鸡斗牛已相当普遍，一直延续到现在。这和赌博有关吗？答曰：有斗必有胜负，有胜负必然有输赢。如果既无输又无赢，既无负又无胜，这些“斗类”的活动何能延续至今？如何能时到今日依然如火如荼，轰轰烈烈？这种传统的赌博既原始，又现代，直到今天所有赌博都是在赌胜赌负，赌大赌小，赌输赌赢。中国民间谓之“押宝”，行话为“下注”。为什么非要“挂彩”、非要“下注”、非要赌一把呢？除此别无选择吗？答曰：然也！何以见得？答曰：奥林匹克运动如果取消金、银、铜牌，取消名次和争逐，不出希腊则亡矣，可能连诞生都不会。知道足球运动吗？不是人踢足球，是钱踢足球，欧冠联赛，押赌资金都在数百亿美元之上。不赌就没有球，赌注越大，球越精彩！当然伴随着“下注”“押宝”、赌博，足球也会变形，变成方足球、瘪足球。确有高论。让我吃惊的是还看见一个汉砖雕，雕刻的是二人围一土陶罐看罐中的豆豆，我认为此乃中国最早的“掷骰子”，毕竟相隔两千年了，又是风雨又是岁月，陶罐中的豆豆怎么看也看不清楚，请教馆中的专家，说是民间的一种赌博，猜豆豆。猜对为赢。是不是骰子尚无定论。

但中国人发明骰子是一大发明，直接贡献给世界博彩业的财富多得难以计算，骰是推动世界博彩业发展的动力之一。它应该比诺贝尔发明黄色火药对世界贡献还大，遗憾的是它的发明人已不可考。骰子除了掷骰子按点排位上座，公开公平公正，自古无异议，而且直接下赌场，一身二兼。也是公开公平公正。摇、掷、翻、看四部曲，最长可能也不会超过一分钟，即定输赢，输可以输破乾坤，赢可以赢得天下。

骰子六面六种点数，由六个骰子组成一戏，自由转动，自然组合，据说能生出7000多个数据来，变化无常，无规律可言。神鬼莫测，才演义出无数神奇故事，派生出无数神赌的传奇。我认为发明骰子的那位中国人要比发明魔方的匈牙利人鲁比克要高明得多。骰子的赌法也千奇百怪，千变万化，可以一个人摇，一个人掷；众人看，众人下注；也可以两人对摇对掷，甚至人手一把，各摇各的，各比各的；既有比点多的，点大的；也有比点小的，点少的。就像玩魔方似的，谁能说清楚？说不清楚就是谜，是谜才要猜，才有门道，才有水深水浊，否则如盘中望水，焉有赌博？

赌博到了汉朝有了新的创意，新的发明，新的招数；最普通，最受到欢迎，也最接地气的是“投壶”，即在屋内酒桌前或赌桌前摆一壶，众人离开一定距离往壶中投，投中为赢，也可以直接赌输赢，以赌准为赢，可繁可简，可上可下，可大雅也可下里巴人。直接置一直口陶罐以筷子为器，一组若干根，以掷准为赢。史上记载，当年汉武帝就欢迎这一游戏，爱好这一“口”。皇帝玩得更高贵、更典雅，离席五到九尺远，置一青铜壶，其形犹如老北京王爷贝勒爷府中的高膛大肚细脖痰筒，不同的是壶两侧有耳。投壶者一人拿四支去了镞的箭或特制的荆条，有乐队奏乐，分主宾列席，有裁判判准，以进几支为赢，进得少的，没进的要判输，输赢都皆非一言了之，而是真金白银，讲白了就是事先讲好几局为限、开多大局，其赌颇像现代的赌球。当然也有“暗赌”，就是在投壶之外设一屏障，先定下谁猜第几投，现场由裁判当场唱输赢。元代有无名氏曾作一乐府古诗：东厨贝肴膳，椎牛烹猪羊。主人前进酒，弹瑟为清商，投壶对弹棋，博弈并复行……

上有所好，下必甚焉。赌博自西汉汉武帝始，如江河洪水，一发不可收拾。在中国乃至世界，恐怕没有哪项活动能这么得人心，这么深入持久，这么百折不挠，这么万劫不枯。野火烧不尽，春风吹又生，对于赌博而言，不吹自生，虽寒冬腊月亦要万紫千红，赌博的生命力似天下无匹对。

十

到了唐朝，在上层社会和文人圈中，赌博的聚集点热衷于“射覆”。

简单说“射覆”一射一覆。有问有答，有题有对，有上联请对下联。比如出对:客来东方，歌讴且行，不从门入，逾我垣墙。游戏中庭，上入殿堂，击之拍拍，死者攘攘。格斗而死，主人被创。是何物也?认为覆方猜不中，道不出的下注；反之亦“押宝”。下联为：长喙细身，昼匿夜行，嗜肉恶烟，掌所拍扪，名之曰蚊。玩“射覆”的真得有把刷子，真得念过经史子集。玩得高雅，赌得也文明，博在殿堂。

唐代著名诗人李商隐是“射覆”的高手，我以为也是赌博的行家，一玩“射覆”到天明，非赌莫能如此。他有一首名作《无题》，所谓无题，是不言而喻，不明自白，其中隐情之一就是咏赌。“昨夜星辰昨夜风，画楼西畔桂堂东。身无彩凤双飞翼，心有灵犀一点通。隔坐送钩春酒暖，分曹射覆蜡灯红。唯余听鼓应官去，走马兰台类转蓬。”《无题》中的颔联人皆以为是情联，实则“有情有义”，借情抒意，其意在博彩，只有常赌会赌乐于此道，精于此道的高手才会有这种心理。达到“心有灵犀一点通”，应为博彩之“九段”，已然为炉火纯青，游刃有余矣。唐之赌在李商隐诗中除射覆外，亦有送钩之博，亦为猜对为赢，猜错为输。分曹射覆从深夜一直玩到天明，其技可谓高矣，其兴可谓大矣。都言李商隐为真情种，焉知此君亦为博彩之高手乎？一斑窥豹，唐时士大夫，文人社会圈中以“高雅”形式赌博已然形成风气，且蔚成大观。

唐朝贞观年代是中国历史上对外开放，对内繁荣发展的时代，也是赌博快速发展时代。在唐朝对中国乃至对世界的博彩业最大的贡献是发明了扑克，扑克的问世，使赌博业走向全世界，至少是为赌博业在全世界的发展打下了坚实的基础。

扑克的雏形，早期为“叶子戏”，最早记载于唐人万鹗的《同昌公主传》中，在唐叶子戏已然风靡社会，极度流行。不但宫内的公主、王妃玩，太监、王子玩，文臣武将闲暇亦玩，直到百姓人家。这和赛马不同，一般臣民是玩不起的。一种游戏如果从上到下，从君到臣到民都乐此不疲，这其中必然有刺激因素，否则焉能有此兴？刺激因素的最大效果就是输赢刺激，所谓重赏重罚，重输重赢，彩为重彩方才热博。叶子牌“四十叶为一具，一叶为一种，分四门，自相统辖”。打法为四人成局，四人入座，各起八叶，以大击小，上有花样，一花一色为大。也就是我们现在玩的“顺子”“清一色”为大。叶子戏可以因陋就简，对场地几乎无要求，所谓手中一把牌，得谁跟谁来。到宋朝时，“叶子牌”纵横大江南北，平趟城乡百业。已然普及到家喻户晓。赌博既不分男女老幼，亦不分民族地域；上可入堂，下可进房；有条件可以赌，没有条件创造条件亦可“玩”。局大局小也无定式，一文可赌，千金亦可掷；到成吉思汗时，叶子牌几乎是蒙古大军的必备精神食粮，每到一地，一旦休息，军中必“玩牌”，甚至在马背上弯弓射大雕之余，也要玩一把。当然瘾那么大就不能“白玩”“素玩”，必然要“挂彩”，此时博彩已然成业。叶子牌也随着蒙古大军远征传向中亚，传到欧洲。据资料说，蒙古军队中对叶子牌的热衷，与现代美国军队对扑克牌的痴迷几乎如出一辙，迷人之窍不是玩牌之术，而是玩牌之赌，乐在赌中，更迷在博彩。二次世界大战太平洋战争中，美国空军出现过主机为僚机护航的奇事，原因也简单，僚机驾驶员背着一屁股赌债，弟兄们怕他被日本人一炮打下来，冤有头债无主。蒙古军中赌博蔚然成风，甚至已经成为军中顽疾。一仗打下来刀未入鞘，赌局已开。蒙古军队中的赌博其彩多以战俘为赌注。据我考证，春秋时期秦国的赌博就有以人为赌彩，历史上有名的百里奚大夫作为战俘，就是以五张羊皮的身价被押上博彩上的。一个奴隶价值五张羊皮。可见其赌无所不至，押宝无所不能。元朝的蒙古远征军对历史有两大贡献，其一为火器，把火药传到中亚西亚，传到欧洲；其二就是把赌博博彩业带到中亚，带到欧洲，促进了扑克的现代化进程，也是人类文明的一大业绩。只讲其一不讲其二是偏见。成吉思汗率领的蒙古大军不仅仅是只识弯弓射大雕，“还识三宝”：一是喝酒。只举一例，忽必烈的大玉海可贮酒“三十余石”，大约3000多斤，我曾走遍中国几乎所有名酒厂，未曾见过有此容量的大酒缸，忽必烈之举足显大元之气魄。元定都大都以后，在大明殿前造一大樽，以木为质，内银外镂以云龙纹。此樽堪称天地一绝，堪称世界之最，空前绝后，高一丈七尺，约合5.67米，可贮酒50余石，比大玉海还大。马可·波罗说他见过这个“精金大瓮”，说此大瓮四角各置一小酒瓮，然后用精金大勺取酒，中国民间呼之为“提子”，但这个“提子”着实吓人，一“提子”足够十人饮醉。忽必烈每醉必以大杯喝，一杯估计一斤有余。蒙古铁骑远征只喝酒不喝水，喝酒以生鲜骆驼血伴之，据说饮此酒后，浑身热血沸腾，置生死度外，其勇无敌。二是女人。蒙古军队战斗力强的另一个原因，目标明确，非杀即掳。攻城略地，屠城毁庙，杀人如麻，但年轻女人则掠在军中，这和欧洲的罗马铁骑如出一辙。仅举一例，现在全世界许多地方都有成吉思汗的后裔，亚洲犹如此。据一项研究表明，成吉思汗的后裔达1600多万人。

让人不敢相信。研究蒙古史的学者也讲，蒙古军队常年征战，军队中的性饥渴、性烈火也是军队攻城略地的动力，一旦城破，蒙古军队奖励军队的办法之一极简单，从皇后到侍女，从官吏到百姓都是军队的战俘、奴隶，分配女俘、女奴、女人，在蒙古军队中天经地义，名正言顺。成吉思汗尚如此，遑论将士？三是赌博。蒙古军队远征的团结收拢军心的办法之一就是赌博，军队不但纵容将士赌博，而且鼓励将士赌博。赌赢了可以把赢来的钱物带回草原；赌输了，像红眼的饿狼，可以再去冲锋陷阵，再打胜，再抢掠，再来赌博。对于军队的士气赌博像吗啡针，像类固醇。

十一

宋朝是中国封建社会经济最发达、最繁荣时期，但也是中国赌博深入到社会底层，开始群众化、普及化、全民化的时代。在宋朝尤其在北宋繁荣昌盛时期，几乎无处不在赌，无人不会赌，即使是张择端画的《清明上河图》中亦有赌馆、牌馆，不过皆在茶馆、酒馆、勾栏之中。翻翻施耐庵的《水浒》便知社会下层的无业市民、渔民、农民、猎户、狱卒、庄客、军士，几乎无人不赌，有的赌瘾甚大，几不能自持。比如李逵，是《水浒》中塑造的“造反英雄”，神行太保戴宗介绍黑旋风李逵时，说“这厮虽是耿直，只是酒好赌，他赚得你一锭大银，慌忙出门，必是去赌”。戴宗果然了解李逵，这李逵慌忙跑出城外小张乙赌房来，急不可待地要赌。这段文字简单，却含量不小。第一作为流浪汉又为小牢子的李逵穷得叮当响，但一有钱就“慌忙”跑去赌，像李逵这样接近赤贫的无产阶级不但嗜赌，且中毒甚深，可见当时社会上赌风之盛。第二赌的形式更趋简单化、明快化、大众化，像李逵这样的人都会赌，且赌瘾甚大，说明再也不是射覆那种赌了，赌博已然走出“象牙塔”，赌博已经走进农民和社会底层。第三赌戏快闪，李逵从宋江处“骗”得的十两银子眨眼工夫就输得一干二净，请教懂家，答曰极可能是翻牌、掷骰子、押宝、摸牌九。也就是说这些到现在亦然“健在”且依然“使用”的赌具在一千多年前早已为民间赌徒的工具了，早已谙熟于每一个赌徒。第四已出现赌房，即职业赌场，可见当时赌博之社会影响，专事赌博的机构出现，说明其社会赌的规模之大，范围之广，赌众之多。

造反上梁山的 108 条好汉，细数起来会赌、爱赌、有赌瘾的绝不止李逵一人，足有近三分之一好汉喜好这一手，言其赌徒造反亦可。

继扑克的发明以后，麻将的出现又使赌博寻找到一个普及推广的通用平台，麻将对中国博彩业的贡献怎么说都不过分。

有人云：近代中国对人类的贡献有三：中医中药、围棋、麻将；也有人曰是：中医、红学（红楼梦）、麻将；总之无论怎样排，麻将都赫然名列其中。麻将牌 136 张，可谓变化无穷，可以排列出数十万个数据，奥妙之深，其乐无穷。但真正打麻将一分钱彩不带，空转素局绝对没有。凡是会打麻将或打过麻将的人都异口同声，就是亲爹亲娘亲兄弟，上桌摸牌也要带彩，无彩不开局，无彩不坐庄。

麻将牌是中国人发明的，此乃铁案，这和扑克牌的发明有所不同，欧洲人就不太服气，认为中国的“叶子牌”和欧洲的扑克牌不是同宗同源。但对麻将欧洲人服气。欧美洲人也认为那是中国人发明的一种娱乐赌博神器。

中国麻将可谓中国国粹。麻将从它诞生的那刻起就是因赌而生，因赌而名，因赌而乐，因赌而滥。麻将赌是最具有中国特色的赌博，其群众性、广泛性、深入性、持久性在中国无一能比，独领风骚，堪称“国赌”。即使在抗日战争中华民族到了最危险的时刻，麻将仍然坚挺。当时在重庆有人甚至把麻将带到防空洞，时刻不忘搓麻。所谓除了轰炸声就是麻将声，大街小巷几乎巷巷有麻馆，处处闻麻声。麻将不嫌贫爱富，亦不分男女老幼，官民贵贱，人人爱，爱人人，只不过贫有贫的搓法，富有富的麻规，就是“棒棒军”，一身臭汗刚落，也要围桌成局搓起，更莫谈达官贵人、夫人小姐，开搓就是开赌即麻将哗哗响，金钱票子哗哗流。当年在陪都重庆除了谈抗日，就是搓麻将，或者说除了搓麻就是谈抗日。也是两手抓两不误。即使在边远的昆明西南联大，中国高级知识分子精英云集，许多都是中国赫赫有名的大师、名家教授，他们也爱麻不止，除了上课教书，就是搓麻，据说搓麻的麻局亦不小，有说以十块大洋“铺底”,落架的凤凰依然是神鸟。据查汉奸中的“麻奴”最多，比重最大，向麻将追求麻醉，狂赌狂搓，不分昼夜。麻将的功能之一也是麻醉剂。当年沦陷区的上海麻将搓得昼夜不分，赌博赌得昏天黑地。大汉奸张啸林一把麻将赌注上千银圆,一赌千金,非“黄鱼”不开局，在夜上海已司空见惯。

在麻将赌上有名的“麻神”不少，其中之一就是孙大麻子——盗挖清东陵的国民革命军第十二军军长孙殿英，号称“双麻将军”，又称“二神仙”，吸上大烟，自称“活神仙”；搓上麻将，公认是“麻神仙”。曾经带着他的军需处长去南京领他十二军的军饷，领出来都没回宾馆直接去了麻馆，把一个军的军饷都押上开赌。麻将军的胆量真大，麻神仙对自己的“麻技”也真自信。曾经有一夜不和一把，最后天明日出只和一把“扣四张”“清一色”“一条龙”“门前清”“底锅 5000 大洋”，满和一把让“麻将们”输个底朝天。

没有考证出中国的牌九是何朝何代发明的，但它应该在麻将以后，至早不会早于明朝。推牌九比麻将变化少，来得更快，更直接、更方便，不但推牌九的人下注赌，旁观者下注押宝同样方便。压天牌、押地牌、压虎头、押人牌，四张牌起手一搓一亮相，输的赔上，赢得捧上。当然有一生痴迷推牌九的人都摸不清牌九的变化，千万莫小看那 32 张牌，小看那些排列不同的黑点红豆豆，点和点的搭配能变化出连数学大师都计算不清的变化。再聪明的人也会在赌道上跌倒翻车。推牌九比投骰子似乎更有技术含量，变化更复杂，更让人乐于痴迷，但那也是“过山车”,一个跟头栽下来就家破人亡,快者三分钟定生死。孙子言:兵者，诡道也。以我之言：赌者，诡道也。

十二

中国麻将的第二青春期、躁动期，也可称为泛滥期应在 20 世纪 70 年代末。“文化大革命”期间彻底消失了的麻将仿佛在一夜之间城乡遍布，无处不“麻”。复出的麻将如火山爆发，势不可挡。当时有个说法，

“十亿人民九亿赌”“十亿人民九亿麻”。小到四五岁的“幼儿园”就出局上桌搓麻将，老到七八十的老翁老妪，一晚上输赢三五百元都极正常。麻将使中国人消除了城乡差别，男女界限，年龄限制，贫富界限，职业隔阂。祖孙三代也可以同桌，老少爷们麻将桌上也不欠不赊，不打白条。搓麻都是搓现的，尚未听说搓麻时用 PS 机、刷卡、用支票。当时还有个“麻说”，说八国联军征服了中国没有？没有！日本鬼子征服了中国没有？没有！但中国却被 136 彻底征服，不服都不行！ 136 专指麻将牌。

打麻将赌博绝非新闻，无彩不上桌，无彩不开局；麻局就是赌场，赌场无父子，认钱不认人。但却很少耳闻打麻将赌得家破人亡，跳楼服毒的。看来中国麻将是有“底线”的。

“麻赌”也在发展创新，过去似乎有一潜规则为“三缺一就开不了局”，“麻赌”似乎非四人不能“开锅”，但现在也有三人打麻将，号称“血战到底”；网上打麻将，号称“网来网去”；网上打麻牌，网上结账，干脆利索，不见面不坐台，麻牌也能打得山呼海啸，也能从月上东山打到启明星高照。

到了 20 世纪末，赌博的形式渐趋多样化，扑克“玩”得更随便，更潇洒、更简单、更直率。“斗地主”“砸金花”“猜花色”“比大小”，一翻牌就能见真金白银。玩扑克赌博更适合平民社会，无需铺台子，放椅子，得哪儿哪儿来。见过在公共厕所中赌，两个人手中各拿几张牌，比大小，比花色，大到极致便是小，小到地底便为王。两不耽误。赌因有彩，如狐妖迷人，赶都赶不走。常见三五个民工、闲汉、摊贩、板爷，就在马路边“斗”起来，钞票就在地上放着，公开明赌，叫亮彩，地主赢一收二，斗倒地主二分一。原则性也挺强。一把一清，账不清，牌不“走”，赌场上六亲不认。

赌在中国是黄赌毒三大罪孽之一，但到了西方世界便是极乐世界。

凡是初次踏入美国拉斯维加斯赌城中最大的赌场时，都会瞠目结舌，目瞪口呆，几乎无一例外。金碧辉煌，灿烂耀眼；奢侈华贵到极致，雍荣豪华到无法想象。上千台“老虎机”“贼光”闪耀，光怪陆离，仿佛幻想世界，七色彩灯流星般从头上划过，不时有中奖后激励人心的红灯怪闪，金币暴落银盘的金属相互撞击的清脆声浪。“老虎机”前坐着赌彩的赌客，仿佛是仙外之人，不慌不忙，不惊不喜，不卑不亢，倒是一群群来玩的中国人兴奋不已，急急忙忙，仿佛晚了“老虎机”里的钱就被那些早到的老美取光了。“老虎机”24小时不停，随时恭候愿上钩者。据说来玩“老虎机”的人成千上万,但几乎无一人是赢家。有一位中国人极聪明，肯下功夫研究，终于搞清楚“老虎机”的奥秘，战则必胜，胜则必大胜，以致赌场很快闹清楚这位华人的厉害，恭敬礼送“出境”，宣布谢绝此客。其实“老虎机”也有吃不了的人，而那些人大都是老且有闲，在“老虎机”前闲坐闲玩闲赌，既不想赢，也不怕输，只惧闲着无聊，“老虎机”是一些美国退休老人的娱乐机，美国老人孤独，为找乐，就找“老虎机”乐，赢也不会大赢，输也不会大输，正像赵本山、宋丹丹的小品中说的50块钱请人聊天解闷一样，找“老虎机”解闷。就那仨瓜俩枣儿，打发的是时间，解忧解烦解闷还不欠人情。这些老人还真能赢，但他们心态极平和淡定，赢了也不想再赢，输了也无法大输。真正是玩来了。赌场也乐意，乐在让他们帮个人场，凑个氛围。真正赌的要上楼进雅间。赌法既简单又快捷。俄罗斯转盘，30秒见输赢，一转就押注，一停就开盘，压中庄家赔，否则庄家收。我计算过，一个转盘如不停地转，一个小时至少可以输赢在300次上次，真能赌出人命来。外国赌场也是以扑克为主，得克萨斯扑克、百家乐、21点、翻画比大小，赤裸裸的赌，似乎省去了不必要的技术含量，其赌徒似乎和中国民间传统的押宝别无二致，其扑克的赌招并未超出中国的“砸金花”。但在西方赌场绝少见有麻将赌和牌九赌，问方知，中国麻将太复杂，只适于正规比赛，比如在美国就有麻将大赛，但赌起来太费时、费事，不如扑克爽快，两张牌一看就一目了然：要，还是不要？押，还是退押？加还是顶？世上有傻瓜相机，这就是傻瓜赌法。坐庄有庄家的规矩，赌客有赌客的规则，人走路，水流渠。文明程度也高，已非上个世纪初的魔鬼赌场，输了走不了，赢也走不成。养着“老千”，置有“暗器”，比如骰子里灌铅，麻牌上“装皮”,牌九上“虚点”。现在非也,在香港澳门赌场,大赌中睹客都是“赤条条”来去，几乎身无分文，除了房卡，什么卡皆无。原来赌资完全走地下钱庄，人未到，钱已到账；赌桌前一坐，五颜六色的筹码已经摆好；真正赢了钱，也是人未行，钱已汇出。赌资来去安全，赌客来去自由，赌博平等公开，当然赌场说得比唱得好听，其暗流黑招不是局外人能知道的，正可谓是其核心秘密。某老板、某某人一夜输掉几千万甚至上亿在大赌场已不是新闻。赌场并不隐讳,有时也作业绩宣传,但前者中矢，后者云云。自愿上前，自觉下注,“宁死不屈”，前仆后继。为何有如此大的魅力?

十三

赌博乃人之一种生性，天性的启蒙是好的，它的始发点就是想依靠智慧获取劳动成果，依靠手段取得别人得不到的收益；利用杠杆去撬动梦想中的收获。发展到邪恶就是梦想不劳而获，劳心不劳力；付出之一，收获无穷；以小博大，以运气博命运，空手套白狼。天上掉馅饼还不满足，梦想天上掉金饼；一夜致富亦有恨言，梦想一时暴富。赌博几乎跟随人类走过了极其漫长的历史。有文字记载就有占卜，有占卜就有赌博。赌博像人类的影子。历史证明，经济发达时期赌博业得到了发展，经济萧条，百业不兴，甚至民不聊生，社会面临破产时，赌博业依然“繁荣昌盛”。和平时期发展，战乱时期亦然。这真是一个奇怪的现象。

有资料统计，在中国抗战时期，在沦陷区的百业凋敝，唯独赌博业一花独秀，且花开怒放。也不光在中国，第二次世界大战中，在德军战俘营中，英美战俘在战俘营中最得人心，最有市场的精神生活就是赌博，赌注无所不有，富有富的赌法，穷有穷的赌局，从香烟、手表到刮脸刀、皮靴，以至衬衣裤衩都可以赌，甚至宁肯饿肚皮，也把仅有的一点维持生命的食品拿出来赌。据说有的德国兵看到战俘们赌博也跑来押一注凑热闹，江山易改，本性难移。《战争风云》有一情节，当美国护航的五十艘运输船队行走在大西洋上，已经得知此海域是德国潜艇狼群肆虐的猎场时，问德国潜艇敢不敢开火时，美国护航舰队司令拿起放在手边的扑克，要和舰长赌一把。甚至日本人无条件投降到底在哪条舰上举行受降仪式，美军太平洋舰队的许多军官包括舰长和舰队司令，一直到一般水兵包括饮事兵、卫生兵的第一选择是赌一把，赌上见高低，让赌博来决定，让扑克定乾坤。

20世纪20年代末中国曾经发生过“赌博命案”，轰动一时。之所以传之以新闻是因为此赌博命案，系手榴弹爆炸案，炸死赌徒十数人。赌场杀人在当时并非寡闻，但“手榴弹案”凶猛吓人。让赌场老大都胆战心惊。在天津“三不管”某赌场，一赌徒已经输得一无所有，一贫如洗，但还要坚持赌，且言咸鱼翻身就在此时，大运即启，老天垂恩。但赌场老大坚持认钱不认人，没钱走人。那赌汉急红眼拔出尖刀插在红心上，斩钉截铁：什么都没有？有命！赌的就是命！赌场老大皆有黑道经历，只道是输红眼的赌徒敲诈，也一步不让；赌场命不值钱，只押金银不押胳膊腿眼珠子。那赌徒从腰间拔出一枚手榴弹压在注上。赌场老大并没有被吓住，依然不松口。告之赌场不押军火，且军火都不值钱何况你弄个假的来玩？那赌徒大叫一声，那我把假的玩成真的。拉响了手榴弹。赌场命不值钱。赌的魔力可见一斑。

赌博真是无孔不入。赌博比革命，比改革，更悠远、更自觉、更无畏、更坚强、更有韧劲，赌水太深、太浑、太急、漩涡太多、冲力太大，论赌只能万里说一。赌，何人敢论？

直隶总督署印象

一

正像老北京人从来都不称北京为北京市，而是称其为北京城那样，老保定人也不称其为保定市，而是呼之为保定府。老保定人说，称保定为府的保定人，至少在保定城住过三辈子，三辈子的保定人才能顺口顺腔地叫出保定府，保定府堪称古城。

保定府有条大街，其名唤“裕华路”，宽阔，繁华，热闹。裕华路由东向西穿闹市而过，我们是由西向东，迎朝阳而上。正值阳春三月，春光明媚，春风杨柳，八九点钟的太阳让人欣欣然。最惹人眼的是路两边怒发的山桃花，一树树、一枝枝、一串串，一片绿叶都没有，满树满枝满串的红花，红得鲜艳艳的，耀得人脸都放光。在花团锦簇之中，不知不觉已来到了当年的直隶总督署。

总督署前耸立着两杆通天大旗杆，堪称世上第一旗杆，高达十丈有余，旗杆上悬两座可升可降的方斗，像两尊持械示礼的尊神。凡来总督署的人，无不先肃穆仰望这两座标志性的大旗杆，仰望之中有敬畏，仰望之中有赞叹。无形之中已让人感到总督衙门的威严，一种隐隐逼人的威严。我在仰望之中发现，即使周围的高楼矗立，但在这一仰望中却只见两杆高高的大旗杆耸立于天地之间。让人稍感遗憾的是没把当年清王朝直隶总督署的大旗挂在旗杆上，那红布牙镶边的旗帜上有锦织的六个大字，乃当年立此衙门的皇帝清世宗雍正胤禛的亲笔：直隶总督部院。可以想象当年那好大的威风。

总督署门前一左一右雄踞两头怒狮，说不清是大青石的还是汉白玉的，但衙府门前的这两座石狮子，高大雄伟颇有几分霸气，头上有十三团卷毛，称为“十三太保”，象征此衙门非彼衙门，坐镇总督署非一品大员不可。石狮最有神的是炯炯发威的两眼，两眼圆瞪，怒目而视，张威含霸，令人未进总督署，先有三分卑。

其实，当年雍正皇帝钦定的除直隶总督署两座大旗杆外，还有一道官府墙，高高的青砖墙遮住了总督署，不是任何人都能扭头窥视这座虎虎生威的部院府的。高墙两边设有辕门，辕门处各有四位身穿兵勇军服的大汉戎装直立。据说总督部院府前执勤的兵勇都是千挑万选的，身高、体重、相貌都有严格要求，都经过严格训练。站如松，立如钉，站两个时辰，纹丝不动，无论三九三伏，无论刮风下雨，一丝一毫不走样。品位低从未来过总督署的官员，第一次都不敢直视这些卫兵，甚至都不敢走近他们，进总督署无不提心吊胆、小心翼翼。正如史料所载：莫敢仰视。莫说辕门之内，辕门之外百步之内闲杂人皆无。肃静、回避、不言、自重。“一座总督衙署，半部清史写照。”此言不知何人所云，确实讲得深刻，深刻！

二

据清史料所载，现存的这座直隶总督署于清王朝雍正七年即公元1729年建成，之前四年，也就是雍正三年，1725年清王朝决定在保定府设立直隶总督署，第一位任总督的是赵维钧。清王朝曾在全国建八大总督制，立八大总督署，像两江、陕甘、两广、云贵、四川、闽浙、湖广等都建立了气势不凡、规模宏大的总督署，但200多年的曲曲折折、风风雨雨，那七大总督衙门只能留在清史之中或地方志内，不是早已荡然无存，就是残破倾圮。只有眼前这座直隶总督衙门还老当益壮，依然健在。我们真应该感谢历史，感谢上苍，感谢保定，为我们留下了这么一座全国最完整最完美的封建王朝的总督衙门。迈步走进头顶上立着雍正皇帝亲笔题写的衙门招牌的部院大门时，你侧耳细听，隐隐之中，那清晰而有节奏的官靴倾叩甬道的嗒嗒声，那低沉而威严自在其中的衙役们的吆喝声，那风过辕门轻摇铁马声，那官旗漫卷的呼啸声……都会使你在静静的肃穆之中分明感到，不是你在感受历史，是历史正在一步一步走近你。

直隶总督部院坐北朝南，五进大院，由中路的大门、仪门、大堂、二堂、官邸、上房一线贯通。端端正正，规规矩矩，形成南北一条中轴线，两边东西再分两路，形成两翼，鸟瞰其下，一片高脊飞檐滚瓦厚墙的典型的清初官院官宅建筑。大堂、二堂是总督办公重地，突现了威武、庄重、肃穆。大堂正中高悬雍正皇帝的御书“恪恭守牧”，镏金大字居高临下，有一种皇威之感，是鼓励、激奋、重托、期待……金字大匾之下，一张大案，上面俨然摆放着代表权力、职责、任务的关防大印、令箭、签令筒、笔砚，一件一件都显得那么冷漠肃然，庄重无情地显示着总督的千钧之重。百姓如天，人命关天。案几之后一扇昭示皇天后土的大屏风，绘有海潮、朝霞、旭日、仙鹤，流光溢彩。宽大的太师椅显示着主人的权威，那上面威风凛凛坐着的是身着方龙补服的当朝正一品大员！大堂两侧分列排开雕有虎头图案的“肃静”“回避”护卫大牌及书有“兵部尚书”“太子太傅”“都察院右都御史”等18种官衔、待遇及身份的云牌，其中任何一块都足以让一个家族荣耀一代乃至数代。东西靠山墙前竖立着刀、枪、剑、戟十八般兵器，仿佛在无声地告诫堂前之人，此乃重地，兵家之地。这一切都是按当年李鸿章坐镇直隶总督署时的情景重现的。你能真真切切地感受到清王朝总督办公时的威严和庄重。大堂外的廊柱上一副黑漆作底、挥金为字的抱柱联写得甚有水平，让人驻足凝视，引人深思。上联是：“北吞大漠，南亘黄河，中更九水河流，五洲称雄，西岳东瀛一屏障”；下联是：“内修吏治，外肆戎兵，旁兼三口通商，一代名臣，曾前李后两师生”。好一个“北吞大漠”，好一个“南亘黄河”，把直隶部院的重要性阐述得无以复加！好一个“内修吏治”，好一个“外肆戎兵，旁兼三口通商”，把直隶总督的内政外交、统兵经商于一身的八面威风无遮无掩淋漓尽致地展现给了世人。

其实过仪门进大堂，尚需走过60多米长的青石甬道，可以想象当年的官员们过辕门、跨仪门走到这个青石甬道上的心情，坐在大堂太师椅上的总督非但不糊涂且聪明、练达、老成，历练远远高出走在甬道上的人，真让人捏着一把汗，须臾不敢抬头张望一下，伴君如伴虎。摘去头上的顶戴花翎，不过在弹指之间。然而让我感到森然之外尚有怡然的乃甬道两旁尽皆古松古柏，景自天成。据资料所示：每年夏末秋至有许多猫头鹰从四方飞来，最多时竟达数百只。数百只猫头鹰如飞起来当遮天蔽日，但这些被称为“鸮”的大鸟却都是静静地伫立在甬道两旁的树上，一动不动，特别是大堂审理公案时它们更是不飞不动不鸣不叫，徒增总督署的神秘和庄严。连鸟儿都穆然听判。经问询方知，时至今日，每临秋至，仍有数十只多至一百多只猫头鹰飞来栖息。可惜我们来的时令不巧，没能赶上那猫头鹰的盛会。不知当年刘墉、曾国藩、李鸿章等大员见此情景，有何感受？查他们的诗文，似乎没有留下什么感喟，也令人叹惜。

三

大堂也称正堂，虽庄严肃穆，有皇皇之威，但那不是总督真正办公的地方。正堂之上只举行隆重的贺典和重大政务的交接，如承接皇上的谕旨，拜发奏折，颁布重大的政令、法令等。大堂其实是政治舞台，是演戏的地方。真正的戏剧编导在后台，因为总督真正办理公务的地方在二堂。大堂后面紧接着就是二堂，二堂之上才是处理公务的地方。五间大厅，分中厅带左右侧厅，官员来奏办要事在中厅商议，开会研究，左右有秘书班子、办事班子，保证政令畅通。

我粗略地计算了一下，直隶总督身边的办事班子不会多于四个，直接在身边工作相当于秘书和研究室的人员即所谓幕僚、师爷也不会多于 20 人，用现在的眼光看，可以说是个高效的精干的办事机构。

大堂前甬道正中，有一座威严的木制四柱三顶的牌坊，南向刻有北宋书法家黄庭坚亲书的“公生明”，红底金字，灿灿有光。北向亦是黄公的为官之诫：“尔俸尔禄，民膏民脂，下民易虐，上天难欺”，十六真言正对总督署大堂。为官除非不抬眼，抬眼必见此真言。来总督署的人无不在此牌坊前驻足抬头细看长思。从雍正七年到宣统三年，清王朝共经历了8位皇帝，182年，在直隶总督署任总督的一共有七74人99任次。清王朝特别到清王朝晚期已极度腐败，但未听说直隶总督署出一位贪官、赃官、五毒俱全的官，相反却出过好官、清官、老百姓真心送给万民伞的官。仅举一位叫唐执玉的直隶总督，不仅“厚民生，澄吏治，除水患，兴农业，减民负”，而且“布衣粗食”，清廉得如一盆清水，让人由衷地敬重、佩服。他自认为“吾才拙，政事不如人，可自励者勤耳，勤必由俭始”。亲书传世:“将勤补拙，以俭养廉。”过去我一直坚信“三年清知府，十万雪花银”，可能何止十万。但唐执玉破此定论，唐执玉是死在直隶总督的任上的，一品大员，手握兵权，京畿重地的封疆大吏，集军、政、财、吏、外交大权于一身，在封建官场日进斗金亦不为过。但唐执玉死后竟“箧无一物”。无一物者，一贫如洗也。除了关防大印代表的权力，唐大人真正做到一尘不染、一无所有，死后竟然无钱安葬，令所有知之者无不惊异唏嘘，只好临时急奏雍正皇帝请另拨专款，再加上同僚朋友捐助，这才将其遗体装殓后运回原籍安葬。

历任直隶总督的“大人们”在清朝历史上乃至中国历史上都赫赫有名的不下十位，像李卫、方观承、琦善、曾国藩、李鸿章、荣禄、袁世凯等等，都是一跺脚不但直隶四方震动，就是京师皇城也要有所感觉。其中又以李鸿章独占鳌头。李鸿章分别在同治、光绪年间3次出任直隶总督一职，长达28年。李鸿章在清担任要职三十多年，其中直隶总督就占去28年，他一生所得朝廷表彰绝大部分都是在直隶总督的职位上荣膺的，大堂之上的18面官职大牌几乎代表了他一生的历程。说直隶总督署印象，焉能不说李鸿章印象？二堂之上的塑像，悬挂的照片都是李鸿章。从李鸿章的言谈举止，分明看出他才是这府院的主人。《清史稿·李鸿章传》是这样评论他的:“国家倚为重臣，名满全球，中外震仰，近世所未有也。”确实把他捧得够高的。李鸿章一生的是是非非紧连着清王朝的荣荣辱辱，因“国家倚为重臣”，重臣就要参与治理国家，清王朝末期腐败没落，大厦将倾，内忧外患，举步维艰，李鸿章主外交，办洋务，剿太平天国，又葬送北洋水师，丧权辱国都离不开他的干系，似乎清王朝的丧权卖国李鸿章独占鳌头，是罪魁祸首。20 世纪 50 年代我还在小学读书时，历史老师就谆谆教导我们：李鸿章是刽子手、卖国贼，从镇压太平天国农民起义，到签订丧权辱国的《辛丑条约》，从对日屈膝投降葬送了北洋舰队，到心甘情愿地和日本签订了卖国协议割让台湾，李鸿章的罪过数也数不清，叫“罄竹难书”，他的“桂冠”是个千古罪人、中华民族的败类，沾满人民鲜血的刽子手，出让国家主权、割地赔款的卖国贼。至今仍依稀记得老师那张年轻英俊的脸，被愤怒扭曲得怕人。千夫共指似乎已成定论。

后来长大了，看书多了，历练多了，方知那卖国贼老汉也有说不尽的另一面。把那一顶顶恶贯满盈、遗臭万年的“黑锅”都让老汉一人背着有点冤枉。让人家会觉得我们这样看待历史也欠公道。梁启超先生就在《李鸿章传》中说：“内治不修，则外交实无可办之理。以中国今日之国势，虽才十倍于李鸿章者，其对外之策，固不得不隐忍就于一时也。”掩卷长思，梁启超先生讲的是实话，我们不是要求实事求是吗？对李鸿章其人其事亦应如此。功是功，过是过，是罪有应得还是代人受过？我注意到最近对李鸿章的评价开始回到实事求是的原则之下说话了。比如洋务运动，李鸿章无疑是中国洋务运动的主要倡导者。怎么样评价 19 世纪 60 到 90 年代的洋务运动？是一笔抹黑，统统以卖国求荣定论，还是实事求是地分析？当时朝内许多大臣纷纷上奏要求“灭”李鸿章，推翻他统帅的“洋务运动”，回到“老祖宗”的轨道上去，上书的奏章高达数尺。守旧派、保守派、清流派凶啊！瞧李鸿章是这么说的，他说：“西人专恃其枪炮轮船之精利，故能横行于中土。中国向用之器械，不敌彼等，是以受制于西人。居今日而曰攘夷，曰驱逐出境，固虚妄之论；即欲保和局，守疆土，亦非无具而能保守之也……”李鸿章说得实事求是，中国不发展工业，不发展军事工业，想强国，梦也！空谈强国，不正视眼前的国力，不去图发展而谈攘夷、和局，都不过是痴人说梦、一厢情愿。我十分赞同李鸿章的话。同治二年李鸿章就办外语学校招收 14 岁以下的学生专攻外语，由政府出资派留学生去海外留学。讲中国对外开放，李鸿章不能忘，不能少，不能不说，不能一笔带过。李鸿章当年曾响亮地提出:着力兴办军事工业以“自强”,大力兴办民用工业以“自富”。此乃真知灼见。他创办了北官铁路局,自行修筑了我国第一条铁路;开矿、兴学、改革科举办法、增加数学考试,都得力于李鸿章的力倡手推。李鸿章还积极设立电报学堂,聘请外籍教师上课,进口外文书籍,组织人员翻译,传播先进技术。李鸿章在批判朝中那些守旧僵化的势力时说:“士大夫囿于章句之学而昧于数千年来一大变局,狃于目前苟安,而遂忘前二三十年之何以创巨而痛深,后千百年之何以安内而制外。”痛定思痛,老先生批得痛快。我一直以为“实事求是”是毛泽东的专利,是毛泽东第一个提出来的,中央党校大门石座碑上毛体手书校训正是这四个大字,写得浑圆遒劲。后来才知道“实事求是”最早是李鸿章提出来的,是给天津大学的前身北洋大学提的校训。对李鸿章的评价正方兴未艾,但有一点可以肯定离实事求是越来越近,李鸿章到今年整整去世108年了,108年后仍未“盖棺定论”,李鸿章是世上第一个提出“实事求是”的人,对他评论无疑也应该实事求是。李鸿章的照片就挂在二堂内。我细细看着,瘦脸淡眉,清须隆鼻,细眼宽额,如果不是穿着那身方团龙补子的一品官服,该是个慈祥宽容有智的老人……

四

三堂窗下,有两棵枝繁叶茂的海棠树,来得正是时候,两棵相距不过三米多的海棠树如兄牵弟,弟拉兄,争相怒放。花开朝阳,飘出清雅清香。让人称道的是这两棵亲如兄弟的海棠树,一树白花如雪,一棵红花如朱。最让人叫奇的是,花落结果,开白花的结红果,开红花的结白果。据说当年无论哪任总督都延续这个传习,每当这两棵海棠树开花时,就在三堂外搭棚摆席,邀请直隶高官赏花品酒;八月海棠树结果,一树雪白的海棠果,一树艳红的海棠果,依然要搭棚摆席,赏果品酒,据说不但直隶官员以被邀请为荣,就是京城大员也愿不远百里驱车前来直隶总督署赏奇花看异果。

站在树下,看着这两棵并肩开白、红花的海棠树,我倒想起两眼并排相距不过一米多的井，一眼打出的水是甜水，一眼打出的水竟是苦水。这两眼井据说已有千年之古，就在北岳恒山古刹前。我当年也是站在两眼水井前，怎么也不相信，不过左右手之隔竟然分出甜苦两味。小沙弥用桶把水打上来，我俯在桶上喝一口，水清清凉凉，沁人肺腑，真甜；从另一眼井中打上来的水亦是清澈透明，清凉无限，喝在嘴中方知，水不是那个水，确实有一股苦涩的余味。我继而不解，问一清瘦和尚，老僧之言现仍可记：苦亦甜，甜亦苦，苦尽甜来，甜尽苦出。据云：一千年前苦井出甜水，甜井出苦水。当时着实把我吓了一跳，真是世界之大，无奇不有。

三堂之后是四堂，又称上房，是按曾国藩任总督时的情况摆设的，也是总督大人的寝居室，因此风格为之一变，庭院遍植石榴、海棠、丁香、紫藤、月季、玫瑰，青砖铺地甬道，老树相对而出。室内八角喜灯高悬，案几之上多是梳妆台镜，床褥帷帐上绣的要么是万紫千红的百花，要么是清秀俊美的绿竹红梅。曾国藩与夫人是分居的，问方知，曾国藩到直隶上任是偕夫人同行的。隔窗观曾夫人的照片，有些出乎意料，曾夫人看上去比曾国藩凶悍，一张男人脸膛，高颧骨、厚嘴唇、重眼袋、鼻管通天，尤其是两眼深沉邃远，眉浓黑，一目有怪光，后方知，曾夫人一目果然有疾，二目不可同视，可以想象当年如坐曾夫人面前，想自然地笑一笑，怕也难。当然隔窗观之又加上100多年前拍的黑白照片，又放那么大，难免失真，可能把曾夫人照得凶恶了，想必当年曾夫人照相时面对那种原始的庞大的照相机也肯定紧张了，脸部肌肉收缩，照得不自然，也可能像我们平时常说的有人上相有人不上相，李鸿章就上相，照得虎虎生威、仪表堂堂的。但曾夫人的相片挂在那里，上房就有了家庭气，像个过日子的地方，不再是什么总督部院了。

五

直隶总督自设了这个一品大院的部院署以后，任总督时间最长的除李鸿章外，当推方观承了。直隶总督署东墙壁上镶嵌有幅青石雕刻的工笔绘画图，这就是当时的直隶总督方观承亲笔绘制的《御题棉花图》，实属可贵，让人久久品味，久久思索，一个封疆大吏，为了在河北一带推行棉花种植技术，使其走进千家万户，竟然不惜自己动手，把棉花生产的16个环节，即播种、灌溉、耘畦、摘尖、采棉、拣晒、收贩、轧核、弹花、拘节、纺线、挽理、布浆、上机、织布、理染，用图解描绘得浅显易懂，就是大字不识一个的农民也能看得懂，用得上，学得会。我细细地一幅一幅地看，因为我曾在山西农村当过整整六年农民，种过棉花，从下种浇地到间苗垒畦，从掐尖打枝到防病防虫。那时候生产队收了棉花以后，每个男社员分三斤半皮棉，女社员分三斤，这就是你一年的穿戴铺盖，我们知识青年把分的棉花交给房东大娘，她教我们如何纺成线，织成布，就是那种布面，仅有一尺二寸宽的白土布，然后再买来黑靛染料把白布染黑，做成衣裤鞋面。我看着这200多年前穿方龙官补服、被赐予三眼花翎的一品大员绘制的棉花生产科普推广图，确有几分难解，一个堂上一呼堂下百应的总督大人，威风凛凛，威震四方，肃静回避，掌握无数人的生死荣辱大权，该有多少“大事”“官事”，该有多少人情世故要去应酬、交往，方观承怎么熟悉棉花种植技术？他一个一品大员怎么知道直隶农民是如何想的？怎么知道该如何向农民推广新技术、新产品？ 40多年前我在农村当农民时没有见过这么一看就懂、一看就会、一看就能操作的新技术推广示范图。我在农村时和方观承在直隶推广种植棉花时已相隔200多年了，棉花生产的16个环节200多年后还和方观承十六幅图描绘得几乎一模一样，不知道200多年前晋西北农民种棉花是不是得益于直隶总督方观承。但我知道，那时直隶总督还管不了我们村。有一点是可以肯定的，我们村当年按县里和公社的要求推广矮秆棉花却怎么也推不广，不是种活了不坐桃就是坐了桃不饱满。现在想起来怎么当时就没有人绘制一幅像眼前这样的科普推广图让人即使是一个大字都不识的农民也能学着干呢？公社的书记再大也未入品也！我由衷地敬佩方观承，敬重他为官一任造福一方。经查：方大人，安徽桐城人，异地为官，在直隶总督部院署做总督长达20年，但官久不油，官大不僚，官重不昏，官高不贪。这不能不让人佩服、敬重。方大人任总督期间，足迹几遍直隶的山山水水，不是蜻蜓点水，不是走马观花，不是点到为止，也不是视察参观。方大人是和老百姓同呼吸共操劳，真正地想百姓之想，急百姓之急，为百姓之为。方观承51岁授任直隶总督，面对辖区内水患连连、民难为生、百姓逃难、有家难归，方大人不在部院总署做大人，而是深入实际，深入灾区，深入河区，深入大地，查防、勘险、排塞、除淤。真是位好官啊！方观承奔波劳累，北起潮白河、拒马河、永定河，中经子牙河、大清河、滹沱河，南至漳河、运河、黄河，数次上疏，奏陈治水治河方案。

不知为什么突然觉得，该不该叫我们的官员们都到这十六幅青石图前站一站，看一看，想一想呢？

六

既是“半部清史写照”，就有荣有耻，直隶总督衙门经历了清王朝后半期的艰难屈辱、腐朽没落直至人亡政息。两次鸦片战争，一次八国联军进京城的浩劫和奇耻大辱，次次都印在总督部院府上，割地赔款、丧权辱国的大清王朝已是病入膏肓、气息奄奄、朝不虑夕。直隶地处京畿，有拱卫京师之责，无拱卫京师之力。屈辱的历史留给后人警鉴。1900年八国联军攻占北京后，其中英、法、德、意四国联军又侵入保定，杀人放火的强盗为所欲为，无法无天，把中国看成是他们随意“捕猎发财”的“猎场”，把中国人看成是他们可以任意“捕杀”的“猎物”。这群恶鬼烧杀抢掠，个个满载而归。抢劫的财宝“车拉人背”，一群地地道道的强盗、流氓、土匪！最可恨也最让这座有“清代省府第一衙”之称的直隶总督署羞辱的是总督署的大堂森严庄重，竟让这群四国的“鬼子”任意践踏、亵渎；大堂前匾额金框金字海蓝底“旗镇冀门”四个大字亦徒有虚名；大堂正中皇皇一座威严屏风，上绘丹顶鹤、滔滔海潮、冉冉由海而升的一轮鲜红的朝阳，不过是一幅风吹瑟瑟发抖的纸画；当朝一品的圈椅上端坐着的竟是张牙舞爪的“鬼子”军官。

据查，直隶总督署自建成以来，大堂从来都是举行重大政务活动和隆重庆典活动的场所，虽然它还肩负着庭审的职责，但在185年的大堂历史中从来没有进行过一次大堂会审。如果说有，就只有一次，而这一次却是最不光彩的、最耻辱的、最让国人丧失人格的大堂庭审，坐在正堂正中央太师椅上发号施令的是一位英国侵略者，双手沾满中国人民鲜血的刽子手！这家伙叫盖斯里，竟然端坐在直隶总督署大堂之上，台案之前跪着的是护理总督廷雍等五位中国官员，都被五花大绑，按跪在堂上。罪名是组织抵抗，纵容中国人杀死外国侵略军，纵容中国人杀死外国传道士、烧毁教堂；罪名是没有乖乖地把中国的所有钱财宝物都装到强盗的车上。侵略者就是依靠枪杆子把强盗的逻辑冠冕堂皇地搬到了总督署的大堂上，吆五喝六，为所欲为，最后竟把中国负责直隶政府工作的五位中国官员判处死刑，立即拉出去斩杀。每一个有血性的有正义感、民族气节的中国人都会感到热血沸腾。中国有句老话，欺人太甚！我想起前不久在法国佳士得拍卖的中国圆明园的十二生肖中的鼠首和兔首铜像，正是被英法侵略军野蛮烧杀抢劫走的，仅仅过了一百多年，他们还要在世界上拍卖，辱人之极莫过如此。

我记得2003年我曾去南非考察，新华社驻约翰内斯堡分社社长陈铭同志带我去南非一家很有名的葡萄园参观采访，我们都看得兴致勃勃的。这座葡萄园的主人还拥有很大的一家葡萄酒厂，拥有一个很大的葡萄酒窖，最后主人很热情地邀请我们去他家的庄园参观做客。在他家豪华的城堡中我突然发现一座八风页的屏风，一看就知道是地道的中国古董，上面是百位仕士在春日中自由自在地玩耍赏春。金笔金丝绘制，紫檀木作封，檀香木为架，翡翠玉石镶嵌，人物栩栩如生，美人的衣袖都如曹衣出水，吴带当风。不懂行的人也能感到此物绝非寻常，必为一珍宝。屏风背后有一行留款：大清乾隆十二年。此乃我国之宝已无疑，为何流落到南非？一问方知，此家族乃英国贵族的一支，其祖上到过中国，我心中推算该是鸦片战争时代。他领我们去他家的“荣誉室”瞻仰那一排排他祖上的巨幅画像，他指着一位身着笔挺军服的留着大胡子的军官说，这就是那位到过中国的祖上。我怎么看他怎么像《火烧圆明园》电影中的英军少校，那鹰钩鼻子，凶残的圆眼，硬装出来的深沉。虽然那位对中国非常友好的主人对那段历史一点也不知道，他只知道他的祖上是一位探险家、科学家、航海家，但我与油画上的那位英国军官久久对视中，几乎可以肯定他还是个侵略者。他可能能蒙骗过他的后人，但他却蒙骗不了中国社会、中国历史，骗不了中国人。

默默走出总督署，我不禁又回头观望，气势恢宏的中国传统高脊长檐高台长廊的大门之上，有一金色门牌高悬，六个繁体大字工整自立：直隶总督部院。耳边似乎突然想起部院大堂庄严的钟鼓之声，龙旗迎风的猎猎之声，官轿进院的窸窣之声，大堂之上的诵颂之声，跪拜叩首的称颂之声，总督关防大印出盒之声，公案上笔纸相亲的沙沙之声；二堂之上的对语之声，问民问吏问君的由衷之声；三堂清风入堂之声，翻书启砚之声，品茶轻叹之声，扼腕顿足之声；四堂婉转悦耳的鸟语之声，楚语吴歌之声，细声低语之声，笑语戏言之声，低低抽泣之声，儿女娇语之声……真乃风声、雨声、读书声，声声入耳；家事、国事、天下事，事事关心。哎！隐隐之中也能听见那撕心裂肺的哭声、呼唤之声，那沉重罪恶的枪炮之声。那句话是谁讲的？“一座总督衙署，半部清史写照”，精辟，精辟！

胡须的命题

其实男人的胡子就是一部编年史，古今中外概莫能外。

一

在中国真正审视男人胡子的“群众运动”，当始于20世纪50年代前期。那个时候不知因为什么，全国上下，几乎所有公共场所都悬挂上马恩列斯毛的大幅照片。几乎所有40后、50后的人都曾经站在那一排伟人像前恭恭敬敬地瞻仰着。被人们看得最久，看得最仔细，看得最认真，也看得最不理解的是马克思和恩格斯的胡须。不光是我们这群小屁孩感到迷惑和不解，就是那些经过枪林弹雨，甚至九死一生的革命老前辈也深感神奇，马克思为什么留那么大的胡子？如果遇到吃面条喝面汤啃西瓜怎么办？据说这个看似简单的问题，在当时没有一个人能回答。有人私下悄悄地说为什么不把那些碍事的大胡子剃掉？那多爽快、自在、省事？马克思创造了马克思主义，难道马克思不明白这个道理？

中国人对马克思、恩格斯长相的描述几乎众口一词，没有人注意马克思、恩格斯的眼睛长得如何、个子长得如何，而是众口一词：大胡子。马克思、恩格斯的大胡子彰显其性格、年代、心理、追求。马克思是一个充满个性的雄狮，未走上神坛的马克思和走上神坛的马克思，就是一位伟丈夫，一位热血沸腾的男子汉，一位为爱情敢赴汤蹈火在所不计的“纯爷们”。胡子的张扬，书写了马克思、恩格斯一生的真诚和执着。赞美马克思、恩格斯实应夸赞他们的大胡子，马克思对生活、对爱情、对主义、对理论、对哲学的信心和自豪都离不开胡子的力量！

据我考证，马克思中学毕业后考入波恩大学，18岁后转学进入柏林大学学习法律，应该从这个时期马克思开始蓄须。18岁的马克思英俊、漂亮、聪明、广学、多智，他已经留有极有风度、极帅、极酷的一口黑亮的短须。燕妮爱马克思除了深深地爱上马克思的学问和知识，爱上马克思的刻苦和认真，也十分欣赏马克思的风度，肯定爱恋着马克思潇洒帅气充满青春气的新派胡须，要知道，这在当时是极潮流、极前卫、极值得显示和夸耀的一种男士的风流倜傥。那时候，马克思还不是一个马克思主义者，马克思只是位在德国波恩大学求学的青年。他热爱生活，珍惜爱情，追求燕妮，想往未来;他朝气蓬勃，血气方刚，追求潮流，追逐时髦。即使马克思成为马克思主义的创始人和缔造人，也没有放弃和割舍他的胡须。马克思对自己的大胡子终身如一，热爱了一辈子，恪守了一生。要知道整个十九世纪的欧洲，其实就是大胡子的世纪。可以断定，马克思和恩格斯的志同道合很可能是他们都有共同的审美观念。他们对胡子的珍爱整整一生，不但不变，而且弥足珍贵，愈显自豪，愈显崇信。

18、19世纪，在欧洲的“胡坛”上，可谓是群星璀璨，与历史同辉。那是一种社会潮流，即使像马克思、恩格斯也不能跳出三界外。马克思、恩格斯的大胡子够雄伟、够壮观的，但比他们二位的胡子更大、更浓、更密、更有特色、更值得显摆的繁若星空。像马克思非常尊重视称之为老师的费尔巴哈，他的大胡子比恩格斯还长还浓还密还雄壮。马克思虽然写过《关于费尔巴哈的提纲》批判他的形而上学的唯心主义，但费尔巴哈对马克思的影响是任何人包括马克思和恩格斯都从不否认的，当费尔巴哈已然是飘胸大须，走到哪里，到哪里讲学都骄傲自豪地摆动自己的大胡子时，马克思和恩格斯还是“嘴上没毛”，他们的眼神中充满了羡慕和崇敬。

像被誉为欧洲画坛“印象派”代表人物和创始人莫奈，其大胡子堪比恩格斯。即使他穷得一文没有讨吃要饭，胡子的尊严还在。当时在欧洲画坛、文艺评论界著名的毕沙罗的大胡子也雄居一派，可谓未见其人，先见其须。至于像高更、屠格涅夫、托尔斯泰、雨果等等，每个人的胡子都独领风骚。挪威现代戏剧之父易卜生的胡子留得让人大跌眼镜，易卜生蓄的是“方胡子”，他是把两颊的胡子任意往外龇，“海底胡”只留出寸许，然后和两颊浓密的胡子拉齐找平，自鼻孔以下形成长方形的胡子。易卜生没到过中国，如其来到中国恐怕会成为“星外来人”，中国人真没见过那式样的胡子。而达·芬奇的胡子在众“胡星”中亦独树一帜，别具一格。在达·芬奇脸上除了眼睛中的眸子全是胡子，茂密丛生的大胡子既长得朝气蓬勃，又长得无拘无束，铺天盖地。让我想起元稹的两句名诗：“曾经沧海难为水，除却巫山不是云。”

二

中国人的胡子亲切。

从孔子留下的石雕、砖刻和留下的壁画看，孔子是留有飘胸的长髯，和孟子、庄子的胡须不同，孔子的胡须是络腮胡子，自眼袋以下，飘然而下，有马克思、恩格斯大胡子的风采和气势。不同的是马克思、恩格斯的大胡子是欧罗巴人的血脉，胡须是卷须，用中国话说叫自来卷，而孔子、孟子、庄子等春秋时代的华夏“胡星”皆如瀑布泻地。

我认为春秋时代再前推至夏、商、周时期男子留须也是不得已而为之，青铜刀剑在商周时代恐不能作剃刀用，因此那时那刻的爷们个个都胡须飘动，虬鬓髭须。

我曾经认真看过商代出土的玉梳，就其大小，梳齿的长短和间隙看，我认为是梳胡须的，专家并未否认我的意见，因为只有如此才能解释为什么玉梳会出现在男人的枕边。木梳梳头，竹篦篦发，玉梳梳须。在女人墓中出土的玉器包括女人用玉器极多，极周全，唯独不见玉梳。孔子的长髯是历史公认的，也是春秋时期男人胡须的代表。认真看过孔子石刻像，详细考证过孔子的大胡子，认为孔子的大胡子是经过认真打理的，我判断孔老夫子三天可能不会梳一次头，但至少三天要梳理一次胡子，如有“外事”或登台讲课，行前必梳理胡须。

有没有研究秦始皇胡须的不得而知，但创作秦始皇胡须的的确不少。早在一千多年前就有人把秦始皇嘴上胡须画成茂密的自然胡，仿佛和孔老夫子是一个流派；也有人把秦始皇的胡子画成三捋胡，自然垂下，又赫然飘起，威风八面；也有人把秦始皇的胡子画成八撇胡，仿佛秦始皇只有留八撇胡才能威武庄严，横行天下。但那都是后人推测。秦始皇长什么样的胡须，留什么式样的胡子几乎可以肯定是无头案，如果秦始皇墓一旦打开，倒有可能出答案。但秦始皇时代军士的胡须倒值得研究，值得关注，因为有真凭实据，秦军将士的胡须反映秦统一六国的经济状况，此绝非耸人听闻。

西安临潼出土的秦始皇兵马俑是秦国将士的真实写照。他们再现了公元前二三世纪时期秦国军队将士的真实装束和表情，原模原样，没有一丝一毫的后世加工。

我几次去参观西安兵马俑都产生过这样的疑问，请教专家亦未得满意而科学的答复。

秦兵马俑的将士无论战士还是将军，脸上都刮得干干净净，下巴、面颊无一须一胡，唯独唇上都留着威风凛凛的八字胡。有的还修饰得十分精细，八字胡的两撇之间有明显清晰的空槽，上面修整得平整规范。有的兵马俑将士的髭胡即使在今天要修刮得那么干净整齐亦非易事。每个成年男人都是剃须的行家，有的人甚至能摸黑剃须，且剃得极净，不伤一刀不滴一血。尤其在20世纪，乃至更前并未发明电动剃须刀时，完全依靠剃刀，这就需要一把质量极高，刀锋极利的剃刀，即使这样，还要在剃须前抹上肥皂液，还要在磨石磨布上蹭刀增利。负责数十万秦军将士理发刮脸修须，秦国军队中至少要有数百位手艺高超的理发匠，问题是他们拿什么剃刀剃须？青铜的剃刀能不能剃须？且剃刮得那样精细？那样成型？常识告诉每个男人，那需要淬过钢的好刮脸刀。常识又告诉每个男人，刀、剑可以很顺畅地宰杀牛、羊，但绝不能用以剃须。请教专家，专家言青铜金属中非加入特别原料，否则绝不可能剃须修面，尤其要修成中间断开的八字胡。但秦始皇做到了，秦国军队做到了，看来秦国军队将士胡子里不但有学问，有历史，而且还有科学。

秦亡汉兴，汉人似乎一改秦时重刮脸修面的风俗，逐渐回归自然，回归原生态。从刘邦开始，未见其他皇帝、臣子修面剃胡须，而是“自然放养”。汉时男人的胡须一般分三捋胡、山羊胡、飘扬胡。查看能见到的一些石砖刻画及后人的画像，刘邦及文、景二帝当属三捋胡，即两耳侧垂须，下巴下飘髯，汉初如张良、陈平等开国谋士亦皆三捋胡。个别像樊哙长的是络腮胡，胡子扎猛，短而有曲。现在留有画像的两汉君臣之胡大都是那种半尺多长的自然胡须，但透出是城府、睿智、大定、沉稳，那时胡须是男人面部最主要的“饰品”，像董仲舒那样垂胸的大胡子比较少见。公元前 100 年苏武出使匈奴，被扣在北海牧羊，十九年持节不屈，历尽苦难，九死一生。苏武被放回长安时，满头飘雪，长发、长眉、长须皆白，手持节杖，大义凛然，气宇轩昂，白须飘飘，长髯垂胸，更加让人尊重、敬佩。可以断言，苏武被流放北国 19 年没有也不可能修面剃须，但其须并未长过腹，原来中国人的胡子的平均寿命应在 20 年，像苏武这样生活极度艰苦，营养极度不良，身体几度病危，其胡子颓落的寿命应在十年左右。所以人的胡子并不是无止无境地生长。它应该和头发一样，随着人的生长而生老病死。西汉末年出了一位篡权夺政的阴谋家、政治家王莽，王莽篡夺了西汉政权后自己登基做皇帝，改国号为新。王莽要求新，找见当皇帝的感觉，要建立三宫六院，他要年轻，但此时王莽虽然只有 54 岁，可能因为他从当安汉公开始，直到宰衡、假皇帝、真皇帝，整整八年，在近 3000 个日日夜夜，他几乎无时无刻不在处心积虑，韬光养晦，潜伏变幻，终于熬白了头，熬白了须，但王莽是至高无上的皇帝。他下令全国寻找“染发剂”，他终于染黑了他的头发，染黑了他的胡须，把白须变成黑须，王莽当为中国乃至世界上染发染须第一人。王莽不愧为改革家，他把胡子由白变黑时至今日仍无人能超越，但却有人追随，200 多年以后的刘备就运用了王莽的办法把头发胡子都染黑了，着实年轻了一把，去东吴当了新郎，携得美人归。刘备出名的地方不少，但他的胡子榜上无名，即使染黑了也不行，那染黑的五绺须只骗得了吴国太、乔国佬，他的结拜兄弟关云长的胡须却是史上有名，留下满堂彩。关云长有“美髯公”之称。据《三国演义》说，关云长自表其髯约数百根，每秋冬约退三五根。冬月多以皂纱囊裹之，恐其断也。曹操为拉拢关云长，遂以纱绵作囊，送给关公护髯。第二天上朝见到汉献帝，汉献帝也为其长髯好奇惊讶，帝令当殿披拂，过于其腹。皇帝当场赞美："真美髯公也！"皇帝当殿赐名，应该是荣耀致极。从此人皆呼关公"美髯公"。关公称"美髯公"当之无愧，纵观古今中外，能出其右者寥寥矣。关云长"身高九尺三寸，髯长一尺八寸"，三国时期一尺大约相当现在 23.4 厘米，计算下来，关云长的胡须应长 42.12 厘米，差不多有一尺五寸长。关云长的美髯不但飘然于胸前，而且悠然于小腹，仍不误挥刀上阵，纵马杀敌，真"美髯公"也！

三国时期，男人威猛不威猛很重要的标志是胡须。曹孟德留有一把大胡须，但他觉得其须仍不够大，不够猛，因此在接见匈奴来使时就请手下崔琰作替身，自己则持刀待立于侧。《三国志》记载崔琰"须长四尺，甚为威重"。比关云长的美髯足足长出一倍多。只不知崔琰见过关云长否，两美髯公相见定会别有情趣。

三国时期还有一位"美髯公"，恐怕也是亘古一人，在中国"胡坛"上应别具一格，此公乃三国东吴大帝孙权是也。

《三国志》上这样描述他："方颐大口，碧眼紫髯。"中国人一般生有黑胡子、白胡子、花白胡子，极个别的长着黄胡子，但"碧眼"，蓝眼睛，也可能释为绿眼睛，长的是"紫髯"的，胸前飘扬着紫红色的大胡子，莫说中国，恐世之少见。需要深入考察孙权的血脉。

见过一位生有雪白胡须的尊者，其两颊上唇都修剃得极干净，唯下巴留有椭圆形的白胡子，精工细作，估计每天用于修面的时间不会少于两小时，阳光下下巴上的银须银光四闪，仿佛罩着一块纯白色的和田玉，美哉！查《续汉书》记载：有位叫司马直的太守，那胡子好生了得："洁白，美须髯，容貌俨然，乡闾奉之如神。"依靠自己的白胡子就昂然走上神坛，胡子的魅力可见一斑。

三

东晋大诗人陶渊明因其宅边有五棵柳树，故取号五柳先生。其实陶潜陶元亮更应该称“五绺先生”，因为先生留有五绺黑须，每当饮酒时常先捋胡须，每当吟诗时必捻胡须。

中国文人中，像曹孟德那样的大胡子的不多，差不多都蓄有三捋胡、五绺须。像著名的李白、杜甫、白居易、王维、辛弃疾等等。胡疏须短也可能和文人苦思冥想作文赋诗有关。唐代诗人卢延让作《苦吟》可谓一语道破天机：“吟安一个字，捻断数茎须。”据说杜甫等大家也有望月、捻须作诗之好。但文人中的胡子最有故事的是南朝的谢灵运。谢灵运是位文学天才，也是位“大玩家”，最后玩得触怒了宋文帝，宋文帝说到阴曹地府玩去吧。登上断头台，谢灵运真像出远门旅游，四处张望，不慌不忙，不怕不乱。对监斩官说：“恨我君子志，不获岩上泯。砍刀也罢，无非是换个活法，只是我这把胡子，养了这么多年，若被这粗鄙之人一刀下去，岂不白白糟蹋。听说南海祇洹寺正在造维摩诘菩萨像。我平生笃信三宝，愿将这把胡子布施给该寺，装饰维摩诘菩萨，尽弟子最后一份绵薄之力。”谢灵运命可以不要，头可以不要，但胡子不能随便处置，把胡子看得比命重，似乎唯有谢灵运。观察过谢康公的胡子，既不茂密，亦不雄壮，更不威武。的确没有什么特殊特别的地方，细看的确保养得极精细，梳理得极到位，但他为什么那么看重胡子不得而知。

历史作证，谢康公的这把胡子，最终被运到南海祇洹寺，最终被按在维摩诘的脸上，被寺中的和尚代代相护，因为它已经是维摩诘身体的一部分，谁也想不到，谢灵运才活了 49 岁，而他的胡子却“活”了整整 370 余岁。胡子不老。

佛门高僧大德中胡子最有特色、最有风格、最给人印象的是达摩大师。达摩的奇传很多，一叶渡江，面壁十年。达摩大和尚让你看一眼即不忘，是因为他有一副极奇特、有些怪异的大胡子。达摩的胡子密、浓、黑、卷、硬，且是络腮大胡子，这位印度来的大和尚往哪儿一站都有一股脱俗不凡之气，都有一种博学厚德之场，我认为很重要一点是其胡子。胡子长其威，树其德，表其心，宣其教。瞻仰朝拜达摩莫忘拜其胡须。

中国的朝代演绎到宋元时代，皇帝大臣的胡子有了明显的变化，宋之皇帝的胡子成绺，靠陈桥兵变黄袍加身的宋太祖赵匡胤，也是三捋胡须。其后代的胡须都不甚旺盛，似乎还一代代“衰退”，到北宋末代皇帝宋徽宗、宋钦宗，其唇上的胡须皆三捋未有余，捻之嫌短，梳之嫌疏。上唇皆留有“鲶鱼须”，即八字胡，但胡梢下垂，垂下两条细长的“鲶鱼须”。连其东京最著名的八十万禁军教头林冲也是白面清眉淡须。仿佛一介书生。最有意思的是宋时著名大太监童贯，他是中国历史上唯一一位被封王的太监。据《宋史》记载，其“颐下生须十数”太监长出胡须，让童贯走路生风，两肩高耸，满面生辉。让那些拍马屁的蜂拥而至，赞美他的胡子如同赞美皇帝，赞美龙须。后被宋徽宗封为广阳郡王，有人谄媚之，因“龙须得封王”。

宋有良相山西人寇准，有京剧名唱《寇准背靴》，寇准是一脸大胡子，发音前常常昂其首，捋其须，为其胡须自豪，满朝文武也都挺羡慕寇准。寇准的胡子也是宋朝文武大臣中的唯一。寇准的胡子也有故事。据《宋史·寇准传》中说，在宴会上，菜汤浸湿了寇准的大胡子，汤汤水水的也让寇准尴尬。他身旁的副宰相丁谓连忙上前为其擦拭，因为丁谓也曾是寇准的学生，他持弟子礼原本无甚不妥，没想到寇准拉下脸，一本正经地当众训他：“国之大臣，乃为长官拂须邪？”水至清则无鱼，人至察则无徒，擦擦胡须又何妨？从此丁谓自觉地成为寇准在政治上的死敌，多年后，把寇准陷害得几致于死地。

到了元之成吉思汗，崇尚胡须，胡须是神圣不可亵渎的，这位敢弯弓射大雕的军事家、政治家，自己留有一捧十分英俊、飘洒、雄壮的大胡子，他认为男人的智慧、勇敢、才气、胆略、作为，最集中表现在胡须上，他最见不得“婆婆嘴”，奉行“嘴上无毛办事不牢”。因此帐下的将军、大臣皆一水的大胡子，选拔任用将士必须看胡须，以须取人，他看“长髯人”自得几分中意，自觉几分高兴。因此蒙古铁骑横扫欧亚大陆，其实他的部队皆“胡子兵”。

顺便说一下我的考证，东北人把土匪叫“胡子”，言之有理有据。东北山林的土匪得此名是因为那些拉杆子呼啸山林的土匪有一共同特点，全部都是胡子拉碴，蓬头垢面。中国语言一言中的，入骨三分，胡子呼之而出，“胡子”是因胡子而得名矣。

明朝灭了元，大明王朝传了16个皇帝，除了朱元璋、朱棣的胡子仿佛还有些“神来之笔”，其余的朱家子弟大都胡不像胡，须不像须，髯不成髯，有的皇帝甚至养成太监似的，男不男，女不女，几根胡须梳不够梳，理不够理，和他们治理的国家一样，缺乏阳刚气。

孙中山推翻了中国两千多年的封建王朝，民国大总统大将军的胡子也改朝换代，别有一番故事。

四

鲁迅先生大概是中国研究胡子变迁史的先驱之一，早年鲁迅先生曾写过《说胡须》。鲁迅先生考察了清乾隆时期出土的汉武梁祠石刻画像，发现男人的唇上胡也称髭多为上翘。而到了魏晋南北朝时期男人的胡子开始由上翘变为下拖，但到其后期，有些雅士也故弄玄虚，独树一帜，既不留上翘，也不追求下拖，用现代的俗语叫既不是八字胡，也不留鲶鱼须，而是留蓄短小胡须，配以轻薄宽松大衫，罩以飘逸别具一格的头巾，显得仙风道骨，飘逸脱俗。

鲁迅先生有研究。

鲁迅先生的胡子也值得讲究。

鲁迅和其弟周作人都是日本留学生，明显受东洋文化的影响，鲁迅开始蓄须蓄成八撇胡，其弟周作人的胡子更是，都明显受日本胡影响，这毋庸讳言。鲁迅热爱日本文学，不憎恨日本人，且有数位极要好的日本朋友。鲁迅兄弟俩曾经和一群日本文人留影，分不出谁是日本人谁是中国人，冷眼看之，鲁迅兄弟更像日本人，尤其是哥俩的“日本八撇胡”。

鲁迅从日本留学回到老家绍兴时，他那上翘的八撇胡让撑船的船夫认成是日本人。无论鲁迅怎么解释船夫都不相信，只说“先生您的中国话说得真好”。

民国初年，中国老百姓对日本人的判断标准有两条，之一是个矮、矬;之二是仁丹胡。这两条鲁迅都中了,所以船夫一口咬定他是日本人。那时候日本商品在中国城乡闹腾得最厉害的就是仁丹,仿佛日本国再无其他商品出口,仁丹上印着一位日本男人,长着浓重的八撇胡,中国老百姓呼之为日本仁丹胡。日本人当年留这种“日本仁丹胡”非常普遍,可谓朝里朝外,军民官商,似乎日本成年男人的标志就是仁丹胡,连日本明治天皇也留着两边上翘的“日本仁丹胡”。我翻阅那个年代的老照片、老广告,怀疑给日本仁丹作广告的那个日本武士有可能是日本明治天皇。其实中国人指的日本仁丹胡还包括另一种日本人爱蓄的胡子,中国人叫日本卫生胡,就是在鼻子的正下方留有一小块胡子,其余的地方剃得乌青净光,但日本当年留的卫生胡和德国纳粹希特勒留的胡子不同。日本人的卫生胡是有讲究的,不是谁想留就留,想蓄就蓄,那就有可能引来杀身之祸。原来日本人留卫生胡是一种剑道的标志,日本剑道上段才能留此胡须,三段以上那胡须才能大小像中国的半块酱豆腐干。你留有“日本卫生胡”其他有剑道的剑客就可以和你挑战,战胜几名有段的剑客才能有资格留那种中国人看上去极不顺眼极让中国人鄙视的“卫生胡”。中国人解释是,日本人留下“卫生胡”是因为怕鼻涕流进嘴里,为讲卫生才那样蓄须,才蓄那样的须。鲁迅先生不具备日本武士的剑道,故他虽然深受日本文化的影响,也只能留“仁丹胡”。周作人亦然,虽然娶了日本媳妇,当了汉奸,也不能留“卫生胡”只能蓄“仁丹胡”。但胡子也的确给鲁迅引来了些麻烦,有人就以此攻击鲁迅,学日本人的样子,身体既矮小,胡子又这样。让鲁迅欲辩无词,欲说无语。鲁迅的骨头是最硬的,但他也没辙,最终把自己喜爱的胡子上翘的两端剪掉,以示别“仁丹胡”,成为后来鲁迅最有代表性的一字胡。

康有为的胡子也极有代表性,他的胡子是鲶鱼须的典范,两小绺细细的胡须从嘴唇两侧勾下来。康有为规矩大,非见名人不捋须,你够不够格,就看康有为捋不捋他那两撇鲶鱼须。有人言:文章是自己的好,老婆是人家的好,康有为须再加一句:胡须还是自家的好。据云康有为的鲶鱼须有特异功能,在其拜见皇帝或圣人时,其鲶鱼须会瑟瑟发颤,微微上扬。光绪皇帝就曾为此惊讶。当年吴佩孚过五十大寿时，曾请康有为到洛阳。见到吴佩孚时，康有为的鲶鱼须竟然瑟瑟扬扬起来，众皆大惊，康有为、吴佩孚亦大惊，亦大喜。康有为极度兴奋，提笔一挥留下了千古寿联："牧野鹰扬，百岁勋名才一半；洛阳虎踞，八方风雨会中州。"是夜，吴佩孚大醉，康有为亦大醉。

李大钊的胡子也极有风格，在北大上课时，很多人尤其是女学生，除为听课，还为一饱眼福，看李大钊的胡须，据说那是典型的欧洲"土耳其胡须"，能和李大钊的胡子神形兼似的是民国第二任大总统黎元洪。

孙中山先生年轻时也受洋派的影响，留的胡须是两边上翘的"八撇胡"，后到晚年，胡梢不再上翘，成典型的一字胡。蒋介石在黄埔军校时就模仿孙中山蓄须，以后蒋介石一生未变，晚年到台湾，须发皆白，仍然是雪白一字胡，别有风采，别有尊严。从袁世凯开始，民国时期的大总统、大将军、北洋将领的胡子似乎都是从一个模子里印出来的，几乎都是清一水的"八撇胡"，也可称"仁丹胡"。其中最有风格，最抢眼神的应该是曹锟。

曹锟名声不太好，史上称"贿选总统"，我认为"贿选总统"总比"刺刀总统""手枪总统"要文明。曹锟是北洋大将，其胡子自其当团长就开始蓄养。典型标准的"八撇胡"，胡子的左右两边上翘，当上总统以后，春风得意，虽然已经六十一岁了，但其胡须一度曾翻成龙须状。曹锟的血壮，其胡须浓密黝黑，趴在曹锟的脸上，的确是一道风景线。后来曹锟被冯玉祥赶下台，跑到天津闲居，短短几年竟然胡须皆白，"八撇胡"也变成两梢下垂的"鲶鱼须"，一副老态龚钟的神态，方知胡须也要精神养着。

最有意思的是辫帅张勋。复辟失败后，张勋急避荷兰公使馆，但外面通缉愈紧，军队直指荷兰使馆。有人建议请辫帅去辫，乘机逃走，去天津租界再作打算，没想到辫帅一跺脚，一甩辫，斩钉截铁，宁可掉头，绝不剪辫！无奈又有人建议，赶快剃去"八撇胡"，三十六计走为上。辫帅的胡子也是出名的，生死关头，张勋考虑后做出抉择，剃须保命！后经千难万险逃到天津，但张勋从此不再照镜子，直到家人告诉他胡须如旧矣，才让人拿过镜子仔细照，仔细看，看着看着辫帅一声长叹，竟然掉下泪来，有谁知道辫帅为何流泪？

戏里戏外

一

张艺谋说，何谓戏骨？何为会演戏？梁朝伟用眼能演活一个人，而高仓健用背影就把一个人演活了。那才是真功夫，功夫在戏外。

谢晋挑选《红色娘子军》女主角时，一眼看见祝希娟的眼，眼对眼，一眼定下吴琼花，那双眼能演出吴琼花的深仇大恨。功夫有时是天生的。

斯皮尔伯格在拍《辛德勒名单》时，那么多大腕皆不入眼，他选中了连妮·尼森，说他就是辛德勒，站在场上不说不动就是戏。斯皮尔伯格选人是选在戏外，看你戏外的气场。

20世纪中国电影演员戏里戏外有种说法：赵丹的神、孙道临的韵、王心刚的扮相、崔嵬的气。

老北京人说戏不是说电影，把拍电影喻为拍戏最早也早不过20世纪30年代。皇城的“高票”说戏是指京戏。京戏是国粹，也是中国第一大戏，中国著名戏曲专家齐如山先生曾用八个字道出京剧表演的灵魂：“无声不歌，无动不舞。”

中国京戏的经典是四大名旦，王瑶卿曾有旷世一字释，每一读都令人不得不拜服。梅兰芳的“样”，程砚秋的“唱”，尚小云的“棒”，荀慧生的“浪”。叹戏评高论何止万千？唯王瑶卿先生之高论响遏云端，不服不行。

言四大名旦都有通天的绝技，技压群旦，镇服整个梨园没有真功夫不行，没真功夫服不了观众也服不了同行。梅兰芳唱旦角儿，梅花指能做出30多种来，在梅派名演《宇宙锋》中，梅扮赵艳容出手的梅花指就有20多种！

二

棍棒出孝子，千古伪题，实乃棍棒出戏子。没有没挨过打的戏子，没有没受过难的“角”。故那时送子学徒学戏都先签下生死文书，否则师不收，学不成。鲁迅曾受过在“三味书屋”中先生的戒尺，那不叫打，学戏的打才是真打，往痛里打，往死里打。师傅都有个教条，打不死你不叫疼你，手软了就学瘪了。四大名旦之一的尚小云就曾经打开衣服让徒弟们瞧，他肚子上有个疤就像个子弹打穿留下的枪伤，他说这是他师傅拿捅火炉子的铁杵一杵捅破了肚子，差点要了命。尚大师又说，不是挨了那一杵，我学戏也下不了那样的苦功夫。

“四大须生”挂头牌的马连良在富连班学戏时也是棍棒出戏子的典型，老师是手提一根金箍棒似的白蜡杆，腿不到高，腰不到底，手未上架，跃不过桌，一言不发，抡起白蜡杆就是一棍，一棍就是一片青、一道棱，三天不敢碰，一碰痛三天。富连班教出那么多大师，“招儿”就一条，严师出高徒。吊嗓吊得如何？徒弟们一字在宣武门外护城河边排开，对着河对面一片芦苇荡开“吊”，要“吊”到把苇荡中的水鸟惊得扑簌簌地飞起，那要靠真功夫。老话儿：心慈不得将军作。著名武生演员盖叫天学戏时更怕人，师傅是手执一把明亮亮、光闪闪的钢刀立在旁边，一脸怒气，杀气腾腾，练不到位轻则抡刀就拍，重则用刀背砍。这练就了盖叫天的天下“独活”，从十八把椅子摞起的“狮子楼”上一跃而下，惊得全场先是爆冷，吓得满场寂静，继而爆火，引得剧场一片欢腾。盖叫天人称“活武松”，他能演出各个时期不同风格的武松，生病柴家庄、打虎景阳冈、报仇狮子楼、醉打十字坡、大闹快活林、血溅鸳鸯楼、夜走蜈蚣岭，有“英名盖世三岔口，杰出惊天十字坡”。盖叫天曾经把腿摔折了，医生接时未能接好，错骨扭环，天下可惜一代武生，天王将告别舞台，盖叫天意识到这点后，仿佛看见师傅那把冷风嗖嗖的钢刀，二话没说，把腿架在桌子上，一咬牙，一使劲，自己压断那条刚刚接上的伤腿，让医生重接。面对盖叫天，何人敢空谈为艺术献身？

三

京戏叫座，不靠复杂、惊险、离奇、高科技来招揽观众。京戏有“戏招儿”，简单得不能再简单，但却韵味十足。京剧中的打鼓，以意、神相传，一咚鼓表示一更，二咚鼓表示二更，三咚鼓敲罢，三更天已到，不用文字说明、现场白话解释，场上场下都明白。无论千军万马、百万雄师就那四个“龙套”，台上称“四旗”，分左右一站，就表示八十万曹兵已到三江口。多豪华的酒宴也是两人对坐，一壶酒，两盏杯，且都是空壶空杯。即使是关公上阵，跨下赤兔马，千里走单骑，也不过是一根五彩的“马鞭”，“千里送京娘”，晃晃马鞭子就到了，没有人说马行未至千里。“赤壁大战”从头至尾未见一江一水，台上演的，台下看的，都认为是长江水战。两旗相夹就是辇，就是轿，两桌相叠就是关就是隘，两人相斗就是千军交战，两椅相隔就是城里城外。扔剑倒地就是死，一枷相铐就是监。假景全当真，假戏全认真，没有人说假，只有人喊彩。《三岔口》明明是舞台之上，众目睽睽，“光天化日”，却演得漆黑一团，伸手不见五指，摸黑打，打得昏天黑地，精彩纷呈。全戏无一句对白，语言是多余的，京剧四大讲究：唱、念、做、打。《三岔口》偏偏就不唱、不念，动作就是语言；全戏亦无一布景，无一说明，用动作让台下观众自觉进入黑夜，张手变得夜如墨。《打渔杀家》既无鱼也无水更无船，但所有的戏都在船上，都在水里。《白蛇传》，水漫金山寺，大水汹涌，海水波涛，水怪大战，台上见不到一滴水，没淹一寸地，但台上台下从演的到看的都“自觉”地感到眼都是水，大水四方来。鬼戏《李慧娘》，满舞台“鬼”舞，没有人认为那不是李慧娘的魂，那不是李慧娘的屈死鬼，也没有一个人认为那是李慧娘，不是阴间鬼，人演鬼戏但见鬼不见人。

京戏的魅力还在百听不厌，老京城的戏迷、“票友”没人说去看戏，皆谓之听戏。三国戏《空城计》可称家喻户晓，老幼皆知，但老戏目唱了一百多年，什么时候打板拉胡，什么时候都能听得人如醉如痴，说听谭鑫培唱一百回，就有人挤着抢着去听一百回。没听说哪部电影能让人反复看一百回的，千万别认为那是夸张，毛泽东深悟京戏的奥妙，他最喜欢四大须生言、马、谭、高的戏，马连良的《借东风》、谭富英的《失空斩》、高庆奎的《逍遥津》、言菊明的《卧龙吊孝》，毛泽东都能一字不差地唱下来，听过何至百遍？从延安一直听到北京，从北京一直听到湖南，从年轻一直听到暮年。即使如此，毛主席听戏时也极严肃认真，常常边听边唱，边打板边跟进，情到深处还要迈迈戏台步。据说毛主席在百忙中唯一能使他精神放松的就是听戏，听京戏；唱戏，唱京戏。没有人敢说，其实毛泽东就是位“高票”。

四

听戏是听“角儿”。有身份的人一般不听“帽戏”。

老戏园子下午就开戏。一出接一出地唱，台下的“听主”，喝茶的喝茶，聊天的聊天，嗑瓜子的、吃果脯的、抽水烟的，该干什么干什么。放眼一瞧，前排的包桌包座基本没客，空是空的，但包桌包座的钱花了。直要唱到掌灯时分。戏园子才陆续上座，“倒三”锣鼓点一打，满园安静，“倒三”唱完是压轴儿，大戏园子还要唱“大轴儿”戏全是名角儿唱，喝彩声不绝。

当年唱《群英会》，可谓“名角儿”群英荟萃，马连良、叶盛兰、裘盛戎、谭富英、袁世海，每位角儿一出场就是一片“抬头彩”，一片热情四溢的掌声。“搅”得整个戏园子山呼海啸的。有时“角儿”还没出场，“好”声已起，掌声爆红。《群英会》中军对着台口“请鲁大夫进帐！”扮演鲁肃的是谭富英并未急着进帐，而是在幕后先响脆脆地应了一声，有“票友”说是谭爷人未动先清嗓咳了一声，台下立时一片叫好声，紧跟着又是一片掌声。等到鲁肃走到台口，唤：“有请诸葛先生”，扮演诸葛亮的马连良也是在后台高声应诺一声长调，人未出台，台下已然一片叫好声，马连良一上场，全场掌声更加热烈。

裘盛戎的包公戏叫座，那年月有“票友”专门坐火车进京看裘老板的包公戏。叫买的是“火车票”，听的是裘盛戎。裘盛戎一扮装，板一打，弦一拉，挂髯登靴，举步上台，真是一身正气，鬼魂惧之。一声“包龙图打坐在开封府”，为乾坤霹雳，惊天地，泣鬼神，整个戏园子都“炸”了。就这一句高腔，花多大辛苦，跑多少路，花多少钱，受多大罪都值了！

辫帅张勋为看谭大王的戏，竟然打马从保定府换马不换人，直入京城梨园看戏，戏一谢幕又跨马直奔保定府。辫帅酒后学唱谭鑫培唱《辕门斩子》放话，这天下除了敬皇帝，就是敬大王。大王指“伶界大王”谭鑫培。谭老板有多“大王”？梁启超曾有一言威镇梨园，至今刻在谭大王墓门两侧的石柱上：“四海一人谭鑫培，声名卅载轰如雷。”恭敬谭老板的人皆恭称“四海一人”。

谭鑫培唱的“压大轴”戏，戏园子前十二桌，桌桌爆满，都是手托着真金白银提前三天定桌，晚了只有座票，再迟了只有加座，再定就只有“挂席”，在戏园子边上站着听，但票银一分不少。“挂票”都挂不上的就心甘情愿在外“猴着”，等散场谭大王谢幕时挤进去“参拜”，放开嗓子高喊谢幕彩。

慈禧太后是位“高票”，懂戏、爱戏、迷戏，也会“瞧戏”，一步迈不到位就“砸”啦，一腔唱不到位就“毁”啦。“老佛爷”格外喜欢谭老板的戏，“开锣必听戏，听戏必听大王戏”。说有一年端午佳节，“老佛爷”高兴，赐宴颐和园，命人召谭鑫培等一班“名角儿”进园子唱戏，太后有旨，焉敢怠慢？“名角儿”荟萃颐和园，唯有“老佛爷”要“瞧”的谭鑫培谭大王缺席。此事大如天，如“老佛爷”动怒，恐怕“大王”无首。当时肃亲王善耆亲自跑到谭府一探究竟。肃亲王也是谭大王的“铁粉”，也是位“高票”。谭鑫培道出其不能出席的苦衷。原来朝廷明令禁烟，法律无情，犯此条例当囚当斩。谭鑫培大烟有瘾，离开大烟就提不起精神唱不起戏，怕瘾上来，会瘫倒在台上。故不敢应旨上台。肃亲王急忙回奏，言之谭鑫培苦衷。“老佛爷”微笑，传旨，只要谭鑫培的戏唱得好，烟进宫照抽，且要抽足抽好。谭大王就这么厉害、这么有面、什么法令，一曲“西皮导板”全是废纸。

五

小时候看戏，最怕看老生唱戏，老生唱起来没完没了，一坐下唱就再也不起来了，直唱得我们都瞌睡连天，常常没熬到等他站起来就直接睡过去了。最爱看大花脸，唱不过三言两语，便亮出“家伙”拼斗起来，打得戏台花团锦簇，锣鼓点打得震耳欲聋。生戏能唱得人神魂颠倒，旦戏能唱得人魂不守舍，净戏能唱得人热血沸腾，丑戏能唱得人笑由心出。生旦净末丑，行行离不开脸谱，一张脸能勾画出人物的灵魂、性格、身份、命运，舞台灯光之下，七彩放光的“大花脸”，不由你不觉得他可敬、可爱、可亲、可畏、可憎、可恼、可愤、可揍！一身的正气，一脸的威严；一身的彪悍，一脸的忠勇；一身的虎气，一脸的坚强；一身的邪恶，一脸的奸佞；一抬头、一亮相、一定格，由不得人不喝彩，由不得人不叫好。脸谱难勾，脸谱有学问，有文章、有戏。京城的脸谱乃中国特色，中国文化的经典，掀帘一瞧，一后台的人都在勾脸、抹脸、上彩，戏就要开演了，“场面”都已出场，司琴试弦，司鼓试锤。

梨园早先有句老话：“远看颜色近看谱。”梨园圈外有成语“粉墨登场”，就是化了妆上台，化妆其妆在面上，“画”在脸上。

川剧变脸，就是变脸谱，七色脸谱像翻书似的，但勾画一张脸谱却如官绵绣龙袍。

据说戏曲中的脸谱最早始于唐代，出自唐玄宗李隆基。李隆基是文艺才子，既能打鼓又能唱曲。登台演戏，天子之爱也，但又不能失天子之威，又要尽天子之好，真有聪明人，智者，以妆掩其面，以一小块白玉片儿遮面，年年代代，脸谱逐渐形成，但眉眼鼻间点白自唐玄宗始，故唐天子为丑角的祖先。沾唐玄宗的光，舞台梨园中丑角也“特权”，上妆画脸丑角先画，其他角儿才能上妆；丑角在后台可以随意站坐，不必像其他角儿要坐有坐样，站有站规。生旦净末丑，如此应重新排序。

儿时言之“大花脸”，主要是指净角儿。老话十八般武艺，京戏的“花脸”远不止十八种。我知道的，红脸的专诸、关公、赵匡胤；蓝脸的蒋钦、窦尔敦；黑脸的张飞、李逵、包相爷；白脸的赵高、严嵩、曹孟德；绿脸的朱温、彭越、程咬金；黄脸的英布、典韦、土行孙；还有五色、七彩大绘彩的五花八门，稀奇古怪，怎么看怎么可爱，怎么看怎么出彩，怎么看怎么艺术！“花脸”竟然把西楚霸王双眼画成“哭相”“哭眼”，预示他的悲剧结局，霸王别姬；包相爷黑脸额中央有一洁白的月牙表示其官廉正，戏不同，白月牙都不同，《铡美案》中的包拯月牙格外大，月牙格外外白；《杨家将》中的孟良，大花脸蓝额头上愣画着一个红葫芦，格外显眼，一看便知，孟爷醉也，嗜酒必误事。杨七郎额头上画有一个繁体字的“虎”，似猛虎下出，真一员虎将；三国戏中姜维的脸“彩”得也稀奇，正脑门上画着个阴阳八卦图，寓言姜维岂可小觑？有鬼神之测也。更多的“花脸”都妙在似与不似之间，让人在似懂非懂之间，外行看“花脸”是看热闹、花式，漂亮，甚至吓人。梨园有句高论：不懂是听的少，看得少；听多了，看多了，就懂了。再瞧丑角儿，丑角儿鼻子上的那朵似飞似停的“白玉云”，梨园称之“小花脸”，画得形象，画得也出神，让人物的性情一下子跃然而出，可谓画龙点睛。《法门寺》中的太监贾桂顶着“小花脸”出场，一举一动，一唱一念都让人觉得可笑可叹、可圈可点。贾桂的一句道白曾惊动毛泽东，毛泽东曾在《论十大关系》中说：“有些人做奴隶做久了，感觉事事不如人，在外国人面前伸不直腰，像《法门寺》里的贾桂一样，人家让他坐他说站惯了，不想坐。”毛泽东看戏一语生辉，好生了得。让我敬佩不已的是有些京戏角儿是自己勾脸、化妆，对着镜子反向往自己脸上“描山绣水”真功夫。“角儿”不好当。旦角儿面部上妆，梨园谓之“俊扮”，旦角儿面颊多涂成粉红色，且彩画闪闪发光；眉眼均以黑色描绘，嘴唇涂成深红色，讲究“红装艳裹”，光彩照人；旦角儿珠翠满头，在舞台灯光下闪闪发光，犹如钻石落满头，面犹如初春的桃花，旦角儿的上妆追求美、俊、飘、逸、亮、鲜，一亮相要惊艳一园人，要赢来满园喝彩。我认识一位程派唱青衣兼学刀马旦的旦角儿，平时见觉得她气度不凡、漂亮，长相出众，但那天去长安大剧院看她演《白蛇传》中的白素贞，一登台，一亮相真疑是千年白蛇化人而来，可见“俊扮”的艺术效果。了得！

六

京戏的生角儿何时登台必蹬高底船型靴，似无定论，但要蹬上那“生靴”上台走两步着实要功夫，靴底有四寸，据说也有四寸五的，还要做一些高难动作。按科学要求，人体动作越高难，脚下要求越直接，比如国际体操大赛，从穿运动鞋到只穿运动袜直到裸脚，那才能找见感觉。京戏祖爷们不是不知道，京戏“生戏”也不是不进化，但是只有穿着四寸多厚的白底白边的舞台靴，才能找见京戏的感觉，找见京戏的唯一，找见京戏的美。

在京戏武生见“靴功”的一个传统动作叫“起霸”，挺胸、提腿、高抬脚、平踢腿、单腿旋转、双脚跳起、定型亮相，戏里武将气宇轩昂，大将风度，美不胜收，能赢得观众一片喝彩！当年京戏表演艺术大师厉慧良在《挑滑车》中扮高宠，“起霸”时，踢脚高过脑门，梨园称之“踢月亮门”，被誉为“起霸”一绝。

其实就是老生穿的戏靴也不容易。我曾经在后台抱着好奇的心理穿上了一双不到四寸厚的老生戏靴，真奇怪穿好站起来就不会迈步走路了，在别人的搀扶下终于迈开步往前行了，没想到未走几步就摇晃起来，那种左右的轻微摇动并非走不稳要摔倒的感觉，而是飘飘然乎，悠悠然乎，竟然迈出了戏步，俨然有老生出帐的感觉，这难道也是京剧的魅力？

旦角儿的水袖也是京戏的特色，一收一甩，一抖一摆，一扭一抛，无处不精细，无处不美、不神、不彩。我曾去长安大剧院听张茜主演的《白蛇传》，扮白素贞的程派花旦张青昀的水袖甩得极美，初见许仙两情相爱，从水袖传情，那水袖抛得飘逸、飞舞、轻盈，美得让人痴迷，美得让人折服，美中传情；后因法海和尚搅局，两情相绝，白素贞千难万险再见许仙时有一甩袖，那水袖甩得又抖又颤，又直又硬，充满着爱后的伤感，毁情的悲愤，此时此刻情人爱人已为仇人恨人，千情万爱，千心万意都化为悲苦绝情的一表，此处非那甩起的水袖不能尽致，真乃此时无声胜有声，水袖的艺术魅力可见一斑。

大花脸“净角儿”离不开大胡子“髯口”，花脸登台，亮相、摆“髯口”、漂亮、威风，透着那股帅劲。京戏中的“髯口”一般分三类，即黑色、灰色、白色大胡子，胡子齐胸，威风凛凛，包相爷的黑蟒袍、黑官冠、黑脸膛，再配上一口过胸的黑色大胡子，着实让人惊叹不已，拍手喝彩。

其实京戏中的大胡子是七彩的，多变的，随着戏中人物的不同，“髯口”也变。有红胡子的，也有黄胡子的；有紫胡子的，也有蓝胡子的。锣鼓点一打，幕后一亮嗓，一位紫冠龙袍“花脸”登场，胸前飘着过胸的紫“髯口”，一手捋着一口紫色大胡子，好不威风，孙权也。

京戏传统戏目《文昭关》，伍子胥三次换“髯口”把人物那时那刻的心情、处境不用一词一语表现得淋漓尽致。“髯口”出戏。在仇敌追杀之中，一通鼓敲过，伍子胥出场挂的是黑色“髯口”；再敲更鼓，伍子胥再出场已然“愁”成灰色“髯口”；三通鼓敲过，五更时分，伍子胥再从帐中出台，这次他已经换一副雪白雪白的白色“髯口”，一夜愁白头，胡须皆白矣！

老话儿说，洋鬼子看戏，傻眼，是说外国人听不懂京戏。伊伊呀呀唱起来，摇摇摆摆扭起来，比比画画打起来，糊糊涂涂笑起来、哭起来。现在轮到中国人看戏傻眼了，好在有戏台两旁专设有屏幕，上面打着唱段字幕，否则坐在剧场中的人十个九个不懂。但很多人都喜欢京戏中的对话，梨园称“念”“道白”。

京戏中的四大功夫，唱、念、做、打。念排在行二，但梨园亦有“千斤念白四两唱”，可见念的功夫，念比唱更难学、更难演、更难出戏，因为唱有乐器伴奏，而念全凭咬字、吐音、找感觉的功夫。我尤其喜欢京白念白，京腔京调京味，听起来那么悦耳、清脆、富有节奏感。有的“道白”还特别诙谐、有趣，京白念起来一下子就把人情和个性、心情烘托出来了。《铁弓缘》中女儿同小生比武，产生了一段美好的爱情，当时女儿挨了小生一记耳光，其母亲问女儿：“你脸儿怎么红啦？”女儿回答：“我喝了点早酒。”母亲又问：“怎么只半个脸红啦？”女儿回说：“我只喝了半杯。”一问一道，京腔京味，悦耳有趣，念白其出戏。

想起现代样板戏《智取威虎山》中的精彩“道白”。座山雕：“脸为什么红了？”杨子荣：“精神焕发！”“怎么又黄了？”“防冷涂的蜡！”这样的经典“念”段传几十年不衰，且很多人都能引用发挥，京戏有戏，“道白”出戏，不愧为国粹。

当铺

陈年老话，开不败的三铺：当铺、药铺、棺材铺。

开当铺学问深，进当铺门道多。楷书当字，讲究抬手够不着当字的头，伸开双手摸不着当字的左右两边。无论年节当铺绝不张灯挂彩。中国第一座当铺开在五代时的开封；翻开中国金融史的另一页那位开当铺的先人姓党，把铺子作田种，党字下面是方田，才有当铺。

过去我一直认为只有被穷逼急了的人才进当铺，家境败落，穷困潦倒，典当度日。后来方知，有钱的少爷也进当铺。

若干年前，家父当年从安徽萧县来北京读书时，家中曾装一柳条包的棉衣棉袍等，但见有阔同学飘飘悠悠，只身一人，无牵无挂，心中疑惑，细问方知，所有东西俱存当铺矣，手中只有一叠当票。夏天把冬装皮衣皮袍、春秋装西装大褂，统统送进当铺，当铺要负责晒、晾、通风、防虫、防潮，到了冬天又把夏天的衣物送进当铺，只管交给当铺管理费、当金利息，你就是爷。有时候，四季衣服要由当铺的伙计送到学堂，因为有些教会办的学堂要求学生必须住宿舍，比如早期的燕京大学；手表、怀表换着戴，从来不用操心丢失，想戴哪块去当铺，一拍当票;不想戴哪款，去当铺，写当票。有少爷甚至连皮鞋都送当铺，当票上写得清楚，由当铺负责打油上光。阔人进当铺，谱大。

当铺最根本的买卖是典当。没有不能进当铺的，没有当铺不收的。关键是坐在当铺中的先生，老话称“朝奉”，后俗呼“掌柜的”。

进当铺分左右栏，金银首饰、古董宝石、贵重器皿、稀缺物件进右栏，有座有茶，但无人招呼，茶也只有壶有杯，皆空壶空杯。左栏是通栏，无座无桌进门直通柜台，大都当不值钱的物件。如果有人左右栏走错了，柜台并不将错就错，而是重走一遭，铁路警察各管一段。

当铺分工极细，大有查字典的味道。谁都不能错，谁都不敢错。铺内左右栏俱无一伙计。栏柜子很高，应在一米五以上。当铺临街，一般坐北朝南，临街背巷皆无窗，天井开得高远且窄小，因此坐在柜台内的人往往处在隐影中，尤其“头柜”，有时一天不说一句话，喝茶抽烟哼二黄。栏柜内的“二柜”“三柜”“四柜”，一般不坐，不但不喝茶，更不抽烟，鼻管条直做生意。犹如京剧舞台上“跑旗”的，“头旗”“二旗”“三旗”“四旗”一样，“头旗”不动山不动，“头旗”一晃山都晃。

送当先过“三柜”“四柜”。当纯羊毛地毯，西域进口货，九成新，色泽、图案、质地、幅面堪称上品。“三柜”喊出来，讲究亮、脆、圆、润，既是唱给典当人听的，也是传给坐着喝茶打坐的“头柜”“二柜”听的，叫柜内监督。“破旧地毯一卷，物磨人踩，缺毛有洞，油污脏坏，潮湿霉烂！”当铺讲究票上无好货，嘴里无好词；因为当期一到，持当票交款付息要提货，票货不对，认罚十倍。因此开当铺不防君子防小人，先小人后君子。票货一对，翻不了后账，让当主无话可说，无理可挑。当铺不是按票写的、唱的给货，而是原货打点好，完璧归赵。那副西域进口地毯送交时一定是刷得干干净净，晾得仔仔细细，外面还要加封花布配的地毯罩。

有人送上一只明万历年间官窑梅花广口瓶，胎、口、款、边、沿、花俱对，“二柜”一唱，“头柜”出台，一句话让送当的人差点跪下。“头柜”说，什么时候把那只拿来，两瓶一对，我给你赁金加翻两番！

一个递柜的八音盒，“头柜”上下翻看，看出是当年英国特使马嘎尔尼出使中国，为康熙皇帝进的寿礼。因为八音盒里有后嵌的玉款，那是内务府监造的手款，入的是圆明园的账册。正经皇家御用，曾摆在圆明园知趣园显过份。这就是“头柜”的眼力。

一位先生递上一幅古画，这东西也是考眼力的难点。摊开、上眼、细瞧，还要挂起远看、慢品，先安顿送当人，看坐，沏好茶。瞧得真细，看得真慢。又招呼，给客人送烟，送干果！那是元季画苑四大家之首黄公望的一幅《雪夜访山寺》画，绢本水墨，雪正飘飘扬扬，漫天大雪，山峦叠嶂重重，古寺隐约可见；笔墨宛丽，气韵高清，凡尘不近；深山雪霁之景，尽现又尽藏；远山飘雪，苍苍茫茫，如宇宙初开之状；溪桥山道之间，寺宇半露，雪意茫茫，浑厚华兹；又有古松若干，卓然立于冷逸世界，大有“高松飘白雪，深寺掩香灯”之韵。“头柜”放下放大镜，出柜要和客人聊聊。当铺有约:“头柜”不出柜，出柜必有贵。“头柜”要去“探底”，探探送当人的情况，能不能一当当死，怎么样才能一当再当，最后死当，就当在咱家。得让典当人感到亲不过“头柜”，近不如当铺。

“头柜”不仅看货，阅人也是入木三分。有人送上一帽盒，打开能让“盲人”观天，眼前一亮，那是顶官帽，大清王朝正二品上朝戴的顶戴花翎，翎羽红缨，都是檀香膏染的；象牙骨、和田上等玉的翎管；尤其是那颗比似鸽子蛋的红玛瑙朝珠，熠熠发光。“头柜”心中一跳，这要放在大清王朝是要被送去菜市口的,谁敢把“皇恩”当了？“头柜”看出来，君子之泽，五世当斩，何待五世？但这位爷今后要当的“玩意”多了去了，因此吩咐，沏好茶，摆干果，出柜迎接。这可是当铺的财源。

当铺也有遇见“茬口”的。一般“头柜”回避,“二柜”“三柜”出面。

那年袁世凯导演的“北京兵变”，阻止了袁世凯南下。前门楼子下的顺通当铺里闯进几个背着枪的大兵，横眉立目，粗声恶气，说话皆“呛茬”,“三柜”迎上来，话未出口，就被抽了一个大嘴巴倒在柜台下，刚要讲理问明白，哗哗啦啦，那边子弹上膛了。军爷也无二话，掏出二颗手榴弹，往柜台上一蹲，还把盖拧开，拉火索，抖落开。然后只说一个字：当！那时有句特哲学的话，不是秀才遇见兵，有理说不清；是买卖人遇见兵，价钱说不清。当！当手榴弹！当多少钱不说，你瞧着办！上了膛的大枪直指“二柜”的脸，一枪能把“二柜”的头打爆。刚说半句：当铺不当军火，一枪托子打在脸面上，捣了个满脸花。“二柜”二话不说，脆亮高声喊，给军爷道喜！镇静得出奇。缓缓把手榴弹拉火索，细心地盘好，放进去，又稳稳地拧上盖，然后拿着八块鹰洋。

当时还没有表大头，外国银行出的银洋最值钱。打发走军爷，“二柜”僵瘫在地，酷似中风，“头柜”立即喊:“上板、关张、歇业、不干了！”

“头柜”也有“打眼”的时候。“头柜”打眼，人命关天！

一位举止得当、颇有风度的先生递上一件汝窑瓷瓶。“家有万贯，不如汝窑一件。”据说宋代汝窑瓷全世界现存不足七十件，眼前就有一件。来人也怪，不说、不笑、不喝、不抽、不坐、立等。

汝窑瓷瓶，“头柜”也没见过几回。远看一堂生彩，静中有神，一股韵律镇住周围一切，有一种万物臣服的感觉；近看圆润如玉，清滑无限，瓷表有几乎不易被察看的细纹，细纹分波，波中有旋；光润的瓷表泛着微微的清光，光不高亮，不刺目，和华光泽。“大柜”最终认为这件瓷瓶是真的。开价、协商，写明当期三个月，期到再续当三个月。赁金、当票收藏仔细，由当铺出资雇得专车已经门口等候。问要不要派人跟班？有当铺学徒恭候。

当铺的老板得知铺里收了宋代汝窑瓷瓶，又是欢喜又是愁，他实在是不放心，但“头柜”在铺里守了三天，不眨眼地看了、审了三天，认为错不了，但老板一句话，让人彻夜难眠。老板就问“头柜”一句:“你除了这件汝瓷，你还见过几件？”“头柜”才如梦初醒。花重金，请高人，甚至入宫进院，请高人权威把定。果然，这是一个圈套，一个阴谋，一个陷阱。三月赎期一到，人家作套挖坑的人就会拿着当票上门要赎宋代汝窑的古瓷花瓶，没有真的，赔！倾家荡产，关门卖店，赔！

“头柜”几次寻死觅活。但死又何用？一文不值！那张写明汝窑瓷瓶的当票其重如山，其大如天。“头柜”万般无奈去找他的开门师傅。十几天后，经过隆重的准备，这家当铺的老板和“头柜”在市中心最大的饭店设宴，遍请市里各大同行、古玩店、收藏家、艺术家等大家大鉴宝权威、头面人物赴宴。酒宴之间请诸位大佬趁兴品鉴，那件宋代汝窑古瓶，气氛相当热闹，也相当热烈，最后被认定为赝品，愤怒之下，赝品花瓶被当众摔碎，这也是当行的规矩，免得再害他人，记者纷纭，第二天就传遍京城。

果然，当期未到人先到，一行人竟气风发，喜气洋洋，持当票赎当，还带着账房先生和鉴宝专家，赎的就是那件汝窑瓷瓶，万万没想到，“头柜”抱瓷瓶如托泰山，票物相对，绝无二错，一手票，一手物，钱证交割，物票分明，此瓶正是他典当之物，并未当众摔碎。吃惊、惊愕之余，无奈、无法之余，喟然长叹，双手高举，轰然而下，连道，惭愧！惭愧！扭头就走。

而“头柜”仰天大笑，以笑送客。客走，“头柜”突然仰面而倒，从此半瘫在床，再不能言。

当铺水深似海。

佛像艺术谈

一

在中国乃至刚刚从那儿归来的尼泊尔，几乎没有人没见过佛像，很多人一日三见，一见三拜。

佛像仿佛千佛一面，圆髻方额，高鼻深目，眉眼细长，嘴唇微闭，唇角上扬，巨耳垂肩，粗脖短颈，身躯健硕，神情威严，倚坐朝前，结跏趺坐，互交二足，右上左下。

佛有万千，佛教认为，除佛陀释迦牟尼外，三世十方有佛十万。佛教在释迦牟尼初创阶段有着强烈的无神论色彩，佛无形无相，如同犹太教之耶和华。但随着佛教的传播，尤其是大乘佛教的兴起，有佛必有像，佛像在佛教的传播中越来越重要。佛有万千，但庙堂之上端坐的仿佛永远只有一尊佛像，佛在教化数以亿计的善男信女中似乎是永恒的、不变的。佛像永驻青春、永恒慈悲、永远超脱。释迦牟尼所在的印度当时并无文字，也未留下画像，更无雕塑。那么佛像是如何传留下来的？第一座佛像是怎么诞生的？佛教传入中国以后，拜佛是先拜佛像，以佛像为佛，燃香叩拜，念经诵谒，佛像的意义就等同于佛祖，等同于佛教中的所有成佛。拜佛像就是拜佛，敬佛像就是敬佛、崇拜佛、信仰佛，佛像在佛教的传播和信奉中被不断升华，不断神化。

释迦牟尼生前曾经演讲过300多场，历时35年，为便于记忆、传播，释迦牟尼多采用偈颂的形式，短句上口，顺畅明白，像中国古代时期的诗歌，一听即懂，一听即会；一懂即能转述，一懂即能传播。佛陀传教主要是演讲他创造的佛经、佛教，他主要讲经传教的教场就在印度的灵兀山上。因为当时并没有文字记录，后世流传的佛经皆是其弟子们根据口口相传的记忆，整理出来的，编辑为经、律、论“三藏”。

19世纪中叶，古印度犍陀罗地区雕刻艺术的考古发现震撼了整个国际艺术界、学术界、思想界，这是一种东西方文化，东西方艺术的几臻完美的交流和融和，西方的古希腊文化在东方古国印度的犍陀罗国完美的结合，把世界文化、艺术、雕刻、建筑都提升到一个升华的阶段，恰恰是因为战争，是战争带来的文明，是战争带来的文化繁荣。

公元前四世纪，罗马帝国的亚历山大在征服了波斯帝国以后，带领其强大的罗马军团东征，一直打到古印度的西部，作为征服者和占领者，直接的文化和思想的统治就是移植古希腊的文明和古罗马的文化。这种西方的文明与东方文化的融合令后世人惊讶，它们结合得那么自然、顺畅、融汇，雕塑是古希腊文化的标志高地，在古印度的十六个小国之一的犍陀罗国达到了高峰。它赋予东方佛教传播的新途径、新视野，那就是佛像的诞生。佛像的诞生对于佛教的推广、传播，如风推云，人们仿佛在一夜之间才明白，佛像比佛经的传播更直接、更明快、更感性、更亲切、也更易广大信徒所接受。佛像也仿佛在一夜之间东传至阿富汗直至中国；西传至巴基斯坦直至整个恒河流域。这些佛像的雕刻创作，大多在公元1世纪至公元4世纪。佛像的佛头上分大小两层髻，上层髻小，下层髻大，髻上发丝毕见。佛像面带微笑；双唇自然合起，又仿佛在轻动；似言似诵，也似笑似威。雕刻得太传神了；鼻不像以后在中国流行的那样是直管，而是更写实，更像现实中的人；眼睛微闭，能清晰地看见佛像的眼袋，上眼皮稍稍鼓起，眼睛深陷在眼眶内；耳朵并非两耳垂肩，眉心的肉髻也更形象，更可近，更可亲；完全是一派古希腊雕刻艺术的东方再现。当我看到古埃及的拉美西斯雕像时，就明白了西方艺术魅力的源泉仍在东方。在公元前几十世纪前，能把一位君主雕刻在硕大的岩石上，那简直是一位绝世美女，细腻到眼皮、唇纹、眉发、眼睛，仿佛一切都有生命，一切都在倾听，一切都在述说，一切都在回忆，所不同的是他有胡子，即使他下巴上垂着一帘胡子，也没有人不把他看作是美女，飘飘欲仙的仙女。

印度的犍陀罗古国东西千余里，南北八百多里，据唐玄奘记载，包括今天的阿富汗一带。阿富汗在公元前二三世纪的佛像雕塑是佛像的艺术顶峰，自阿富汗始，佛像的姿态开始多种多样，巴米扬大佛就是立像。据看过阿富汗巴米扬大佛雕像的人都说，你可能不信仰佛教，但当你站立在巴米扬雕像前时，你会被它震撼，被它臣服，它的艺术魅力太大了，的确有一种销魂摄魂的艺术气场。

时至今日，印度、尼泊尔境内几乎无古佛像。当年以古佛像闻名于世的那烂陀寺，竟然被破坏殆尽。到唐玄奘去时似乎只留下佛陀的两只石刻足印，据说佛陀曾言：见到足印，如同见我。幸喜这弥足珍贵的石刻被玄奘带回中国。我在尼泊尔见到的佛刻像，似乎大都是"新雕新刻"，且很多雕刻的技艺明显拙劣。尤其是那些石雕佛像，呆木僵滞，很像中国皇陵前神道两边的石雕人兽，空有一副表情。

二

公元 1 至公元 4 世纪印度、尼泊尔的佛像雕刻是佛教中的一件极光荣近乎庄严，神圣近乎伟大的举措。开雕之前的策划、工匠的选拔、方案的遴选，以及开工的隆重都是极繁杂，极有章法的，绝非一般意义上的雕像，那些佛像不是以艺术品的名义制作的，而是由虔诚的佛教徒在充满无限崇拜的信仰下进行的，甚至有"一刀九叩"之说。因为从那时，佛教徒修行时时刻刻都离不开"观像"，"观像"即观佛、拜佛，佛教的信徒最先是由眼观佛，由眼入心，此佛就走进他的心灵之中。在他心目中的佛，就是眼见的佛，身拜的佛，由拜佛像再读经诵经，达到佛永在心中。可见佛像的重要性。由此雕刻出来的佛像都是雕刻艺术的极品，似佛非佛，似人非人，似静非静，似动非动，似威非威，似亲又非亲，慈悲并重，缘起性空。佛像雕刻艺术似乎也随着佛教兴盛而起伏。最兴旺的时期，应在古印度孔雀王朝时期，佛教恰恰是在这一时期才完成从恒河中下游地区传播到印度各地，并不断向周围国家传播。孔雀王朝到阿育王朝时期，阿育王本人十分崇信佛教，他十分像中国南朝的梁武帝，但阿育王比梁武帝更有雄心，更有作为，更有魅力，他是世界上第一位把佛教立为国教的帝王。阿育王使佛教传遍整个古印度，传到阿富汗，传到巴基斯坦也传到西域各国。佛像的大量出现一开始是紧紧跟随着佛教的传播而创立，随后则是佛像走到哪里，佛教在哪里就掀起信奉和传播的热潮，信佛先拜佛，拜佛先拜佛像。佛像就是佛，望见佛像就望见佛，拜伏佛像就犹如拜跪佛。当佛教在印度以至在尼泊尔都不再辉煌，不再鼎盛，不再潮流时，佛像的雕刻也如落日余晖。非常可惜的是，当印度教、伊斯兰教和其他一些教在逐佛和灭佛中，毁坏了大批佛像，其中不乏一些传世珍品，当佛教逐渐退出印度包括阿富汗、尼泊尔地区时，佛像也渐渐被历史和岁月所掩埋，有许多甚至荡然无存。幸好，这项不朽的伟大艺术随着佛教的东传来到了中国。

东晋隆安二年，即公元 398 年，一位三藏法师达毗耶舍尊者，从印度东渡到季华乡建寺讲经传教，他带来三尊佛像。唐朝时，当地人专门在山岗上建寺院奉这三尊佛像，也从此把季华乡改名为佛山。佛山是印度佛像东渡中国的一个力证。

佛教传入中国,几乎和佛像传入中国是同步的。佛教在中国的传播，成为中国的第一大宗教，是以佛像的中国化分不开的，许多善男信女接受佛教的同时，毫无保留地接受了佛像。

追溯佛像中国化的历史，甚至在东汉之前，在西汉末期，佛像已经来到中国，那时称其为西域，在古称于阗国的和田市喀拉墩，据专家考证，这里有中国最早的佛教寺院，有寺庙必然有佛像，那也是中国最早的佛像。

公元 1 世纪，据《大唐西域记》记载，佛祖涅槃以后，有一座佛像凌空飞来，降落在曷劳落迦城，这极可能是传说，是信徒们把佛祖推向神坛的故事，但唐玄奘相信，虔诚地相信。公元 643 年，唐玄奘从印度取经归来时，曾专门到于阗国拜见过一座紫檀木雕刻的佛祖立像，高达二丈有余，这么高大的佛像立像应是中国第一座。据唐玄奘说，那尊佛像还能治病，也很灵验，凡有病痛者，只要依照自己身上哪个部位有病痛,将“金箔”贴在佛像身上的相应部位,病痛即可除去。

往来求医者甚众，试之皆灵，有点神，唐玄奘深信不疑，他两眼凝视佛祖像，虔诚膜拜，一次又一次，他觉得那就是他心中的佛祖，佛祖就立在他眼前，那不是佛像，就是佛祖。

中国的佛像开始从西向东，从北向南如大海起潮，其势不可挡。佛像的雕塑也越来越精美，越来越中国化。出现了彩绘泥塑佛头像，也被称之为流泪的佛头像。这尊“流泪的佛头像”出土于宁夏贺兰县宏伟塔，是宁夏博物馆的一级文物。佛头像绘有北方少数民族特有的上翘的胡须，下颌用墨线绘出日、月、云状的纹饰，由于环境的变化，佛像眼睛中的黑色釉料融化，流淌而出，仿佛是佛像在流泪，甚是感人，进寺拜佛的人无一不泣泪。这尊“流泪的佛像”也是世界上绝无仅有的，佛像仪表堂堂，两耳长垂，耳垂外翘，圆脸，细细长眉，凤眼，蓝色的发髻，眉心处有一颗红色的珍珠。

随着佛教的迅速传播，佛像在中国西北和华北地区大量建造，出现了一个很实际的问题，木材在雕刻成品时，往往会出现干燥裂纹，有时候长长的裂纹会正巧裂在佛像的身上、脸上、头上，这使那些虔诚的佛教徒欲死不能，欲活难受，痛苦万分，时时饱受灵魂和信仰的无形鞭笞和有形折磨。

东晋有位杰出的佛像雕刻大家，名曰戴安道（戴逵，美术家）。戴先生应运而出，他用“脱胎换骨”法来解决木雕开裂的问题。但戴安道的名气大，还因为有“雪夜访戴”的典故，故扬名青史，反倒让他的佛像雕刻技艺多少显得有些暗淡。戴安道雕刻的佛像只言佛祖所着袈裟，确有“曹衣出水，吴带当风”之艺，可惜传之后世的作品少而又少。

戴安道东晋人士，大儒大家亦大经大雅，与王羲之五子王徽之为友。能彻夜长谈毫无倦色。王徽之并非佛教信徒，也从不进庙。一次去找戴安道，有人引到一寺院门前，言戴正在寺中作雕塑。王徽之不进庙，索性坐在寺前石阶上等候，一候再候，一等再等，久等不见，王徽之渐躁，拾阶而上，本意“兴师问罪”，谁知一看戴安道雕刻的佛像，竟然如神降身，双膝跪倒，且长跪不起。王徽之视天下无人，服过谁？

说有一天夜里，王徽之夜读，不知道读的何书，读到哪章哪节，忽然想起戴安道，于是连夜乘小船逆水而上去戴家夜访，风雨一夜到戴家，谁都没想到，谁也不可能想到，王徽之令船原路顺水而下返回，但也撂下一句千古名言："吾本乘兴而行，兴尽而返，何必见戴？"有一次戴乘兴去访王，也是一路春风一路诗，快到王家，有一寺庙正在雕塑佛像，此门是非进不可，王家可以不去，佛家不可以不入。进去一看，有数位匠人正在大殿前的檐柱上用麻布片和漆在包裹檐柱。戴安道急忙趋前探问，方知此举可防止檐柱干裂。戴甚受启发，想用此法雕佛像，亦可避免佛像干裂，其法在行业中称"脱胎漆器"，戴出庙就往回走，有人提醒他王家在望，尚未探访。戴亦言，必先回去一试，何必见王？

公元 554 年，西魏兵破江陵，梁元帝被杀，但其死之前曾经做出一件愧对天地、愧对中华文明的恶事："江陵焚书"。把他及其父梁武帝一辈子收集的 14 万卷图书，几乎都是中国文化的瑰宝，一把火烧了个干净，其言："读书万卷，犹有今日，要书何用？"因其父梁高祖萧衍不但是位大学问家，而且是位极虔诚的佛教信徒，在皇帝的天子位上，几度出家为僧，一生收集佛经佛像无数，大多为古经古佛古像，至"江陵焚书"，荡然无存。不但是中华文化的浩劫，也是佛教学说、佛像创作难以挽回的损失。

三

中国社会也奇怪。常理难论。魏晋南北朝，是中国社会最乱的时期，几乎无时不战，无处不打；战乱迭起，动荡不宁。而佛教恰恰在此时悄然兴起，"南朝四百八十寺，多少楼台烟雨中"。其实比南朝更甚的是北朝。北魏时期，佛教几度成为国教，全国信佛，全国拜佛。据史料记载北齐虽然仅仅二十七年时间，全国也仅为中国北方一隅，但竟有寺院三万余座，僧尼二百多万人，仅在其国都邺城就有寺院四千余座，僧尼超八万人。北齐全国人口也不过二千二百万人，几乎平均十个人中就有一位僧尼人。足见其佛教之兴旺、普及，蒙山大佛是开凿于山西太原蒙山的摩崖佛像，始于北齐天保年间，唐代记载，这尊大佛高二百尺，约合现在的六十三米，是世界上第二大佛，也是世界上最早的摩崖大佛。

北魏时期的佛像雕刻已经达到世界空前的高地。中国闻名世界佛教界、艺术界的六大石窟：敦煌莫高窟、云冈石窟、龙门石窟、克孜尔千佛洞、大足石刻、麦积山石窟，皆出自北魏时期。大同云冈石窟的昙曜五窟是北魏佛像雕刻的扛鼎之作。尤其是第二十窟的露天大佛，更是刀刀见功夫。北魏时期的佛像雕塑突出线条的美，突出人物形象的个性美、自然美，在逼真的写实中突出艺术家的创造美，对之前的雕刻艺术表现出的平板、呆滞、模式化有了重大突破，一千五百多年过去了，光耀依然，更让人崇拜，更让人敬穆，更让人感到北魏雕刻艺术的伟大，不朽的北魏佛像石刻和北魏的魏碑雕刻艺术一样，让后人崇尚不已。

北魏时期北齐著名的大和尚，北魏乃至整个中国书法史上都独占鳌头的安道一，至今也是书法界的楷模和临帖必学的先圣，据说安道一的魏书得益于佛像的神灵，每天三香，每天三拜，三拜之后见像如见佛，安道一每日都长时间静观佛像，看得那么专注，那么真情，那么神往，从心灵深处唤醒了他的艺术灵感，培育了他的艺术造诣，造就了他的艺术成就。有人言，安道一的功夫后人比不上的一个重要原因，是没有人能像安道一样下功夫，去观摩北魏雕刻艺术。艺术的天才是依靠心灵唤醒的。

在莫高高窟第二百九十窟中有一尊北周时期的菩萨雕像，可能是现存的菩萨雕像中最喜庆、最仁慈、最和谐、最人格化的佛像。这尊佛像两目半启半合，自然大方，能让人感到其目光充满了慈爱、和善；再望，能让人感到菩萨在召唤；嘴角微微上挂，饱含着慈祥善良，似笑非笑；细看，笑在其中，慈在笑中。虽然雕像有些残损，但能让人感到艺术的魅力，让人感到高高在上的菩萨正是从凡人中脱胎而出。北周时期的艺术大师，一刀能动人，让人久久端详，由衷赞叹，无限敬佩。

中国佛像经历过四次灭佛运动，从北魏的太武帝、北周的周武帝、唐武帝到周世宗，即“三武一宗”都发动过声势浩大的灭佛运动。这对佛教和佛像的雕刻和艺术创作都是一次次的浩劫和破坏。许多珍贵的佛经被焚毁，许多难得的佛像被毁坏，有些是痛失且不可复得。但灭佛运动，也显示了宗教信仰的力量，用“野火烧不尽，春风吹又生”形容可能不为过。尤其是那些被击成碎片的佛像，经后世的修复，如焠火后的钢铁，艺术魅力光彩依旧。

山东青州龙兴寺遗址窖藏的古代佛教造像，是作为第三十四届世界艺术史大会的特别展项而展出，它的题目是《破碎与聚合》。这些曾经在灭佛运动中被击毁，击碎成数百数千片的佛像残块，却彰显出一种无形的艺术冲击力。

龙兴寺窖藏的佛像残块一说有几百块，也有一说刚发现时有数千块，即使如此，这些破碎的雕刻石佛像残片，依然能表现出佛像完美的身形、精细的雕刻工艺，以及鲜艳华美的敷彩贴金，摄人心魄，感人心怀。

龙兴寺窖藏佛像百分之九十以上都属于北朝晚期作品，最早的是北魏永安二年（529）雕刻的，这些佛像有坐佛和单体立像，坐佛又分跏趺坐像和倚坐像；跏趺坐像中半跏坐像尤为普遍，这可能代表北魏时期佛像雕刻的风格，大多佛像雕刻成袈裟裹足、露掌或不露掌，佛头像多为平螺肉髻，面部短而圆润，薄衣贴体，在衣纹佩饰上，给人一种质薄透体的视觉；在线条运用、传情达意、塑绘结合等方面都有着极高的艺术水准。细看东魏时期的一组雕像：一佛二菩萨，贴金彩绘，是那么慈祥地微笑着，是那么善意地在注视前方。谁说石雕石刻无言、无声、无慈、无悲、侧耳细听，松涛木鱼声中不是有低低的传经送教之声？

唐时代的佛像雕刻也是座艺术高峰。2014 年被列入世界文化遗产名录的陕西彬县大佛寺石窟，为唐代李世民所修，高八丈有余，细观其石刻，方圆脸，丰满健壮，两眼半睁，威中有慈观世界，只要你跪倒合十上拜，就见佛祖正普渡众生关注你。佛祖的眼神塑造得堪称第一。而佛祖的鼻子不再是直通直管，而是如凡人一般，能见到鼻孔、鼻翼；

燃香之余，再看，佛祖的鼻孔仿佛在轻轻地吸动，而那袅袅而起的佛香正缓缓升起，仿佛入鼻而吸，真神了！的确是唐代石刻佛像的珍品。唐以后，再不多见。

宋以后，石雕石刻仿佛都气息奄奄，再无让人耳目一新的感觉。有人说到南宋的石雕刻像皆羊不犟、马不烈、虎不威、人不刚。这可能多少有些偏见，因为南宋虚弱，对内对外都硬不起来，就像京剧《法门寺》中的贾桂，让人瞧不起，但到南宋时的佛像的确已无可提及。我到五台山等四大佛山看那些端坐大殿的佛像，这些明清时期塑的佛像都欠缺艺术的灵性，无艺术的魅力，让人感到近代的雕刻工匠和古人前辈相比，似乎有些江郎才尽的悲哀。

寻找中国犀牛

中国到底有没有犀牛？犀牛何在？

孔子见过犀牛。那时犀牛并不罕见，极有可能像狼、熊、虎、豹一样出没。孔子周游列国时，在蔡国被战争所困，曾经一度七日没能吃上饭。孔子感慨地说道："我们不能像犀牛、老虎一样呆在野地里。"那一年应为公元前 495 年，蔡国应在今天河南上蔡县附近。那时上蔡一带的草地其草高达数尺，风吹草低方能见犀牛。

在青铜器时代，入青铜的野生动物中最生动、艺术水平最高的首推犀牛，像后来经常入画的马、牛、羊、虎、狮等等，青铜器上几乎绝见，流芳百世的是犀牛。现藏于美国旧金山亚洲艺术博物馆的一尊小巨徐犀尊，那是公元前 1056 年，即商纣五十五年，纣王伐夷得胜而归，心情可想而知，得胜、得威，臣服四方，胜归途中在夔京巡视，天子之风张扬四野，把夔贝赏赐给功臣小臣褫。小臣褫感恩戴德，无以回报，遂尽觅天下能工巧匠，铸造"金犀牛"以永世纪念，并把这次赏赐刻在犀牛肚子里，这也是世界上唯一铭刻在犀牛肚子中的金文。这件青铜器中的艺术瑰宝也被专家命名为小臣艅犀尊。为什么没有铸其他动物以铭恩？为什么单单选择了一头双角的犀牛来纪念天子之赏赐呢？这至少说明犀牛在夏商周时期是吉祥兽，是让上层社会可以托以重任的吉祥兽。它外表并不漂亮，可能长得笨，生得丑，但却又极可爱、可亲、淳朴、尊严、厚重。在那个时代犀牛在中原是喜闻乐见的，人们熟悉它，才能把它栩栩如生地表现出来。但见它两只长而尖的犀牛角，嘴巴上的水波纹，厚皮圆蹄，两小耳前立，圆睁睁的小眼，既威武，又挺拔。这尊高 24.5 厘米、在山东寿张县梁山出土的青铜犀牛堪称中国青铜器的精品。

还有一尊极出名的青铜犀牛，比“小臣艅犀尊”整整年轻了一千年，但这头青铜犀牛是现世所有青铜犀牛中唯一一头昂首眺望的青铜犀牛。它出土于陕西兴平县，高34.1厘米，长58.1厘米，造型极美，形象极逼真，被专家命名为“错金银之纹青铜犀尊”，现珍藏于中国国家博物馆。这头犀牛昂首伫立，两耳前树，两眼生光，两根长长的犀牛角仿佛在问天，极其可爱，又有些顽皮天真。那么传神，那么逼真，那么憨态可掬，那么自信。自青铜犀牛后，二千余年，无出其右。

犀牛何时从中国消失的？因何而亡？

很多动物都似乎在遵循这么一条残酷而血腥的道路走向灭亡。“受益于此，受害于此。”象因利牙而撼天下，也因长牙而几乎灭绝；鳄鱼因皮几乎被围捕殆尽；象龟因肉质鲜美、蛋大补，被大量围捕，濒临灭绝；禾花雀最多时有50多亿只，飞起来铺天盖地，让日月无光，但竟然被吃绝，南越国王赵眜的陵墓被发掘后发现，早在2000年前，广东一带的人就开始吃烧烤禾花雀，从皇帝一直到百姓，无不爱好。北美大草原的野牛论吨重，6000多万头北美野牛跑起来可谓地动山摇，没用一百年，几乎被杀绝。中国虎又称华南虎，一千年前几乎逢山必有虎，有林必虎啸，宋时虎竟然三五成群的入村进寨。中国曾有一种动物，其名曰海狗，亡于其鞭。

清末《点石斋画报》有一幅插图，海兽何来？画着一怪兽僵卧于沙滩上，其灵在于，“人以刀示之则垂泪”，遂不忍杀而放生，这种海兽有骆驼头，四条鳍形腿，后有一细尾。《山海经》中有一种“鱼身犬首，声如婴儿”的鱼，因其叫声如婴儿，以为是大鲵，后再查方知有误，大鲵为淡水鱼，而这种叫声也如婴啼的鱼是海鱼，也称海兽。《梦溪笔谈》中记之为“海蛮狮”，估计沈括见过海狮，否则其名无据。这种海兽古人称之为“腽肭兽”，俗称海狗。唐代诗人皮日休有诗：“猿眠但腽肭，凫食时唼喋。”可见皮日休见过海狗。唐时的海狗还成群，还傻傻的不怎么怕人。人与海狗还算和谐，互不打扰。但唐以后不知何朝何代何人发现腽肭的生殖器有大用，其鞭壮阳，且药性极强、极猛。一时求之者众，海狗鞭腾贵，所谓海狗鞭，“膃肭脐”也，杀其取脐，一狗一鞭，下海捕鱼者不及捕海狗者，“第三只手”厉害。海中但见有鱼，不见有海狗，海狗再无欢乐，再无群聚，被追杀得几无生路。捕海狗者组成队，日夜追逐，杀之只取其脐，其尸弃之于海，有时竟将海水染红。明朝抗诿名将戚继光，镇守登州时，出高价派健儿出海捕捉膃肭兽，将膃肭脐送给当时内阁首辅张居正，张居正妻妾成群，正需此鞭，遂越发重视提携戚继光。明朝人沈德符在《万历野获编》中记载此事。张居正因服膃肭脐大效，周身大热，三九大寒不能戴绍帽，头上仍然热气腾腾。海狗鞭太热，有十船鱼顶不上一条鞭之说。市场越来越大，价格越来越高，海狗越来越少。追至天涯海角，也得剖其腹，取其鞭。

海狗亡于鞭，中国犀牛亡于何?

中国犀牛首先亡于其皮。

犀牛重达 360 多公斤，堪称巨无霸，其皮厚达寸余，可谓刀枪不入，百兽避之。先秦时代，虎贲武士的“护身甲衣”就是猎杀犀牛取其皮而为之。《国语》有记载 :“昔吾先君唐叔射兕于徒林，殪以为大甲。”射杀独角犀牛，取其皮做成盔甲，既威风又防身，该有多少将军、武士要上阵打仗，要必备一身披甲防身的甲胄? 中国犀牛灭绝的日子还会远吗? 千金难求一皮，那千金就是杀人符。

历史上，犀牛曾在中国分布很广，且数量庞大，成群结队。其分布北界直抵黄河一带。不但浙江余姚河姆渡遗址发现犀牛骸骨，甚至在安阳殷墟发掘中也有犀牛遗骨。亦不知哪朝哪代? 何人何地发明把兕皮作为甲胄? 古称犀牛为兕，他是中国犀牛的死神。从春秋战国始，仗越打越大，越打越频繁，将军、虎贲也越来越多，犀牛却越来越少，越少越珍贵,越珍贵才越要取。《周礼》对犀牛皮作甲胄的武士作过描述 :“函人为甲，犀甲士属，甲七属，合甲五属。犀甲寿百年，甲寿二百年，合甲寿三百年。”文中所说函人即制甲胄的工匠，两张犀牛皮合起来为合甲。当时的将军披挂上阵必须有犀牛皮作的甲胄，重要的武将还要穿上合甲上阵。屈原的《九歌 · 国殇》中有 :“操吴戈兮被犀甲，东错毂兮短兵接。”犀牛的增长绝对追不上军队的增长，追不上封将授郎的速度，中国犀牛不灭绝已不可能。

随着时代的发展，战争的需要，以牛皮取代犀牛皮已是趋势，且到西汉时期牛皮外已经开始装饰上金属护片，一些逃进深山密林中的犀牛似乎可以逃脱一死了。但它们还长着令人羡慕也令人不解的长长的角，无论是独角还是双角，犀牛角彻底断绝了犀牛在中国的生路。

仍然不知道何时何代何人何日发现的犀牛角制作的酒杯即兕觥，能解酒、解毒，兕觥一时在全国暴红，既是珍品又是用品。战国时期，兕觥就是社会身份、政治地位的象征。盛宴岂能不用兕觥？兕觥还是上贡的贡品，称“千皮兕觥，万寿无疆”。有兕觥一尊，千金不售。中国犀牛灭亡的日子不远了。尤其到了元朝，讲究向天可汗上贡，三年一贡，五年一大贡，贡品中唯独不能少的是兕觥，越大越深，雕刻得越讲究越艺术，越能得到皇帝的恩赐。终于把犀牛逼到走投无路。

到西汉时，在关中平原上三五成群的犀牛就已经绝种，到宋元时期，犀牛在中国境内已经极其罕见，“你能见上龙，你见不着兕”。

2018 年 3 月 20 日，世界上最后一头雄性北方白犀牛死亡，目前还有两头雌性白犀牛还活着。这头出生在苏丹被命名为“苏丹”的雄白犀牛，生前配有四名全副武装人员 24 小时持枪保护，但已经晚矣，45 岁的“苏丹”死于肯尼亚奥尔佩杰塔野生动物保护区。

呵，洛阳铲

洛阳铲名声似乎不太好，但名气却又十分大。中国古墓自明以后被盗者，几乎桩桩不离洛阳铲。有专家估计，中国古墓被盗总数应在百万座以上，洛阳铲几乎皆为先行者。没有洛阳铲，数百万先人可能还在地下安然长眠，只因为有了洛阳铲，演绎出多少让人心惊肉跳，惊心动魄的盗墓故事；又使多少国宝重器从沉睡的地下被翻腾到大千世界上，成为举世瞩目的珍宝。洛阳铲，功满天下，谤亦满天下。

寻名而去。用洛阳话说，顺着瓜秧找马棚，洛阳铲的发明权应为河南洛阳。故名不离其宗：洛阳铲。

洛阳铲因盗墓而生是毫无疑问的，其生在洛阳是因为洛阳北有邙山，横卧洛阳东北侧。洛阳是虎踞龙盘的帝王者之都，北邙山就是入土为安的风水宝地。据专家考证，仅北邙山埋葬的古墓就有数千座，地宫之下，奇宝无数，岂能计算？《晋书·王林传》有一段精彩对话，帝问王林曰："汉陵中物，何乃多耶？"王林对曰："汉天子即位一年而为陵，天下贡赋三分之，一供宗庙，一供宾客，一充山陵。"皇陵几乎等于国库，岂能不富？收天下之宝尽入其中，焉能不多耶？重财之下，必有智者。取宝于地下，"空手套白狼"，洛阳铲应运而生。

洛阳铲到底是谁发明的？至今尚无定论。可以肯定的是洛阳铲是集中国能工巧匠之大智慧、大工艺、于一小小不足一公斤的淬了火的铁片之上，经千年实践，无往不胜，越千年竟无弃无改。时至今日，中国的考古队，队队都离不开洛阳铲；非铲不行，非铲不动，动则出铲，铲为先行。虽为盗墓者的工具之一，但考古队却把它供之于堂上。洛阳铲的原理被应用在所有地质勘探上，凡是从地下，包括从海下、水下钻取土层、岩层的原理、作法，莫不受洛阳铲的影响。称其为中华第一非物质文化遗产恐不为过，洛阳铲，堪称天下第一铲。

洛阳铲是不是河南洛阳人发明的？此未有定论；但洛阳铲的确是在河南洛阳发明的似已有定论。是洛阳北邙山的大批古墓群催生了洛阳铲。这位应被称之为伟大的发明家的能工巧匠被称之为李鸭子，为何只有诨号，无名无姓？据说此人乃一位盗墓者，在“道”里“晃悠”多年，苦于无眼能观地下物，发奋图强，终成事业。其留言为，盗墓乃阴室恶作，不得已而为之，愧对祖上。其实何愧之有？外国人发明一个拉杆箱、一条拉链、一个暗扣，甚至根本不值一提的小发明，都慌得忙得去注册登记，结果誉满天下，利满天下。有一说李鸭子最后被擒拿归案，死在刑部大牢里。

洛阳铲的关键是铲头，用一块像八开书本大小的淬过火的钢片弯成三百度的圆形，其技术要求高在淬火的程度，全在经验，全在拿捏，其钢片既不能太软，也不能太脆，更不能太厚，大约应像炊事用的切菜刀背；而开刃处要求既不能不锋，遇硬而入；又不能太薄，遇硬而卷；最难的要求是软硬有度，遇上砖、石、金属等，要遇硬不卷。洛阳铲的另一个技术关键是戳下土去，能提出土来，提出的土不散不乱。能提出土来的弯铲技术难度大，技术要求高，铲卷不能太大，卷圈不能太硬；要直接把土提上来，铲卷又不能太小，卷圈既不能太软。既不能插不下去，又不能提不出土样来。我在考古现场看过洛阳铲提出的地下土样，成规成矩的圆柱形的土样，一排排放在地头上，别有风采。的确让我想到大庆油田当年勘探取出的岩石样，真乃大同小异。中国勘探文明比世界起步至少要早七八百年。

当考古队初步确定这一片为考察区时，一般沿确定的考察区边缘雇民工一字摆开，大约三米一位，每人一把洛阳铲，在考古队员的带领下，每三米往下打一铲，深浅度是根据考察地形而定，打到一米五至二米深时，左右旋转洛阳铲，提取出土样。现场民工排成一列横队，双手攥住洛阳铲，一铲一铲往下打，行话谓之探孔，根据取出的土样判断古墓何在？

土样有学问，查看洛阳铲探取出的土样，要一看土色，二看土质，三看土的软硬，四看是熟土生土，还要看有无三色土、夯实土、石灰土；细查有没有灰土层、白膏泥、青膏泥。俗语中的一叶知秋，一土知情，盗墓的“老贼”能在漆黑的夜里不用眼睛看土样，就能“瞎老太太相姑爷”一相一个准。完全靠经验、靠感觉、靠手摸、靠指搓、靠鼻子闻。一孔能知地下，甚至能知地下若干年，真乃神乎其神。

几年前我曾和新华社陕西分社副社长边江跑到凤翔，去查看2500多年前的秦景公大墓，这座被命名为秦公一号大墓，在司马迁的《史记》上就有记载，而且历史上多次被盗，但其墓址何在？考古队整整寻找了十年，洛阳铲几乎把秦川八百里探遍了，最终找见秦公一号大墓遗址的还是因为洛阳铲，因为考古队在雍城艰苦卓绝的探孔工作终于感动了“上帝”，当地农民把洛阳铲称之为“穿地镜”，当他们知道考古队要找的是什么样的土，什么样的地时，就把他们领到一块“五花土”上，指着那块地说，这块“五花地”就很瓷实，也不长庄稼，用“穿地镜”一“照”，取出的土样果然就是典型的五花夯土层。秦公一号大墓终于找到了。

闻名于世的南昌海昏侯汉墓的发掘，也是保护性发掘，因为盗墓贼已经开盗，盗墓贼对西汉海昏侯刘贺墓的研究，似乎比考古专家还靠谱，还专业，他们只打了几十个探孔，就基本找见了墓地的准确位置。

即使是临山凿墓，也需要进墓的墓道。这种回填土的墓道依然躲不过洛阳铲的“穿地镜”。顺着墓道直趋墓门，盗墓贼有方略。现在抢救发掘的一些战国古墓，不但依靠洛阳铲找到其准确的方位，而且因为洛阳铲探取到的青膏泥得出地下主墓室的方位。老百姓叫得准：“穿地镜”。

盗墓有句行话：干千年，湿万年，不干不湿就半年。盗墓老贼能用洛阳铲穿地而判断此古墓是干墓还是湿墓？不咂舌都不行。

西安的唐代宫墙，就是依靠洛阳铲一步步探出其走向，一步步查明其高低，一步步找见唐时的宫殿、城楼、关隘、驰道。

数年前我去洛阳考察时，洛阳城郊尚有四家专门生产洛阳铲的作坊，其中最有名的当属孙家。孙记洛阳铲犹如王麻子牌切菜刀，和孙记掌柜的孙清娃闲聊，他感到挺冤枉。他言之，卖枪的不是刽子手，卖刀的不是杀人犯。洛阳铲主要卖给公家，用于考古；盗墓贼也用，没有它也找不见古坟盗不了墓，但你能因为汽车每年都撞死那么多人而废了汽车？每年都有用杀猪刀杀死人的，你见过杀猪不用刀的？洛阳城曾被大水淹过，难道这地方就不住人了？“洛阳铲”有洛阳铲的思维和真理。

孙清娃说李鸭子确有其人，明末清初时期，洛阳有十数家打造洛阳铲的铺子，几乎家家都挂着李鸭子的招牌，都敬着李鸭子的神灵。似乎可以确认李鸭子的确为盗墓贼，但其所盗何墓？为何隐名埋姓？无一笔一画记载，但洛阳铲谤满天下，誉满天下已成定局。

1974 年中国考古代表团访问阿尔巴尼亚，曾送给阿尔巴尼亚有关部门一个礼物，谁也想不到，送的是一把合金钢制造的洛阳铲，它的把不是木头的，出国就是不一样，是用合金钢打造的，一节一节首尾可以相接。我们也真不拿阿尔巴尼亚同志当外人，但要把洛阳铲的作用向“兄弟加同志”的阿尔巴尼亚朋友说清楚的确要出一身汗。随团的阿文翻译饱受语言和出处的考验，谁能想到会碰上这么一个难剃的头？光李鸭子就够他搜肠刮肚地忙活了。

李鸭子阴灵不散，躲在熏黑地墙后讪讪地笑了。

洛阳铲不死。

考古存疑三则

鸮的命运

因为盗墓贼的“光临”，引发了对江西南昌附近的西汉海昏侯刘贺墓的“保护性发掘”，以致使这位仅仅当了27天皇帝的短命天子，名扬天下，他的所葬所殡又千里迢迢，被搬运到首都博物馆。当我赶到首都博物馆时，门外排的长队几乎排到西长安街上。

我是专门来看刘贺那枚玉质私章，关注刻着刘贺二字的那枚玉印上的那个印钮，那个活灵活现，栩栩如生的“神物”，一只动作可亲可爱，腾飞展翅的鸱鸮。在西汉之前，刘贺之后，中国有那么多刻于印章之上的印钮，有那么多雕刻在碑、柱、璞、壁、器上的神物，独独不见鸮，刘贺印钮上的这只飞鸮极可能是空前绝后的，极可能是孤品、绝品，这种艺术现象说明了什么？

抵近细看，这只玉鸮雕刻得极神奇巧妙，极细致生动，神态动作，无不传神。但见它左翅举起，有展翅凌空之势，欲搏击天空，右翅初翔，用力扇动，拨划空气，欲腾空而起，就在这一刹那，一瞬间，这只鸮突然发现了什么，感觉到什么，欲飞后转，初腾后望，似有所观、所望、所待地俯身，随着头部转动，顶部冠翎垂向左下方，长尾卷曲在身下，双脚利爪前伸。这幅定格的画面足以让人小醉。我敢直言，在当今这个世界上，真正见过鸮欲腾飞搏击的人，凤毛麟角，万里不及有一。很多人至死未见过真正的鸮，人们对鸮这种大鸟的俗名不陌生，猫头鹰、夜猫子，但这种大鸟见之甚难。至少在京城四十多年再未见过猫头鹰。问过一些杏花落满头的老者，也只闻其名，未见其踪，更未亲眼看过这种神鹰。

刘贺见过，公元前 1 世纪的西汉皇帝见过，臣民见过。鸮至少在公元前和公元后数世纪都是神鸟、吉祥鸟，受人爱戴和恭崇的空中神、林神、夜神、战神，被誉之成神，它能保佑人，它能祈福避邪，它是力量、正义、健壮、神奇的化身。只有如此，它才能出现在昔为天子今为侯的刘贺的私章之上。这只鸮至少给人们传达了一个准确无误的信息，鸮在西汉时期是吉祥鸟，是神鹰，它代表神、代表来自天上的正义和力量。

刻在刘贺私章印钮上的鸮太可爱了、太纯真了、太诱人了、太真实了。仅这一件出土文物，你就不会为汗湿内衣，排队两个多小时，才挤上前去观看一眼而感到有一丁点后悔。

我去参观妇好墓的出土文物。

妇好，是中国历史上第一个留下名字的女人。妇好是商王朝武丁的王后，在河南小屯村出土的穴藏甲骨文中有 17000 多片甲骨文，其中有 200 多片都提到妇好，而在妇好墓中出土的 109 件青铜器上都刻有妇好的名字。妇好不仅仅是武丁王的王后，而且亲自带兵征战，成为商代武丁盛世的支柱。

1976 年妇好墓出土的青铜器中有一件叫“妇好鸮尊”，真乃旷世珍品，专家为它起的名字直接形象。这件通高 45.9 厘米，口径 6.4 厘米的青铜酒器，就是一尊鸮形酒器，把鸮直接做成华贵的酒器，之前无见，之后也不曾出现。细端详这件国宝，但见这只青铜铸就的大鸮宽喙高冠，圆眼竖耳，头微微高扬，挺胸直立，英姿飒爽，满满自信自得的神态。高傲而不可侵犯，威武而制服于人。这只大鸮双翅敛羽，两足粗壮有力，宽尾厚羽，果然威风、果然雄伟。

专家认为，这尊大鸮的形象，在当时有“战神”之喻。有大鸮雄在,无敌不克,无往不胜,是妇好军中形象的代表。敢有言之猫头鹰者？在公元前，鸮鸟谓之战鹰战神也。

商王朝时,商人十分尊重鸮、崇拜鸮,认为鸮是商之代表。鸮是权力、地位的象征。甲骨文中，商就是一张鸮的脸。

仅仅过去八百多年，到在西汉以后，鸮鸟的声誉竟然一落千丈，有贾谊《吊屈原赋》为证："呜呼哀哉，逢时不祥，鸾凤伏窜兮，鸱枭翱翔。"民间似乎再无鸮鸟之称，代之而起的竟然是猫头鹰，甚至夜猫子，延伸至"夜猫子进宅，无事不来"，"不怕夜猫子叫，就怕夜猫子笑"。鸮已成为毒鸟、害鸟、丧气鸟、报丧鸟。鸮鸟似乎也在人类的骂声中逐渐退隐，逐渐消失，似乎已经到了濒临灭绝的地步。

我在北京数十年，只是 1962 年在朝阳区团结湖边的几棵高大松树上看见过一只鸮鸟，它蹲在树冠上，一动不动，虽然树下扎着一堆半大孩子，又是叫又是闹，但那只鸮似乎蔑视一切，纹丝不动。终于有孩子拿来弹弓，五六架弹弓齐射。鸮鸟轻蔑地摇了一下头，头上高高的鸟冠一摆，腾空而起，一个翻转，展翅而去。

中国人为什么仇视鸮、诅咒鸮、蔑视鸮？从何而起？因何而盛？

记得在 1971 年批判"黑画"时，在美术馆看到黄永玉画的一只蹲立在树枝上的猫头鹰，黄老头刻意地画这只鸮的两只又大又奇又神的鸮眼，玛瑙黄、青铜绿、耀石蓝、钻石光，天下可能没有人比黄永玉观察猫头鹰更认真、更仔细、更出神入化的了，画得真神、真出彩、真够劲，下面的题款更扎眼、更较劲、更有意思，也更惹祸，叫"睁一眼、闭一眼"。那只大鸮真的正睁着一只眼，闭着一只眼。于是大批判的急风暴雨劈头盖脸的横扫黄永玉，其罪名是"挖苦讽刺共产党睁一只眼，闭一只眼"，当年周恩来指示把全国的名画家、"黑画家"集中到上海一家宾馆，管吃管住，限时限期交画，据黄永玉回忆，当时只吃了一顿宾馆的红烧猪肉，一餐红烧猪肉激发出一幅"睁只眼闭只眼"，招致数不尽的大批判，株连到鸮，把鸮彻底"拉下马"，批得灰头土脸，从猫头鹰一直批判到夜猫子。

哀哉，鸮之何罪？鸮之何在？

独角兽的传说

大千世界，纵横万年，到底有没有独角兽？但海中确有独角鱼，箭鱼也。曾经在博物馆看过一块木船板上穿刺着一根箭鱼的独角箭。

可见箭鱼攻击渔船的凶悍。

千年以来，似乎没有人见过独角兽。但又几乎人人都见过独角兽，因为在许多宫殿的屋脊上，都蹲着独角兽，即使你没看见它，它也在目不转睛地看着你。古今多少事，都在独角兽眼中。

独角兽的学名獬豸，一般的解释为神话传说中的“法兽”，代表正义和真理,驱邪避恶。独角兽在未被彻底神化之前,其长相更像牛,其眼、其鼻、其耳、其嘴分明为牛眼、牛鼻、牛耳、牛嘴，其身躯也是牛体，唯独一只独角直立脑门中央。可以推测，独角兽与牛应为同门同科。我认真观察过兰州博物馆馆藏的唐时期老子骑牛铜像，看那头唐时铸造的老牛，应该和最早见诸石刻的獬豸如兄弟同胞，所不同的是老子骑下的牛双角而高踞屋顶的獬豸头上只有一角，且高直挺拔。没有文字记载独角兽的寿命,只言独角折而兽亡。那独角应为独角兽的命根子。

东汉杨孚在《异物志》中有记述:“东北荒中有兽，名獬豸，一角，性忠，见人斗，则触不直者，闻人论，则咋不正者。”独角兽真神，善恶分明，立场分明，扬善击恶，直辨是非，可亲可爱。现在动物中焉有獬豸这样正义感、正气志的？但不知东汉时期的杨孚见过独角兽否？

我见的独角兽最辉煌的莫若在故宫的御花园中，那只蹲坐着的獬豸已然是脱牛而出，龙爪、龙头、麒麟身，头上独有长角。颐和园、北海都有，皇家的宠物皆皇皇有威，龙头双角之中有长角突出，已是三角神兽，似乎和原始的独角兽相去甚远。

甘肃武威雷台汉墓尚未公开对外参展时，我有幸到实地参观考察。

我印象最深刻的是在墓门前有一青铜铸的镇墓兽，就是独角兽，后被专家称之为独角狗，言其为一只头上长独角的看门狗，镇守这座雷台汉墓。但据我观察此独角兽，非狗也。其头虽然低着，挺其长角作独抵状，但其嘴似牛，其眼亦牛眼，大而圆、圆而凸；其耳大，尖而后靠，其状马耳，尤其是其尾，狗尾是卷起或扬起，或夹起尾巴，而此兽的尾巴长拖，扬起呈马尾状，四足应为狗爪。那尖尖的独角长长地直挺远方，是我见到的独角兽中独角最长最尖的，它几乎占到独角兽身体的一半。我认为这可能是独角狗，也可能是独角马、独角牛，它就是一只独角兽。雷台汉墓在和东汉杨孚是一个时代，称其为独角兽更准确。

这个世界上到底有没有过独角兽?

让我吃惊的是成吉思汗似乎见过独角兽。

当年成吉思汗率领蒙古铁骑已经兵临印度，攻打印度是其西征战略的一部分，势在必得。若如此，印度的历史就可能改写。这一切竟然取决于一头独角兽，是这头独角兽决定了印度历史的进程。

就在大战将临之际，成吉思汗梦见一只独角兽向他伏地叩首。成吉思汗从梦中惊醒，四寻独角兽而不见，心惶惶然、坠坠然。望长夜守星空，他认为是其父汗在天显灵，托身于独角兽，于是天大亮时军令动，班师回朝。成吉思汗为何能梦见独角兽？梦中所梦乃日中所遇，难道成吉思汗真的见过独角兽？他见过的、他梦见过的是头什么样的独角兽？为什么把它看成是自己父亲的托身？父亲显灵为什么又会附着于一头独角兽?

我在广东佛山祖庙见过一幅清代的木雕，雕刻的却是唐代的李元霸驯服一匹西域怪兽，言其怪是因为它似马非马，头上长着一只又大又粗的独角，那怪兽不怪，那分明是一只独角兽，此雕刻绝非空穴来风，难道唐时西域尚有独角兽?

印度恒河边上的一座印度教湿婆神庙，有一只独角白虎神，可能是世界上唯一一只独角虎，它很温驯、很平和，也很友好，只是两只眼睛一直望着遥远的东北方？有说它是就成吉思汗的感应神?

对独角兽最早的记载是希腊，希腊历史学家克特西亚斯留下了西方关于独角兽的最早记录。独角兽通体洁白，有着紫色的头，蓝色的眼睛和多彩的角，角顶为红色，中部为黑色，底部为白色。真乃神兽，让人感到神奇。马可·波罗就曾在他的游记中说他曾亲眼见过独角兽。

据说独角兽的独角有非凡的解毒性，它的命运就可想而知了，和它几乎一个命运的是北极独角鲸，因其独角而被杀得几近灭种，独角鲸要比独角兽大数十倍，躲到北极冰下都难逃，遑论独角兽？据说当时独角兽的独角，其价高于黄金十倍，金钱是独角兽的催命符。

悲哉！可怜的独角兽……

“泗水捞鼎”疑

汉朝留世最了不起的汉画石像应推“泗水捞鼎图”，因为它不仅再现了当时在泗水中打捞夏鼎时的生动情景，还刻画有秦始皇的形象，这在雕塑、石像中都绝不多见，因为它离秦始皇时代最近，应该说真实性、权威性较大。我见的最早的一块西汉时代的石板刻像距秦亡汉兴仅仅不到一百年，是汉武帝时期的。那位石像刻艺人应和司马迁是同时代人。

司马迁在《史记》中记述“泗水捞鼎”的史实。

《史记·秦始皇本纪》中：“始皇还，过彭城，斋戒祷祠，欲出周鼎泗水。使千人没水求之，弗得。”史上可能确有此事，秦始皇对从泗水中打捞周鼎甚为重视，要斋戒，要祷祠，敬天、敬地、敬水、敬神，然后令千人下水捞鼎，当时秦全国有二千万人口，此千人须皆年轻力壮且都应深通水性者，如此，推测秦始皇泗水捞鼎可谓蓄谋良久，策划周密，动用了很大的人力财力。这没入泗水河的周鼎，秦始皇为何如此重视？

据司马迁考证，此周鼎并非周王朝时所铸，而是铸造在夏王期，是大禹治天下后，收集全国之金铸九鼎。夏王朝把统一的天下分为九州，一鼎代表一州，鼎上还铸有州的大山大川，九鼎所立，天子所立，天下安顺。方知大禹除了治水外还有治国思想，举国之力，穷国之金，铸九鼎，彰显天下之威、天子之威、治国安邦之标。鼎重如同国重。视鼎如观天下。秦始皇的思想好像和大禹相通？秦统一天下后，穷天下兵器，铸十二大金人立于宫殿之外，彰显一国之威，表白天下太平，树立皇帝集权。至此问鼎如问天下。周取天下后，立即把九座大鼎搬移至周邑，把九座大鼎在宫殿上一字排开，向世人宣告，周天子俯视九鼎，周王朝改换天下，其政为周，正统昌顺。鼎在，则正统在；鼎在，则权力在；鼎在，则国在。夏商周无传国玉玺，但有镇国铜鼎，改朝换代，以鼎归谁家为是；承接正统，以九鼎为证。这就是秦始皇那么重视周鼎的原因。

围绕鼎，曾有过多少争斗、多少拼搏、有多少故事和传说？问鼎之心，路人皆知。司马迁就曾讲过两个经典故事。

公元前606年，就是那位“三年不鸣，一鸣惊人；三年不飞，一飞冲天”的楚庄王，带兵伐陆浑，楚国大军一直攻打到洛水河边，刀明旗鲜，人嘶马叫，距离东周王朝的国都洛阳已然一箭之遥，挥鞭提缰，楚军就能开进洛阳。问鼎之心彰显。当周天子派大臣王孙满去以劳军名义退兵时，楚庄王气焰嚣张，直问“鼎之大小轻重”，问鼎之词由此而生。楚庄王直言不讳，要移楚鼎归楚国，下一步就要尽揽九鼎于楚，楚庄王称霸天下，毫不隐瞒，没把周天子当回事，老子天下第一。据说九鼎之中，楚鼎为最。

到公元前307年，秦武王又在周鼎上留名。秦武王年轻好胜，体魄健壮，力大无穷。古人称大力士有四标准:拔树、提牛、抱鹿、杀虎，秦武王皆能，常和秦国的大力士比力气。到洛阳后，看见周天子大殿上排列的九鼎，其中有代表秦国的雍鼎，此鼎自移至周天子大殿上无人能搬动。秦武王偏爱叫这个真,他要力举雍鼎。秦武王不愧为大力士，力大无穷，众目睽睽之下，力举大鼎，且举着鼎来回走，没料到鼎落，砸伤脚胫骨，是夜而亡。秦武王厉害。他应是秦始皇的大老爷爷，即曾祖父的哥哥。秦王都和鼎有缘。

秦始皇是怎样得知周鼎没入泗水河的准确地点的，史书上没有任何记载。但西汉时期的石刻画生动地记述了“泗水捞鼎”的现场，秦始皇坐阵指挥，采用的打捞办法是河两侧竖起立杆，用绞绳直接从泗水河中打捞起周鼎。这幅历史画面可能是现存中国最古老的现场写生画，征战六国，统一天下，建万里长城，修万里驰道，修骊山陵，建阿房宫，未见秦始皇亲力亲为，唯独泗水捞鼎，秦始皇费了那么大劲，毕恭毕敬，不畏难险，亲临打捞现场。我估计作“泗水捞鼎”石画的人可能比司马迁年龄还大，更靠近大秦王朝，记载应该更贴近实际。当然这是后人记载，当从泗水河水中打捞的周鼎刚刚露出水面时，深藏于鼎内的一条恶龙突然翻身而出，一口咬断了打捞的绳索，周鼎随之又坠落于泗水河中，这次无论多少人打捞、用多少时间、用什么办法，周鼎仍无踪无影，成为历史上的谜案。

周鼎得而复失，似乎也向人们昭示，秦王朝得天下也会如周鼎，得而复失，这也正是秦始皇的心病，他想传位于万世，必然要天顺正统，无周鼎即无天意立秦的佐证。我相信，在泗水河畔，秦始皇还会折腾下去，可能还会让更多人出没泗水，打捞周鼎。“泗水捞鼎”这幅石刻画太珍贵了，如果说《史记》《战国策》《左传》是用文字记载历史的话，这幅画是用画面描绘了当时的历史场景，也更可贵、更真实、更难得。遗憾的是，这座肯定没于泗水的周鼎，实际上是座夏鼎，到底去向了哪里，无人知晓。

回望留学

中国的教育不是好惹的。

中国几千年的封建教育根深蒂厚，牢不可破。撼江山易，改朝换代易，撼中国封建教育难。

是义和团运动首先撼动了中国封建教育的根基，义和团没能攻破一个小小的交民巷，却拉动了中国教育改革的漫天大幕，由此吹来了一股新鲜的空气，开始驱散盘踞在中国几千年腐朽的封建教育。现代化的曙光在西方，希望在留学。那是150年前的潮流。

这可能是义和团运动造成的中国历史上最深远的一次教育革命。谁能想到，这场运动会给中国的教育，乃至中国的政治，留下那么深远的影响？

英国传教士李提摩太是位传奇式的人物，他不但传经而且布道，25岁来到中国，又开始学习中国的儒教、佛教。难得的是这位年轻的英国绅士，不辞艰辛，不避苦难，深入城乡，剖析中国社会。在李提摩太的回忆录中可以看到，这位年轻时就蓄起欧洲流行的八撇胡的“洋鬼子”，既敢下饿殍遍野的重灾区，敢在死人堆里行走，也敢和朝廷显贵面对面讨论救国救民的办法。他在中国的45年期间，正是中国大悲、大难、大灾、大苦的时期，他曾和李鸿章探讨救国之路，与张之洞商讨是实业救国还是教育救国；与左宗棠讨论先强军还是先教育；与康有为争论如何救大清国；与孙中山讨教救国之路，是发动暴力革命，还是走教育救国之路。在1882年就留下过与李鸿章探讨如何搞教育救国的办法。

李提摩太向李鸿章提出了“种子”的教育思想。他建议由清政府拨款一百万两白银投资教育，开办新学校，招收新学生。李鸿章当时正为钱的事捉襟见肘，回答说政府真的拿不出那么多钱。李提摩太提出了他教育救国的“种子论”，他说，那一百万两银子是种子钱啊。春天一粒种子，秋后百颗粮食。种下种子，就有了希望，终会有收获。种子钱花得是最值当的。李鸿章问：从种到收要多少年？李提摩太说得二十多年。李鸿章苦笑着说，我们恐怕等不及。李鸿章讲的是老实话，清王朝真等不了二十年。李鸿章没有想到几年后就爆发了义和团运动，他更没有想到是由他签署了辛丑赔款协议，就是这笔巨额赔款，让清政府被迫拿出了一笔笔教育改革经费，让中国教育死水活流。春风有缘，终于解决了“种子”的问题。真是始料不及。

李提摩太首先游说英国政府，英国政府终于同意第一个把庚子赔款中赔给英国的钱拿出一部分，在中国建创了第一所全新的大学，山西大学堂，彻底革除八股教育，设立物理、数学、机械等理工学科，完全模仿英国的大学，从课程直到课目。据说阎锡山就任山西大学校长时就曾说，没有山西大学堂，哪能为我们山西培养那么多人才？哪有我们山西今天的局面？外国人能办山西大学堂，我们就不能办山西小学堂？阎锡山掷地有声，发誓办教育，山西小学率先在全国实行义务教育。

自英国之后，美国政府也利用庚子赔款在北京创办了清华学堂，即清华大学的前身，又创办了燕京大学，由蔡元培先生亲自书写校名，由首任校长美国人司徒雷登登高挂上的。与美国哈佛大学合作成立了哈佛燕京学社，其校训：因真理、得自由、以服务，让人耳目一新。随之一批利用庚子赔款在中国开办了一系列“洋式大学”，现代化教育的综合大学如雨后春笋，接踵而起，成为那个时代的新潮流、新曙光、新希望，把盘踞在中国二千多年毁人败国的封建教育摧毁得七零八落，近乎土崩瓦解。上海圣约翰大学，成为中国第一所在美国华盛顿注册的中国大学，南京金陵女子学院，成为中国历史上第一所女子大学，期间毕业的九百九十九名女大学生，几乎都是那个时代中国妇女界乃至整个时代的娇娇者，被称为九百九十九朵玫瑰。女子不但可以上学堂，而且可以光明正大的上大学，这简直是对“女子无才便是德”的封建礼教的造反。李提摩太和李鸿章的“种子难题”在义和团的反作用下，竟然得到了意想不到的解决。据统计，西方国家利用庚子赔款在中国至少建立了数百所各种新式学堂，设立了理学院、工学院、医学院、神学院、农学院、林学院等，科系达到一百多个。几乎照搬了所有西方著名大学的学科、学系。一批著名的大学，直到今日仍屹立在中国教育界的前沿，是响当当的扛鼎者和举旗手。如震旦大学、复旦大学、辅仁大学、之江大学、金陵大学、齐鲁大学、东吴大学、华中大学、沪江大学、湘雅医学院、协和大学、华南女子大学、华西综合大学、岭南大学等等，无论它们后来如何改名换姓，它们都名垂中国历史。应该坦诚地承认，也应该大张旗鼓地宣传，义和团运动造成的庚子赔款引发的中国教育革命，是最成功的“开门办学”，它还直接引发了“开门留学”，走出去，大胆向西方学习，向先进学习、科学技术学习。留学是李提摩太“种子论”的一部分。李提摩太多次向李鸿章、张之洞进言，要派遣中国留学生直接到美国、英国的大学课堂中学习，造就崭新的一代学子。

李提摩太的“种子论”整整影响了一代人。

在清末民国初年，“开门”不易，留学也难，世世代代的封建小农经济，几千年的封建礼教，父母在不远行，让一个十一二岁的小孩子，只身一人，远涉重洋，到一个万里之外的完全陌生的“蛮夷”之国，况且临行之前，还要签一份生死合同。种子须进士，沃土在远方。当初中国第一条由中国人设计施工的铁路，京张铁路的总设计师、号称中国铁路之父的詹天佑就是撒到西方去的“良种”，但要撒到美国耶鲁大学土木工程系，可谓难关重重。当年詹天佑仅仅才十岁，考试成绩优秀，出国留学合格，但要打开门、迈出门也不容易，好不容易过了家这关，但一签生死合同，全家后悔，认为去美国留学，生死叵测，于是打定主意在家学做生意。倒是当时在当地任教育局长的谭伯邨见识广博，又深爱詹天佑之才，认为詹天佑赴美深造后必有大用。谭伯邨有眼光，慧眼识珠，但思想工作也难做。被逼无奈，这位谭爷出手不凡，明告詹家，如果让詹天佑赴美留学，自己心甘情愿将女儿许配给詹天佑。有这房媳妇作底，詹家经过反复思量，终于做出决定，让詹天佑出国，赴美留学。如果没有谭伯邨的慧眼，如果谭伯邨膝下无女，中国铁路之父将又在何处？出国留学不但需要才华，也需要胆量。

1909年3月，第一批赴美留学生启程。从留下来的照片上看，首批只有四十八人，六人一排，穿着一色的“正装”，上身马褂，下身长袍，没有一个有笑容的，似乎都紧绷着脸，像过堂考试似的，相貌似乎不太出众，但个个都有些真学实才，否则不会在“洋人”的全程监考下脱颖而出。“洋人”不考八股文，考的是“歪门邪道”，他们都是“优种”，粒粒弥足珍贵，个个留学成才，都是中国近现代著名的大家，了不起的专家。其中有我知道的梅贻琦先生。梅先生是天才，书香世家，曾放出狂言：“谁背中国古经传有错漏，我可以接背任何章节。”是南开学堂第一期学生，张伯苓的得意门生。洋人招考，真的招了不少有真才实学的天才学生。梅先生作为庚子赔款第一期留学生从美国伍斯特理工学院学成归国，曾与叶企孙、潘光旦、陈寅恪并列清华四大哲人，自1931年任清华大学校长后，无人不钦服。后荣获清华大学终身校长，两岸清华大学校长，清华自成立，再无第二人。曾国藩的曾孙曾昭权，十六岁考取了庚子赔款留学生，就读于美国麻省理工学院电机工程专业，后成为中外闻名的大家。

庚子赔款留学生第二期的赵先任，其父清末中举，其母善诗词昆曲，自幼承庭训，熟读经史，曾参加庚子赔款留学生第一期考试，果然手到擒来，名列前茅，因其母嫌其年幼，拖至二期。本来二期可以不考，直接留学，其父怕有人质疑，令其再考。赵先生轻松而去，含笑而归，只言一句：小试牛刀。其试卷让考官亦惊愕，捷报直送家中。留学美国后，先在康奈尔大学主修数学，辅修物理，十二门功课科科状元，又到哈佛学得博士后，回康奈尔大学教物理学。回国后在清华大学教授数学和物理。“种子”开花结果，未用二十年，李提摩太的“种子论”再次得到验证。

和赵先任先生同期赴美的留学生、同期同榜的竺可桢先生在美国伊利诺斯大学主修农学，学成后又考入哈佛大学地学系专攻气象，获哈佛大学博士学位，回国后曾连续十三年担任浙江大学的校长，是中国近代地理学和气象学的奠基人,也是中国物候学的创始人。庚子赔款，赴美留学,是成就竺可桢人生最关键的一步。无此开拓,观竺先生世家，不过绍兴一商人或浙东一学翁也。即使是颗粒饱满的种子，无土无水，焉能发芽生长?

李提摩太的“种子论”印记在叶企孙身上。

庚子赔款留学三期后，改由清华学堂招生，清政府这一做法可谓英明，出国留学的事宜由“洋对洋”，清政府官员不得直接插手，这就是保证了留学生的公平竞争，择优留学，至今并未看到有史料反映当年庚子赔款赴美留学中的弊败和黑暗。这就保证了“种子论”中的优种，保证了颗颗种子都是优种，颗粒饱满。只要提供合适的土壤，就能生根茁壮成长，长成为国为民的有用之材。

大名鼎鼎的叶企孙先生就是名中高榜，直接考入清华学堂的第一期学生，那年他还未满十三岁，清华毕业后，考取庚子赔款留学赴美，在美国芝加哥大学主修物理学，毕业后又考入哈佛大学，获物理哲学博士学位。中国人的名字首次在物理学领域得到世界认可。

叶企孙在美国的导师是诺贝尔物理学奖获得者布里奇曼。钱三强在法国是师从居里夫人的女儿、女婿。而钱学森的导师是世界著名空气动力学教授冯·卡门，并合作论文，创建卡门钱定理。周培源先师从贝德曼，后拜贝尔为师，在德国莱比锡大学师从诺贝尔物理学获得者的量子力学创立者海森柏。吴有训在美国的导师，是发现康普顿效应并获得诺贝尔物理学奖的康普顿……

没有开门办学，没有出国留学，他们的人生道路可能还有数条，但归根结底会通向八股文的科举制度或迁客骚人的先辈之途。

中国当代几乎所有的科学技术之父，大都出自留学生，没有开门办学，没有留学办学，岂有之父？无父何来之子？

“中国航天之父”“中国导弹之父”钱学森，考取赴美留学生，考入美国麻省理工学院航天系，又入美国加州理工大学航天系，先后获航空工程硕士学位和航空数学博士学位。如果没有留学这条路，钱学森很可能子承父业，在政界为官，他虽是书香门第，但其父为官，少时便随父入京。若此，中国便无航天之父，很难再提航天之业。

“两弹元勋”邓稼先，五岁便读史读文，诗词歌赋，提笔著文，后与杨振宁同读于北京崇德中学后考入赴美留学生，在美国普渡大学专攻物理学，获物理学博士学位。

“中国原子弹之父”钱三强，也有称其为导弹之父。其父为大文豪钱玄同，当年是钱玄同力促鲁迅给《新青年》写文章，因为鲁迅那时正在老家绍兴翻故纸堆，没有钱玄同的指引鲁迅可能不会投笔写小说，而钱三强是钱玄同的儿子，他之所以走向原子能、导弹之路，完全是因为他清华毕业后赴法国留学，师从居里夫人的女儿、女婿，获法国国家博士学位。钱三钱是中国“两弹一星”的功臣，称其为中国核弹之父亦不为勉强。

李四光被称为中国地质学之父，十五岁出国留学，先赴日本，后赴英国伯明翰大学。

吴有训被称之为中国近代物理学之父，留学美国芝加哥大学，芝加哥大学博士，与美国物理学家康普顿教授一起研究X射线。1928年归国后任清华大学物理系主任、理学院院长，建立中国第一个近代物理学实验室，开启中国国内X射线研究。1936年，被德国哈莱自然科学研究院推举为该院院士，成为第一位被西方国家授予院士的中国人。

桥梁建筑专家茅以升，赴美国康奈尔大学土木专业学习，后又转美国卡内基梅隆大学工学院，获工学博士学位，创立茅以升定律，亦为茅氏定律之父，当选美国工程院士。

叶企孙，是中国数十位大师的老师，拜师如拜祖，数典岂能忘祖？二十岁毕业于清华学堂，二十二岁获得美国芝加哥大学理学学士，二十五岁拿到哈佛大学博士，是中国第一个研究磁学，堪称中国磁学研究之父，创办了清华大学物理系、北京大学磁学专门组。1999年中国政府表彰研制“两弹一星”突出贡献的二十三位科技专家，其中十九位科学家是叶企孙的学生，两位是叶企孙学生的学生，另外两人也与叶企孙有密切的学业关系。可以说，没有叶企孙，就没有中国的“两弹一星”，至少可能推延五十年，乃至更久。

义和团运动意外地带来了西方的现代化教育思想，带来了“种子论”，意外地给中国二千多种的腐朽没落摧残人性的封建教育一个摧毁性、颠覆性的变革，“开门办学”“开门留学”，又迫使清政府不得不进行一场教育革命，废除八股制，开办理工学堂，培养理工医农等现代学科的科技人才。清政府真的拨出官银“十万两”，官派留学，派九至十三岁的幼童，经过考试选拔，直接送到美国留学，政府全包，当时由政府出资开办了外语学堂，英语专业一次招生近百人。用庚子赔款退款在北京、天津、上海建成一批西式医院，直接招收从西式学院毕业的中国学生。西医大学正式在中国登台，中国第一所农业大学、林业大学也在筹建。义和团撕开的裂口中，竟然照进现代文明、现代科学现代教育、现代理念的道道曙光。所有的中国人乃至全世界都始料未及。顺便说一句，恰恰是利用了庚子赔款中美国的退款，作为把故宫建设成故宫博物院的建院经费，故宫才变成了故宫博物院，否则，故宫还将是封建帝王没落的皇宫，且加速衰败、破烂、颓废、国宝流失。正是因为当年把故宫办成了故宫博物院，才使故宫新生。

纵顾中国教育，第一次重大的改革应该在隋开元年间，大隋王朝虽然短暂，但气势恢宏，伟绩不凡，其中最伟大，最成功，最值得青史留名的当数对教育的改革。这项教育改革足足影响了中国一千多年，不知改变了多少人的命运，也改变着中国的政治、文化的轨迹，这就是废除“推荐制”，废除“门阀制”，彻底改变“上品无寒门，下品无士族”的“九品中正制”，在全国实行科举制度，凭科举考试登“上品”，进“士族”，给沉闷得近乎窒息、腐朽得一潭死水的封建官僚制度吹来了浩浩东风。隋王朝的教育改革，从教育制度上真改，从社会制度上挽救了封建社会制度的繁衍。科举制度的改革是中国教育制度的一项最根本、最基础，也最有影响的改革，一直影响到今天。记得在“文革”后邓小平召开教育座谈会上，决定恢复高考，改变了无数人的命运。可见这位“改革开放的总设计师”对科举制度的了解，对中国社会的了解，对教育改革的了解。当他听完温元凯提出的恢复高考的四句话，即自愿报名、领导批准、公开考试、择优录取时，邓小平说采纳你发言的四分之三，即四句话中去掉一句，领导批准。去掉的这句话，得以让多少领导很难批准,或根本就不批准的“种子”得以直接进入考场。

1400多年后，中国教育又迎来了一次“黄金改革”，且结出了金色的果实。西方传教士在义和团运动之后，在中国一下子开办了5000多所各类学堂，其中对后世乃至至今都有着深远影响的有30多所大学和专科学院。总数达到7882所。联想到历史上的诸葛亮与刘备的《隆中对》，延安窑洞黄炎培与毛泽东谈的“窑洞对”。掐指算来，庚子赔款退款开始到日本入侵中国，这一历史时期不过短短二十几年，但对中国教育的冲击却是近乎“改朝换代”“冬去春来”“开门办学”“开门留学”,硕果累累。中国教育的辉煌源于中国教育的改革,不是坐而论道，而是“破门而入”，办学堂、建医院、开学科、办留学，请进来、走出去。那个辉煌的20年教育改革经受住了历史的考验，那20多年培养出来的学生，几乎都是社会的栋梁，有用之才。有位老专家曾经说过，没有那20多年的培养，我们在新中国成立后就不可能自力更生，因为所有的一切人才，几乎都是那个时代培养和教育出来的，中国真正能称得上专家、大师、之父的都是从“开门办学”走向“开门留学”。

都言条条大路通罗马，清王朝末年和民国初年的那场史无前例的中国教育大变革似乎在昭示另一条真理，正确的道路只有一条，那就是“开门办学”，“开门留学”把“种子”撒向全国、全世界……

半个多世纪以后，那扇沉重的，封闭得近乎锈死在大门终于被邓小平只手推开。

1978年5月20日，为了与中国建立正式外交关系，美国总统卡特的代表、国家安全事务助理布热津斯基来到北京。邓小平次日下午和他会谈。这次会谈不但商定了两国实现邦交正常化进程的大格局，而且认真商讨了中国向美国派遣留学生事务。

听听这位前总统回忆：1978年5月20日华盛顿时间凌晨3时许，卡特被叫醒接听电话。除了遇到危机，很少会出现这种情况。电话是布热津斯基从北京打来的。卡特问，为什么这么早打电话?

布热津斯基向他报告说，此时正和邓小平在一起。

卡特问，是什么坏消息吗?

对方回答，不是坏消息，是因为邓小平问你，能否接受5000名中国学生到美国大学留学？

卡特回答，你就对邓小平说，我们可以接受10万中国学生。

由于早年留学法国，邓小平对留学生和现代化建设的关系有切身感受。他说："我赞成留学生的数量增大，主要搞自然科学。留学生的管理方法也要注意，不能那么死。现在规定每晚一定要回大使馆，怕同社会接触，这样不利于学好外文，也不利于了解社会。跟人家搞到一块，才能学到东西。"

邓小平说："不要怕出一点问题，中国留学生绝大多数是好的，个别人出一点问题也没什么了不起。即使一千人跑掉一百个，也只占十分之一，还剩九百个。"

邓小平强调："这是5年内快见成效、提高我国水平的重要方法之一。要成千成万地派，不是只派十个八个。教育部研究一下，花多少钱，值得。我们要从外语基础好的高中毕业生中选派一批到外国进大学，今年选三四千，明年派万把人。派出的速度必须加快。"邓小平是中国改革开放的总设计师，"开门办学""开门留学"是他总设计蓝图的一部分。邓小平说："今年至少先派3000人出去，算一下要多少钱？当然出国要贵一点。假定每人按5000美金计算,3000人才1500万（美元）。派3000人出去，准备坏300人，5年后也可以收回2700人。"

这段话，充分显示了邓小平的决心。经历了"文革"之后，1978年中国的外汇储备净值只有1.67亿美元。要成千上万地派遣留学生，要从非常有限的国家外汇中支出。邓小平认为，这笔支出是应该花的。这就是"种子"钱啊，钱花在"种子"上，值！"种子"钱非花不可，再穷也不能穷教育，再穷也不能穷留学，再穷不能穷了"种子"钱！

邓小平谈论大规模增派留学生的决策，语气坚定，一气呵成。和将近一年前他拍板当年即恢复高考那样，也是一锤定音。

桥的奢望

夏商周无桥。

至周一千五百年。城郭巍巍，殿堂巍巍，动辄数百辆战车风驰电掣，数十万虎贲荷戈而出，焉能无桥？有问：大禹治水，未建桥焉？也答：愚公移山，终于绕而行之。列子见过山，未识桥。

春秋战国似无桥。

春秋百业葳蕤，诸子百家，百家争鸣。四书五经、甲骨文、青铜器、丝绸彩陶，闪耀历史的长空。《史记》《战国策》记载下多少名山大川？记录下多少兵戎相见，夺关斩隘？唯独没有记载下桥。历史似乎在下结论，先秦时代，要么无桥；要么桥不成桥，未入法眼。

秦治水有道，治郑国渠、都江堰，至今惠民于斯，但无治桥铭记。四十万大军横扫关中六国，六十万秦军直趋楚国山水，纵横千里，铁甲滚滚，战车列列，焉能无桥？桥在哪里？

咸阳八水相绕，依山傍水，无桥岂能通衢四达？秦始皇之大德，前人述备矣，唯独未见三千江河之上有桥乎？

《汉书》《后汉书》上亦无正文记述江河之上架桥史，然野史、演义之上，桥已悄然登台，想汉时代建桥技术已达到前所未有的程度。水上桥不再稀罕。登程望桥，已成常理。

《三国演义》第四十二回“张翼德大闹长坂桥”，精彩叫绝，“闹”得绝。长坂桥非临时性的浮桥，而是座立有桥基桥柱的河上桥。但从张飞“闹”的现场看，此桥为木便桥，不宽亦不长，张飞手下仅二十余骑，拆除这座长坂桥几乎未费何事，“令将桥梁拆断”。后曹操摧大军又至，“速搭三座浮桥”，说明东汉末年，架桥工艺已十分娴熟，浮桥架得，固定桥亦然。

中国古代的桥到隋时才登峰造极。大隋王朝成就了大运河，也造就了横架运河两岸形形色色的桥梁。隋朝是古代中国桥梁建筑上最辉煌、最了不起的时代，可惜一千四百多年的岁月，几乎淹没了隋桥的一切，但它的代表作还傲然屹立，这就是赵州桥，隋王朝桥的代表作，也是古代中国桥的代表作。堪称当时世界第一，无可争议。桥自隋方登大雅之堂，与国之辉煌共长。

我曾专程去瞻仰这座世界桥梁史上第一座单孔敞肩大跨度的石桥。它因地近古赵州，故名赵州桥。

赵州桥是李春建的，李春是隋朝开皇年间的人，但有关李春对的记载实在太少了，人们更多的视野和笔墨都聚焦在政治斗争和军事斗争中，更多地去关注帝王将相，像李春这样的“国宝”级能工巧匠焉能入册？

李春堪称中国古代伟人。他建的这座单孔割圆式拱桥，月光下远望，竟如一朵半开的玉兰花，赵州桥横跨在洨河之上，我静静地凝眸远望，河水凌光，仿佛半轮明月出于水上，及临桥下，如置身空谷之中，两岸人声，回聚桥下，伴之河水流动，竟然如歌如诉。

赵州桥不长，全长三十七米多，但单孔跨距是当时世界上独一无二的，这么大的跨距，却无一根木，无一方砖，全为石块砌成，拱托万钧之力，三千三百多吨重的石块被凌空拱起，经一千四百多年，多少天灾人祸，仍然纹丝不动，赵州桥的神力。比欧洲领先数百年，赵州桥走在世界之巅。

隋亡唐兴桥亦兴。入唐，桥如入“春秋”，百花齐放，姚黄魏紫，各具特色，长安八水，焉止十桥？桥至唐方入诗，临水必望桥，望桥必吟诗。

最有名的刘禹锡的《乌衣巷》有曰：“朱雀桥边野草花，乌衣巷口夕阳斜。”入巷入街河上桥，到了唐朝才开始论，过的桥多还是走的路多？至少咏桥的名诗不比咏路的名诗少。

杜牧的诗写得好，“二十四桥明月夜，玉人何处教吹箫”。《枫桥夜泊》

名气更大，虽然全诗未见一个桥字。“月落乌啼霜满天，江枫渔火对愁眠。姑苏城外寒山寺，夜半钟声到客船。”我曾去踏访枫桥，张继不写桥也对，实为“小桥流水人家”。枫桥可能是苏州千百座桥中的一座，的确因张继而名。桥因人而名，也有人因桥而名。温庭筠的“鸡声茅店月，人迹板桥霜”写得漂亮，板桥至此得名，至今尚有“板桥烧”，那酒我喝过，很多喝“板桥烧”的“烧友”，才知道若干年前有位伟大的诗人曾写下“鸡声茅店月，人迹板桥霜”。

李白曾留下诗句：“两水夹明镜，双桥落彩虹。”我曾专程到安徽宣城登谢眺楼，可惜楼非彼楼，双桥难觅。中国有一特别有趣的现象，各地历朝历代建的寺庙，一旦被毁，无论过去多少朝多少代，都会有人在原庙原寺院的地方重建，并且要刻碑为纪。绝无名寺名院毁而不建，而只有桥，无论当时谁兴建的，建设成什么规模，曾经有谁题词，起过多大作用，桥一旦被毁，再无重建，极少在原址原样原规模再建。有人言，幸亏李春建的赵州桥结实牢固，否则也早就沦为一堆乱石荒草了。

唐后至宋，桥已形成文化。宋词中咏桥之词数以百计，桥是人们生活中的必由之路。我以为陆游当为最杰出的吟诗高人。好桥高桥入词入诗，断桥小桥亦然，吟断桥再无高过陆放翁的。“驿外断桥边，寂寞开无主。已是黄昏独自愁，更著风和雨。无意苦争春，一任群芳妒。零落成泥碾作尘，只有香如故。”唯在断桥才有此感，唯在断桥才有此情。桥在有诗，桥断也是诗。

我站在黄河边，隔河而望，大唐盛世，此处是一桥横架的地方。至唐朝乃至元、明、清，这可能是中国唯一一座架在大江大河上的桥梁。黄河第一桥。

在山西运城永济县西挖出的黄河铁牛浮桥，乃唐开元盛世所建，八头巨大的铁牛分卧河岸，唐人用牛拉犁的形式，一牛牵双链，在黄河上架起八道铁链浮桥。任凭黄河风浪，一桥凌空飞架。

唐王朝真大手笔，仅这项铁铸牛和铁链就用去全国铁产量的一半，可谓举国之力。每头大铁牛长 3.3 米，高 1.2 米，重约三万斤。三万斤的大铁牛是怎样浇铸而成，数万斤重的铁链是怎样飞架在汹涌澎湃、滚滚东去的黄河之上的？

中国的桥千奇百怪，整桥不如断桥有名。在中国有一条知名度可称“伟大”的桥，其名呼“断桥”，每年慕名前往“断桥”的人比每年去法国卢浮宫的人还要多。

“断桥”其名犹如西湖残荷，别有风味别有情。断桥不断名曰断，才有诗有画。然若无西湖雪景也难觅雪后断桥。宋之前，断桥两端都建有桥廊，至桥中央廊尽湖开，也为一景。冬日瑞雪，两端廊桥上白雪铺顶，玉石晶莹，中间却雪落桥面即化，铺桥青石，雪后如墨，登孤山眺望，白玉桥中间断之，断桥也。诗情画意。更让人唱美的是断桥上又有才子佳人，演绎出白蛇娘子与许仙断桥相会，结下千古姻缘，断桥有缘。杭州人说，断桥有人缘，每到节假日，断桥上有多少游人无法统计，只见人流不见桥，担心断桥真的被挤断、压断。

在中国有一条足足让国人自豪了三十年的大桥，武汉长江大桥，那可是中国在长江上修建的第一条跨江大桥。毛主席有两句诗词曾风风靡天下，家喻户晓：“一桥飞架南北，天堑变通途。”能亲眼所见这座让毛主席都倍感骄傲的长江大桥，是我们当时一帮中学生的一大梦想，梦从那里升起。“文化大革命”红卫兵大串联一开始，我们就把到外地去大串联的第一个目标锁定为武汉，武汉有什么值得去串联的，真的一点都没谱，但我们都知道心中的目标：武汉长江大桥。

记得到武汉后被安置在一家机关的会议厅住下，串联的学生太多了，各处都住得满满的。第二天凭着发的串联证，坐公共汽车不要钱，七拐八弯总算来到武汉长江大桥，到此方知什么叫人山人海，看是望不到边，挤是一点也挤不动，所有来这儿串联的“革命师生”都想在桥头留一张影，因此桥头上挤得风雨不透，真应了那句话：针插不进，水泼不进。不知什么时候，有人晃动着红旗，引导着人流走上长江大桥，队伍排成二十列纵队，齐头并进，挺胸抬头，数十面全国各地的红卫兵旗帜被摇晃得哗哗作响，过桥队伍中突然响起一阵歌声，顷刻之间，歌声飞扬、歌声震天、歌声不断，数千人一齐呐喊，原来是把人人都会唱的《我们走在大路上》，改成“我们走在大桥上”。“我们走在大桥上，意气风发斗志昂扬，毛主席领导革命队伍，披荆斩棘奔向前方。”那唱得真是慷慨激昂、斗志昂扬，一路高歌一路桥，走到头又返回来，一来一回，一南一北，一共走了三趟，据说是因为红军当年三过草地，红卫兵今日要三过长江。那场面、那气势、那精神、那作派、那种狂热，真让现在的人不可理解，但这就是那个时代的中学生。我们也有值得自豪和显摆的地方，我们虽然没能像毛主席那样横渡长江，但我们在万里长江上平淌三个来回，足以值得终生骄傲和自豪。

到了插队的时候，的确想过桥，愁过河，愁无桥，呼天喊地，桥在哪里?

我插队的地方在山西省定襄县，滹沱河从东往西直贯而过，我们这些北京插队知识青年很多人一开始就是冲着那条河去的。滹沱河我们绝大部分知识青年都是从梁斌的《红旗谱》小说中认识它的，在滹沱河上乘船可以直下天津卫。在河边甩标下饵，拖上来就是七斤以上的大青鱼。到了才知道那些都是金色的童话。

首先我们面临的是怎样渡过那条“挨千刀”的河。

刚插队那两年，每年回北京过年，开春赶春忙就回村干活，出定襄火车站十里路不到就是滹沱河，刚刚开冻的滹沱河正是枯水期，河床足有五里宽，有水的地方也就二十几米，水深也不过到大腿，但泥深水冷，还泛着冰碴，河边上有穿“水裤”背人过河的“背河人”，背一个人要一块钱，行李五毛。那年头，我们生产队干一天壮男劳力挣十个工分才几毛钱，谁愿意把“银子”白白让他们赚了？红军能爬雪山、过草地，我们知青就过不了一条滹沱河？脱裤子，扛行李，一咬牙，自己过。说实在的，热脚心一脚踩进带冰碴的河泥里，那滋味真够人受的，河床里冷风嗖嗖，刮得大腿直打战。过了河，每个人都被冻得脸青嘴紫，说话都不利索了，仿佛上半身还活着，下半截全僵挺了。但心还是热的。有人云：现在最渴望的是什么？都猜错了，是65度的老北京二锅头；又有人云：望见滹沱河知道哥们此时此刻最想念谁吗?都猜错了，想念土皇帝阎锡山。最后闹明白了，滹沱河上不是没有桥，定襄县也不是没有大桥，大桥修在五台和定襄的县界相交处，其名济生桥。但离我们过河的地方还有七十里，离河边阎老西老家那就近在一箭之地。据说是阎锡山当土皇帝时为家乡人民办的好事，谁让阎老西出生在河边村？河边村过去隶属五台县，才有“会说五台话，就把洋刀挎”。阎老西为什么没出生在定襄，哪还用赤脚趟冰河，早就高唱着“我们走在大桥上”了……

实话实说，我四十五岁前没有亲眼看见过外国桥。但那座从来没有见过的外国桥，却让我们这代人常常魂牵梦绕，那是一座什么桥？戏词里说那是一座美丽的桥，南斯拉夫的桥。南斯拉夫电影《桥》里的插曲——《啊，朋友再见！》曾风靡全国，至今很多人还钟情于它。

1987 年我已经在新华社山西分社做记者，有一天开完编前会，翻看当天的报纸，无意中发现离我们分社很近的并州电影院上演电影《桥》，是早场九点整的，当时我兴奋得几乎蹦起来，二话不说，直冲下楼，蹬车就跑，因为距离开演不过十五分钟。买上票一头冲进电影院，又急忙转身跑出来，不是什么地方搞错了吧？因为电影院空荡荡的，是全空，一个人没有，空剧场。一问方知并没有搞错，没人也按点放，何况有人乎？得，刚坐定，电影开演了，桥，南斯拉夫的桥来了。那时候我就有个愿望，希望有一天能去南斯拉夫去看看那座桥，那座曾经美丽的桥，那座让老虎和工程师、游击队员和党卫军上校霍夫曼舍弃生命的桥。现在夙愿未了，南斯拉夫都解体了，但桥还在，那座美丽的桥的桥址还在。当电影《桥》最后播放插曲时，我站起来和着电影中的音乐一起放声高唱，反正电影院就我一个人，我的专场我的桥，“啊，朋友再见，啊，朋友再见，如果我在战斗中牺牲，你们一定把我来埋葬……”南斯拉夫不在了，南斯拉夫的桥不在了，但我的夙愿还在，去南斯拉夫寻找那座美丽的桥。

西望上善若水

老子观水，东望黄河洛水，西望渭河霸水，在《道德经》中方有“上善若水。水善利万物而不争”。比老子还老1500多年的大禹却目睹过水害万物之惨状，方有大禹治水，三过家门而不入，除水害已然刻不容缓。大禹只治水，大禹没用水。水如何善，变害为善，大禹未言。直到老子、孔子的春秋战国时代，水善未提及沐浴，似未有君子入浴记载。大禹肯定是野洗，老子、孔子，乃至诸子百家，未有一人洗浴过，至今未见有记载。可以肯定，先秦时代无公共浴室，沐也是私沐，洗也是暗洗、野洗，也可能终身未浴。

直至秦始皇统一天下，战罢，大一统帝国崛起，咸阳城中未见有浴池，水善为饮，再未见水文明、水文化。直到汉高祖刘邦，司马迁也只记载有“但见沛公方踞床令两女子洗足”。现在从考古出土的文物判断，两汉乃至魏晋时期皆无浴室、浴池出现，且厕所皆旱厕所，绝无冲水厕所。《史记》中记载晋景公就是掉入旱厕而亡。西汉梁王陵墓考古考证，那时的洗手间是纯粹的洗手房间，只洗手，不洗澡。而且为王者独有。

直到唐朝时，池浴才开始出现在奢华的宫廷之中，沐浴是天子沐浴，后妃美人沐浴。最有名的就是华清池，杨贵妃沐浴，至今留有贵妃池。温泉水从贵妃池中流出，不是直接排走，而是有九池相连，原因是朝内大臣都想享受一下皇帝和贵妃洗浴过的“圣水”，用皇帝和贵妃洗过澡的水再洗一遍，这样不但能直接感受皇帝的龙恩，也能体会承接到杨贵妃和其他贵妃身上的福祉。自高而下，自上而下，九连池是因为官职不同而施，由紫服开始，黄、红、绿、蓝按官服的颜色，也就是按官职依次入浴室，且越往下，浴室浴池也越大，因为官员也越多。数十位官员共同洗浴也是必然的，这就是最早出现的公共浴池。当然非官莫入。

洗浴是人类生活中不可阻挡的生活浪潮，自唐王朝走向衰败、灭亡，洗浴就开始走出宫廷，走出士大夫的官邸，开始流向民间寻常百姓家。上善若水，水若善人。洗浴不但皇帝贵妃要洗，官员家属也要洗；文官要洗、武官也要洗、商贾要洗、百姓也要洗，男人要洗，女人也要洗，公共洗浴渐成风气，洗浴也渐成文化。到了北宋期间，社会安定，百姓生活富足，物质丰富、百业兴旺，公共洗浴成为城镇文化发展的重要一支，也成为商业繁荣的重要产业。中国洗浴文化真正成熟应在宋朝。距现在已然1000多年矣。

北宋时东京汴梁，已然形成产业文化，和酒肆、勾栏、戏院一样，商业经营已然红红火火，街头巷尾招牌赫然，此行有名曰：香水行。马可·波罗说他那个时代，长安城中已有浴室三千，仅次于寺院。已是大众生活的一部分。宋时焚香沐浴不是点到为止，而是真正的洗浴，且以燃香计时，洗不干净不行，身不净心难净。那时文人雅士讲究“身香”，洗浴后再熏香，有的还要化妆。现今出土的官员雅士的化妆奁，已然有十二格，也就是说洗浴后要化妆达到十二次，甚为讲究，追求享受，追求文明、享受文化。据记载，招待贵客已有沐浴一道。从大禹治水，感慨上恶若水，到老子感叹上善若水，整整过去1700多年，人类经过十七个世纪的追求、探索、认识，才终于从“上恶”进化到“上善”，“上善若水。水善利万物而不争，处众人之所恶。”对水的认识也说明人类对文明的认识、对文化的追求。水给人类以生命，以繁衍、以生活、以收获。没有水，地球就变成了火星。屈原曾在《渔父》中说：“沧浪之水清兮，可以濯我缨；沧浪之水浊兮，可以濯我足。”屈原的濯洗还是“野洗”。即使屈原在做“三闾大夫”时，也从未憧憬过澡堂。北宋时期的老百姓方感到，上善若水，比老子晚了1000多年，但比老子认识水之善深刻了1000多年。从老子终身未浴，没进过澡堂洗过澡，他对水与人类生活的关系，不如他对治国如烹小鲜的认识；到北宋的苏轼、辛弃疾几乎无日不去“皮包水”“水包皮”。公共洗浴，公共澡堂在北宋的出现，并一路前行，直至今日，说明北宋王朝文明程度已达到空前的高度。水之善，至北宋方为完善。

几乎和老子同一个时代的亚里士多德、柏拉图，统被称为人类文明轴心时代的核心。从中国平移至希腊，大约7000多公里，西望上善如水，古希腊的哲学家、科学家们可能对水的认识不如老子那么哲学、那么深远、那么理智，但他们肯定比老子更亲近水、更善待水、更体贴水。他们对水文明的认识比老子、孔子、先秦的诸子百家要深刻得多，要科学得多，具体得多。比老子要“老”300年的古希腊诗人荷马，几乎每天都吟诵着他特有的六韵步诗，即每行诗有六个韵步，每个韵步有两至三个音节，抑扬顿挫，踏歌而行，因为他是盲人，因此六韵步诗更符合他的步伐。荷马比中国第一位伟大的诗人屈原整整“老”了500年，500年必有王者兴，诗歌也一样。荷马是踏着歌去沐浴，去古希腊城邦雅典的公共浴池洗澡，更准确地说是泡澡，古希腊的民众，任何一位老百姓都可以进澡堂洗浴。雅典的公共洗浴池也堪比晚其2000多年的北宋的“香水行”。“南朝四百八十寺，多少楼台烟雨中”，古希腊的公共浴池，堪比南朝楼台。最令人不可思议的是，古希腊人已经开始使用水冲粪便、用水冲马桶，比老子“小”2000多年的中国人仍然在使“旱厕所”。中国人拜天拜地拜龙王也止于上天降水。直到大清龙旗降下来，大清王朝的皇宫内无一间冲水的厕所，无一座用水冲的马桶。全部使用木制的马桶。据说故宫有9999间房屋，绝无一间是带浴室的，皇帝洗浴也是用大木盆。故宫内最多时有太监3000多，无一间厕所，依靠太监解决；全年甚至终身不洗浴，因为整个故宫内无公共浴室。有身份的太监、宫女，实在熬不下去了，也是关门闭户，深更半夜，在木盆中坐浴，聊解脏臭熏人。这是东西方文明的差距。在中国皇宫中，从西安到南京，从开封到北京，只有排水系统，绝无供水系统。

在希腊文明起源最早的克里特岛上，考古发掘发现了至今5000年左右的科罗索斯王宫遗址，在这个王宫遗址中发现了人类最早的城市供水系统，包括从引水渠到城市供水的分水管网、储存水、污水与雨水排水设施。其中最能体现人类文明发展的是在超过1300间房间内发现了浴室和冲水厕所，这是人类迄今为止发现最早的浴室和冲水厕所。引水渠、水井、收集利用雨水的蓄水池、作为城市供水末端设备的喷泉以及浴室和冲水厕所等卫生设施，构成了希腊文明的重要内容。

这是古希腊人对“上善若水”的另一种诠释。是水对人类文明的贡献，人类文明程度越高，水文明、水文化的程度就越高，人类对水的分析解释和认知，除了哲学之外还有利用和文明，古希腊文明对水的认知比老子要早2000多年。水的高度文明促进和繁荣了古希腊文明、文化的发展。

老子对水的思考、对水的观察、对水的体验更曲折、更政治、更哲学，也更历史。老子说：“天下莫柔弱于水。而攻坚强者莫之能胜，以其无以易之。弱之胜强，柔之胜刚，天下莫不知，莫能行？”哲人的思考远万里，行云间。

老子对水的思考基于什么？似乎并无考证，但老子最终是终老于终南山中，而不是休息在水泽边。老子到过黄河吗？见过奔腾的黄河水吗？古希腊的先贤都生于水，长于河，望水而生，依水而活。

古希腊多神。古希腊人信仰神，崇信神话，他们崇拜水神、河神。中国人信神、信天、信菩萨，不相信河神，对水陌生，只记得西门豹除去装神弄鬼的河神，小学三年级语文课文就有《西门豹》。但是古希腊人信仰河神，他们认为是河神带来了古希腊文明，尼罗河就是河神的再现。河神、河水可以给他们带来一切。古希腊人信仰河神、水神，思恩有源。公元前十世纪，甚至更早、更远，埃及尼罗河流域就已经通过贸易成为古希腊和随后的古罗马的粮食供应地。地中海北岸并不生产小麦，但通过尼罗河和水运贸易，他们没种一粒麦子，却终日享受面包。对河神和水神的信仰和崇拜是随着生命、生活而根深蒂固的。古希腊人对水的思考是伴随着对神的崇拜而展开，对水的利用，也是伴随着生活的繁荣而深入。

古罗马帝国的强盛同样与水有直接关系，上善若水对古罗马帝国同样重要。古罗马帝国治理的重要途径之一是城市化，城市供水设施、喷泉、广场、剧院、市场政厅等，都相当完备。罗马帝国时期修建了人类历史上最庞大的城市供水系统。罗马帝国水利的典型代表是引水渠，罗马帝国的土地扩展延伸到哪里，引水渠就修到哪里，数量巨大。当年仅在高卢地区就修建了 300 多条，现在地跨欧亚非广袤的罗马帝国故土上还有 1600 多条引水渠的遗存。这些引水渠短的几十公里，长的达 500 多公里，实现了人类历史上最大规模的城市供水和长距离调水，这种奇迹一直到欧洲工业革命之前都没有被超越。

十年前，我曾去西班牙塞戈维亚参观考察那里的古罗马引水桥。那是一座天桥，高高地耸立在蓝天之下，两层拱架石渠，人从桥下过，水自桥上流。其长达 813 米，最高处有 30 多米，飘飘曳曳，似亭亭玉立，但它却是古罗马人的杰作，建于公元 50 年前后。将近两千年过去了，此引水桥还傲然屹立；该走人车，车马不息；该引水，水流不止，让我瞠目结舌。无法相信的是整个引水桥竟然没有用水泥，完全是靠石料本身交错咬合而结为一体，浑身一体。我想起中国城墙常常用糯米汁作为黏合剂砌墙，疑为亦用此法，但被当地专家断然否决，不知糯米汁为何物。古罗马人把水作天敬、作神敬，上善若水，水是古罗马帝国的命脉，也是古罗马帝国的血脉。在古罗马帝国的城市扩张中，首先修建的就是大型公共浴场以及与之相配套的冲水厕所等设施。有的浴场可以容纳数千人同时沐浴，沐浴成为罗马人的日常生活方式，也是古罗马文化的重要标志。我曾经参观过古罗马一处古公共洗浴场，分四大厅、八大池，其洗浴池堪比现在标准的游泳池。有千余人同时洗浴，那该是多么气派、多么热闹、多么壮观。据介绍说，罗马军队出征归来后，最隆重的欢迎仪式不是在大街上，不是在国家广场上，而是在公共浴池，得胜之军直接开进公共浴池，罗马战士将无拘无束地在浴池中庆祝胜利。而古罗马皇帝最高奖赏是和军队的有功之臣共同洗浴。

让人吃惊不已的是，古罗马军营中，军官的宿舍都是带洗浴间和抽水马桶的，而士兵的厕所也一律是冲水厕所。

据说 2000 多年以后，在抗日战争中国远征军入缅作战中时，孙立人将军曾对俘虏的日本兵如何处置下过一道让中国人特长志气的命令，凡是到过中国的，都欠下过中国人的血债，一律枪毙；另一番诺言是为三十八师的官兵的营房修带浴室的宿舍，要用上冲水马桶。原来当年孙立人带领三十八师退入印度接受整训时，三十八师的官兵看到英国军队的官兵使用的抽水马桶大为惊讶，里三层外三层地围观。孙立人曾发誓，等打败日本人，一定要重建三十八师营地，一定要建带浴室的宿舍，一定要让兄弟们也使上冲水马桶。据说三十八师调访沈阳后，孙立人下的第一道命令就是改造营房，建浴室，修冲水马桶。后因东北战局发生变化，孙立人调离三十八师，临走还吩咐一定要让抗日有功的兄弟们洗上热水澡，用上冲水马桶。

似乎从一开始，对“上善若水”的认识，中国就是哲学的，而古希腊、古罗马甚至古埃及都是科学的。通俗地讲，东方人对水的认识是“文科”的，而西方人对水的认识则是“理工科”的。

孔子有弟子三千，贤士好学生有七十二贤人，包括他认为最优秀的颜回，他绝不会教育或培养出阿基米德来。

阿基米德为保卫舒拉古城，打退古罗马舰队的进攻，他调动古城中的所有镜子，利用光学原理，聚太阳光，把焦点对准古罗马舰队，结果把入侵的古罗马军舰的船帆都烧着了，击退了敌人的入侵。同时，他还发明了蒸汽大炮，利用加热的蒸汽产生的巨大推力，把实心炮弹发射出去，击穿敌人军舰的船体，成功地保卫了古城。一位美国的科学家曾根据达·芬奇画的一份示意图和说明，成功地复制一门两千多年前阿基米德，发明的蒸汽大炮。实践证明，阿基米德的蒸汽大炮，可以把重五磅的实心镁球发射到 200 多英尺以外，并成功地摧毁了一只小船。当然这两项发明也没能保住舒拉古城，城陷敌入，阿基米德说，能让我演算完这道数学题再杀死我吗?

让人深思的是直到两千年以后，阿基米德发明的蒸汽弹一直沿用到今天，今天在美国最先进的航空母舰上的蒸汽弹射器依然在使用阿基米德的发明。

阿基米德为后人留下了阿基米德定律，向世界宣布：“给我一个支点，我将撬动整个地球。”

老子骑青牛悠悠然而入终南山，他为世界留下了《道德经》，“道可道，非常道。名可名，非常名。”

比阿基米德年轻一千多年的苏东坡曾慷然高唱：“大江东去，浪淘尽，千古风流人物。”唯独没有唱响科学家的风流。其实北宋最杰出、最卓越的是自然科学和科技进步。

我曾站在希腊帕特农神庙之前喟然长叹：那曾经是怎样的辉煌？

古希腊人可曾长歌：上善若水……

跋

今日立冬。其实北京立冬方见秋景，一片苍绿，一片金黄；一阵金风，一阵秋凉。望天才见天高云淡，观景方知秋意浓浓。外孙今年是一年级的小学生，听他们在朗读课文："天气凉了，树叶黄了，一片片叶子从树上落下来。天空那么蓝，那么高。一群大雁往南飞，一会儿排成个'人'字，一会儿排成个'一'字。"小啊小儿郎，朗诵得有板有眼，有韵有神。我却惶惑了，难道是时空穿越？1957年也是这时这刻，我正坐在北京三里屯小学那座两层的灰色教学楼里，和班上的同学们一起高声朗读课文《秋天》，"天气凉了，树叶黄了……"六十一年，还是那篇课文，还是那样的童声。猛然让我回到那金色的童年。还有哪篇文章比《秋天》更有生命力吗？一年一年地读，一代一代地念。那才是书，那才叫读书。

那个时代，没有书读也促进了读书。至少我们插队知识青年，几乎人手一册《农村医生手册》也叫《赤脚医生手册》，农村缺医少药，有病有灾的，全靠自己，人人都是自己的"医生"，现学现卖，现翻书现用。那时那刻才真心感到，书到用时方恨少。说书中自有黄金屋，书中自有颜如玉，都没说到要命处，书中自有人命关天。我大学同班同学叫娄向青，去内蒙插队，当骑着马的"赤脚医生"，其实她和我一样，初中老六六届毕业生，连卫校也没进过，就凭一本《赤脚医生手册》给牧民看病，牧民都把她当"活菩萨"，说出来谁敢信？她当年接生的孩子，现在都当爷爷了，看着她那时接生长大长老了的孩子们的照片，真不知该说什么。在延安插队的北京知识青年孙立哲，也是靠《赤脚医生手册》给老乡看病，甚至开刀动手术。我中学同班同学马尔康去云南西双版纳插队，给我写信说他们那儿不是缺医少药，是没医没药，让我速寄十本《农村医生手册》，自己给自己治病，互相翻着书治病，给老乡们看病。2017年我去昆明看望病中的他，说起此书，他激动得几乎不能自持。他说那几本书，救了好几条命……

以后环境变了，条件好了，书也多了，也就“挑肥捡瘦”了，书越读得多，选择性、专业性就越强。有位朋友发来短信、照片告诉我，他在广东图书馆查资料，无意中看见我十几年前出版的《清唱》，让我着实高兴。人生得意之处、幸福之时，此之谓也。想起流沙河先生自谕的那副“高对”:“偶有文章娱小我，最无兴趣见大人。”流沙河先生也乐在文章之上。

中国古人追求“立德、立功、立言”，曾被批得灰头土脸，“立言”不易，那要立得起，留得住，人去书还在，常翻常能看，常读常有益，像那“天气凉了，树叶黄了，一片片叶子从树上落下来……”从爷爷读一直读到孙子，何为“不朽”？何为佳作？此文即是。

读书也要下功夫，也要讲究全心全意读书，站在教室外，看着六岁的孩子们举着课本，两眼炯炯，一字一句，放声朗读，读的那才叫书，那才叫读书。

安东君是我忘年交，相差整二十年，他有两处“挺神”，之一是读书，读得那么自觉，那么认真，读的书也让人觉得不可思议。

以小见大。长途飞行，昼夜颠倒，我到机舱找他时，几乎全舱旅客不是睡觉就是看电视剧，只有一个人在灯光下一丝不苟地读书。走过去一看果然是安东君，他那种读书不知困倦的劲头着实让我佩服。急切翻看他看的书，是什么书让他点灯熬油，不困不累？一看又惊，原来是本佛教经书。我估计，我恐怕坚持不了十分钟，因为那是地地道道的梵文译经。安东君不是入槛之内的佛教徒，但是位虔诚的佛教研究者。禅茶相通，安东君举重若轻，功夫皆在茶中。“喝茶去”是禅道的学问。安东君以茶论道，常常把政道、商道、为人之道皆寓在茶道之中。说易行难，没有十几年的论茶功夫怕难以谈天说地。说他“挺神”，也以茶论书。好书如好茶，茶好，还要会冲、会沏、会洗、会泡、会斟、会请。道道皆有讲究，书写得好，还要编好、校好、排好、设计好、宣传好，哪一道手续都须精、好、美。安东君看过我的好几本书，最为欣赏的是《飘雪有韵，远行无声》，文好，编辑得精，装帧设计得也大方。安东君以茶论书论得有板有眼，犹如一杯好茶，虽尚未入口，但茶香已然直沁心脾，让人不禁呼之："好茶！好茶！"编辑《飘雪有韵，远行无声》的正是江西人民出版社的王一木博士，这本《历史的气质》也请一木博士做编辑。一木博士也"挺神"，其认真精神难觅，仅举一例，这本书的书名怎么起？叫什么好？一来一往反复了七八次；原文曾经是三部分，一木坚持书要精，要集中经典，反复和我商量，把第三部分内容拿下来。京剧大家齐如山评论戏与曲时曾有高论：七分唱，三分琴；当紧节口，三分唱，七分琴。领教齐大师。

衷心感谢关心这本书的朋友们，希望能献上一杯让你称道的好茶。

图书在版编目（CIP）数据

历史的气质 / 崔济哲著 . -- 南昌：江西人民出版社，2018.12
ISBN 978-7-210-11006-4

Ⅰ . ①历… Ⅱ . ①崔… Ⅲ . ①中国历史－古代史－通俗读物
Ⅳ . ① K220.9

中国版本图书馆 CIP 数据核字（2018）第 295508 号

历史的气质
崔济哲　著
责任编辑：王一木
出　　版：江西人民出版社
发　　行：各地新华书店
地　　址：江西省南昌市三经路 47 号附 1 号
重点图书出版中心电话：0791-88612505
发行部电话：0791-86898893
邮　　编：330006
网　　址：www.jxpph.com
E-mail：942867919@qq.com
2018 年 12 月第 1 版　2018 年 12 月第 1 次印刷
开　　本：787 × 1092 毫米　1/16
印　　张：23.5
字　　数：320 千字
ISBN 978-7-210-11006-4
赣版权登字—01—2018—1051

定　　价：68.00 元
承 印 厂：长沙超峰印刷有限公司
赣人版图书凡属印刷、装订错误，请随时向承印厂调换